KANT E
L'ORNITORINCO

康德 与鸭嘴兽

意

翁贝托·埃科

——

著

刘华文

——

译

上海译文出版社

图书在版编目(CIP)数据

康德与鸭嘴兽/(意)埃科(Umberto Eco)著;刘华文译.
—上海:上海译文出版社,2018.12(2023.4 重印)
(翁贝托·埃科作品系列)
ISBN 978-7-5327-7707-5

Ⅰ.①康… Ⅱ.①埃… ②刘… Ⅲ.①翁贝托·埃科
—哲学思想—文集 Ⅳ.①B546-53

中国版本图书馆 CIP 数据核字(2018)第 018981 号

Umberto Eco
Kant e l'ornitorinco

图字:09-2012-366 号

康德与鸭嘴兽   UMBERTO ECO   出版统筹   赵武平
                 翁贝托·埃科   著   责任编辑   张   鑫
Kant e l'ornitorinco   刘华文   译   装帧设计   尚燕平

上海译文出版社有限公司出版、发行
网址:www.yiwen.com.cn
201101   上海市闵行区号景路 159 弄 B 座
山东韵杰文化科技有限公司印刷

开本 890×1240   1/32   印张 13.25   插页 5   字数 300,000
2018 年 12 月第 1 版   2023 年 4 月第 3 次印刷

ISBN 978-7-5327-7707-5/I·4726
定价:68.00 元

目录

引 言

康德与鸭嘴兽有什么关系呢？什么关系也没有。从时间上可以看出，他不可能与它有任何关系。这就足以合理地说明这一书名及两者风马牛不相及的并置听起来是对博尔赫斯的古代中国百科全书的称许。

那么这本书是关于什么的呢？除了鸭嘴兽，它还谈到了猫、狗、老鼠和马，并且还有椅子、碟子、树、山等我们每天见到的其他东西，还谈到了我们之所以能够把大象同犰狳区别开来的原因（以及我们不会把妻子错当成帽子的原因）。这是一个从柏拉图到当今认知学家一直困扰着人类思维的可怕的哲学问题。这个问题不仅康德没能够解决（以下我们将会看到），甚至连设法用满意的词语进行表达都做不到。于是你可以想象到我有多么大的机会。

这就是为什么组成这部书（写作时间有十二个月，所选的都是些我近年来一直都在研究的论题——其中包括一些未发表的材料）的文章是源自相互关联的理论问题中的一个核心问题，而在它们相互指称的同时并不能作为怀有系统化目的的"章节"来阅读。虽然各种段落有时被严格地分成大节和小节，但这只是为了在篇章之间能够进行彼此快速参阅，并非为了表明存在着一个潜在的结构。我在这些书页中说了很多的同时，还有很多没有说，原因只是在那一方面有些观念我还没有把握得很清晰。不论怎样，我还是想引用十八世纪一位名叫珀特维（Boscoe Pertwee）的作者（我对此人不甚了解）的一句话（我在格雷戈里的著作中找到的）作为我的座右铭："我先前是游移不决，而我现在是不太肯定。"（Gregory，1981：558）

于是，我之所以在游移不决同时又受到很多疑问困扰的情况下写这些文章，是因为我总感到没有偿还我在一九七六年发表《符号学理论》（在其中我开始并且发展了发端于六十年代后半期的各项研究线路）时所欠下的某些债务。这些债务涉及指称、像似论、真理、感知以及当时被我称之为符号学初级入门的问题。在这二十二年当中，很多人以口头或书面的形式给我提出了一些紧迫的问题，而同时有更多的人问我是否以及何时再写一本最新版本的《符号学理论》。写这些文章的目的或许是向我自己而不是别人回答我为什么没有这样做。

基本上有两个原因。第一个是，当时在六十年代去思考把很多符号学研究领域中的零散课题凑泊起来从而对它们作一次总结是可能的，而如今这一领域覆盖面如此之广（涵盖了多种认知科学）以至于重新进行任何系统概述都是鲁莽的。我们现在所面对的是一个不断在扩展的庞大星系，而不再是一个可以为其提供基本公式的行星系统。当时的这种情形在我看来即预示着可以在其中有所成，同时也无损于身体。对指号过程的怀疑在很多学科中成了中心问题，即使在那些自认为并不是研究符号学以及并非有意甚或根本就不想研究符号学的人们那里，情形也一样。在我写《符号学理论》的过程中早已出现过这种情况（只举一个例子，生物学家们并不是因为读了有关符号学的书才开始谈论基因"符码"的）。而这一现象波及面之广表明，不管他们的理论标准多么挑剔，那些对这一争论感兴趣的人们最好采取基督教式普遍克制的态度，要同慈悲为怀的传教士一样认为即使是对偶像和神圣原则不忠的人也天生都是基督徒，因此也应被拯救。

然而，每个人不论多么地容忍别人的观点，也必须至少就基本的问题阐明自己的观点。为了整饬和改正《符号学理论》，我在这里准备解释与那本书有关的悬而未决的一些问题，阐述我最新的看法。

实际上（至此我们开始谈第二个原因），在《符号学理论》的第一部分我谈到过一个问题：如果按照皮尔士的说法，有动态客体（Dynamical Object）这样的东西，我们也是通过直接客体（Immediate Object）来对它进行了解的。我们通过操纵符号把动态客体说成是指号过程的终点。在该书专门讲生产符号的方式的第二部分，我预先设定（尽管我没有明确说出）如果我们说话（或是发出不论是什么样的符号），也是因为是某物（Something）促使我们去说的。而这正引入了作为起点的动态客体这一问题。

用其作为终点的身份首先论述动态客体的决定是为了确定我的接二连三的问题，跟在作为阐释中介序列的指号过程之后——在文化过程当中制定出的集体性、公共性以及可观察的产品的阐释中介，即使人们不事先假定存在着接纳、使用或发展它们的思维。这一切的结果是，我就意指、文本和互文本、叙事性，以及阐释的条分缕析和限度这些问题进行了论述。但确切地说是阐释的限度问题促使我思索那些限度是否只是文化上的和文本上的，抑或是隐藏得更深的什么东西。这就说明了这些论文为什么首先触及的是存在。这并非是为了产生炫目的迷幻，而是出于职业责任心。随后将会看到，我只是在我感到何种是（is）在限制我们说话自由的时候谈及存在的。

当我们假定一位试图明白自己所体验的内容（以及客体——也就是说，物自体〔Thing-in-Itself〕成为了起点）的主体的时候，那么即使在阐释中介链形成之前，一个阐释这个世界的过程就已经开始进行，而这个过程，尤其是在小说或未知客体的情形中（比如十八世纪末的鸭嘴兽），表现为一种"早期"的形态，是通过试错法形成的；但这也已经是进行中的指号过程了，它对先前建立的文化系统予以了质疑。

于是，每当我考虑着手修改《符号学理论》的时候，我就想是否应该从它的第二部分进行重新结构。我为什么有这种想法的原因会在阅读随后的文章中变得明确。这些原因被用文章的形式表达出来的事实，以及从各式各样的观点中得到零散阐明的解释的事实说明，被试图系统地推翻一切的冲动控制住的我甚至不能对其进行结构有多么清醒的认识（或许没有人能独自做这件事）。出于审慎的考虑，我还是决定从花园的建筑师转向当一名园丁。于是，我没有去设计凡尔赛宫，而是把自己限制在由土路连接起来的花圃中翻土——同时萦绕在脑际的还有一个怀疑，那就是在这一切附近仍然会有一处具有英国风格的浪漫花园。

通过决定在何处安置我的花圃，我还决定解决我自己的问题（而不是成千上万其他人的问题）。也就是说，考察我以前写过的东西，当我觉得正确的时候就自行改正，但不会完全推翻我自己，因为一个人改变自己的观点跟动物蜕去皮毛差不多，也就是说会一块一块地蜕，不会一个晚上的工夫就彻底蜕完。如果让我总结我所围绕的问题核心的话，我会用认知语义学（认知语义学肯定与真值函项或结构-句法变量少有关联，尽管它想从两者之中吸取主题和观点）的特征进行论说。认知语义学是建立在我们的认知图式的契约观念以及意指和指称的契约理念之上的——这个立场与我以前阐明内容为语义学和语用学结合起来的理论的尝试是一致的。在这样做的过程中，我试图把指号过程中的突出的"文化"观点弱化，这样做是基于这么一个事实，无论我们的文化系统的影响力是什么，在经验的连续体（continnum）中总是存在着限制我们阐释的因素，于是——如果我并不怕让人看起来矫情的话——我就会说内在实在论（internal realism）和外在实在论（external realism）之间的论争将会在契约实在论（contractual realism）的理念中趋于平息。

读者将会注意到，从第二篇文章开始，在我随后越来越多的文章中，这些理论上的讨论穿插了"故事"。可能一些读者知道，在我生出讲故事的冲动时，我会在别处满足这种冲动，因此在此处讲故事的决定不是受制于实现被压制的欲求的需要（这对于那些用哲学论说代替满纸美文的当代思想家们来讲是一个诱惑）。可以说，在我的决定背后有着深刻的哲学原因：如果像人们所说，"伟大叙述"的时代业已过去，那么靠寓言继续行进是有益的，这些寓言让我们看见了以文本形式存在的东西——正如罗特曼所表述的那样，也正如布鲁纳邀请我们去做的那样——而不想从其中抽取出语法规则。

但是还有第二个原因。在采取了对我们感知（也是命名）猫、老鼠或大象的方式予以质疑的态度时，我感到用模型去分析像在草垫上有一只猫这样的表达式，或者去研究在看见草垫上的一只猫时我们的神经元会产生什么反应并没有多大用处（就更不用说当猫看见我们坐在垫子上时它的神经元有什么反应了——就像我将要解释的那样，我不会去对"黑匣子"一探究竟，而是更愿意把这个困难的差事留给专家们），还不如把经常被人忽视的角色带到前台，这个角色就是常识。为了了解常识性判断是如何运转的，没有比想象"故事"更好的方法了。在这些"故事"中人们按照故事的旨意行事。以此方式我们会发现常规性在叙述上会有多么大的惊人之处。

但是所有这些猫、狗和老鼠的出现把我带回说教的动物寓言集和寓言的认知功能中。至少是为了使我的动物寓言有新意，我就把鸭嘴兽作为主人公引入这本书中。我向史蒂芬·杰伊·古尔德和乔治·切利（还有通过互联网结识的皮契尼）表示感谢。是他们帮助我追寻这个神秘莫测的小动物（几年前我亲眼遇见过）。这只鸭嘴兽每一步都在陪伴我，即使在我没有提及它的地方。而我也不厌其烦地通过即刻发现它同独角兽的近亲关系使它具备了哲学资格，正如单身汉一样，思考语言离不开独角兽。

在感谢博尔赫斯在先前的研究中给予了我很多想法的同时，我对他除了鸭嘴兽之外无所不论这一事实感到欣慰，因为这样我就会避免影响引起的焦虑而喜不自胜了。但是正当我把这些文稿交上去付梓时，巴尔泰扎吉向我指出，博尔赫斯在同波吉欧的一次讲话中至少是口头上在解释（大概）他从未去过澳大利亚的原因时提到过鸭嘴兽："除了袋鼠和鸭嘴兽这些可怕的由其他动物的零零碎碎拼凑起来的动物之外，现在还有骆驼也是这样。"[1] 在研究亚里士多德的分类法的时候我谈到过骆驼。在这本书中我将解释为什么鸭嘴兽并不可怕，而是奇妙的天赐的动物，如果我们对一种知识论进行检验的话。顺便提一下，鉴于鸭嘴兽在物种进化进程中出现得很早，在我看来它并非是由其他动物的零零碎碎拼凑起来的，不妨说其他动物是由它的零零碎碎拼凑起来的。

我不仅谈论猫和鸭嘴兽，而且还谈到了康德——不然本书的题目就会令人匪夷所思。实际上，我之所以论及猫就是因为康德把经验性概念带了进来（只不过他谈的不是猫而是狗），但又不知道随后把它们归属于哪里。从康德开始我就要感谢在大学时代所欠下的另一笔债。我当时记下了很多关于那个被称作图式的"毁灭性"概念的只言片语（这是皮尔士给我提出的建议）。图式论这个问题在今天又重新出现，正好是在关于认知过程的讨论中。然而，这些研究中的很多线路因为缺乏历史背景而多有不足。比如，一些人谈论新构

① 多梅尼科·波吉欧：《序言》，载豪·路·博尔赫斯，《全集》，卷Ⅱ，米兰：蒙达多利出版社，1985 年：xv - xvi。

成主义，而另外一些人明确地提及康德，但还有很多其他人再次不知不觉地沉溺于新康德主义。我还记得有一本美国人写的书，是一本真正的好书。除此之外（就像一句谚语所说，不说名字就难罚其人），在书中的某个地方出现了这样一句话："好像康德就这一点说过类似的话（Brown，1988）。"

如果似乎康德说过类似的话，哲学论述的任务就是再看一看康德的出发点，并且看一看他所讨论的是一组什么样的问题，因为他的经验也对我们有所教益。我们仍然是对他的错误懵懂不知的孩子（就像对他的真理我们也一无所知），而意识到这一点会帮助我们避免犯类似的错误，或者避免认为我们发现了他早在两百年前就提过的东西。让我这样说：康德对鸭嘴兽一无所知，这对我们来说无关紧要，但是如果鸭嘴兽想解决自己的身份危机，那么就应该了解一下康德。

我将不会试图把要感谢的人罗列殆尽，因为无疑会漏掉一些人，首当其冲的是巴门尼德。附在本书后面的参考书目索引并不能形成真正意义上的书目索引，它们只是一种合法的手段，目的是为了避免因漏掉我直接引用的作者姓名而受到责备。而太多重要的名字——那些我感激不尽却没有直接引用的作者的名字则没有列出。

我应该感谢哥伦比亚大学美国意大利语高级研究所，是它给我机会让我花了两个月的时间写完了第三、四、五章的初稿。

除此之外，近几年来关于这些论题我受到了跟我一起工作的同事们的启发（他们把站得住脚的观点融合起来，必须直截了当地提到他们，因为那些曲言委婉的客套只该为对头留着）。我对他们在这层意义上的谢意是在很多争论中日积月累起来的，也是无穷无尽的。人们将会看到我引用了近几年发表的一些论文，它们直接影响了我在这本书中的很多文章，但是上帝知道有多少名字我没有机会提及，所有这些人都同我在圣玛利诺大学符号学和认知学研究中心的研讨班中展开过争论，在波伦亚大学举办的研讨会上我们也争论过。

我也不能漏掉《历史符号学阐释：论翁贝托·埃科》（米兰：彭皮亚尼，一九九二年）这本文集的供稿人提供的各种评论和意见，尤其是固执的抵制。[①] 最后，我决定把各种笔记收集和重新润饰，之后着手写作这些文章是在一九九六年夏天，当时在法国瑟里西拉萨勒的十周年纪念的与会者们给我提出了讨论意见、判断和（仍然不确定的）预测。那时的在场者肯定会以为我只是陶醉在音乐晚会之中，淋漓畅快地饮着苹果白兰地，把其他的一切都抛在了脑后。然而我并没有漏掉他们说的每一句话，并且曾多次争执得面红耳赤。[②]

我要向所有这些人（尤其是年轻人）表示我的谢意，是他们把我从我的一些顽固的昏睡中惊醒——如果不像是休谟，也至少像老兰普。

[①] 按出场顺序：吉奥瓦尼·马奈蒂、科斯坦蒂诺·马墨、吉乌利奥·布拉西、罗伯托·派乐雷、乌果·沃利、吉安帕奥罗·普罗尼、帕特里茨亚·维奥利、吉奥瓦那·科桑扎、阿里桑德罗·茨那、弗朗西斯科·玛西阿尼、马尔·桑汤布罗吉奥、布鲁诺·巴西、帕奥罗·法布利、玛利欧·米曹、安德里·伯纳德利、马希莫·邦凡蒂尼、伊莎贝拉·派兹尼、玛利娅·皮亚·鲍扎托、派特利亚·马格利、克劳蒂亚·米兰达、桑德拉·凯维奇奥里、罗伯托·格兰蒂、毛罗·沃尔夫、路克里西亚·埃斯德罗、丹尼尔·巴比尔利、路卡·马考尼、马科·德·马里尼斯、奥马·卡拉布莱斯、吉尤塞皮纳·邦那巴和西蒙娜·布尔加利。

[②] 按姓氏的首字母顺序（除了两位策划者让·皮蒂托和帕奥罗·法布利）：玻尔-阿吉·布朗特、迈克尔·卡萨、马里奥·弗斯克、昂早·高利诺、莫什·伊德尔、伯克哈特·克路伯、亚历山大·劳莫尼尔、亚克·勒·高夫、海伦娜·勒扎诺·米拉勒斯、派特利亚·马格利等。但如果我要谈到就我的著作所提出的批评意见的话，我感觉不该省略其他的一些思考——即使跟在这本书里所讨论的主题没有直接关系——这些思索是在我最后就要完稿的时候出现的。我要感谢对下面的文集做出贡献的人：罗科·卡泼兹编，翁贝托·埃科：《一部文集》（伯明顿：印第安纳大学出版社，1997年）；彼特·邦达乃拉：《翁贝托·埃科：这个时代的符号》（剑桥：剑桥大学出版社，1997年）；诺玛·布恰德和维罗尼卡·普拉瓦德利编：《文化政治学和阐释的歧义性：埃科的蹊径》（纽约：彼特·朗出版公司，1999年）；托马斯·斯托德编：《存在的惊奇》，载《翁贝托·埃科〈昨日之岛〉论集》（达姆施塔特：科学书社，1997年）。

第一章 论存在

　　语言哲学研究的历史充斥着人（他们是理性的、有生死的动物）、单身汉（他们是未婚的成年男子），以及老虎（尽管我们应该把它定义为猫科哺乳动物还是生有黄色毛皮和黑色条纹的大猫尚不明晰）。对介词和副词的分析（如 beside、by 或 when 这些词有什么含义）并不常见（但其中有一些对我们非常重要），而同时又有着对各种情感的精彩分析（如格雷马斯对生气的分析），还有对诸如去、清扫、表扬和杀死这些动词相当常见的分析。而在另一方面似乎还没有什么语义研究能够为动词 to be 提供满意的分析，尽管存在着这样一个事实，那就是我们在日常言语中以各种形式并且也有着某种常规性地使用着它。

　　这对帕斯卡来说更为明显（从他一六五五年的著作中摘录一段）："没有人能够在开始给存在下定义时不会遭遇这一荒谬性：没有一个人对一个词语下定义不从 is 这个词入手的，不管它是被清楚地申明还是仅仅对它略有所知。要想给存在下定义，你必须说 is，这也就意味着用在定义中等待定义的那个词。"这与我们不能论及存在这个说法不同——就像高尔吉亚说的那样。我们每时每刻都在说及它，或许太经常了；问题是这个神奇的字眼几乎在帮助我们给所有的一切下定义，而自身却无从被定义。在语义学中我们谈论初级词，最初级的初级词。

当亚里士多德（《形而上学》，卷 IV，i. i）说有一种科学把存在当作存在来研究，他用的是现在分词 to on。有人把它翻译成意大利语的 ente，另外有人翻译成 essere。事实上，作为实在的存在①这个 to on 可以最终被理解成经院哲学家们所谓的 ens，其复数形式是 entia，存在之诸物。但是，如果亚里士多德所思考的只是我们周围实在世界的事物，他说的就并非是一门特别的科学：实体根据现实的各个区域由动物学、物理学甚至政治学来研究。亚里士多德说 to one on，即如此之存在。当我们把实体（不论它是一只美洲豹还是一座金字塔）当作实体（而不是作为一只美洲豹或是一座金字塔）来谈论的时候，这个 to on 就成了对所有人都常见的事物，而对所有实体都常见的事物事实上就是说它们为自身存在之实。在这层意义上，据皮尔士讲，存在就是属于用具体语词表达的所有客体的抽象之维：它具有无限的*外延*和虚无的*内涵*。② 这相当于是在说它指称一切但又毫无意义。鉴于此原因，似乎可以清晰地发现为什么在哲学语言中，希腊人习以为常地对现在分词的体词化使用转向了对不定式的使用，即使在希腊语中不这样，在经院哲学家所使用的 esse 那里也是这样的。这一模糊暧昧之处在巴门尼德那里早已发现过。他谈及 t'eon，但又确认 esti gar einai，很难不把一个成为了主词的不定式（to be）看作一个体词。在亚里士多德那里成为知识的客体就是 to on，但实质却是 to ti en einai（《形而上学》卷 IV，1028b，33—36），也就是存在之曾经所是，并且是在存在之稳定所是这层意思上（这后来被翻译成 quod quid erat esse）。尽管这样，不能否定的是 to be 也是动

①塞内卡（《致门徒卢基利乌斯的 124 封信》，第 58 封信，第 5—6 页）知其难而为之，把这个 on 翻译为 quod est。

②《唯名论与唯实论》，1868 年（WR 2：145）。关于类似的立场也可参见尼古拉·哈特曼《本体论基础》，柏林，1935 年）：亚里士多德的公式就其始自具体的实体但又期望考虑一切所共有的东西来看表达了存在，也就是实体，为什么是实体。

词，表达的不仅是其所是这一行为（所以我们会说猫是猫科），而且还是活动（所以我们会说身体是健康的或度假是有益的），直至它常常（在人们说一个人生活在这个世界上感到高兴时）被用作 to exist（存在）的同义词，虽然这个等式为很多异议留下了空间，因为 existere 的原初意义是"离开"、"揭示自己"，因此也意味着"生成"。①

于是，我们就有了（i）体词 ens，我姑且称之为存在实体，（ii）还有另一个体词 being，即存在，以及动词 to be。令人困惑之处在于不同的语言对其有不同方式的反应。意大利语和德语有一个词对应（i），分别是 ente 和 Seiende，但各自只有一个词对应（ii）和（iii），即 essere 和 Sein。海德格尔正是基于这一区别建立了"实体的"和"本体的"之间的差异。虽然法语只有一个词，être，但是自十七世纪以来作为哲学新词的 étant 确实是一直被使用着。然而吉尔松本人——在他的《存在和本质》的第一版中——难以接受这个词，直到在以后的再版中才选择使用它。经院派哲学的拉丁语接受了 ens 来对应（i），但是又以一种极度粗心的态度随意处置了（ii），有时用 ens，有时用 esse。② 在当代英语中只有两个词，to be 和 being，而后者往往涵盖意思（i）和（ii）。比如，现今阿奎那的 *De ente et essentia* 都被翻译成 *On Being and Essence*（《论存在和本质》）。一些海德格尔著作的译者——例如，拉尔夫·曼海姆对《形而上学导论》（纽黑文：耶鲁大学出版社，1959 年）的翻译——用 essent 来对应

---

① 参见艾蒂安·吉尔松（Gilson, 1984）。用经验哲学的语言表述，至少，"存在是某物之存在从本源发展而来的条件……可以正当地说，如果上帝是，他就不存在"。吉尔松对哲学词典学做了大量的哲学思考，我在接下来的章节中也对其进行了自由的运用。

② 对于这些摇摆不定，参见费道明神父（M. -D. Philippe, 1975）。比如，在《论存在和本质》（*De ente et essentia*）中我们有 quod quid erat esse, esse actu simpliciter, esse quid as esse substantiale，神圣的 esse tantum 和 esse receptum per modum actus，作为物质形式的效应的 esse, esse in hoc intellectu, esse intelligibile in actu, esse abstractum, esse universale 以及 esse commune……关于这些模糊表述的长久性，海德格尔（Heidegger, 1973：iv B）也讨论过。

(i)，而另一些译者——参见《存在与时间》（麦夸里和鲁滨逊译，纽约：哈珀出版社，1962 年）——把 "Was ist das Seiende, das Seiende in seinen Sein?" 翻译成 "什么是存在，在其存在之中的存在性（beingness）是什么？"皮尔士建议用 ens（或 entity）来指所有会被论及的事物，不仅包括物质实体而且还包括理性实体，例如数学定律；而这就是 ens 如何成为 being 的对等词的，并且是在这层意义上对等：它作为一个整体，不仅包含了我们周围实实在在存在的东西，而且还包含了处于下、处于中，处于周围、处于前或处于后的一切，以及使之成其所是和（或）使之存在理由充分的一切。

但在那种情况中，如果我们正在谈论的是能够论及的一切，我们还需要把可能的事物包括进来。不仅仅也不只是局限在坚持认为可能世界确实存在于某处这层意思上（Lewis，1973），至少也是在沃尔夫的观点上（《基于科学方法的第一哲学和本体论》，134），根据这一观点本体论把实体看成迄今为止存在着的存在，并不考虑所有的存在问题，因而只要可能存在实体就存在（quod possibile est, ens est）。于是，更毋庸置疑的是，不仅是那些预知的事物，而且已发生过的事件也会进入存在的领域：所是之物，都含蕴在动词 to be 的所有变形和时态之中。

然而，说到这一点，（不论是此在［Dasein］还是星系的）时间性都嵌入了存在之中，我们也没有必要不惜任何代价成为巴门尼德学派的支持者。如果存在（有着大写 B 的 Being）就是可以被说及的一切事物，那么为什么将要发生的事情就不应该成为它的一部分呢？将来看起来好像是一个浓缩的恒定的范畴景观中的瑕疵：但是在这一点上我们也不知道存在是否会比可变的、能变形的、灵魂转生的以及患有强迫症的回收者或是顽固不化的修理工更多变……

不管什么情况，我们所说的语言就是其所是，而如果它们含有关于这个初级词的歧义甚至混乱（哲学反思不能澄清的歧义），这一困惑难道不就是一个基本的状态吗？

为了尊重这一困惑，我们在以后的书页中会用存在的最为宽泛和最为开放的意思来使用它。但是一个被皮尔士定义为具有零内涵的词语会有什么含义呢？它会不会具有像莱布尼茨发出的那个激烈的设问"为什么有某物而没有无物"所暗示的意义呢？

在这里我们使用的 Being 的含义是：某物（Something）。

1.1　指号过程和某物

为什么符号学要研究这个某物呢？因为符号学的问题之一是说明我们是否以及如何用符号去指称某物，并且对此已经有了大量的著述。但我认为符号学不能回避另一个问题：那个促使我们去生产符号的某物是什么？

每一种语言哲学发现其自身不仅要面对终点，而且还要面对起点。它必须反问自身"我们说话时所指是什么，以及可靠程度有多大？"（一个理所当然值得考虑的问题），而且还要问"是什么在促使我们说话？"

从系统发生学上讲，这是一个——受到现代性禁止的——关于语言起源的基本问题，至少从伊壁鸠鲁那时候起。但是尽管（通过指出缺乏考古学上的证据）从类发生学上讲可以回避它，从个体发生学上讲也不能回避。我们日常的经验为我们提供了元素，这些元素或许是不精确的，但在某种意义上讲却是可感知的，可以借助它们来回答这个问题："但我为什么受到促发而说某物呢？"

结构符号学从未回答过这个问题（除了叶尔姆斯列夫之外，我们在后面可以知道）：各种语言在其使用者表达自己以及去做出申明、暗示、询问或命令的那一刻起，就都被看成是早已构建好的系统（并且在共时性上是可分析的）。其余的则关系到词语的说出，但我们说话的原因是心理性的而非语言性的问题。分析哲学自满于自身对真理的概念（所研究的不是事物为何是其所是，而是如果一个命题被理解为真就应该得出结论的问题），而没有关注我们与事物的前语言的关系。换句话说，如果雪是白的，雪是白的这一陈述就为真，但是我们如何意识到（并且肯定）雪是白的要交给感知理论或眼睛去解决。

毫无疑问，唯一一位使这一问题成为其理论——符号学、认知学和形而上学所有这些理论——的最根本基础的人是皮尔士。一个动态客体促使我们去生产一个符号形体（representam），在一种半思维状态中生产出了一个直接客体，接着又可转译成有潜在无限性的符号解释，而有时通过在解释的过程中形成的习惯我们又回到了动态客体，我们从中生成某物。

必须注意到的是，我们一旦回到动态客体并且重新论及它的时候，我们便又回到了起点。于是我们必须用另外一个符号形体来给它重新命名，以至于在某种意义上讲动态客体总是物自体，永远在场却不能捕捉到，如果不借助指号过程的话。

然而就是这个动态客体促使我们去生成指号过程。我们之所以生产符号是因为有某物需要被言说。用一个尽管不太哲学化但很有效的表达式来说，动态客体就是踢打我们的某物（Something-that-sets-to-kicking-us①），并且对我们祈求："说说我吧！"或者再来一遍，"考虑考虑我吧！"

我们熟悉指示性符号，如语言中的 this（这个）或 that（那个）、朝某处指的手指以及图像语言中的箭头（参见 Eco，1978：3.6）；但是还有一种我们必须当作前符号或者原型符号（之所以这样讲是因为它构成了启动指号过程的信号）来理解的现象。我们把这种现象

---

① 我希望有一天这个表述能被翻译成德语；这样至少意大利哲学家们将会认真对待它。

称作原初指示性或注意力（皮尔士把注意力说成是把思维指向一个客体，以及对某个元素注意而忽视另一个元素的能力）。[1] 原初指示性是这样发生的，在厚厚的一簇感知向我们簇拥过来的时候，我们突然选择了我们使之与总的背景相衬托的某物，并且决定关于它说些什么（换句话说，当我们处在光感、热感、触感和内感觉的包围之中时，其中只有一个能吸引我们的注意力，而在那之后我们才说那是冷感，或者说我们的脚被冻疼了）；原初指示性在我们吸引了某人的注意力时发生，不一定非要向他说什么，而是仅仅向他出示那个将成为一个符号或一个例证的某物就可以了，例如我们拉拉他的夹克衫，我们引导他的头转向。

　　在最基本的指号关系中，奎因（Quine，1960：2）演示了一个极端的翻译例子：在尚未知道土著人给一只跑过的兔子（或者不管他在我看见的地方看见了什么，而我的理解则是一只兔子）命名之前，以及在我问他"那是什么？"之前——用的是表示询问的手势，而这个动作他可能理解不了，于是我就把手指指向引起我兴趣的那个事件——为了确保他用著名的谜一般的 gavagai[2] 来回答，有一刻我把他的注意力固定在这个时空事件上。我可能会大喊大叫，我可能会抓住他的肩膀，总之，为了让他注意我决定去注意的事物，我会做些什么的。

　　把我自己或别人的注意力固定在某物上是实现每个指号过程的条件；它甚至发生在（早已是符指的、早已是思考结果的）注意这个行为之前。通过这个行为我决定某物是相关的、引起好奇心的以及吸引人的，因而必须用一个假设来得到解释。这个（注意力的）固定发生在好奇心之前，发生在把一个物体感知成一个物体之前。

---

① 《一组新的范畴》，1867 年（WR 2）。
② 奎因在《词语与对象》一书中曾经提出过一个哲学难题：一个语言学家发现，当一只兔子跑过时土著人指着兔子说 gavagai，gavagai 到底指的是什么？一整只兔子？兔子的耳朵？兔子蹦蹦跳跳的动作？或是兔子跑过时在地上留下的脚印？——译注

这到现在仍然是盲目的决定，借此决定我从我要理清的一团混沌的经验之中分辨出某物。

一旦意识理论形成之后，随之而来的整个问题就是这个客体是否会成为一个动态客体、本体，或者成为未被范畴所照亮的直觉原料。首先有着某物，即使它只是我的被再次唤醒的注意力；但不仅如此，它还是处于睡眠状态、躺着等待或是打盹的注意力。它不是定义某物的原初的注意行为，它是唤起注意力的某物，而处于等待状态的这个注意力早已成为了这个某物的一部分（或证据）。这些都是说明符号学不能回避思考这个某物的原因，（为了把我们同几个世纪以来为了思考它而遭受百般痛苦的所有人联系起来）我们决定称之为存在。

1.2 一个牵强的问题

有人曾说过存在的问题（也就是回答"什么是存在？"的答案）是所有问题中最牵强的问题，是常识永远不会提出的问题（Aubenque，1962：13—14）。"如此这般的存在远不能构成一个问题，因此似乎论据'并不存在'"（Heidegger，1973：1969）。以至于后亚里士多德传统忽视了这个问题，并且在某种程度上讲甚至取消了这个问题，从而解释了《形而上学》的文本为什么会消失这一传奇事实，直到公元前一世纪它才又重新浮出水面。另一方面，亚里士多德本人，以及同他在一起的整个希腊哲学传统，都从未提出莱布尼茨在其《自然与体面原则》中给自己提出的问题："为什么有某物而没有无物呢？"——进一步说，在根底处，无物会比某物更为简单而不那么复杂。实际上，这个问题也代表了非哲学家们的困惑。他们有时会发觉很难在上帝的不可思议的永恒中去思考上帝，甚至更糟的是去思考世界的永恒性，而如果无物存在或无物从未存在的话就会变得容易得多、更有把握，这样就不会有人绞尽脑汁地去思索为什么会有无物而不会有存在。但是我们如果期望获得无物性，那么在这种期盼行为之中我们就早已处于存在中，尽管是以过错和罪愆的形式存在其中，就像瓦莱里在《蛇图》中所暗示的那样：

> 太阳！太阳！……发着错误的光芒！
> 你遮掩了死亡，太阳……
> 依靠令人费解的莫大欢畅，
> 你是我最傲慢的同谋，
> 和最高的陷阱，
> 你不让众生知道
> 宇宙只是一个瑕疵
> 在了无一物的空无之中。

　　需要附带说明的是，如果正常的情况是无物性，并且我们只不过是倒霉的稍纵即逝的赘生物，这个有关本体论的讨论也就会随之坍塌。如果认为可能存在完美之物，那么这个存在的应有的一切的一部分也是作为完美之物的实存，那么上帝可被思考这个事实就能表明他实际存在着。这样也就不值得争论了。在对这个本体论争论的所有反驳中，最活跃的是由"谁说实存就是完美之物?"这个问题表达的。一旦承认了绝对纯粹性构成了非存在，上帝的最大的完美将会构成他的非实存。认为他（能够认为他）是存在的是我们的局限造成的结果，我们以我们本身存在的属性辱没了这一具有至高无上权利者和运气极佳者。如果在坎特伯雷教堂大主教安塞姆和高尼罗之间没有发生争论，而是在安塞姆和齐奥朗之间发生的，那将会非常有趣。

　　但是即使在纯粹的非存在中存在是一个瑕疵，我们也要陷入这个瑕疵设置的陷阱之中去。于是我们还是要谈论它。因而让我们回到形而上学提出的基本的问题上来。为什么存在着某物（无论是就其本身来讲，还是那些被体验或思考的繁多的实体，以及剥夺了我们享受神圣的非存在的静谧权利的整体意义上的巨大瑕疵）而不存在无物呢？我再重复一遍，在亚里士多德（以及亚里士多德的经院哲学传统）那里这个问题没有出现过。为什么？因为这个问题被回避了。我们接下来将试图给出隐晦的答案，来说明回避的方式。

1.3 为什么有存在

为什么有存在而没有无物呢？因为有着。[①]

这个答案必须用最严肃的态度予以对待；它不是一句名言。我们能够提出此问题这一事实（如果没有无物的话我们就不能提出这个问题，甚至这个问题的提出者也不能）恰恰意味着每个问题成立的条件是有存在存在着。存在对于常识来说不是一个问题（或者更确切地说，常识不把它当作一个问题），因为它本身就是常识自身的条件。在《真理论》的开头阿奎那讲道："ens 在知力看来是最首要和明显的，从这里以及在其中知力解决了所有的理性概念。"存在某物，这是我们的知力所认为的首要的、最明显的和最为人所知的事，其余的一切都跟随其后。也就是说，如若我们不从我们正在思考某物这个（隐晦的）原则开始，我们就不能够思考。存在就是地平线，是羊水，在其中我们的思考自然地运行——或者可以这样说，既然按阿奎那的意思，知力制导对事物的起始性的理解，那它就是我们的感知活动首先在其中展开的地方。

---

① "就作为纯粹实在的实在既不能说它存在是因为它可以存在，也不能说它存在是因为它不能存在；而只是因为它存在所以才存在的。实在完全是无理由的和无根据的；完全依靠自由，这种自由不是基础，而是深渊，也就是说基础总是会拒绝承认自己是基础。"（Pareyson, 1989: 12）

即使我们发现处在贝克莱式的情形中也会有存在，如果我们只是一块屏幕，上帝把现实中并不存在的世界投射上去。甚至在这种情形中也会有我们的——即使是错误的——感知非存在（或是只因被我们所感知而存在）的行为，有我们作为感知主体（以及，根据贝克莱的假设，有上帝告诉我们什么为非）。因而有着足够的存在去满足即使是最焦急的本体论者。总有着某物，因为有人能够追问为什么有某物而没有无物。

所有这一切应该立即澄清存在的问题能被简化为世界的现实性问题。我们所谓的外部世界或是宇宙是否存在，抑或它是不是邪恶的神灵带来的结果，一点也不会影响某处有"某物"这一初始论据（纵然它为想象之物也是思考成其为然的）。

但不需要等待笛卡儿。在阿维森纳的著作中有一页写得非常好——在几个场合说实体是被首先认识的，以及除非通过它的名称它才能被评说，因为这是任何其他评说的首要原则，而这一原因不需要再回去依靠一个定义来承认它，因为实体没有定义、类属或差（differentia），而没有什么比它是其所是那样更为人所知，在说过所有这些之后——他邀请我们做一个实验，说明他对某些东方的药物并不陌生：

> 让我们假设我们其中有人突然被生成，且很完美。但他被蒙上了眼睛，看不到外部世界。他被生成时是在空气中滑行的，或更好一些的话，是在虚空中，这样就不会遭受空气的阻力。他的四肢是分开的，它们既不交汇也不触及。他冥思苦想想知道他的存在是否能被证明。毫无疑问，他会声称他存在：尽管不能证明他的手或脚或内脏或心脏或大脑的存在，或者所有其他任何的外物，但他还会说他存在，不需要确定他是否有长度、宽度或者深度……（Philipe, 1975: 1—9）

于是，之所以有存在是因为我们能够提出存在的问题，而这个存在出现在每个问题之前，因此也就出现在每个答案和每个定义之前。为人所知的是，现代人反对形而上学——连同其对存在所感到的困扰——是因为它只是发轫于建立在印欧语系的句法结构基础之上的话语内部，也就是说基于一种所有的判断都要求主语-系词-谓语这样的结构的语言之上——以至于就像十八世纪的完美语言的建构者们所极力提议的那样，甚至像 God is（上帝在）或 The horse gallops（马飞跃）这样的句子总能被解析成 God is existent（上帝是存在的）和 The horse is galloping（马在飞跃）。但是存在的体验暗含在刚刚从母亲的子宫中出来的婴儿所发出的第一声啼哭中，朝着向他显示为地平线的某物打招呼或表示注意，这种体验暗含在婴儿用嘴唇寻找乳房的过程中。这种原初指示性现象向我们表明朝外触及某物的意图（而这个某物是否确实在那里，还是我们假定它通过我们的触及才存在，无关紧要；并且是不是我们在触及也无关紧要——无论如何总会触及）。

存在也同样被知力看作是首要的和最为人所知的，似乎我们总处于那个地平线上，或许胎儿尚在子宫中游动时已经意识到了存在。很显然，它把存在当作已知物来感知（或者甚至说是唯一的已知物）。

没有必要对为什么有存在提出疑问；它是一个明证。这并不意味着它不会炫人眼目、不会看起来可怕、不会让人无法忍受、不会要人性命——实际上它对很多人来讲似乎都会如此。对其根基发问或痴人说梦，或底气不足，会使人想起某个人在被问及他是否信仰上帝时的回答："我不信仰上帝，我信仰的是更伟大的东西。"存在是其自身的基本原则，并且每当我们向自己提出有关它的问题的时候，我们都会遭遇这个无法回避的问题。就有关存在的基础发问就像是就基础的基础发问，也就是对基础的基础的基础发问，就这样向后无限推延：当我们筋疲力尽时就停下来，这时我们又一次也总会是处于我们问题的基础部分。①

甚至还不如说，为什么有存在而没有无物的问题掩盖了另一个引起困扰的问题，这个问题涉及上帝的存在。但首先出现的是存在的证据，接着才是上帝的问题。在提出"是谁造就了这一切，又是谁使之处于存在之中？"这个问题之前，有着识别存在某物的证据的行为，而这一证据对于我们来说是如此熟悉，就好像早已在一群实体中被组织好了。似乎无可否认的是，动物不能问自己出现在存在之后的问题，如上帝存在吗，尽管如此它们也拥有存在的证据。阿奎那在被他恰当地称为《神学》的论集中回答了这个问题。但首先进行的是有关《论存在和本质》的讨论。

1.4　我们如何谈论存在

存在在被谈论之前是恰好的。但我们能从不可压制的证据中把它拿出来，使它转化成一个只在我们谈论它的范围内（等待答案）的问题。向存在的第一次开启是某种狂喜体验，尽管是在该词的最为物质性的意义上，但是只要我们停留在这一起始的、无言的证据中，那么存在就不是一个哲学问题，就像水对鱼来说不是一个哲学问题一样。在我们谈论存在时，不是在其无所不包的形式中谈论它，这是因为，就像我们说过的那样，存在的问题（即最为直接和自然的体验）是所有问题中最牵强的问题，是我们的常识绝不会提出的问题：我们通过从存在中雕刻出实体来在存在中摸索着前进，渐渐地就为我们自己建构了一个世界。

因此，既然常识在把存在组织进这个系统或是非协调性的实体

---

① 在《什么是形而上学？》中海德格尔提醒我们在实体自身把握实体的总体性和在总体性实体的中心把握对存在的感知是不同的。前者是不可能的，后者总是发生在我们身上。为了证明这一点他引述了烦的状态（这种状态被应用在总体性的实体身上），而且还有在所爱的人面前感觉到的喜悦。

系列中之前是不能够认识存在的，那么实体就是存在与我们约会的渠道，而我们必须从那里开始。

于是我们就来到了亚里士多德的《形而上学》的中心问题。这个问题是以言论的形式提出来的，亚里士多德并不是从其开始的，但是经过一系列的步骤几乎抵达了那里——被它绊手绊脚，可以这么说，在他逐渐从第一本书行进到第二本书的时候，说过有一种像这样研究存在的科学，在人们期待给这门科学所研究的对象下初步定义这一点上，亚里士多德把出现在第一本书（992b 19）被置于括号中的言论当作唯一的可能定义：存在可以用很多种方式以及用各种意义来言说（1001a 33）。

阿奎那所认为被知力感知的最为人所知的东西，即思考和说话的地平线，亚里士多德则认为（而阿奎那是同意的）在本质上（如果它有本质的话，但我们知道它既不是属也不是种）是有歧义的和多义的。

对于某些作者来说这一声明把存在的问题交给了一个基本的无解难题，对于这个难题后亚里士多德传统只是试图简化，同时又不破坏其鲜明的潜质。事实上，亚里士多德是想把它简化为可接受维度的第一人，而他是通过把玩副词词组"以很多方式"来做这件事的。

很多方式可以简化为四种。存在能够被说成是（i）偶然性的存在——它是作为系词的联结谓项的存在，所以我们说这个人是白种人（The man is white）或这个人站着（is standing）；（ii）说成是真，所以某个人是白人或那个人是动物可能为真也可能为假；（iii）说成是潜在性和实在性，所以如果说这位健康的人目前病了是假，而他会生病，今天我们就可以说我们可以想象出一个可能的世界，在其中说这个人生病为真；以及（iv）存在可以说成是 ens 本身，换句话说就是物质。在亚里士多德看来，存在的多义性在某种程度上有所缓解，那就是尽管我们说的是存在，但我们是"参照着一个原则"（1003b 5—6）来说它的，即物质。物质是个体性存在着的存在，我们在感知上掌握着它们的证据。亚里士多德从未怀疑过个体物质的存在（亚里士多德从未怀疑过这个世界的实在性，就像它在我们的日常经验中所显示的那样），只有在这些物质中柏拉图的形式本身才能被实现，不需要考虑在天外某个苍穹中在它们之前或之后是否存在，而这种安全使他掌握了存在的很多意义。"存在的首要的意义就是意指物质的本质。"（1028a 4—6）

亚里士多德式的存在问题并不在于方式而是在于言说。不管存在以一种还是多种方式被言说，存在依然是被说的某物。它也可能是其他任何一个证据的地平线，但它只有在我们开始谈论它的时候才会成为一个哲学问题，而且当仅且当我们在谈论它的时候才产生歧义和多义。这种歧义能够被缓解这个事实并不能改变我们只有通过言语才能意识到它这一事实。正如存在可以被思索一样，存在从一开始就可以作为语言的效果向我们展示自己。

存在一旦在我们面前出现就会引起阐释；一旦我们说及它，它就已经被阐释了。这无助可求。甚至巴门尼德也不能避免这个圆圈，尽管他把实体看成是靠不住的。但是实体是错误的名称，我们在进行哲学反思之前就被引领着把名字赋予了它将要成为的东西。而巴门尼德是第一个用词语去认识（和阐释）符号这种鬼使神差心理的人，存在正是通过很多符号引发了我们的话语。为了让存在存在，就必须去想也必须去说。

更不用说，在亚里士多德看来，没有词语存在就会既不是也非不是；它就在那里，我们在它之中，但我们并不认为我们在。亚里士多德的本体论有着语言的根基，而这已经被广泛地评述过。在《形而上学》中每一次对存在的提及、每一个关于存在的问题和答案都在引述语的语境之内，不管它是言说、语符还是其他什么。当我们读到"任何人都不可能设想同一个事物既是又不是"（1005b 25—26），我们遇到动词 ypolambanein，实际上就是"相信"、"用观念去把握"，但是——如果观念就是 logos 的话——它会意味着"使用词语"。

会有人反对这样一种情形：我们可以不自相矛盾地谈论与那个物质相关的东西，而这个物质是在我们言说它之外独立存在的。但是这会被反对到什么程度呢？我们如何讨论这个物质呢？我们如何才能不矛盾地说人是理性的动物，但说他皮肤白或他会跑只表明是一个转瞬即逝的偶然事件，并且也因此不能成为科学的研究目标呢？在感知行为中，活跃的知力从 synolon（物质＋形式）中抽象出实质，因此似乎在认知的那一刻我们马上并且毫不费力地抓住了 to ti en einai（1028b 33.36），即存在是什么，也因此恒定性地是什么。但我们对实质会说些什么呢？我们所做的一切就是给出定义："定义是它需要意味某物带来的结果。定义是观念（logos），其名字（onoma）是符号（semeion）"（1012a 22 - 24）。

天哪！我们拥有不可遏制的个体存在的证据，但除了通过它们的本质亦即通过属和属差的方式（因此不是"此人"而是"人"）赋予它们名称之外我们却对其无言可说。我们一旦进入本质的世界，就进入了定义的世界，也就是进行定义的语言世界。[①]

对应于无限的个别事物，我们有着为数不多的名称和为数不多的定义。因此求助于普遍性不是思想的优势而是话语的弱点。这个问题在于人总是概括地进行言说，而事物都是个别性的。语言通过

---

① 问题是：我是从给我感觉（以及随后的对心像的抽象）的证据那里获取的定义，还是对定义的前认知使得我把本质抽象出来的？如果活跃的知性不是对先前形式的储存，而是使得我们识别在同义语中运行的形式的纯粹的机制，那么这是一种什么能力呢？我们很容易陷入阿拉伯的异端中并且认为它对于每个人来说都是独特的，但说它独特并不意味着它就是恒定的和普遍的；它可以是文化的活跃知性，它可以是识别能力以及从内容中雕刻出形式的能力。在这种情形中，由活跃知性导致的切分所提供的符号将会决定指称的性质和精确性！在《诗学》中说："如果事物自身出现而不需要话语，话语又有什么用呢？"皮埃尔·奥本克从《论诡辩性反驳》（Aubenque，1962：116）中引用了一页。由于我们不能把事物本身带进讨论中来而必须以符号的形式运用它们的名称，我们于是就假定名称身上所发生的也是事物身上所发生的；就像鹅卵石用来计数一样。但在名称和事物之间不存在完全的相似性；名称在数量上是有限的，就像定义的多元性一样，而事物在数量上是无限的（正如其意外因素是无限的一样）。

24

模糊存在着的个体的不可遏制的证据进行命名。所有尝试过的解救办法都是白费的：虚幻的思想，就个体作为唯一的直觉资料来讲，把概念降解成声音气息（flatus vocis），使自己困在指示词、专名和僵硬的指称词后面……所有这些解药。除了几种情况例外（在这些情况中我们甚至不必言说，只是用手指、吹口哨、抓住胳膊——但在这些情形中我们仅仅是存在而不是在言说存在），我们在开口说话时无一例外地都处于普遍性之中。

于是，物质的锚地弥补了存在的很多感知，并且借助于说它的语言把我们带回到作为我们了解物质本身的条件的语言。如所示的那样（Eco，1984：2.4），为了下定义，就有必要构建由谓项、属、种和差构成的树形体系；而亚里士多德实际上把这一树形体系建议给了波菲利①，但他本人（在他的确打算给本质下定义的自然论著作中）却没有设法以前后一致和严谨的方式应用过它（Eco，1990：4.2 I. I）。

1.5　亚里士多德存在的无解问题

然而，关于存在的麻烦并不仅仅在于它是语言的一种效果。甚至不是语言在给它下定义。存在没有定义。存在不是属，甚至也不是所有属中最普遍的那一个，所以它逃避所有的定义，如果为了下一个定义需要使用属和差的话。存在使接下去的所有定义成为可能。但是所有的定义都是对世界在逻辑上，因此也是符指上，进行组织得来的结果。在我们每次求助于那个安全的参数，也就是存在，来证明这一组织合理性的时候，我们就又回过头来求助于言说，也就是求助于我们要为其寻求一个保证的语言。就像皮埃尔·奥本克所说，"我们不仅对存在无以言说，况且存在对那些我们赋予了存在的

---

① Porphyry of Tyre（233—309），腓尼基新柏拉图主义哲学家和数学家。——译注

事物也无所言说"（1962：232）。这样说很自然：如果存在是起始的地平线，那么说某物"是"，对凭借把某物命名成我们的话语的对象因而不证自明的事物来说没有增加任何东西。除了关于它自身的话语（这一话语在我们正要谈论它的时候，并没有告诉我们先前不知道的东西）之外，存在是一切话语的基础。

有人提出过绕过这个无解问题的道路。我们可以把存在安置在别的地方，在那里它不应该也不可能把语言作为条件。这就是新柏拉图主义试图去做的，以至于造成了极端的结果。为了逃避定义，元一（One）作为存在的基础被放置在存在自身之前，并且被说成是不可用语言表达的："那个存在可能会存在，而这个元一却不是存在"（《九章集》，卷 V，2.1）。但是为了把元一置于存在自身难以企及的地方，语言就成了否定性的神学；它通过排除、隐喻以及否定绕过这一不可言说者，好像否定自身并不是指号过程的动力，一种借助反面进行识别的原则。

或者也有可能，就像经院哲学家们所做的那样，把存在的基础认同为作为存在本身的上帝。跟神学一样，哲学第一次把由作为存在科学的形而上学留下的空白之处填充了起来。但从哲学上讲，这是一种回避：对于拥有宗教信仰的哲学家是这样，因为他们必须认为信仰要越俎代庖，而理性则无以言说；对于无信仰的哲学家来说是这样，因为他发现，对于他所关心而哲学却无力掌控的、仍然绰绰闪现但同时又比什么都明确的鬼影，神学所做出的反应就是建立一个上帝的阴影。此外，为了能够谈论被看成是我们的言说能力基础的存在本身，需要精心构建一种语言。由于这种语言与单义性地为实体命名的语言不同，所以根据推论规律，它必须是一种类比语言。但是，说类比原则允许我们谈论存在是不确切的。并非是类比首先出现，然后再把它用到实体（ens）甚至存在本身之上。我们谈论上帝确切地说是因为我们从一开始就承认类比存在：是存在的而非语言的。但又是谁说存在是类比性的呢？是语言。这是一个从起点又回到起点的圆圈。

因此，不是类比使我们能够谈论存在。是存在通过它自身可用词语表达的方式允许我们借助类比谈论上帝。把存在安置在作为其自身的基础以及使得存在成为世界实体的一部分的存在本身之中，并不能使神学免于谈论它（否则就是一个纯粹的圣洁无瑕的景象，而我们也知道即使"至高的幻觉也失去了力量，在这里断裂"①）。

还有其他的解决方式吗？有一个，在哲学上讲它至高无上，并且几乎无可匹敌：重新把语言完全纳入存在之中。存在被论及，同时又在无所不包的物质内部定义自身，在这里理念的秩序和联系与事物的秩序和联系相一致，在存在和其基础之间不再有不连贯，在存在和实体（为存在赋形的模式）之间不再有断裂，在物质及其定义之间不再有缝隙，在思考和被思考之物之间也不再有沟堑。甚至即使像斯宾诺莎的体系那样不妥协和完美的体系之中，语言也艰难地进入，并且构成了一个问题。语言似乎极其完美地适合于这个对象，该对象使用自身来给自身下定义，只要它是用一种抽象的方式谈论物质、其特性和模式；但是在它不得不用世界上的实体名称去认识——比方说人——的时候，它显得非常虚弱，只是试探性地浅尝辄止，而又被各方面的条件所制约。确实，

> 那些最为经常性地思考人的直立姿势的人们，依靠人这个名称去理解拥有直立姿势的动物；而在另一方面，那些习惯于观察另外事物的人们将会形成一种庸常的人的形象，也就是人是会笑、双足、无羽毛、理性的动物；于是每个人将会形成对其他事物的普遍性的形象，所依据的是他自己身体的配置。
>
> （《伦理学》，卷 XI，边注 I）

---

① 但丁：《神曲：天堂篇》，33：142。

这难道不是在重新提及语言和思想的贫乏、名称缺席以及以前常常折磨着普遍性理论家的数量庞大的同形同音异义词？而且这个重新提及又被语言服从于如今"身体的配置"这一事实给复杂化了。当这种语言声称可以（用几何秩序！）谈及存在时，我们将如何能够对这种身体型语言完全信任呢？

这留下了最后一个可能性：既然几个世纪之前存在同本质分离开来，而实质又同存在分离开来，所剩下的一切就是把存在同自身分离开来。

1.6　存在的复制

当海德格尔在他的《什么是形而上学？》中问道："为什么有存在而没有无物？"他用的是 Seiende，而不是 Sein。海德格尔认为形而上学的麻烦在于它总是关注实体而不是它的基础，也就是说不是存在和存在的真理。形而上学通过质疑作为实体的实体，避免了借助于作为存在的存在。它从未集中关注其自身的基础：存在逃避了形而上学的关注，正是形而上学宿命的一部分。形而上学设计整体性的实体是基于这一信仰，那就是它论及如此这般的存在；它把实体作为实体来谈论，而存在只有在此在中和为了此在显示自身。所以，以我们被安置在世界之中而论，如果不涉及我们，我们就不能谈论存在。是其所是地思考存在（即把存在的真理认作是形而上学的基础）就意味着放弃形而上学。存在以及对其揭蔽的问题不是作为实体科学的形而上学的问题，它是存在的中心问题。

我们进入了无物性的理念当中，而无物性理念又同实体理念"聚集而来"。这源于恐惧感，或是烦。这个烦让我们感到在实体中不得其位，"掠夺了我们的言语"。没有言语就不再有实体：由于实体逃遁了，就产生了非实体，换句话说就是无物性。烦向我们揭示了无物性。但作为实体的存在、基础和真理，这一无物性被认同为存在（Sein）。在这层意义上海德格尔与黑格尔的话是一致的。这句话的大体意思是纯粹的存在和纯粹的无物性是一回事。从对这种无物性的体验中，产生了把存在看作实体的基础的实质的需要。

然而，若无必要，勿增实体，尤其是同实体、存在和无物性一样具有初始性的观念。很难把海德格尔的思想从他表达自己的语言中分离出来，而他也对此有着清醒的意识：他对其德语的哲学本性颇感骄傲，如果他出生在俄克拉何马，所拥有的只是一个极其模糊的 to be，并且只有一个 being 对应 Seiende 和 Sein，他会如何去思想？如果还有必要再重复说存在在我们看来只是语言的效果的话，这两个词（Seiende 和 Sein）被实体化成两个某物的方式就足够了。这两个实体之所以被生成是因为有语言，除非在亚里士多德那里所描述的存在的无解问题不能被全面接受，它们才能被维持。

而对于海德格尔来说实体（ens, Seiende）对应于物质，对于物质亚里士多德没有任何怀疑（海德格尔也没有任何怀疑，尽管他像纺纱一样绵绵不断地谈论着无物性，但像亚里士多德和康德一样，他从未怀疑事物的是之所是，以及它们自发地向我们的可感知的直觉显现），在单义性地命名事物的虚幻理念下面，必定有着更模糊和更原初的东西在逡巡。但是至此，我们还是像巴门尼德那样对待实体畏缩不前。可以这样说，到目前为止我们分割周围某物的方式并不能对它予以说明，不能说明它的深不可测的复杂性，或是它的绝对的简单性，或是它的无法控制的混乱。如果存在确实可以用很多方式言说的话，那么 Sein 就仍然是这些实体在被言说它们的语言分割之前黏着在一起的总体。

但是，鉴于此在是实体当中唯一一个能够向自己提出存在问题的实体，此在的问题就会是这样的：去理解它同它所命名的实体的总体性的循环关系——这种理解足以唤起烦和一种无归属感，但这一理解绝不会帮助我们从那在（being-there）发现自身被抛入其中的循环中脱身而出。

如果说有着形而上学尚未阐释的某物，也就是说仍未被阐释分割的某物，意味着那个某物已经成了分割的对象，在其中它被定义为尚待分割的整体。

如果那在是完全认识到了它与诸实体之间关系的符指特性，就没有必要复制 Seiende 和 Sein。

这样说是没有用处的：形而上学的话语为我们建立了一个我们以非真实的方式居于其中的实体世界。这充其量只能促使我们对本来就错误的话语重新建构。但仍然可以通过从我们被抛入的实体的地平线出发来实现。如果一套实体不只是等同于一套可用的客体，而且还涉及理念和情感，那么烦和非归属感也是它们应该消解的实体世界的一个构件。

存在对死亡、烦和无物性感觉的意识把我们的头脑向无物敞开，而这个无物并非已是我们被抛入的地平线。向我们走来的实体不仅仅是"可利用"的客体；它们还是我们所非常了解的激情的键盘，因为它们是他者告知我们的参与世界之中的方式。似乎把我们的头脑向 Sein 敞开的情感已经是实体的巨大疆域的一部分。再者，如果无物性是同实体对立的一种神秘力量的顿悟，那么在这个无法表达的本体性的"黑洞"里，我们或许会遇到那个穿越否定性世界即 das Sein 的旅行者。但并非如此，海德格尔并没有这样幼稚，以至于把思想的机制（否定）进行实体化，或者是把现实是摇摆不定的感觉进行实体化，并且把它转化成无物性的本体性"现实"。他就像巴门尼德那样，太知道存在确实存在，而无物性不存在。他会从既没有内涵也没有外延的词语中生发出什么呢？对无物性的感知不单单是激情的强度、一次偶然、不期而遇的低落、一种情绪，而是一个"基本的情感性的情状"（Heidegger，1973：204）。不是另一个某物的显现，而是激情。

如果不是意识到我们的那在包含必须谈论（或闲聊）实体的话，

那么非归属性引发了什么呢？一旦从我们谈论的实体中脱离出来存在就逃遁了。但这不是一个本体论或形而上学的陈述，它更像是一句词语性的声言：没有意义对应于这个词语，das Sein，相对于 das Seiende。两个词都有相同的（无限）外延和同样的（空）内涵。"实体为我们所知——但存在呢？在我们试图决定，抑或仅仅是把握这个观念的时候，我们难道不会头晕目眩吗？"（Heidegger，1973：IV，B, 41）。这种晕眩也几乎同样发生在当我们言说作为实体的实体是什么的时候。Seiende 和 Sein，具有相等内涵和外延的这对词语（这种情形只发生在绝对的同义词身上！）都指示同一个某物。

Sein 总是作为闯入者，以及作为具有日常语言典型特征的动词用法的体词化实体，出现在海德格尔的话语中。那在又重新找到了自己，就它被赋予实体来看意识到了自身，并且在其中发现了作为准备好迎接死亡的存在的它的真正实质（不是本质而是决定）。它是某种超验的统觉，没有"我"也没有"我思"，在其中那在在思想、情感、欲望和肉身性（否则它就不必去死）中发现了自身。在使自己与自己之外的实体发生关联时，人在实体面前早已发现了自己，而这个实体维持着他，他发现这个实体赋予了他，以及他即使凭借其所有的文化和所有的技术也永远无法全面掌握这个实体（Heidegger，1973：196）。在这个域界内，此在把自身认识成这样：在每一种我们因之而"在（is）"这样或那样情态的思维状态中，我们的那在彰显着。诚然如此。但为什么海德格尔又接着说我们因此理解存在却反而缺失这个概念呢？（Heidegger，1973：IV，B, 41）为什么 Sein 在这种思维状态或情状中被发现呢？很自然，这个概念是缺失的，如果它的内涵为空的话，就像诸如此类的实体的情况一样。但我们为什么需要这个概念呢？

正如海德格尔在《存在与时间》（§490）中说的那样，烦朝着为其自身的目的而被抛弃的它的存在构成了那在的敞开。的确，并且这个被抛弃的存在的（语法）主词就是此在。但是，为什么会说紧接着"因为它（烦），存在向那在敞开"以及"那在的存在是完全成问题的"？那在的存在是同义反复。那在不能以某物为基础，鉴于它是"被抛弃的"（为什么？因为就是这样）。如果敞开自身的那在是诸多实体中的实体，这个朝那在敞开自身的 das Sein 从何而来呢？

当海德格尔说形而上学的建立问题是植根于人对存在的质疑之中，或者更确切地说是植根于其最为密切的基础之中，那就是"把存在理解成真正存在的有限性"（Heidegger，1973：198），Sein 只不过是我们被置身于实体的域界之中的有限方式的存在性理解。Sein除了是我们对我们之为有限实体的理解之外什么也不是。

那么，可以这样说，最大程度上讲，存在对那在的体验是对模糊区域的一个有效的隐喻，在这个区域中一个伦理的决定已形成：设定我们的真正的命运是以身赴死，默认放弃了形而上学——所详尽论及的——关于它把它的虚幻的领域建立其上的诸多实体。

然而，出现了（一个在哲学上产生影响的事件）急转弯，或是一个转折点。在这个转折点上，从内涵上讲难以把握的存在成了一个庞大的主体，尽管以一种模糊不清的腹鸣的形式在实体的肠胃中游走。它想说和揭蔽自己。如果它说，它就要通过我们说，这样的话，就像 Sein 那样它会仅仅在与此在的关联中出现。因此就有必要像存在为了同自身相分离所要通过的实体/本体的复制的情形一样，让语言也同自身分离。一方面，将会有形而上学的语言，如今它已成明日黄花，因对存在有着固执的健忘症而显老迈，急不可耐地去研究客体，而另一方面，会有一种语言——我们姑且说——能够"比社会性词语发出更纯的意义"。其结果就是，不是掩盖存在而是揭蔽存在。

于是语言被赋予巨大的力量，并且有人坚持认为有一种语言形式如此之强大，与存在的最根本的基础有着如此大的同质性，因而它向我们"展示"存在（即存在-语言的不可分解的扭结），于是存在的自我揭蔽在语言内部得以实现。荷尔德林的《纪念》中的最后一首诗就象征了这一点："但是留下的将会由诗人凭直觉知道。"

1.7　诗人的发问

这个想法很古老，在伪丢尼修的新柏拉图主义中，它显示了自身所有的辉煌。鉴于存在着一个神圣的元一——它既不是身体、体形，也不是形式；它既没有数量、质量，也没有重量；它不在哪里；它不看也不听；也不是心灵，也不是心智，也不是数字、秩序或型号；既不是物质也不是永恒，也不是时间；不是影子，不是光；也不是错误或真理（《神秘神学》），没有定义可以界定它——它只能用矛盾修辞表达法来命名，如"光芒四射的烟灰"，或者用其他模糊的相异的事物来命名，如闪电、嫉妒、熊或豹子，这正好表明它的无以言表的特征（《天阶序论》）。这种所谓的象征方式——相对于事实而言，具有丰富的隐喻性，并且影响了托马斯主义和后托马斯主义的类比概念——是只有通过诗歌存在才能被言说的例子。

因此，正是这个最古老的神秘主义传统给予了现代社会这一观念，即一方面存在着能够单义性地命名实体的话语，而另一方面也存在着一种允许我们言说不可知者的否定神学话语。这就为以下观念扫清了道路，那就是只有诗人、（总是言及他物的）隐喻大师和（总是言及对立物的存在的）矛盾修辞表达法大师才能言说不可知者——这个观念既适合诗人和神秘主义者的口味，也更适合实证主义科学家的口味，他们白天对知识的严格界限进行推理分析，到了晚上就组织招魂者参加降神会。

这种解决办法可以在与几个世纪过程中由诗歌——总的来说也是艺术——的话语所提供的定义的极度复杂关系内部找到一席之地。

但让我们用举隅法使诗歌代表艺术和使诗人代表艺术家。从柏拉图到鲍姆嘉通，从对模仿的模仿的观念到低级感知的观念，我们对相对于理论知识的艺术知识有着某种贬低。鉴于此，把对知识的完美化等同于对普遍性的理解，我们把诗学知识降解为介于两种完美化中间的房子。前者是通过发现规律而揭示的概括性知识的完美化；后者是以个性化为主导的知识的完美化：诗人把一片树叶的颜色的细微之处传达给我们，但他并没有告诉我们是什么颜色。如今，从历史的角度看，正是科学时代的到来，从启蒙时期到实证主义的世纪，科学知识及其界限被拿来验证。随着这种知识逐渐受到质疑，并且受到界限分明的话语世界的限制，渐渐地出现了一种确定性界域的可能性，这种确定性非常靠近普遍性，但通过的是对个别性的半神秘性的揭示（这与现代的顿悟观念并无二致）。

这样，低级感知成为了特权知识的工具，只是因为没有更好的。赋予诗人的启悟力不像对诗歌进行重新评价所造成的影响那样，是影响哲学的一次跌落。诗人没有赢；哲学家则屈服了。

现在，就算诗人在我们把言说存在的专门任务托付给他们之前向我们言说不可知者，我们也必须把不可知者存在作为一个假定接受下来。但这正是皮尔士在他的《四种无能的某些后果》中所列举的"四种无能"中的一种。其中，按顺序依次声称（i）我们没有内省能力，所有的关于内在世界的知识都是依靠从我们关于外部事实的假设性推论得来的；（ii）我们没有直觉能力，每一次认知都是由前面的认知经逻辑推理决定的；（iii）我们没有离开符号进行思考的能力；（iv）我们完全不了解完全不可认知者。

没有必要为了接受第四种观点而去同意前三种观点。皮尔士的论点让我感到无可置评：

　　　　每一种非理想化的哲学都假设有某种绝对不能被解释的、

不可分析的终极物；简言之，也就是通过本身不接受冥思的冥思得来的某物。既然任何事物都在（is），那个不可解释者只能依靠从对符号的推理中才能了解。但是唯一确认从符号中推理的合理性的方式是用结论解释事实。假定事实完全不可解释不是解释事实，所以这一假定是从不会被允许的。（WR2：213）

皮尔士并不是想借此说我们能够或必须先验性地排除掉不可认知者存在这个说法；他这样说是为了声明有必要通过演绎推理的链条试图知道不可认知者。因此，如果哲学的质问会被敞开，我们就不应该从一开始就假定或预设这个不可认知者。通过（我们的）结论，如果这个假定不被允许的话，从一开始我们就不应该把言说不可认知者指派给那些不打算沿着假设这条路走而是直奔揭蔽之路的人们。

诗人们向我们揭示了什么呢？他们并不是说存在，而只是试图拟仿它：用拙劣的手法模仿自然的艺术。诗人们把大量的语言歧义作为自己的任务，并试图利用它从中抽取出阐释的余额，而不是存在的余额。存在丰富的多义性常常迫使我们努力去给无形者赋形。诗人通过重新假定存在的黏着性来拟仿存在；他试图重新构建那个原初的无形者，说服我们去认识存在。然而他提供给我们的是一件替代品，除了存在早已告诉过我们，抑或换句话说，我们让它说了几近于无的少许之外，再也没有告诉过我们什么。

我们必须决定诗人们在凭直觉知道剩余物的时候说了些什么。在《林中路》（Heidegger，1950）中，我们注意到在两种极其不同的美学之间的摇摆。

对于第一种来说，声言当凡·高描绘一双木屐时，这幅艺术作品让我们知道鞋子的真正模样，这个实体在存在的非遮蔽中彰显自身——也就是说，在这一呈现中实体的存在获得了其表象的稳定性。

于是，有着一种真理，以及有着一种存在（Sein）。这种存在通过显现和借助名为文森特的此在言说这一真理——就像在某些异教徒眼里基督据称是穿过圣母马利亚降世的，但是上帝之道首先采取行动，而不是肉身这偶现的中间者。

但是，在一座希腊神庙——根据我的翻译——作为大地的顿悟出现时，以及通过这种"作品让世界上的敞开者敞开着"的半神灵式的体验，第二种美学就出现了。在这里，作品不是 Sein 借以揭蔽自身的中介者；它是（如我们正在说的那样）艺术如何从我们遭遇实体的非真实的方式中生发纯净心灵的方式，它邀请并激发我们去重新阐释我们居于其中的某物。

这两种美学是不能调和的。第一种让人窥见了玄奥实在论（即外在于我们的某物告诉我们事物实实在在是什么）；第二种庆祝提问和阐释学的胜利。但第二种美学没有告诉我们存在在诗人的话语中被揭蔽。[①] 它告诉我们诗人的话语并不代替我们对存在的提问，而是支持和鼓励这一提问。它正是通过以下手段告诉我们的：摧毁我们的坚固的确定性，提醒我们从不同寻常的观点考虑事物，诱使我们屈从于同具体事物的相遇和同个体的相遇，在这些相遇中我们的普遍性的脆弱框架破碎了。通过这种对语言的连续不断的重新发明，诗人们邀请我们重新肩负起提问和重构世界的任务，去重构实体界域的地平线，在那里我们平静地继续思索着我们的生活，没有焦虑、没有保留，再也没有不能归因于可知规律的有趣事实的重现（正如皮尔士所表述的那样）。

在这种情形中，艺术的体验并不与在哲学中、科学中和日常话

---

① 詹尼·瓦蒂默认为海德格尔学派也有右派和左派（跟黑格尔阵营中也有右派和左派一样）。右派认为我们应该力求回到以否定的、消极的和神秘的形式解读存在；而左派则坚持这关涉于存在的式微提供一种准"历史循环论"的阐释，因此也就关乎对"久未谋面"的历史的重新发现，而不再赋予它当下性，"甚至也不是永远得不到表述的一个术语"（Vattimo, 1994: 18）。

语中言说某物有着天壤之别。它同时既是即刻的又是永久的矫正方式。鉴于此它再次向我们重复说在 Seiende 和 Sein 之间没有分离。这里我们仍是在言说某物，不断自问如何言说它，以及是否有一刻话语在其中停止了。隐晦的答案是不，因为没有话语会仅仅因为我们对它说"你真美丽"而停止。相反，正是在此刻，话语要求我们在阐释的工作中把它重新拾起来。

1.8　一个世界知识的模型

让我们再从存在被以多种方式言说这个强烈的假定开始。不是归属于物质参照系的那四种方式，也不是通过类比的方式，而是以差别迥异的方式。存在是那种可以给予其多种阐释的东西。

但是谁在言说存在？是我们，并且存在好像外在于我们。但显然的是，如果有某物，我们就是其中的一部分。结果是，通过把我们自己向存在敞开，我们也向我们自己敞开。我们把实体范畴化，同时我们在我思中实现了自身。在言说我们如何能思考存在时，我们早已成为了——至少在印欧语言中——危险的二元论的受害者：一个主体思考一个客体（就好像这个主体不是其思考的客体的一部分）。但是，由于这个危险潜在于语言之中，咱们不妨冒一冒险。然后我们会进行必要的矫正。

让我们因此尝试着做一次思维试验，构建一个基本的包含一个世界和一个了解并命名它的头脑的模型。这个世界是一个包含根据交互关系结构而成的元素（为了方便起见，我们称之为原子，不涉及这个词的科学含义，而只关乎它的元素的含义）的整体。至于头脑，没有必要就把它当作人的，当作一个大脑，当作思维场所；它只是一个组织作为对这个世界的一个描述的命题的工具。这个工具具有我们可以称之为神经元或字节的元素，而再一次为了方便起见，让我们称其为符号。

提一句忠告，如果我们要对防备这个模型的先验图式性质有所保证的话，这是基本的：如果这个世界是一个连续体而不是一系列的不关联的情状（因而是可分割的而不是已分割的），那么就不可能言说元素。甚至还不如说，由于自身的限制，头脑只有把连续体分割成元素才能思考连续体——因此使它类似于头脑的符号体系的可分割性。那么我们可以说，元素而不是世界的实在情状充满诸多可能性，在准备通过可分割的符号序列呈现的世界一方则是表现为诸多的倾向。但无论什么情况，应该看到的是，在这个模型身上所体现的严密性将会被第二个假论自动地予以质疑。

我们说的世界是指宇宙，在其"最大"的版本中：它包含我们认作是当下的宇宙，也包含无限的可能宇宙——在已知的银河的极限之外、在布鲁诺的无限世界构成的空间以及或许同时以不同的维度存在的所有的一切之中，我们不知道尚未实现还是业已实现——既囊括了实在实体，也囊括了从勾股定理到奥丁和拇指姑娘的理想的客体或规律。在我们所言说过的涉及起源问题的存在经验的优先地位的启发下，我们的宇宙因此还包括上帝，或者任何其他的本原之物。

在这个试验的简化形式中，我们也能够想到简单的物质宇宙，物理学家、历史学家、考古学家和古生物学家所了解的宇宙：处于存在之中的事物，再加上它们的历史。如果我们更愿意把我们的模型理解成是最大的，就会躲避它所给予的二元论印象。在这个试验中，原子和符号都可以被构想成本体上类似的实体，由相同的质料构成的元素，好像是为了呈现三个界域，世界的原子，一个头脑能够安排三个立方体序列，而这些立方体根据自身的次序则只不过是同一个世界的原子。

头脑是唯一（应要求或是通过自发的活动）把符号赋予每个原

子的工具，于是头脑的诸多符号序列中的每一个都代表（不管对于谁）一个世界的阐释程式。在这层意义上讲，我们克服了一个反对观点，那就是在我们的试验中一个头脑被置于与一个世界相对立的位置。我们可以构想一个能够阐释自身的世界，它指派自身的一部分去实现这个目的，因此在它的有限或无限的原子中，有一些代表了代表所有其他原子的符号，好似我们在谈论音系学或语音学的时候指派一些声音（我们用实际发出的发音）去言及可以被实现的所有发音。为了让这个情形更加清晰可见，也是为了消除对摈弃非世界原子的符号的头脑所形成的误解，我们可以设想一个遭遇到由十个灯泡组成的一组系列的头脑，想向我们解释这些灯泡的所有可能的组合。这一头脑只需要把系列中的灯泡的各种序列依次点亮，把灯泡点亮代表了这些作为原子的灯泡可以实现的那些实在的或可能的组合。

在那种情形中，如叶尔姆斯列夫所表述的那样，这个系统是单平面的：在宇宙的连续体上进行的、用数字激活它的某些状态的操作，同时也是"语言"操作，这些操作所描述的是这个连续体的可能的状态（激活状态等于"说"那些状态是可能的）。

用另一种方式讲，存在是某物，在其自身的外围（或在其自身的中心，或者在它的网孔中的这里和那里）分泌出它自身的一部分去阐释自身。根据我们习惯上所相信的，这是人的任务或功能，但是这是一个先入之见。存在可以用另一种形式阐释自身，当然通过人的有机组织，但也有可能通过植物以及（为什么不能是呢?）矿物的有机体，在计算机的硅的顿悟中。①

在一个更加复杂的模型当中，头脑能够因此好像不是被置于世界之前呈现出来的，而好像是被世界包含其中呈现出来的。它会具有让它不仅言说（相对于它的）世界、而且把自身作为世界的一部

---

① 关于在这方面所做的心智实验可参见我的著作《论真实：一种虚构》（Eco，1990）。

分来言说自身的结构，并且言说同一个过程，通过这个过程被阐释者的一部分能够充当阐释者。然而，至此，我们不再拥有一个模型，确切地说所拥有的应该是这个模型所试图笨拙地去描述的东西。如果我们拥有了这一知识，我们就会成为上帝，或者用费希特的话说我们会构建上帝。无论在什么情形中，即使我们成功地解析了这个模型，它也不像我们所建议的那个模型（仍然是二元的）那样具有施教效果。于是让我们接受这个模型的所有的限制和它的显而易见的二元特性，然后继续下去。

第一个假论。让我们想象世界包含三个原子（1，2，3），头脑有三个符号（A，B，C）。这三个世界上的原子可以用六种形式进行组合，但是我们局限在以其现在的状态考虑世界（包括它的历史），我们可以认为它配备了由 123 这个序列给予的一个稳定结构。

如果知识像一个镜面，而真理是物对知的适合，那没有问题。头脑（非任意性地）把符号 A 配给原子 1，把符号 B 配给原子 2，把符号 C 配给原子 3，而有了依次的三元组合，它就可以代表世界的结构。应该注意的是，在此情形中没有必要说头脑"阐释"世界：它会像镜子一样呈现它。

如果把这些符号指派给原子是任意的，问题就出现了：比如，头脑也可以把 A 配给 3，把 B 配给 1，把 C 配给 2，并且通过组合分析会有六种可能来忠实地呈现同样的 123 结构。这就好像头脑可以支配六种语言来描述总是相同的世界，这样一来符号的不同的三元组合陈述的总是同一个命题。如果我们承认有完全同义的可能，六种描述就仍然是六个不同的镜面呈现。但同一个客体的六种不同的镜像这个隐喻允许我们认为每次移动的要么是这个客体，要么是这个镜子，如果提供六种不同的方位的话。在此最好回来谈论六种阐释。

第二个假论。头脑使用的符号不比世界里的原子多。头脑运用的符号仍然是三个，而世界里的原子有十个（1，2，3……10）。如果这个世界永远是有原子的三元组合结构的，根据阶乘计算它可以把十个原子组成七百二十个不同三元结构。于是头脑会有六组三元符号（ABC，BCA，CAB，ACB，BAC，CBA）来说明原子的七百二十个三元符号。不同的世界事件可以从不同的角度由同样的符号进行阐释。也就相当于说，比如，我们总是身不由己地用 ABC 这个三元符号组合来代表 123 或 345 或 547。我们会有令人烦恼的超量丰富的同形音而义异的符号，我们因此会发现我们实际上处于亚里士多德所描述的情形中：另一方面，一个像 man 这样单一的抽象概念将会用来给无数的个人命名；另一方面，存在可以用多种方式被言说，这是因为同一个符号既能够代表 "A man is an animal"（物质意义上的存在）中的 is，也可以代表 "That man is sitting"（偶然性意义上的存在）中的 is。

这个问题将不会改变——除非出现了外在的复杂情况——如果这个世界不是以稳定的形式而是以混乱的形式组织起来的话（以及如果它是多变的、进化的并且随时都在进行自我重构）。头脑的语言通过继续改变三元组合的结构也在继续使自己符合不同的情形，原因是有过量的同形同音异义词。如果世界是一个可无限分割的连续体，即不规则碎片的突现的话，这种情况也会同样发生。头脑并没有使自身适合世界里的变化而是继续改变它的图像，逐渐地让它胶粘为由不同元素构成的系统，这取决于它如何（像复制品或先验图式那样）把三元符号组合投射到它上面去。

但是，如果世界是超结构性的，也就是说如果它是根据由十个原子的特定序列给予的唯一结构组织起来的，那么情况就会变得更糟。通过组合分析，世界可以将自身组织成三百六十二万八千八百组不同的十元组合或组织（我们甚至还没有去考虑通过连续不断的超级结构来重新调整自己的世界，也就是在每时每刻或每一万年都在变化着序列编排的那个世界）。甚至即使世界拥有一个固定的结构

（也就是如果它是以单一的十元组合组织起来的），头脑仍然会只有六个三元符号组合用来描述它。它可以试着一次只描述它的一块，就好像通过一个钥匙孔看它一样，而不能从整体上描述它。这就好像现在我们身上所发生的事情，以及几千年的过程中持续发生在我们身上的事情。

第三个假论。头脑比世界有更多的元素。头脑拥有十个符号（A，B，C，D，E，F，G，H，I，J），而世界只有三个原子（1，2和3）。还不只这些：头脑能够把这十个符合组合成二元一组、三元一组、四元一组等等。就好像说大脑结构比在世界中可识别的原子和它们的组合的数目有着更多的神经元和可能组合。很显然，这个假论应该被马上放弃，原因是这与头脑也是世界的一部分这个初始假定有冲突。这种复杂的头脑，如果它是世界的一部分，也应该把它自己的十个符号当作世界上的元素。为了使这个假论成立，头脑就必须离开这个世界：它将会是用来说明极端贫乏的世界的某种极度理性的神灵，况且它也不了解这个世界，因为这个世界是一位由缺乏想象力的造物主拼缀在一起的。不仅如此，我们还要考虑以某种方式分泌出认识物而不是延伸物的一个世界，也就是说这个世界生成极小数目的物质结构，几乎不用原子，把其他的保存起来以备只当作头脑的符号使用。无论怎样，这第三个假论都值得去考虑，因为它可以从某种程度上说明第四个假论。

由此可推知，头脑会拥有天文数字的符号组合来代表世界结构123（或最多的六个可能组合），每个结构都是从不同的角度。比如头脑可以用三百六十二万八千八百个二元组合代表123，其中的每一个组合不仅可以代表123，还可以代表123被代表的时刻和日子、那一刻头脑本身的状态、头脑所据以代表它的诸种目的和意图（假定像这样丰富的一个头脑有目的和意图）。相对于世界的简单性有着过剩的思维，我们也会有丰富的同义词，或者另外可能的代表物的储量会超过可能存在的结构的数目。但或许这就是发生的方式，鉴于我们会说谎和构建虚幻世界、会想象和预见各种可替代的物态。头脑甚至可以很好地代表那些其处于世界的各种方式。这种头脑能写成《神曲》，即使地狱的漏斗形结构在世界中并不存在，或是它可以建构几何图形，而在世界的物质秩序中这些图形却没有对应者。它甚至可以给自己提出给存在下定义这种难题，复制实体和存在，制定有某物而不存在无物这样的问题——鉴于它可以以多种形式言说这个某物——而从来不敢肯定它是以正确的方式言说的。

第四个假论。头脑有十个符号，跟世界里的原子一样多，并且头脑和世界都能对它们的元素加以组合，像组合成二元组合、三元组合、四元组合，直至十元组合。头脑于是就会支配天文数字的命题来描述天文数字的世界里的结构，用来自其中的所有可能的同义词。但这并不是一切；头脑（鉴于世界中未实现的组合的丰富性）可以设计对世界的改型，就好像继续对它未能预见到的世界上的组合感到吃惊那样；不仅如此，头脑被艰难地推去以不同的方式解释世界是如何运行的。

就世界的简单性而言不存在多余的思维，就像在第三种假论那样，而是存在着在潜在的平等基础上厮杀而实际上每次进攻都在换武器，因此置对手于不利的斗争者之间的某种持续不断的挑战。头脑以过多的视角遭遇世界，而世界通过持续不断地改变规则（包括头脑本身的规则）避免跌入头脑设置的陷阱。

这样一来，所有这一切又好像类似于先前发生在我们身上的事情和现在正在发生在我们身上的事情。

1.9 关于存在逃脱的可能性

现在让我们放弃我们的模型，因为这个模型已经把自身转化成我们存在被抛入存在的（现实）图画中，况且它还向我们确认了存在只不过是以多种方式被言说之物。我们明白，事物无论以何种形式存身（而且甚至事物以某种形式存身这个概念本身都会被质疑），每一个涉及所在之物以及可能会在之物都暗含一个选择、一个视角、一个角度。每一次就所在之物要言说的企图都会接受修改，接受对运用某个或其他图像或图式的合适性所作的新的测度。我们所声称的表征中有很多都相互龃龉，但它们却都可以表述自身的真理。

我不是说我们不可能有任何真正的知识；如果有的话，我会坚持认为我们拥有过剩的知识。有人肯定会做好准备反对：在说没有真理和说有很多真理之间没有不同的说法（即使它是一个简单的双重真理）。但我们也同样会反对说真理的这种过剩转瞬即逝；它是我们在试错的交替过程中向前摸索的结果；它指示的是一个限度，超越这个限度不同的角度（所有的都在部分上为真）会有一天在一个系统中被结合起来。在这个根底处我们对真理问题的不断重新提出正是取决于这一过剩……

可能会是这样，在我们的语言中有着超丰富的存在。或许当科学家们说假论不应该被证实而应首先被证伪，他们的意思是说为了求知，我们需要剪除能够被语言陈述的存在的余额。

无论在什么情况下，我们对这个世界所进行的描述总是有角度的，这些描述与我们在生物上、伦理上、心理上和文化上植根于存在的界域之内的方式紧密相合，这一观念是极其能为人所接受的。这些特点不会阻止我们的话语与世界相关联，至少是从某个角度的关联，我们的感受不会因关联程度的不同而导致满意程度的不同，于是没有什么能说服我们坚持认为我们的答案必须被看作是确定无疑的结果，即使在它们基本上是"正确"的时候。

但是问题不在于如何接受存在可以以多种方式言说这个事实。在认清了造成答案的多样性的深层机制之后，我们来到了最后一个问题，这个问题在逐渐为人所知的后现代世界里是一个中心问题：如果关于存在的角度是无限的，或至少极其地不确定，这是不是意味着一个等同于另一个，所有的一切都差不多一样好，以及关于某物的每一条陈述都说了些真的东西呢？这是否意味着——就像费耶阿本德①就科学理论所言——一切都行得通？

换句话说，最终的真理存在于西方逻各斯模型的界限之内：会逃脱同一律、矛盾律和排中律；正巧同我们在通过试图命名真理的方式下所形成的真理的万花筒相对应。不会有超验的意义；存在同样也是不断解构的过程，被我们对它的言说所打造得更加流动不居、更具可塑性以及更加难以把握，抑或是——就像詹尼·瓦蒂默所说——存在会被蛀蚀得千疮百孔，一碰就碎；换言之，存在是根茎状的（rhyzomatic），是一个充满起点的网络，可以根据无数个不同的路线走，是一座迷宫。

但是没有必要走得像费耶阿本德那么远，或者也并不至于丢掉先验意义，抑或接受瓦蒂默的"虚弱的思想"。让我们听一听当时还不到三十岁的尼采在他的《关于超道德主义感知中的真与假》中所言（Nietzsche，1873：355—372）。既然自然丢弃了钥匙，知力就玩弄起了诸多虚构，它依据语言的合法授权召唤真理，或者召唤概念系统。尼采的第一个反应，我会说，要感谢休谟，第二个反应更加毫无疑问是怀疑性的（我们为什么要根据属性的任意选择来指定事物呢？），第三个是萨丕尔—沃尔夫假论（不同的语言以不同的方式组织经验）的前奏，第四个是康德式的（物自体可能不会被语言的构造者所把握）：我们认为我们谈论（以及知道）树、颜色、雪和花，但它们是隐喻，并不对应于原本的实质。每个词当它的苍白的普遍性从基本上相异的事物之间的差异中吸取颜色的时候就成为了概念：

---

① Paul Feyerabend（1924—1994），奥地利裔美籍科学哲学家。——译注

于是我们就认为对应于具体的树叶的多样性存在着一个基本的"树叶","所有的树叶据称是以它为模型织、拉、圈、着色、弄皱和上色而成的——但是是用笨拙的手——这样一来,没有一个标本会可能而正确地成为原形的一模一样的模本"(360)。我们会很费劲地去承认鸟或昆虫感知世界的方式跟我们不同,说谁的感知更加正确也没有必要,因为我们需要并不存在的"确切的感知"(365),因为"自然既不知道形式也不知道概念,所以也没有属而只有一个 x,对我们来说不可获得也不可定义"(361)。因此是一种康德主义,但是缺乏一个先验的基础,甚至缺乏判断力的批评。至多,在声言我们在个体和属之间的对立只不过是拟人化的效果,以及这种对立并不是来自事物的本质之后,比它试图去修正的怀疑论更具怀疑性的修正行为说:"我们不敢说这一对立对应于这一本质。这会是一个教条式的断言,就像它的对立面那样不可演示。"(361)

因而必须决定什么是真理。这是由告诉我们某物只有通过自由而又有创造性的隐喻才能被了解的人所说的——隐喻性地为人所同意,但确实是这样。实际上,真理就是经诗意性地阐明的"一支由隐喻、借喻和拟人组成的机动部队",这支部队接着又胶着成知识,"幻觉本质已被忘记的幻觉,"以及图像已被磨掉而只被当成是金属的硬币;于是我们习惯于根据惯例说谎,以每个人必须遵守的方式,把我们的行动置于抽象的控制之下,并且把隐喻缩减成图式和概念。因此形成了一个金字塔式的阶层和等级、律法和界定,完全由语言来建构的秩序,一个巨大的"罗马壁龛",直觉的坟场。

这是一幅描绘语言大厦如何严密管制实体风景的绝好的图画,或是关于一个拒绝被固定在范畴系统中的存在的途径。这不能被否认。但即使从接下来的段落中有两个问题消失了:不管是否适应这个壁龛的约束,我们都要设法以某种形式对付这个世界(这并非不是无关紧要的观察);并且是否就不会发生像这个世界迫使我们去重构这个壁龛的事情，抑或是去选择这个壁龛的替代形式（这到头来会是有关认知范式的变革的问题）。尼采毕竟为我们提供了解释世界的方法中的一个图像，这我在前面的章节中大致地描述过，而他似乎没有问自己是否这个世界有很多可能的形式。他所给的是一个整体系统的图景，在其中没有新的事实性判断介入进去把这一系统扔进混乱之中。

换句话说，为了讲（文本意义上的）真理，他认识到自然的方方面面的约束，并且知道一种改变的方式。这些约束在他看来是"可怕的力量"，不断地给我们施加压力，用具有不同性质的真理反对"科学"真理。但明显的是，他拒绝通过转而实行概念化的方式去认识那些别的真理，因为我们为自己打造一套概念的防护甲胄就是为了躲避它们。这个变化是可能的，不是作为一种重构而是作为一场永久性的诗性变革。

如果我们每个人对自己来说有着不同的感知，如果我们自己一会儿像鸟那样感知、一会儿像虫子那样感知、一会儿又像植物那样感知，或者如果我们当中有人把一个刺激源看成是红色的，而另一个人把它看成是蓝色的，甚至第三个人把这个刺激源听成一种声音，那么就没有人能够言说自然中的这种稳定性。（366—367）

极其巧合的是，这些话是在兰波写给德梅尼的一封信后两年写的。他在这封信中声言，"诗人通过把所有的意义进行长久的、大规模的和思辨性的打乱而成为了先知先觉者"，而同时他看见"夜色中满是胡须般闪亮的毛茸茸的紧身衣"，听见"噢，高高的喇叭发出奇怪的声响"。

因而在尼采眼里，艺术（还有伴随着它的神话）

不断地搞乱概念的类目和组成部分，提出了新的样式、隐喻和借喻，它不断地显示一种欲望，那就是给予醒着的人的生存的世界以多姿多彩的、不稳定的、缺乏结果的、不连贯的、令人激动的和永远崭新的形象，而它又是由梦幻世界提供的。(369)

一个生长着遮蔽了精灵的树木的梦幻，一个以沿着处女地踯躅前行的牛的形象现身的神灵的梦幻。

但在这里，最后的决定失踪了。要么，我们接受我们不能生活于我们周围的一切和我们试图赋予它的秩序，于是我们否定它，选择梦作为逃避现实的手段（这使人想起了帕斯卡尔，对他来说真的是每晚都在梦中成为国王足以让人感到幸福）——但尼采却认为(370)这会是一种骗局，尽管一个这样极度轻松的梦并没有害处，这也会是艺术对生活的一种辖制。要么，这正是尼采的追随者们所真正感到从中受益的，艺术之所以能够言之所言是因为它是其自身，处于一种无精打采的虚弱和慷慨之中，也接受那个定义，从看见自身被看成是可变的、一个做梦者、活力在削弱而变得越来越虚弱。然而就在同时，不再是"圆满、在场、基础，而被认为是断裂、基础的缺席，处于确定无疑的劳作和苦难之中"（Vattimo，1980：84）。于是存在只有在处于衰落的时候才能被言说，它不强加自己而是逃避。这把我们带到一种"由'虚弱'的范畴支持的本体论"中来（Vattimo，1980：9）。尼采宣布上帝死了只不过就是宣布了存在稳定结构的结束（Vattimo，1983：21）。存在只作为"悬置和逃避"（Vattimo，1994：18）。

换言之：一旦存在只有以多种方式被言及这个原则被接受，那么是什么阻止我们相信所有的视角都是好的，以及因此存在不仅让我们感到是语言的效应，而且它在根本上就是语言的效应，不是什么别的，就是语言的效应，以及尤其是允许它有极大放任度的语言的形式：神话和诗歌的语言？因此，存在将不仅会是破烂不堪、可变和虚弱的，而且还是纯粹的声音气息。至此，它确实就成了被理解成做梦者、说谎者、无物的模仿者的诗人的作品，这诗人能够不负责任地把一匹马的头放在人身上，把每个实体变成一个东拼西凑的怪物。

如果考虑到我们一旦对付的是存在，这就绝非是一个让人感到安慰的决定，我们依然会发觉我们必须跟发出这个声音气息（它还是魔幻理念主义的界限）的主体打交道。而这还不算。虽然没有事实只有阐释是阐释学的原则，但这并不能阻止我们追问是否不会间或有"坏"的阐释。由于说没有事实只有阐释，当然就是在说显现在我们面前的东西是阐释的结果，但并不是说每个可能的阐释都会根据随后的阐释产生我们必须把它认作是事实的东西。换句话说，每一副赢得上手的牌都是由玩牌者所作出的选择（或许是由运气促成的）实现的这个事实，并不意味着玩家出的每一张牌都是上手。如果我的对手用大同花顺打我的三张同花顺，那么我的赌注就是在虚张声势，这就足以说明。难道某物一旦用大同花顺打我们的三张桃花我们玩的存在游戏就开始了吗？

每一个关于传统真理概念的"解构主义"争论所存在的真正问题，不是去表明我们推论的范式是错误的。看起来现在每个人都同意这一点。我们所呈示的这个世界是阐释的结果。问题更多的是涉及保证条件的性质，这些条件授权我们去尝试一个不被别人看作是胡言乱语和对不可能的纯粹的想象的新的范式。是什么标准允许我们把梦、诗歌创作，和一次从我们关于我们的物理或历史的世界中的事物的可接受的陈述出发所做的"幻觉旅行"（因为有些人吸食了毒品之后会认为自己会飞跳出窗外，而结果只是重重地摔在地上；这个结果，您可听好了，完全与他们的愿望和初衷相左）区别开来？

我们甚至可以假定，就像瓦蒂默（Vattimo，1994：100）做的那样，在认识论和阐释学之间存在着差异。前者"是由严格的知识体系和借助于规定证实命题的规则而实现的问题的解决构成的"（并且似乎对应于尼采对一个给定文化的概念世界的描画），而后者是作为"在与不同范式的限域遭遇的过程中发生，而这些限域又拒绝在某种调和（对规则或是在最后的分析中对物的调和）的基础上被评估，而是作为其他世界的或是新规则的体制的'诗性'提议"。这个共同体会选择什么样的新规则呢？其他什么规则被斥为愚蠢呢？现在以及将来都会有一些人希望表明这个世界是正方形的，或是我们不是生活在地壳的外部而是内部，以及雕像会流泪，在电视上你可以折弯汤勺，或是猿的祖先是人——为了具有变通性的真诚而不固执己见，我们同样需要找一个公共标准用以判断他们的观念是否可以接受。

在发生于一九九〇年关于是否存在着阐释的文本标准的争论中（现载 Eco，1992），理查德·罗蒂——把这个话语扩展为包括世界中的事物的阐释标准——否认螺丝刀拧紧螺丝的用途是由该物体自身强加的，而用它打开一个包裹的用途则是由我们的主观性强加的（他在讨论我的关于一个文本的阐释和使用的区别的问题；参见 Eco，1979）。

在口头争论中，罗蒂提到把螺丝刀阐释成为能够用来挖耳朵的工具的权力。这解释了我的回答，这一回答也保留在这场争论的印刷稿中，但我并不知道在罗蒂寄给出版社的稿子中提到挖耳朵这件事了没。很显然，罗蒂把它看作一个突然的念头，在谈话过程中随口说出的一句话，于是我就不再把这个未被记录在案的例子说成是他说的。但即使罗蒂不用它，其他人也会用的，所以我的反驳也仍然有效。实际上，我在这本书中（3.4.7）按照恰当性观念和我所谈及的感知的可供属性对它再次进行了确证。一把螺丝刀可以用来打开一件包裹（只要它是有锋利尖头的工具，容易用来在某件硬东西上施力）；但是却最好不要用来在你的耳朵里钻来探去，而原因正是因为它是锋利的，并且太长，手难以控制这种细致的操作所要求的动作；所以最好不要用螺丝刀而用顶端上带有棉球的小棍子。

设想只有一只手、一把螺丝刀和一只耳朵（或至多还有一个包裹和一把螺丝）的一个可能世界就足以让这一争论获得其所有的本体价值：我的身体和这把螺丝刀在形态上都具有阻止我随意阐释后者的某物存在。

现在，我们可以摆脱这个难题：是否存在着一个存在的核心，这一核心具有这样的特征：我们所说及它、以及为它而论及的事物，不能够也不应该被看作是有效的（如果这些事情是由诗人们说出的，只有在它们指的是一个可能的世界而不是一个真正的事实世界的情况下才有效）？

1.10　存在的抵抗

一般来讲，隐喻虽然有效但很危险。在谈到"核心"时我想到的并非是可以触知的和固硬的东西，就像是一只"果核"，我们会有一天通过啃咬存在而使它暴露出来。我所谈论的不是规律之规律。让我们尝试着去厘清一些抵抗的路线，这些路线或许是流动的、游走的，会使话语卡壳，因此即使在任何前定的规则缺席的情况下，在话语中也会出现幻象、某种程度上的前后结构不一，或是一段失语。

存在对我们借以在其限域之内建立自身的话语施加限制并不是对阐释活动的拒斥：这反而是阐释活动的条件。如果我们假定什么都可以用来言及存在，那么不断地质疑存在的历险将不再有任何意义。随意地谈论它就足够了。不断的质疑之所以看起来是合理的并且是人为之事，就是因为假定了有一个限制。

人们可以同意海德格尔的看法：存在的问题只对那些被抛入那在之中和被抛入此在之中的人们提出，我们所具有的注意到那里有着某物和谈论这个某物这两种倾向就是此在的一部分。在我们的那在中我们有着对限制的基本的体验，那就是语言可以提前言说（因而只是在预测），而言说的方式只有一种，在此之外语言就没入沉默：那是死亡的体验。

　　我们被诱使假定存在至少对于我们来说会设限，因为我们居于实体的限域之内，也居于存在之为死这个限制的域界之内。我们要么不谈论存在，因为它的在场令我们手足无措，或是，一旦我们言及它时，在那些包含着我们习惯于考虑一个由某些前提构成的模型的起始的陈述中，我们发现"所有的人都会死"。我们的长辈在我们一学会说话、第一次提问的时候就把它告诉了我们。

　　既然我们是在至少有一个限制的情况下谈论存在的，那么我们所能做的一切就是继续询问看看是否碰巧还有其他的限制。正如我们不相信那些曾经至少向我们撒过一次谎的人那样，我们也不会相信那些通过立即设限向我们引见自己的人所做的无限性的承诺。

　　在我们继续这一话语的时候，我们很快就发现在我们所命名的实体的界域内的其他限制。我们通过经验获知自然似乎彰显着稳定趋向。不需要考虑像万有引力这样模糊而复杂的规律，而是考虑像日出日落、重力以及物种的客观存在这些更为简单、更为直接的当下体验。普遍之物就好像是孱弱思想的臆造品，但狗和猫一旦被认定为是物种，我们就会马上知道如果我们让狗同狗交配，另一只狗就会出生，但如果我们让一只狗同一只猫交配，就什么也生不出来——即使是生出什么来，其自身也没有繁殖力。这仍然并不意味着存在着某种（我会说成是达尔文的）属种的实情。这只是意在表示即使以属来言说也可能会是我们的名称匮乏的结果；不过，拒斥性的某物迫使我们发明概括性的词语（其外延我们可以不断地予以重估和修改）。有一天某项生物技术会使谷粒退化的反论站不住脚的：破坏谷粒需要技术（根据定义就是改变自然限制的技术）这一事实意味着存在着自然的限制。

可能的世界是存在的另一个区域的一部分。在充满歧义的存在的界域中，事物以不同的方式消失了，也没有什么理由可以去排除有一个世界的可能性，在这个世界里这些物种的限制不会存在，在那里限制是其他或者就不存在——也就是说，一个没有自然属种的世界，在其中一头骆驼和一辆机车杂交会产生出一个平方根。不过，如果我能想出一个可能的世界，在其中只有非欧几里得几何是有效的，我思考非欧几里得几何的唯一途径就是建立它的规则，因此也就是建立其限制。

1.11 连续体的含义

也有可能存在某些我们不能言说的存在区域。发现存在总是只在语言中彰显自己似乎看起来怪异，但让我们承认这一点——既然没有原因说明为什么有一天人类不会发明一种不同于已知语言的语言。但让我们坚守那些我们经常言说的存在"区域"，而我们是借助符号学也就是叶尔姆斯列夫的符号学，而不是形而上学来处理我们的这一言说。我们使用符号表达内容，这个内容雕制出来并且由不同的文化（和语言）的不同形式组织起来。它是从什么产生出来的呢？是从变动不居的质料中，这些质料在语言完成其生吞活剥之前是变动不居的，我们把这一质料称作内容的连续体，即那些所有可以体验、言说和思考的东西：如果你同意的话就是那个在、已在和将要在的出于需要和权宜的无限的界域。似乎是这样一种情形，在一种文化用语言以内容的形式组织它之前，这个连续体是一切又无所是，于是逃避任何定义。然而，学者和翻译家对叶尔姆斯列夫用丹麦语称之为 mening 和在一九四三年的英语译名（这是作者和译者共同决定的）中称之为 purport（要旨）的东西总是感到困惑。

在某一点上叶尔姆斯列夫清楚地说明了诸如 Jeg véd det ikke、I do not know、Je ne sais pas 和 Naluvara "都有共同的方面，也就是要旨，即思想本身"，即使这一要旨仍然以变动的质料的形式存在着，只有在和从特定的语言中接纳特定的形式（Hjelmslev，1943：50—52）。同样的情形却不能用在像 Piove、Il pleut 和 It is raining 这些表达式上。

说在人的认知实施任何感知的表达之前存在着"要旨"意味着什么呢？我更倾向于把叶尔姆斯列夫的 mening 翻译成 sense，这个词即含有意义（但是在一个给定的语言分解和组织连续体之前不存在意义或内容）和方向或趋向。就好像是说在连续体的一片混沌中，正如木头或大理石的立截面那样，也有着阻抗线和顺向的可能，这就使得按某个方向而不是其他方向更容易切割。也就好像牛肉或小牛肉：不同的文化中切割的方式也不同，所以一些菜的名字也就并不总是很容易从一种语言翻译到另一种语言。但无论怎样都很难设想切下的一块牛肉会同时有牛鼻子尖和牛尾巴尖。

如果这个连续体有一个立截面，就像它可能的那样没有被料到而带有神秘色彩，那么我们就不能言说我们想要言说的一切。存在不会被比作单行道但可以比作具有多车道的高速公路，人可以在上面不只一个方向上旅行；但尽管如此，一些道路仍然会有死胡同。存在着不能做（或说）的事物。

这些事物曾经被言说这个事实无关紧要。后面我们会遇到某些证据，它们可以说服我们相信说先前曾经说过之物不再有可能。

在这里我们应该避免一个误解。在我们说及体验迫使我们认识立截面和阻抗线的某物，以及去制定规律的时候，我们绝不是在声称这些规律就恰当地代表着这些阻抗线。如果沿着穿越树林的一条小道走的时候，我发现了一块巨石挡住了去路，我肯定要向右或左转（或者决定反身朝回走），但这并不能绝对地说明我作出的决定就完全可以帮助我更好地了解这座树林。这个事件打乱了我的计划，促使我去想别的主意。声称存在着阻抗线并不意味着，就像皮尔士所说，在自然界中有着普遍的规律。普遍规律的假设（或者对某项特定规律的假设）只不过是我们用以反应抵制的进攻的途径之一。但是哈贝马斯在他寻找皮尔士对康德的物自体的批评的内核时强调，皮尔士的问题不是存在着（被隐藏在映照它的表象后面的）某物，它像镜子一样有着一个回避映照的背面，而对于这一面我们却几乎会肯定地认为我们有一天会发现，只要绕到我们看见的影像的后面；只是在认知拒绝错误的阐释这个意义上现实强行限制了我们的认知（Habermas，1995：251）。

声明有着阻抗线仅仅意味着：存在即使只作为语言的效果而显现，但并不是语言可以自由地构筑存在这层意义上的效果。甚至那些声言存在是纯粹的混沌因而也就很容易受制于所有话语的人，至少会排除掉它是秩序这一点。语言并不以新的方式建构存在：它质疑它，以某种方式总是找到已经给出的某物（即使存在已经给出并不意味着存在已经被建构完成）。即使存在已经被蛀得千疮百孔，总会有一种质地，它的经线和脉络尽管被蛀了无数个洞，仍然顽强地存留下去。

这个已经给出实际上就是我们所谓的阻抗线。这些阻抗的显现是在任何第一哲学或神学之前可以找到的离上帝的理念或规律最近的事物。当然是上帝把自己彰显成（当他彰显自己的时候）纯粹的否定性、纯粹的限制、纯粹的不，语言对此都不能或不必言说。这很大程度上有别于被揭示的宗教的上帝，或者它只具有他的最严谨的特征，舍我其谁的发出禁令的主的特征，不能说"一往无前，生生不息"，而只会一味地重复"你不应该吃这棵树上的果子"。

在另一方面，某物甚至抵抗被揭示的宗教的上帝。甚至上帝自己也为自己设限。这使人想起了处子状态。在其中阿奎那问自己，上帝是否会挽回失贞的处女的贞操。回答是清楚的：如果这个问题涉及精神方面，上帝当然可以修正犯下的罪责，为犯错者重新恢复尊严；如果涉及身体方面，上帝可以奇迹般地修复少女的贞操；但是如果这个问题是逻辑性的和宇宙论的，那么，甚至上帝也命令情形并非如此。让我们把这个关于此种需要是由上帝任意制定的还是神圣的自然本身的一部分的问题敞开让人回答。无论在什么情形中，从它存在的那一刻起，即使阿奎那的上帝也被它限制了。

1.12 肯定的结论

讲完无物性和否定是语言的纯粹效果以及存在总是在肯定中彰显自己之后，人们有可能想知道这会不会同讲它的限制和拒绝的能力相矛盾。于是让我们纠正另一个隐喻，从修辞的原因讲这个隐喻给我们的感觉是用起来非常上手，借此搞清我们想要说明的问题。存在对我们说不的方式，就像一只乌龟在我们问它会不会飞的时候说不。这并不是乌龟意识到它不能飞。是鸟会飞；它以自己的方式知道自己会飞，并不会去想能不能飞。乌龟只能在陆地上继续着自己的行程，毫无质疑地，并且不知道乌龟以外的状态。

当然，动物也会遇到它感到是限制的障碍，它会努力排除这些障碍；只要想一想狗就可以了，它在门边抓挠吠叫，同时还咬门把手。但在此种情形中动物正逐步接近类似于我们的状态；它在彰显欲望和意图，正是涉及这些欲望和意图才设置了限制。一扇关着的门自身并不是"不"；相反，对于那些在里面寻求隐秘和保护的人来说正是"是"。只是对于一条打算越过门槛的狗来说成了一个"不"。

鉴于人脑能够提供可能世界的想象表征这一点，是我们把事物问得非其所是的。并且，在它们继续是其所是的时候，我们认为它们在告诉我们"不"，以及在为我们设限。我们认为我们的腿（以膝盖为中心）可以描绘某些角度，从一百八十度到四十五度，但它并不能描绘一个三百六十度的角。但这条腿——一条腿能"知道"多少呢——意识不到任何的限制而只意识到可能性。对于我们这些想在无常中生活下去的人，死亡作为限制而显现，但是对于有机体来说死亡是当事情必须如此发生的时候到达。

存在从不告诉我们，除非是在隐喻之中。简单地说，面对我们提出的问题时，它并不给出我们所希望的答案。但限制存在于我们的欲望中，存在于我们企及绝对自由的过程中。

当然，借助于这些抵抗，诗人的语言似乎占据着一块自由的区域。天性就撒谎的人不是说存在之所是的人，而是那些允许自己（和我们）对抗它的抵制——因为对于他们来说，乌龟可以飞翔，也会有长生不老的生命。但是他们的话语在告诉我们不可能之物也可能的时候，让我们面对面地遇到了我们的欲望的无节制的本性：通过让我们瞥见超越限制的东西，一方面他们安慰我们的有限性，另一方面又提醒我们自己常常是"空怀激情之人"。即使他们拒绝接受存在中的抵制，也通过抗拒它们而提醒了我们它们的存在。即使在他们因发现了它们而遭殃的时候，他们也让我们认为我们或许很快就能辨清它们（并且把它们具体地制定成律例）——那大概就是这些抵制仍然得以流布的原因。

诗人们真正对我们说的是我们需要用快乐与存在相遇（也充满希望地用科学与之相遇）。去质疑它，测试它的抵制，把握它的敞开处和它的蛛丝马迹，这些都从未明晰过。

剩下的就是猜测。

第二章 康德、皮尔士和鸭嘴兽

2.1 马可·波罗和独角兽

通常地，我们在面对未知的现象时用大致估计的方式作出反应：我寻找早已出现在我们的百科全书中的零星内容，这似乎多多少少会解释这一新的事实。这一过程的典型例子可以在马可·波罗身上找到，他在爪哇岛上看见了我们现在所说的犀牛。他虽然在此之前从未见过此种动物，但他通过借助同其他动物的类比识别出了其身体、四脚和角。由于他的文化为他提供了独角兽的概念——确切地说是一种前额长着角的四足动物——他就把那些动物指认为独角兽。于是，他作为一位诚实而又认真的历史记录者赶忙告诉我们这些独角兽相当奇特——并不是该物种的很典型的例子，我们会这样说——考虑到它们既不是白色也不修长，而是有着"水牛的毛发"和"类似大象的脚"。他甚至继续给出了更多的细节：

> 它有一只长在额头中间的又粗又大又黑的角。我告诉你，它不会用角伤害人和野兽，而是用舌头和膝盖，因为在它的舌头上有着很长的刺和很尖的……
>
> 它生就着野猪一样的头盖……它看起来是一只丑陋的动物，

浑身脏兮兮的。并且它们并不像在我们这里所说的和所描述的那样，说什么它会让自己被一位处女抱在膝盖上：我告诉你，它与我们以为的样子相去甚远。（马可·波罗，《世界的描述》，伦敦：鲁特利奇出版社，一九三八年）

马可·波罗似乎作出了一个决定：他不是通过给活生生的世界加入一种新的动物的方式重组内容，而是把当时对独角兽的描述作了修正。这样一来，如果它们存在，它们就像他看见的那样而不是传说中描述的那样。他修改了内涵而没有改变外延。或者至少那就是看起来他想做的，抑或他的的确确做了，而没有费神去过多地考虑什么分类法。[①]

要是马可·波罗到达的不是中国而是澳大利亚，并且沿河边看见的是一只鸭嘴兽又会怎样呢？

鸭嘴兽是一种奇特的动物。它好像被认为是打破了所有的分类法，不管是科学的还是普遍的分类法。它一般大约有五十厘米长，大概有两公斤重，扁平的身子上覆盖着一层深灰色的毛皮；它没有脖子，有着河狸一样的尾巴和鸭子一样的喙，上面呈蓝色，下面呈粉红色或杂色；没有外耳，四只脚有五个相连的脚趾，但是又有爪子；它生活在水下（在那里觅食），这样就足够有理由被看作鱼或两栖动物。雌兽下蛋但"哺育"她的幼子，虽然看不见奶头（雄兽的睾丸也看不见，是在身体里面）。

我们不在乎马可·波罗会把这种动物认作哺乳动物还是两栖动物，但他肯定会问自己他所看见的是（假定它是一只动物而不是一

[①] 有时马可·波罗对动物学界也有所贡献。他通过第一手的经验（或是通过对忠实记述的重构）告诉我们有一种猫（这是在意大利语版本中，或是法语原版中的瞪羚），从这种猫的肚脐下面的"溃疡处"分泌出有着奇香的"麝香"。如今我们知道存在着这种动物，我们把它识别为 Moschus moschiferus；尽管它不是瞪羚，也是离瞪羚不远的近亲，是一种鹿，从其生殖器包皮的裂缝处的香囊里分泌出一种具有刺鼻香气的麝香。

个感官产生的幻象或者来自地狱的动物）一只河狸、鸭子还是一条鱼，以及它究竟是一只鸟、海洋动物还是陆地动物。这真是让人左右为难的处境，他难以用独角兽的概念来摆脱这一困境；最多只能重新回到牛头马面这样的怪物上来。

看见鸭嘴兽的第一位澳大利亚殖民者也发现身处同样的困境：他们把它当作鼹鼠，而实际上他们称之为"水鼹鼠"，但这只鼹鼠有喙，所以说又不是鼹鼠。鼹鼠的概念提供的"范型"之外的可感知的某物使得这个范型不再适合——因为要把喙认作喙，我们必须设定这些殖民者有着喙的"模板"。

2.2　皮尔士与黑墨水

如果皮尔士遇到一只鸭嘴兽，他也会有比锂或苹果派更多的问题要解决。

主张指号过程涉及对已知者的认可，正是因为这一认可就是把意义信息同（概念性的和语义性的）模型关联起来，长久以来争论不休的问题就是指号过程在理解一个未知的现象中起多大的作用。每一位皮尔士学派的符号学家都相信指号过程就潜伏在感知过程当中，原因并不在于这样一个事实，即心理-哲学传统的很大一部分讨论的是感知"意义"，而是因为皮尔士反复地强调感知过程的推论特征。再一次引用《四种无能的某些后果》和驳斥笛卡儿的直觉主义的论辩就足够了：我们没有内省或直觉能力，所有的知识都来自对外部事实和先前知识所进行的假设性推论（WR 2：213）。

皮尔士的提议似乎几近于对马可·波罗对待犀牛的笨拙描述。马可·波罗对未知动物没有"柏拉图"式的直观，他也不会试图去重新构建它的形象和概念，而是把先前的观念拼凑起来，从而基于有关早已知道的实体的某些观念生成新的实体。全面地看，对犀牛的认识似乎比典型的不明前提推论更加复杂：首先，面对一个奇特而又难以说清的结果，马可·波罗猜测这构成了一个规则性的情形，从而得出这种动物是独角兽这一结论；接着，根据接下去的一系列经验，他又继续重新修订这一规则（即独角兽具备的一系列特征得到改变）。我应该称之为受干扰的不明前提推论。

马可·波罗在说他看见了独角兽之前他看见了什么呢？他看见的难道并不是非得说成是独角兽的某物吗？注意我们把"看见"说成是先于"说"。当然，"看见"是一个修辞格，它代表了任何其他的触觉、热觉或听觉反应。但问题在于，一方面，（作为对未知物的赋义的）感知的全面性似乎是通过起始于一幅素描、一只骨架、一个计划、一个概况和一个"概念"来实现的，如果你想这样的话；另一方面，在让独角兽的概念发挥作用之后，马可·波罗必须承认独角兽是黑色的而不是白色的。这就迫使他修正第一个假设。当他说这是黑色的时候会怎样呢？他说这话时是在他假设那头动物是一只独角兽之前还是之后？如果是在这之前说的，他为什么还坚持它是一只独角兽这个假设呢？而当他意识到这种动物与他所具有的对独角兽的概念并不一致的时候，他是不是就直接承认了他所看见的不是独角兽，抑或修正他关于独角兽的概念，从而推断这个世界还有丑陋的黑色独角兽呢？

马可·波罗不是哲学家。这样就让我们回到皮尔士。从通过表征物与动态客体的接触到直接客体（这于是就成了阐释链的起点）的形成，皮尔士设定基础（Ground）作为似乎是构成了认知过程的初始时刻的一个阶段。基础是在皮尔士青年时期的著作中首次出现的，他在这些著作中对逻辑表现出了极大的兴趣。[1] 在实体（substance，总的现存之物，仍然剥离了内涵的主词，其特性是在后

---

[1] 参见洛厄尔演讲，IX，1865 年（WR1：471—487）；《论寻求范畴的方法之一》，1886 年（WR1：515—528）；以及《论一组新范畴》，1867 年（WR1：49—58）。

来被赋予的，是我们的注意力集中于其上的纯粹的某物，是尚未厘定的"它"）的概念和存在（Being，主词和谓词之间的纯粹连接词）的概念之间，我们（偶然地）发现了对基础的指称、关联项和阐释元的指称。

基础就它是质性（Quality）来讲是一个谓词。而对关联项的指称涉及本义和外延，对基础的指称涉及内涵和涵义（该词逻辑学上的意义）：基础与"内在"的特质相关，即客体的特性。在墨水是黑色的中"黑"的特性，或者说由墨水体现的"具黑性"是通过抽象或抽离过程从墨水中抽绎出来的。然而，即使从逻辑的角度，基础也并非是构成词语内涵的标记物的总和（这个总和只有在阐释的过程中才能被理想化地实现）：在抽离的过程中，注意力集中在一个元素身上而忽视了另一个。在基础中，客体从某个方面被看到，注意力把某一特性孤立出来。用纯粹的逻辑术语来讲，显然，如果我把墨水的黑作为谓项，那么我就不能把它的液体性作为谓项。如果我们坚持基础的逻辑价值，我们就不会走得太远。我们至多会发现自己重新淹没在例子中，这些例子与其说是澄清了我们的观念还不如说是搞乱了我们的观念，我们被迫成了皮尔士三元论的囚徒。① 况且，对基础这个词的选用并不是令人至为愉快的事情：它是基于某物已然确定这个背景之上的，而皮尔士的观点则是它大概是基于仍然模糊的背景之上的某物。

但是我们不能低估这一事实，那就是皮尔士年轻时写的这些东西很清晰地受到了康德的影响。在这些作品中，皮尔士基本上就是想解释我们的概念是如何把感觉印象的多样性统一起来的。他清楚地说明了我们的感官产生的第一印象不是未知之物的表征，而是这

① 关于强迫性的三元论的罪过，皮尔士在洛厄尔演讲中第十一讲中提供给我们一个很好的例子。在其中他竟敢拿圣三位一体作为第一组三元关系，而基础则被比作圣灵。是什么授权我们稍欠严肃地对待这一切，多亏了这样一个事实：在那一切的混沌之中潜伏着对非常重要的某物的追寻。

些第一印象直到思维把它们用谓项包裹起来之后才为人所知的。就像后康德主义者那样，他正在形成的道路上，于是皮尔士后来说到，这个概念化的过程只有通过假设性推论才得以进行：它不仅发生在概念化的过程中，而且甚至发生在感知的认识过程中。在某种意义上讲（实际上是在所有的意义上），皮尔士并没有对从印象到概念的转化给予满意的解释，因为就这两项他借助例子提出了假设运作，一种是从一系列的声音中辨识出贝多芬的一首奏鸣曲，一种是从中辨识出美感。但是全面考虑的话，皮尔士会将这两个时刻区别开来：两者都同是对被体验者的命名，而命名就总是意味着作出假设（想想马可·波罗在这方面所作的努力就可以了）。但是为了辨识这些感觉（如对红色调的感觉）而给予的名称都是随意性的，并不完全是有理有据的；它们只是用来把某些感觉同其他感觉区别开来（就像在它们身上加标签一样）：我说我感知到了红色调以把其他可能的颜色感知排除掉，但是这一感知仍然是主观性的、临时的和偶然的，这个名称作为能指赋予了它，而能指的意义却仍然是未知的。但我们利用这个概念朝所指走去。

或许可以这样说，皮尔士在这里思考的是康德对感知判断和基于经验的判断所作的区分（见 2.4），即使如康德那样他并不设法给前者一个精确的定义。实际上，给"黑色性"这个质性命名不再会揭示印象出现的那一瞬间，否则这个基础将不会是一个范畴，而皮尔士坚持说被当作命题谓项的黑色性早已经是种或抽象物。

然而，他把赋予基础的名称看作一个词语，而不是一个命题或一个论题。这个词语仍然先在于每个存在或真理的断言之前，即使在指谓仍然身份不明的某物之前，它也会被推论出指谓这个某物的一个方面。

这把我们从一个逻辑问题带到了一个认识论问题。基础不是因为三元对称，而是因为它位于概念理解的本原的根基处，才成为了第一性。它是从某个角度考虑客体的"基始"方式。我可以把墨水当作液体，但在我所举的例子中我马上在黑色性这个侧面考虑它。好像是说：我不知道我所遇到的某物是墨水，而是把它作为黑色的某物来把握，我从黑色性这个角度把握它。

我使用侧面这个词并非只是隐喻性的。就它是一种质性来讲，基础是第一性，因此也是一个像似符（Icon）或一种相似性（Likeness）。

此后，皮尔士似乎放弃了基础这个观念大约有三十年，我们将在2.8节中看到他是如何重新拾起这个话题的。即使三十年后他仍然把它作为"一种观念"来谈论，是在所谓"柏拉图式"的含义上，也就是据称某人把握另一个人的观念，就像是通过记起一个人在回忆起同一个观念之前思考这个观念那样（CP 2.228）[1]。与此同时，他更有效地阐述了他的所谓的感知判断的意义是什么，在一九〇三年他把他的这个感知判断定义为"一种以命题的方式断定的一种感知所呈示给心智的一个特征。感知本身并非是一个判断，一个判断无论如何也不会相似于一个感知。两者之不同就如一本书中用来描述牟利罗的《圣母马利亚画像》的印刷文字不像其肖像画本身那样"（CP 5.54）。

感知判断已然显得是一个推论了，是一个起始于似乎是"感知对象"的那些感觉数据的假设，而这个假设也已经成为了第三性，至少是后续的阐释链的前提（CP 5.116）。至此基础应该在哪里呢？难道是在还不是判断的感知这一边？

一方面，皮尔士告诉我们感知判断已经包含或预示了总的元素，告诉我们普遍性的命题可以从感知判断中演绎出来，以及不明前提推论弱化为感知判断，而在它们之间没有明晰的界线，以至于就像詹保罗·普罗尼所说的那样，逻辑规则在一片混沌的感知认知本身

---

[1]此处CP代指Collected Papers（Counbridge：Howard UP），后文同。——译注

中得以理解（Proni，1990：331）。另一方面，在同一个文本中，皮尔士告诉我们"感知判断被认作不明前提推论的极端例子，因完全超越了批评而不同于感知判断"（CP 5.181）。这意味着（就像我们在 CP 5.116 中所看到的）就我们所有的第一前提来讲，"我们的感知判断……不能被质疑"。

　　一个令人好奇的立场：如果在感知本身中存在着推论，就容易出错，实际上皮尔士还研究了感知幻觉（CP 5.183）；而似乎同时这些感知推论又不是假设性的，而是"必然为真的"。这是一个对实在主义的好的和清晰的肯定，如果这不是出自一位不停地说感知还是指号过程因此已经是不明前提推论的人之口的话。最后，如果感知判断不能被质疑的话，我们就会有一种单称命题的直觉，恰好从皮尔士的反笛卡儿的著作中可以看出，他总是抵抗这种观念。不仅如此，如果不能被质疑的单称命题是"感知对象"（而这个感知对象又等同于基础），那么它就不能引发只与通项有关的推论过程（CP 5.298）。如果在感知中有抽象时刻，那么就有阐释，即使阐释是即刻的和无意识的（Proni，1990：1.5.2.4），接着如果有阐释，也就会有"可能的批评"。

　　如果我们忘记这些细微之处（以及不同时期的著作中所发现的不可避免的矛盾之处），不妨这样长话短说：如果达成一致，存在横亘在第一性（基础或非基础）和完全实现的第三性之间的模糊的混合；存在毋庸置疑的感官反应的第一时刻；质性作为某物的质性（第二性）呈现给我的那一刻，这个某物成了为其他任何推断的前提，就是在我知道在任何情形下都有一个动态客体引发我的连锁反应这层意义上。在此处阐释的工作开始了，当感知判断建立成形时，它就把自己分解成直接客体的结构形式。

　　基础的某些方面在直接客体（它具有像似符的特性，具有相似性）中会合，感知判断（它以每个后续的阐释的起点的身份呈现自己）的所有方面也一样。最多我们会说也存在我们通过感知不知道的某物的直接客体（肯定会有对应于总统和半人马阿尔法星的两个不同的直接客体）。但如果我们认为一个像似符在该词的视觉含义上不一定就是一个形象的话，这并不会对我们产生麻烦，因为同样地，我们用口哨吹出来的旋律尽管跑调，也可能会是贝多芬的第五交响曲，并且还因为即使一张图表都具有像似性——虽然它或许并不背离同所代表的情形在形态上的相似性。

因此，我们通过承认既然基础和感知判断的最根本的特性仍然是模糊不清的，而关于直接客体的观念却不能这样说，我们可以获得一个喘息的机会。直接客体是在被表征时的客体（CP 8.343），就其被思考的那个方面（CP 5.286）来讲，属于引发反应序列的动态客体为标号的那种类型（Prodi，1990：265）①。在某种程度上它逃避感知的个体性，因为既然它是可被阐释的，那么它就已经是公共性的和主体间性的；它并不告诉我们关于这个物体的一切，而只是通过来到它那里我们才最后知道并且说出关于这个物体的某些东西。

现在，在这个过程中，以及在其首次实现的那一刻，我似乎感到一个问题出现了，而这个问题皮尔士已经在康德那里遇到过。皮尔士试图重新建构而不是超验性地演绎康德的图式观念。

皮尔士是真的思考康德的图式主义吗？它是通过试图把诸范畴（但是哪一些，是他的还是康德的？）从图式中区分开来，还是通过从林林总总的可感直观中区分开来的手段？难道基础和直接客体之间的显然难以解开的死结正是这样产生的？

皮尔士总是并且几乎是插入式地回到康德的图式观念。在 CP

① 确实经常是歧义的阴影聚拢在直接客体的周围，就像人们所说的那样是一种像似符（CP 4.447），它也确实是像基础一样的概念，以及在感知的层面上所识别出的感觉特性（8.183），它也是一个感知对象（4.539），而在别处它被等同于意义（2.293）。但是这些摇摆不定说明了这样一个事实：在直接客体的形成中遍布着在其中建立其自身的过程的所有初级时刻。

2.385 中他毫不迟疑地说康德的图式是一个图形；但他用一种抽象的方式谈论它，参考的是总的经验论思想的假设，并且放在一个模态逻辑的框架中。但在一八八五年，他说图式的观念肯定是康德后来才想到的，在《纯粹理性批判》体系确立的时候："如果图式被足够早地考虑的话，它们会布满他的所有著作。"（WR 5：258—59）这就好像是一个研究计划，是对一种僭越的确认，通过这一僭越有可能抵达非超验性的康德主义。但皮尔士从图式论中理解了什么——而我们将会看到即使康德也是一步一步从中理解某些内容的？

2.3 康德、树、石头和马

皮尔士这位未来的符号学理论家从解读和重新解读康德、从思考康德的判断和范畴表开始，好像这些判断和范畴是从西奈山那里传给他的，这一切有没有原因呢？[1]

康德因为极度缺乏对符号学问题的注意而受到批评。但是根据亚诺什·凯莱门（Kelemen，1991）提示，自从哈曼和赫尔德那个时候起，这种缺乏就归因于这个事实，那就是康德把语言和思维的紧密联系看成是模糊不清的，并且建议说这一联系在图式论的观念中就呈示了出来，以至于他建议图式就是概念词。另一方面，不能否认的是在对分析判断和综合判断所作的区分中存在着模糊的符号学，以及在《人类学》[2] 中有着对符号理论的明显讨论，并且也有可能用

---

[1] 参见《极为重要话题的游离观念》，1898 年（CP 4.1—5）。即使在 CP 7.540 中皮尔士搞错了康德的死亡日期，他把它说成了 1799 年。

[2] 在《人类学》（I, 38—39）中我们看到康德在他的晚年仍然（至少是为了教学目的）总结性地描述了符号理论——并非是原创性的，而是来自从塞克斯都·恩贝里柯到洛克或再到朗贝尔特的传统教义，表现出了对符号学主题的极大兴趣。对符号学的兴趣还存在于前批判的著作中，如《论感觉界和理智界的形式和原则》（§10）。关于康德和符号学的问题可参见艾米里奥·加罗尼（Garroni，1972 & 1977）、埃哈德·阿尔布雷希特（Albrecht，1975：IV）以及亚诺什·凯莱门（Kelemen，1991）的著作。

符号学的术语去解读整部《逻辑学》（Apel，1972）。不仅如此，认识和交流之间的联系被反复地强调过，这种联系康德在很多章节里论及过，尽管他对这个问题不费太多的笔墨，就好像他认为这个问题很清楚一样（Kelemen，1991：37）。最后我们还要回到这个问题上来，在《判断力批判》中有一些关于符号学的章节。

在任何情形下把康德的范畴工具的纯粹语言起源跟亚里士多德看作一样的，并且引用海德格尔的著名话语，就足够了：

> （存）在具备了直观能力就必须总是能够参与进对实体的直观中去，但是有限的直观，只要它是直观，便总是留存在被锚定在直观个体上的第一位置。被直观的实体也只有在每个人使其能被他自己和他人理解的情况下才能被认识，并以这种方式成功地传达它。（Heidegger，1973：I，2）

谈及所是之物意味着我们所知的东西可以被传达。但是认识它和传达它就暗示要诉诸类属，而类属就是指号的效应，并且依赖对内容的划分，在其中，康德的范畴系统尽管紧密地黏附在可敬的哲学传统之上，但仍然是早已建立起来的、有着文化根基的和在语言上被锚定的文化产物。当直观的多样性被归因于概念的统一性时，感知物就被感知为文化所授意我们去谈论它们的样子。

符号学基础是由康德观念的总的框架暗示出来的是一回事，而康德是否曾经阐明过我们如何为我们感知的东西命名又是另一回事，而不论这些东西是树、狗、石头还是马。

如果有人问"我们如何给物命名"这个问题，而设问的方式跟康德被问及认识论问题一样，那么简单地讲答案有两个。一个是由我们所谓的经院哲学（但它是从柏拉图和亚里士多德开始的）所提供的：物体把自己呈示给早已在实质中被从本体上确定了的世界，原始质料被一种形式塑造。决定这个（普遍的）形式是先在的还是后在的并不重要：它把自身给予了我们，在其单个实体中辉煌夺目，它被知性把握，被当作本质思考和定义（同时因而就被命名）。我们头脑的思维工作实现了积极的知性（不管它在哪里运行）一眨眼的工夫所做的事情。

第二个答案是由英国经验主义者提供的：我们不知道物质，即使有的话它们也不会向我们揭示什么。根据洛克的看法，我们所确实拥有的是感知，它们提出简单的既是首要的也是次要的观念，但仍然支离不连贯：一个由重量、度量、体积和颜色、声音、味道以及反射组成的狂乱的组合，这些都随着每天的时间变换和主体的状态而变化，在这里知性是积极的，在它运行这层意义上讲：它组合、关联和抽象，采取的方式则肯定是自发性的和自然的，而只有这样它才能把简单的观念协调进我们所名之曰人、马、树以及随后的三角、美丽、原因和结果这些复合的观念中。认知就是给这些简单观念的组合进行命名。认识事物的任务对于休谟来说就更为简单（我们直接研究印象，关于印象的观念是模糊的意象）。要说有何区别的话，在建立事物观念的关系的过程中会出现问题，就像在证明因果性的过程中发生的那样。在这里我们会说有着一种研究，只不过很温和地、借助于习惯和相信的自然倾向的力量实施，即使我们被要求考虑我们一连串的印象中的毗邻关系、优先性或者连贯性。

康德当然不会认为有可能重新提出学院派的解决方式；相反，如果他的革命中真正有着哥白尼的因素，那么这一因素就在于他悬置了关于形式的所有判断，赋予老的积极知性一种综合生成性的而不仅仅是抽象性的功能这个事实。至于英国的经验主义者们，康德的目标是为被他们基本上作为是在世界中行动的理性方式而接受下来的过程，以及其合法性由把一切事物考虑在内后都行得通这个事实所确证的过程，建立一个超验的基础。

但是在这样做的过程中康德大幅度地转移了知识论中的兴趣焦点。如果像海德格尔那样说《纯粹理性批判》与知识论没有关系就有些草率了，它是就自身内在可能性方面质疑自身的本体论；但用海德格尔的话说，它与实体知识论亦即经验论也无多大瓜葛（Heidegger，1973：24），这同样也是正确的。

但是康德相信现象性的证据；他相信我们的感知性直觉来自某个地方；他不怕麻烦地阐述对理念论的驳斥。显然是休谟提出事物之间的因果关系问题把他从教条主义的沉睡中叫醒，而不是那位同样把命名过程中的知性活动问题提到议事日程上来的洛克。

解释为什么"在我接收到某物的印象之后，断定我看到的是一棵树或一块石头"，对于经验主义者来说是一个基本问题。但这对于康德来说似乎成了一个次要的问题，因为他过多地关注如何确保获得天体力学知识。

《纯粹理性批判》所建构的日常知识理论不如科学知识理论多。康德对什么的知识不感兴趣，而是对具有什么内容的知识感兴趣；也就是说对关于客体的知识的条件（因而也对客体的命名）不感兴趣，而是对于建立我们关于客体的命题的可能性更感兴趣①。他的主要兴趣在于如何可能地拥有纯粹的数学和纯粹的物理学，或者如何可能地使数学和物理学成为先验性地规定其客体的两大知识体系。《纯粹理性批判》的核心涉及的是为关于那些在牛顿定律中拥有模型的命题的知性寻找保证——以及出于需要，有时被像所有的物体都有重量这样更易明白和更令人尊敬的命题所演示。康德关心的是保证那些定律的知识，这些定律作为被理解成一套经验客体的自然的基础；他从未怀疑过这些经验客体跟在很大程度上作用于经验主义者的客体是一样的：狗、马、石头、树或房屋。但是，（至少是在他

---

① 参见迭戈·马可尼和詹尼·瓦蒂默为理查德·罗蒂著作（Rorty，1979）的意大利语版本所作的《序言》中的注12。

的《判断力批判》之前）他似乎对分类我们了解日常经验客体的方式极其不感兴趣，至少对那些我们今天习惯上称为自然物类的客体了无兴趣，如骆驼、山毛榉以及甲虫。这一点被像胡塞尔这样对什么的知识感兴趣的人意识到了，并且显得很失望。[①] 但这一失望对有些人却转化成了满意。这些人认为知识的问题（不论是什么的知识还是有什么内容的知识）只有用语言方式才能解决，也就好似说用命题之间的恰当的关联来解决。

罗蒂（Rorty，1979：3.3）抱着知识必须是"自然的镜子"这样的观念来处理问题。他甚至奇怪康德怎么可能断定直觉会提供给我们簇集物，而这个簇集物只有在知性的综合中被统一起来才能得到认识。在这层意义上讲，康德应该在涉及认识论传统方面向前迈一步，而这个传统从亚里士多德一直延续到洛克，为了这个传统曾尝试过用感知作为知识的范型。康德应该通过声明知识依靠的是命题而不是客体来阐发感知问题。罗蒂之所以满意原因很明确：尽管他的观念在于推翻分析哲学的范式，这却并非是他的出发点，即使在他个人经历的意义上也不是；因此，康德把他看成这样做的第一人：向分析哲学建议不必要做的是去探知狗是什么的问题，而有必要去探知狗是动物这个命题是为真还是为假的问题。

这并不会消除罗蒂的问题，即使他有意把知识降解为纯粹的语言问题，因为这阻止他处理感知、语言和知识之间关系的问题。也就是说，如果在知道 X 如何是和知道 X 为何类事物之间存在对立（如果就

---

① "当然，在康德的思想中，逻辑范畴功能起着非常显著的作用；但他却没有实现对在范畴领域中的感知和直觉的基本延伸……这也就是为什么他甚至没有区分作为语词的一般性意指的概念和作为直接性一般表呈以及最后作为一般客体也就是一般表呈的意向性对应物的概念。康德从一开始就滑倒在知识的形而上学理论的地面上，因为他准备对数学、自然科学和形而上学进行批评性'拯救'，甚至在他把知识当作前逻辑客体化和逻辑思维得以完成的整个行为域之前，从而使知识服膺于实质性的分析归类和批判，以及在把初级的逻辑概念和规律带回其现象学本源之前"。（《逻辑研究》，VI，§66）

71

像罗蒂那样捡起威尔弗里德·塞拉斯提出的对立的一条线索），我们还是要自问：为了回答第二个问题是否也先要回答第一个问题。[①]

这甚至对消除康德的问题有着更小的效果。他似乎不仅对解释我们理解 X 如何是是怎样发生的不感兴趣，而且也不能解释我们如何决定 X 是何类事物。换句话说，《纯粹理性批判》没有处理我们怎么去理解狗之为狗的问题，它甚至也没有解释我们如何能说狗是哺乳动物。如果我们思考一下康德写作的文化气候就没有什么特别的了。他借助或许是先验性地建立起来的严格意义上的知识作为例子，把几个世纪就已成型的数理科学和物理科学任他所用，并且他非常了解如何定义重量、广延性、力、质量、三角或圆。但是，他没有关于狗的科学知识，就像他没有关于山毛榉或石灰的知识抑或甲虫的知识一样。我们不要忘了在他写《纯粹理性批判》的时候，林奈的《自然系统》一书才刚刚出版二十多年。这本书首次尝试着去建立"自然物类"的分类法，是一本里程碑式的书。前一个世纪所编写的词典把狗定义为一种"已知的动物"；要建立像达尔加诺或威尔金斯（十七世纪）的分类法那样的普遍性分类法，运用的是我们今天所谓的近似分类法[②]。人们明白为什么会把狗的概念定义为经验性的；并且，正如他在好多场合所一再重复的那样，我们永远不能知道经验性概念的特征。这就是为什么《纯粹理性批判》在开头（序言，vii）就开宗明义地宣称包含有任何经验性内容的先验哲学概念绝不会出现：先验综合的对象不能是由客体构成的自然，因为这种自然本身就是"不可穷尽的"。

因此，即使康德意识到他在把知识降解为命题知识（因而也是语言知识），他也不会向自己提出皮尔士给自己提出的问题，这个问

---

① 参见为理查德·罗蒂著作（Rorty，1979）的意大利语版本所作的《序言》中迭戈·马可尼和詹尼·瓦蒂默的反对观点。

② 就这个想法我要感谢马戈·沃利（与他的私人信件）。关于寻求普遍性语言的分类法问题可参见我的著作（Eco，1994）。也可参见本书 3.4.2 和 4.2。

题就是知识的本质不是语言性的而是指号性的。确实，尽管康德在他的《纯粹理性批判》中没有这样做，他也会在《判断力批判》中朝这个方向走去。但是为了走这条路他要解决在《纯粹理性批判》中所遇到的困难，采用的方式是让先验图式的观念发挥作用，这一点将在 2.5 中论述。

根据康德的一个例子（P §23）①，我能够从一系列不连贯的现象（有一块石头，被阳光照射着，很热——正如我们要看到的那样，这是一个感知判断的例子）移到太阳烤热石头这个命题上来。如果我们假定太阳是 A，石头是 B，具热性为 C，那么我们就可以说 A 是原因，因此而使 B 为 C。

根据由范畴、先验图式和纯粹知性原理构成的图表（见图 2.1），直觉原理告诉我们所有的直观都具有广延性，而通过数的先验图式我把单一性范畴应用在 A 和 B 上面；通过感知预测，并应用程度图式，我声称现象的现实性（存在意义上的，Realität）是由直觉给我的。通过与经验的类比，我把 A 和 B 看成是物质，在时间上是恒定的，我在其中加入了偶性；并且我确立了 B 的偶性 C 是由 A 引起的。最后，我决定与经验的物性状态相联系的为真实的（模态意义上讲的真实性，Wirklichkeit），而对于在特定时间里的存在的先验图式，我断言现象正在有效地发生着。同样地，如果命题为根据自然规律太阳的光线总是以及必须会烤热（所有的）石头，那么我就应该在第一个例子中应用统一性范畴而在最后的例子中应用必要性范畴。如果我们使用的是先验综合判断的先验基础的话（但这并非是争论中的问题），康德的理论工具就会向我们解释为什么我们能够肯定地说 A 必然性地引起了 B 是 C 这个事实。

---

① 我使用下面这些代码来指代康德的作品：《纯粹理性批判》（CPR/A 和 CPR/B，分别为第一版和第二版）；《判断力批判》（CJ）；《引论》（P）；《逻辑学》（L）。至于 CPR，参见的是柏林学术出版社版。

	判 断	范 畴	图 式	纯粹知性
量	普遍的 专属的 单数的	统一性 多元性 整体性	数目	直觉定理：所有的直觉都是外延的量。
质	肯定的 否定的 无限的	实在 否定 限定	程度	直觉的期待：在所有的表象里，实在具有内涵的质，一种程度。
关系	范畴的 假设的 析取的	存在/内在（质料/偶然） 因果性（原因/结果） 社团（相互行动）	实在在时间中的恒久性 多面的连续 决定的同时性	与经验的类比：质料的恒久性根据因果性的时间连续 根据相互法律的同时性
情态	可能性/不可能性 存在/非存在 必然性/偶然性	可能性/不可能性 存在/非存在 必然性/偶然性	不同表征之间的调谐 特定时间中的存在 所有时间的存在	总体经验思维的假定：即与经验的形式条件一致者是可能的 与经验的物质条件关联者是实在的 在经验的普遍条件下与实在的关联之物必然存在

图 2. 1

但是，至此康德仍然没有讲他如何把这些变量捆绑在一起：我为什么把 A 感知为太阳而把 B 感知为石头？纯粹知性的概念是如何干涉进来让我把石头理解成这样的，使它区别于这一堆石头中的其他石头，使它区别于把它烤热的阳光以及宇宙中所有其他的事物？作为范畴的这些纯粹知性概念太宽泛并且太笼统，不能让我认识石头、太阳和热量。确实，康德向我们保证（CPR/B：94），一旦列出了一个基始性的纯粹概念清单，就"很容易"加入次生概念和特称概念；但是，由于他的任务是研究这个体系的原理而不是这个体系的完整性，他就把这项整合工作留到另一部著作中去完成。不管怎样，我们要做的一切是参考本体论的一些材料，从而细致地把力量、行动和激情的谓项归属于因果范畴之下，或者把出生、死亡和变化归属于模态范畴之下。但是即使这样，我们仍然应该处于一个高度抽象的水平上面，还是不能说这个 B 是一块石头。

因此，这张范畴表不会让我们说出我们是如何如此这般感知石头的。纯粹知性的概念只是逻辑变量，而不是客体的概念（P §39）。但是，如果我不仅不能说此 A 为太阳和此 B 为石头，甚至连此 B 至少是一个实体也不能说，那么纯粹知性的概念保证给我们的普遍而必要的定律就会一文不值，因为它们可以指任何经验事实。或许我可以说存在着烤热一切东西的某个 A，而不管我会给 B 附加什么样的经验概念，但我并不知道这个可以烤热其他东西的实体是什么，因为我不会对 A 附加任何经验概念。纯粹知性概念不仅需要感知直觉，而且需要知性概念可以应用其上的客体概念。

太阳、石头和空气的概念（康德也清楚这一点）都是经验性概念，在此意义上，它们与经验主义者所谓的属种的"观念"没有什么不同。康德有时谈到类属概念，它们属于概念，但并非是他经常称之为范畴的概念，后者实际上属于纯粹知性的概念。范畴——正如我们所看到的那样——是最为抽象的概念，如统一性、现实性、因果性、可能性和必要性。马的概念不是通过知性的纯粹概念的应用而厘定的。一个经验性的概念来自感觉，并且经过与经验的客体相比较。

哪一门科学研究经验性概念的形成呢？显然不是一般逻辑，根据康德的观点，这种逻辑不能探究"概念的源头，或者概念拥有起源的方式，就它们作为表象来讲……"（LI §5）尽管如此，康德似乎还认为批判哲学甚至没有义务去完成这项任务，因为它要考察的不是经验如何发生（这更是经验心理学的任务）而是经验所包含的内容。除非经验性概念的生产与知性的合法活动没有关系，这样的观点才是合理的。我们必须要么通过明显的实质（就像是亚里士多德—经院学派所做的那样），要么通过简单的组合、关联和抽象过程来认识马和房子，而后一种则是洛克的观点。

在《逻辑学》中有一个段落可以证实这个说法：

（为）了从表象中形成概念，因此需要能够比较、思辨和抽象；知性的这四种逻辑方法实际上对于一般概念是至关重要的和普遍有效的条件。比方说，我看见一棵柳树和一棵亚麻。通过对这两个客体进行比较，首先我注意到它们在树干、树枝、树叶等方面不一样；但接下去只考虑它们所共有的东西：树干、树枝和树叶本身，以及通过根据它们的大小、形状等进行抽象，我获得了关于树的概念。(LI §6)

我们仍然停留在洛克的位置上吗？如果像"知性"这样的词汇（从各方面考虑）含着"人类的理解"这样的意义，那么这个段落就是洛克主义的。这不能算是更为年长的康德的情况，康德当时已经出版了三大批判。不管知性如何去理解柳和亚麻属于树，但是在感性直觉中不存在这个"树性实在"。无论如何，康德也没有告诉我们为什么在拥有了所给的直觉情况下，我理解那是关于亚麻树的直觉。

另一方面，在康德那里"抽象"也不是指从什么当中抽绎出、使什么显现出（而这仍然是经院派的观点），甚至也不是通过什么建构（这是经验主义的立场）：它是纯粹的独立观照，是一种否定状态，是知性的最高的运用，这种知性知道抽象的对立面是某种个体的概念，而这在康德的体系中又是不可能的：感性直觉必须由知性来条分缕析，也必须由属和种的决定因素加以澄明。

实际上，这个段落可能是对为了教学上的简便而采取的权益之策的回应——在一个笔记集成的、当然又由其他人在上课过程中重新解释的文本中——因为它明显地与前两页所讲的相反（I，3）："经验性概念来自通过经验客体的比较而获得的感觉，并且多亏了知性它获得了普遍性的形式。"

难道仅此而已？

2.4　感知判断

当康德在《纯粹理性批判》出版之前（这里也指出于需要讲授的以及其他人记录下来的课程）[①] 的十年中研究经验心理学期间，他已经意识到由感官提供的信息是不够的，因为你还需要知性对感官摆在它面前的东西进行思考。我们以为我们只根据感官所提供的证据了解事物这个事实取决于一种虚假事实的错误：从婴儿期我们就如此习惯于如同它们似乎早已在直觉中给出的那样把握事物，以至于我们从未考虑过知性在这个过程中所起的作用。没有意识到知性在起作用并不意味着它就不起作用：于是在《逻辑学》（引言，I）中类似的很多机械运动论被提及，如我们说话时就表明我们知道语言的规则，但有人要问是哪些规则我们则回答不上来，或许我们甚至连它们是否存在都说不上来。

如今，我们会说为了获得一个经验性概念我们必须能够得出一个感知判断。但是通过感知我们旨在实施一个复杂的行为，一种对涉及记忆、文化以及最终取得对客体的本质的理解的可感数据的阐释。另一方面，康德谈论感知时只是把它们作为"有意识的表象"来谈论。这些感知可以被次分为感性，它们只能调整主体的状态以及客观知识的形式。如此一来，它们就可以成为经验直觉，通过感性指称单一的客体，并且它们仍然是表象，没有概念，是盲目的。或者它们通过一个特别的很多事物所共有的符号、一个标示而沾上了概念性（CPR/B：249）。

那么对于康德来讲，什么是感知判断以及它如何被同基于经验之上的判断区别开来呢？感知判断是一种低级的逻辑活动（LI §57），生成出个人意识的主观世界；它们像当阳光洒在石头上，石头会被

---

① 收录于《形而上学》（L1），《康德作品集》，卷 XXVIII，第四部分：讲座，第五卷，第一篇（柏林：德古意特出版社，1968 年，第 2212—2301 页）。

烤热这样的判断；它们也可以被弄错，在任何情况下都可能会是偶性的（P §20，§23）。基于经验的判断却能够建立一种必然的关联（也就相当于说，它们实际上断定了阳光烤热石头）①。因此，似乎是这么一种情形：范畴只干预基于经验的判断。

但又为什么感知判断还是"判断"呢？判断不是当下作出的，而是借助中介对一个客体形成的知识，而且在所有的判断中我们会发现一个对多种多样的表象都有效的概念（CPR/B：85）。不可否认的是，拥有了石头及其被烤热的表象已经代表了在多种多样的可感事物中实现的统一：在意识中把表象统一起来就已经属于"思想"和"判断"了（P §22），而判断是先验的规则（P §23）。如果我们还不满意的话，"所有的综合，没有这些综合甚至连判断都不可能的这些综合都唯范畴是从"（CRP/B：125）。不可能是这种情况（就像P §21中所说）：每一个经验可能性的先验原则都是命题，这些命题让所有的感知都屈从于知性概念。感知判断早就深深地浸淫了知性概念。没有绕过去的道路，把一块石头识别为石头就已经是一个感知判断了，而感知判断也是判断，因此它也取决于知性的合法化。各种事物由感性直觉给予，但是一个多样性统合体的关联只能通过知性所实施的综合行为才能给予我们。②

简而言之，康德设定了一种经验概念和感知判断的观念（对于

---

① 在《引论》（P §18）中也提到一种经验判断的上义属种。它们是建立在感觉性感知之上的，就此经验性判断加入了源于纯粹知性的概念。在我看来这些经验判断如何区别于感知判断似乎不甚清晰，但我认为（除非我们想浸淫于康德的语言史学中）我们想必把这个比较局限在感知判断和经验判断上面。

② CPR/B：107。因此，就感知判断和经验判断之间的区别来看，"这个问题绝没有被解决"（Martinetti，1946：65）。恩斯特·卡西尔（Cassirer，1918）也意识到了这一点，但他只在第三章的注释中提到它："应该注意的是对经验知识类似的揭示……与其说是对一个事实的描述，还不如说是对一个极端例子的建构……康德的观点是所有'个体判断'都具有了某种'普遍性'的形式；所有的'经验性'命题都在其自身包含某些'先验性'断言；因为判断的最为根本的形式包含了对拥有'普遍客观有效性'的宣称。"如此之重要的陈述为什么只能在注脚中找到？因为卡西尔知道他是在根据常识和系统的一致性来推断康德本应排除所有歧义性表述而清楚地表达出的东西。但康德并没有这样做。

78

经验主义者来说是一个至关重要的问题），却从不设法把其中哪一个从泥沼中拉出来，从感性直觉和知性的合法性活动中拉出来。但就他的批判理论来讲，这块朦胧之地绝不能存在。

在康德那里，知识的各式语汇可以按照这个顺序用一系列的表述方式呈现出来：

1. 这块石头。

2. 这是一块石头（或者这里有一块石头）。

3a. 这块石头是白色的。

3b. 这块石头是坚硬的。

4. 这块石头是一块矿石和一个实体。

5. 如果我抛出这块石头，它将会落回地面。

6. 所有的石头（只要它们是矿石，因此也是实体）都有重量。

《纯粹理性批判》所处理的显然是像（5）和（6）这样的命题，是否还确确实实地处理像（4）这样的命题尚有争议，当然对于像（1）和（3b）这样的命题是否有合法性还不清楚。对（1）和（2）是否表达了不同的言语行为提出疑问是合情合理的。除了像幼儿的单词句这种语言现象外，不可能设想某个人遇到一块石头会说出（1）——如果非要说的话，这种句式也只能发生在（3a）或（3b）中。但没有人会说，对应于理解的每个阶段都必须表于言语，同样的自由甚至也适用于自我意识行为。某人可以在一条两边堆放着石头的路上行走，对这些石头却一点也没有意识；但是如果有人问他沿着这条路有什么的话，他会很准确地回答说只有石头。① 因此，如果感知的整

---

① 这里，我们就让这个问题敞开着：是否他感知到了石头但搬开了这个感知对象，或是否他感知到的只是他做出反应的那一刻，在其中阐释对仍然支离破碎的视觉感知予以阐释。

体事实上早已是一种感知判断的话——并且如果想用言语不惜任何代价把它表述出来的话，我们就会有不作为命题的（1），因此也不暗含判断——当我们去表述它的时候我们即刻就到达了（2）。

因此，在被问及关于他所看见的和目前正在看什么的问题时，看见这块石头的人要么会回答（2），要么回答他不敢说他感知到了什么。至于（3a）和（3b），主体可能会有所有关于白色和坚硬的感觉，但只要他用谓项断言，他就早已进入范畴之中，而他所断言的性质就被应用到物质身上，确切地说至少是从一个方面或性能确定这个性质的。或许他从可表达的东西开始，如这个白色的东西或这个坚硬的东西，但即使这样他也早已开始了假设的工作——值得注意的是这种情况典型地发生在一位第一次见到鸭嘴兽这种会游泳的、有毛皮和喙的动物的人身上。

我们仍然有待确定在一个主体说那块石头是矿物和实体的时候究竟发生了什么。皮尔士会说我们已经进入了阐释的时刻，而对于康德来说我们已经建构了一个类属概念（但是正如我们所看见的那样，他在此方面没有明确说明）。但是，康德的真正问题所涉及的是（1）—（3）。

在（3a）和（3b）之间存在着差异。对于洛克来讲，第一个表达句讲的是一个简单的次级内容（颜色），第二个则是简单的初级内容。初级和次级是判断客观性的方法，不是判断感知的确定性的方法。一个绝非毫不相干的问题是，在看到一只红色苹果或一块白色石头的时候，我是否也能知道苹果的里面是白色的和多汁的，石头的里面是坚硬的以及有重量的。我们会说区别在于被感知的客体是否是连续体的分割的结果，以及它是否是一个没有被认识的客体。如果我们看到一块石头，在理解它是块石头的当下我们就"知道"其里面会是什么。而一个第一次看见珊瑚化石（形状是石头形而颜色是红色的）的人仍然不会知道里面是什么。

但是同样是在已知客体的情形中，说"我们知道"这块石头外面呈白色里面坚硬意味着什么呢？要是有人问我们这种恼人的问题，我们会这样回答："那是我想象的结果，石头通常是这个样子的。"

把想象作为类属概念的基础是件很有意思的事情。"想象"是什么意思？想象$_1$的意思是唤起意象（我们现在是处于想象的界域，是对可能世界的描画，就像我的欲念要描画一块我想用来砸开果核的石头一样——这个过程不需要感觉经验）；想象$_2$的意思是在看到这样一块石头时，确切地说是基于并伴随着刺激了我的视觉器官的感觉印象，我知道（但我并没有看见）它是坚硬的。这两种想象是有差别的。让我们感兴趣的是这第二种"想象"。第一层意思的"想象"，正如康德所说的那样，最好是留给经验心理学去研究；但第二种意思的"想象"对于理解理论、感知事物的理论，或是——在康德看来——在建构经验性概念方面都会起到关键的作用（更不用说这个事实了，那就是即使用第一种想象，即希望有一块可以砸果核的石头，也是可能的，因为在我对一块石头想象$_1$时，我也在想象$_2$它是坚硬的）。

威尔弗里德·塞拉斯（一九七八年）建议用 imagining 代替想象$_1$，用 imaging 代替想象$_2$。鉴于其中的原因很快就会明了，我建议把 imaging 用"构形（to figure）"翻译（两者都有构建图形和描画一个结构框架的意思，也有在我们看到石头说"我看出来"里面是坚硬的这层意思）。

在指认石头的某些属性的行为中我们进行了选择，我们是在某个方面或性能上指认它的：如果在看见或是想象一块石头时我不是想去砸果核而是想去赶走一只讨厌的动物，我也会用其动态的可能特征看这块石头，把它作为可以投掷的物体来看待，并且把它看成具有朝目标落下的属性而不是在空中会飘起来的属性，只要它有重量。

为了理解而进行的指认和通过指认而进行的理解对康德的体系

是至关重要的：它表明自身对于建立经验概念的超验基础极其关键，并且对于允许进行如这块石头这样的感知判断（隐含的和非言语表达的）也不可或缺。

2.5 图式

在康德的理论中，有必要解释为什么像星星般模糊抽象的范畴被用在感性直觉的具体性上。我看见太阳和石头，我必须能够想那颗星星（以单一的判断形式）或所有的石头（以普遍的判断形式，这样就更加复杂，因为就事实而言我看见的是被太阳烤热的仅仅一块石头或几块石头）。现在，"这样看来，涉及由经验确定的现象的专门的规律不能完全来自范畴……对经验必须另行附加"（CPR/B：127）。但是，知性的纯粹概念既然对于感性直觉是异质的，"在理解一个概念下面的任何客体中"（CPR/B：133，在现实中人们应当说"在每一次把直觉的对象放置于一个概念的名下时，这样一个客体才能产生"），我们需要作为中介元素的第三者，也就是说这个第三者可以让概念围绕着直觉把自己包裹起来成为可能，并且让这个概念应用在直觉身上。这样，就需要产生一种超验图式。

超验图式是想象的结果。我们暂且把《纯粹理性批判》的第一版和第二版之间的差异搁置一边，也就是在第一版中想象是心灵的三种官能之一，其他两个是感性（它经验性地表征为感知中的表象）和统觉，而在第二版中想象成了知性的唯一的功能，是知性作用于感觉所产生的结果。在很多阐释者看来，海德格尔也包括在内，这种转变具有巨大的相关性，关联程度如此巨大以至于人们必须回到第一版而忽视了在第二版中所找到的第二类思想。以我们之见，这个问题是次要的。于是我们就承认，想象无论它是什么官能还是什么活动，都为知性提供了图式，因而它就能运用在直觉身上。想象是在一个客体甚至不在直觉中的时候也能表征这个客体的能力（就我们唤起想象₁这层意思上讲它是"再生性的"），或者说它是形象综合，是对某个种、图形的生产性想象。

所谓的综合指的是盘子的经验概念可以通过圆的纯粹的几何概念来认识，因为"首先所构想出的圆的特性"，接下来就形成了直觉（CPR/B：134）。尽管有这么一个例子，图式也不是一个图像；于是这里就很清楚地知道为什么我用 figure 而不用 imagine。例如，数字的图式不是一个数量图像，就好像我用一个一个连在一起的五个黑点来想象数字 5 那样，像这样：……。显然，用这种方法我永远也不能想象 1 000 这个数字，更不用说更大的数字了。数字的图式更是"在一个图像里面表示某个数字的方法的体现……所根据的是某个概念"（CPR/B：135），这样一来，就能够把皮亚诺的五个公理理解成作为呈现数字的图式元素：零是一个数字；每个数字的承接者是数字；不存在相同的承接者的数字；零不是任何数字的承接者；零以及具有那些属性的任何数字的承接者的每个属性属于所有的数字——于是任何无限的系列 X0，X1，X2，X3……Xn 都不包含重复项，都有着一个开始，都不包含从第一个开始在有限的节段中不能抵达的项，这种系列就是数字系列。

在《纯粹理性批判》的第二版的序言中，康德提到了泰勒斯，为了发现所有等腰三角形的属性，他从等腰三角形的图形出发，并没有一步一步地按照他的眼中所见走下去，而是去生产、去构建一般意义上的等腰三角形。

图式不是一个图像，因为图像是再生性想象的产物，而感觉概念（也是空间图形）的图式则是纯粹的先验能力所想象、"也可以说是交织"（CPR/B：136）成的产物。要说有什么区别的话，可以说康德的图式不仅仅是通常所理解成的一种"意识图像"（这会使人联想到照片的概念），而是像维特根斯坦的图像，一种跟它所呈现的事实具有一样形式的命题，跟我们谈论一个代数公式的"象征"关系是一个意思，或者跟我们所谈论的技术—科学含义上的"模型"差不多。

为了更加深入地理解图式这个概念，我们或许需要研究计算机操作师们所谓的流程图。机器能够用"如果……就会"（IF … THEN GO TO）的形式"思维"，但鉴于它既能够以演算又能够以绘出几何图形的方式为我们所用，它又是一个太过抽象的逻辑手段。流程图向我们表明机器所必须执行的步骤，以及我们必须命令它去执行的步骤。假定有一个操作，在这个过程中的某个接口，一个可能的选项产生出来了，接着根据出现的答案而需要做出选择；根据这个新的答案，需要回到这个流程图中的一个更高的接点，或是再朝上继续，等等。这个流程图拥有以空间意义上的直觉就可以发现的成分，但同时它又是实质性地建立在时间过程（时间流）上，这种建立的方式同康德所声言的图式基本上是以时间为基础的方式一样。

这个流程图观念似乎在相当程度上解释了康德用制约几何图形的概念建构的图式的意义。我在经验中所找到的三角图形——例如，金字塔的一面——都不能恰当地代表普遍性的三角形概念，而这个概念对所有的三角形都适用，不论是直角三角形、等边三角形，还是不等边三角形（CPR/B：136，1—10）。图式被建议作为任何拥有三角形普遍特征的形状的建构规则（我们可以这样说，即使并不是按照严格意义上的数学术语讲，这个图式迫使我们要采取规定性步骤，如果我在桌子上摆了三支牙签，我不能再去找第四支，而是当即就用现成的三支牙签完成一个图形）。[1]

康德提醒我们，我们不可能不在我们的思维中划出一条线的痕

---

[1] 在我已经写完这篇文章时我拿到了迭戈·马可尼的这本书（Marconi, 1997），但我感觉他就康德的图式主义所写的几页内容（146ff）着重地阐明了其过程性特征。

迹就思考一条线；我们不可能在不描述一个圆的情况下思考一个圆（我相信，为了描述一个圆，必须有一个规则告诉我圆上的每一个点都与圆心是等距离的）。我们不可能在不让三条线呈直角的情况下画出三个空间维度来。我们甚至不能在不画出一条直线的情况下去说明时间（CPR/B：120，21 ff.）。要注意的是，至此我们已经从根本上修正了起初我们所定义的康德的模糊符号学，因为思维不只是对源自一个先前表述的纯粹概念的应用，它还是对图形表达式的采纳。

同时间一样，记忆也进入了这些图形表达式的构建当中：在《纯粹理性批判》的第一版（CPR/A：78—79）中，康德说，如果在我计数的时候我忘记了正出现在我的感知中的单位是被逐步累加起来的，那么我就意识不到通过连续累加所产生出的复数，接着我也就甚至对数字都无从所知。如果在思维中我画一条线，或者我希望在一个月亮和下个月亮之间来思索时间，但是在累加的过程中我总是失去前面的表达式（即线的前面部分，时间的先前部分），那么我就永远也不会拥有一个完整的表达式。

我们看得出在对感知的期待中，图式主义是如何运作的，它是一个真正基本的原则，因为它暗示可观察的实在是一个分割性的连续体。我们如何去预知我们还没有通过感官凭直觉去发现的事物呢？我们必须在这种情况下工作，即量度必须被楔入经验（也就是好像人们可以对连续性的事物量化）而不会造成我们的量化排除掉其他中间性量度。卡西尔指出，如果我们承认在 a 这个时刻，一个物体以 x 状态呈现自身，而在 b 这个时刻它还是以 x 状态呈现自身，而没有经过这两个时刻的中间值，那么我们就可以得出我们所针对的不是"同一个"物体：我们会声明，处于 a 时刻的 x 状态中的物体已经消失，而在 b 时刻中的另一个物体出现在 x 状态中。最终的结论就是，对物理变化的连续性的假定并非是观察所得出的单一性结果，而是对普遍性自然知识的假定，因此，它就成为了制约图式建构的原则之一（Cassirer，1918：III，3）。

2.6　那么这条狗又怎样呢

关于知性的纯粹概念图式就讲这么多。但是会出现这种情况，正是在关于图式主义的章节中康德引入了有关经验概念的例子。这不仅仅是发现图式如何允许我们把实在性和现实性、内在性和独立性以及可能性等与多样的直觉同质化。还存在着狗的图式："狗的概念意味着一条规则，根据这个规则我的想象总能够画出一只四只脚的动物的轮廓，而不必局限在由经验提供的任何具体的体形上，或是局限在我可以具体画出的任何形象上。"（CPR/B：136）

在这个例子之后的随后几行，康德绝非是不经意地写下了这个著名的语句，据此我们的知性的图式同时也涉及显现的形式的图式主义，是潜伏在人的心灵深处的一门艺术。它是一门艺术、一个程序、一项任务、一个建构，但我们对它如何运行知之甚少。因为很清楚，我们用流程图所做的小小的类比在狗的身上却难以奏效，尽管这个类比可以帮助我们理解三角形的图式建构是如何运行的。

只要给出一个合适的算法，计算机当然可以构建狗的图像：但是一个从未见过狗的人并不会通过研究建构狗的流程图的方式得到一只狗的心象（不论这个心象是什么）。我们再一次发觉自己所面对的是范畴与直觉之间缺乏同一性，同时还面对一个事实，可以被表述为"四腿动物"的狗的图式只会把我们带到极端的种加差的这种谓述的极端抽象性上去，但却并不能允许我们把狗同马区别开来。

德鲁兹（Deleuze，1963）认为图式所包含的不是一个图像而是体现或实现某些纯粹的概念关系的时空关系，而这仅仅对于纯粹知性概念来讲似乎显得很准确。但当涉及经验性概念的时候这似乎显得不够，因为康德是第一位告诉我们为了思考盘子我必须要求助圆的图像的人。圆的图式不是一个图像而是在必要时构建图像的规则，而盘子的经验性概念反而必须要包括这个观念，即其形状必须以某种方式构建——确切地说，这就是从视觉意义上讲的。

必须得出这样的结论，在康德思考狗的图式的时候，他所思考的是非常类似于当今认知科学领域中的大卫·马尔和赫伯特·基斯·西原所谓的"3-D模式"，如图 2.2 中所示。

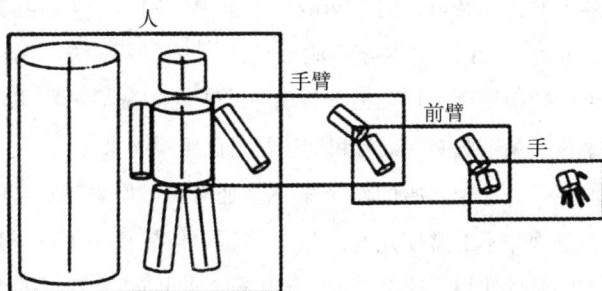

图 2.2

在感知判断中，3-D模式被应用到经验的方方面面，我们把 x 辨识为人而不是狗。这应该表明为什么一个感知判断不必最终用语言断言。实际上，这建立在把一个结构图形应用到感觉的方方面面上。需要有其他判断用来在所有可能的属性上决定人的概念的事实（就像发生在所有经验概念身上那样，这项任务似乎无穷无尽，永远不会完全实现）另当别论。利用3-D模式我甚至会把人混同为灵长目动物或者反过来——但是却很难让我把他误当作一条蛇。事实是，从某种意义上讲，即使在一个人知道或断言人有心灵、人会说话，或人有可以与其他手指相对的拇指之前，他脑中就有类似的图式了。

至此，我们可以说，经验概念的图式正巧同客体的概念重合：事实上，我们可以说围绕着这个图式一种三元关系得以建构起来，其中的三"人"在最后的分析中就是一个整体（即使他们能够被看作是三个视点）：图式、概念和意义。产生出狗的图式意味着拥有其中的至少一个主要的概念。人的3－D模型对应于"人"的概念吗？就经典定义（即会死亡的理性动物）来看当然不是，但是就识别人的可能性来说，以及就能够加入源自第一个识别的决定因素来看，当然可以。这说明了在《逻辑学》（II，103）中康德为什么会说经验概念的合成绝不会有尽头，因为在经验过程中，将仍然有可能识别出客体狗或人的其他特征。但不幸的是，康德使用了一个极其强烈的措辞，说经验概念因此"甚至不能被定义"。它们不能被一劳永逸地定义，就像数学概念一样，但允许有一个核心，随后的定义可以围绕着这个核心集结起来（或者和谐地把自己组织起来）。

我们能否说这个初始的概念核心也是与我们用来表达它的词语相对应？康德并不经常使用意义这个单词，但想象一下，正是在他谈论图式的时候使用了这个词：概念是完全不可能的，也不能拥有意义，除非将一个客体赋予它们，或者至少赋予它们所包含的元素（CPR/B：135）。康德不甚清晰地暗指语言意义和感知意义之间的重合后来被胡塞尔大大地予以断定：一个红色的物体被认作是红色的并且被作为一个单一动作指命为红色。"所有被指命为红色的物体——在当下的指命意义上讲，这个指命预设了潜在性的对被指命对象的直觉——以及识别为红色是意义相同的表达式"（《逻辑研究》，卷VI，7：327）。

但是如果真是这样，不仅经验概念的观念，而且用来指示可感知物的词语（即自然物的名称）的意义观念，都产生了新的问题。那就是意义的初始核心，也就是那个被等同为概念图式的核心，可能不会被降解为纯粹的分类数据：一只狗不会因为它是哺乳动物而被理解（和识别），而是因为它有一定的形状（眼下我们就姑且让这个词语保留其所有的亚里士多德的涵义，尽管这些涵义在这里的上下文中非常危险）。

正如我们刚刚看到的，盘子的概念必须相应于圆性概念，而康德告诉我们狗的图式包括有腿并且有四只腿。一个人（在作为人类一员的意义上）无论怎样都是根据由 3－D 模型所提供的说明那样移动。

这个图式由何而来？在几何图形的图式这种情形中，考虑纯粹的空间直觉就足够了，因此图式从我们知性的建构本身就可以画出，这当然跟狗的图式（因而还有狗的概念）的情形并不一样。不然，我们即使没有一个先天观念库的话也会有一个先天图式库：一个包含有狗类、马类等的图式，直至我们穷尽了整个宇宙的库存。并且在这种情形中，我们还应该装备一个鸭嘴兽的先天图式，即使还没有看见过一只鸭嘴兽，否则在我们看见一只鸭嘴兽时，我们就不能认识它。很显然，康德并不接受此类的柏拉图主义（而且柏拉图是否真的这样做了仍然是有待争论的问题）。

于是，经验主义者会说，图式来自经验：狗的图式只不过是洛克的狗的观念。但是这种声言在康德看来是不能接受的，鉴于经验的发生正是有赖于图式的应用。我不能从直觉信息库中把狗的图式抽象出来，因为信息之所以能够被认识正是依赖图式的应用。这样我们就落入了一个怪圈，《纯粹理性批判》（我认为可以自信地这样说）没有帮助我们摆脱这个怪圈。

只剩下一个解决办法：通过感性直觉认识、比较和评估信息，并且通过利用潜伏在人类博大心灵最深处的先天的秘密技艺（还有我们自己先验工具所提供的技艺），我们不是抽象出图式而是构建图式。当我们被授以狗的图式的时候——在我们应用这个图式时甚至没有意识到，因为在虚报事实的错误中我们被引领着认为是由于我们接受感应才看见狗的——康德（正如我们所发现的那样）把它看成是半无意识的方式的副作用，我们借助这一方式启动先验工具的运作。

康德的图式主义暗示——在它只能促使我们去认识它这层意义上讲——一种建构主义并不是一个原创性的观念，尤其是在回到诸多当代认知科学中的可辨认出的康德思想时。然而，图式能够也必须是建构，不应该过分地源自先前所建的图式（例如狗的图式）；真正的问题是：在我们必须建构一个尚未认识的客体的图式时会发生什么？

2.7　鸭嘴兽

选择鸭嘴兽作为一个未知客体的例子不仅仅是出于一种怪念头。鸭嘴兽是在十八世纪末的澳大利亚被发现的，刚开始被称作"水鼹鼠"、"鸭鼹鼠"或"鸭喙平足兽"。在一七九九年，一只标本在英格兰接受研究。生物学家们难以相信自己的眼睛，研究结果就是有人旁敲侧击地说它给标本剥制师开了一个玩笑。在4.5.1中我将谈及它是如何被研究和定义的。在鸭嘴兽出现在西方世界的时候，康德已经写完了他的著作（最后出版的一部著作是一七九八年的《实用人类学》）。当人们开始谈论鸭嘴兽的时候，康德已经是耄耋老人了；或许有人向他提到过鸭嘴兽，但是其信息无论怎样也是不确切的。到最后确认鸭嘴兽是卵生的哺乳动物的时候，康德已经去世八年了。我们因此可以进行思维实验，以确定如果康德遇上了一只鸭嘴兽会怎样去做。

这是从感觉印象开始确定图式的事情。但是这些感觉印象不对应于任何先前的图式。怎样能把喙同有毛的蹼和海狸的尾巴协调起来，或是让对海狸的认识同对卵生动物的认识协调起来？人们如果看到有四足的鸟又会怎样想呢？当时亚里士多德在制定出把反刍动物与其他动物区分开来的所有可能的规则之后，无论他朝哪个方向走，他都不能设法给无论用什么样的属差法都无法定义的骆驼找出一个位置。康德也会发现自己处于同亚里士多德一样的境地。如果亚里士多德试图让一种动物符合（反刍动物的）定义，那么他就会把另一头反刍动物赶出它自身的定义空间。[①]

有人因此会说亚里士多德本应该发现自己处于一种更加尴尬的境地，因为，既然他本应相信鸭嘴兽有着一个不依赖知性而存在的本质，那么无法给它找到一个定义会更加使他寝食难安。康德尽管是一位理想主义的抵触者，但也很清楚地知道，如果鸭嘴兽给他一个可感的直觉，那么它就被认识了并且有必要被认识；不管他赋予它的形式来自哪里，必须有建构它的可能性。

如果康德遇到了一只鸭嘴兽，他将会面对什么问题呢？这个问题的各个方面只在《判断力批判》中才对他是清楚的。判断是把具体事例情况作为通则的一部分加以认识的能力，如果通则（规则、规律）已经给出，那么判断就是决定性的。但是如果给出的只是具体事例，而通则必须去寻找，那么判断就是反思性的。

就像皮尔士所建议的那样，康德通过把图式论引入该体系的第一版中而发现自己拥有了一个爆炸性的概念，迫使他向更远处走去：实际上，就是朝着《判断力批判》的方向走去。但是，我们会说，一旦得出了来自图式的反思性判断，决定性的最根本的本质就会进入危机状态。因为决定性判断力（我们最终是在《判断力批判》中关于目的性判断力的辩证这一章中发现这一点被清楚地阐述出来的）"自身并不具有建立客体概念的原则"，决定性判断只是局限于把客体归属在像原则这样的给定的定律或概念下面。"因此，包含有在范畴下进行归属的条件的先验判断力自身并不是立法性的，而只是给出一个给定概念可以被赋予实在性（即被应用）的感性直觉条件。"

---

① 关于反刍动物的令人不解的故事可参阅《后分析篇》（卷 II，98，15 ff.）以及《论动物部分》（642b—644a 10 & 663 ff.）；还有我的《角、蹄子和鞋：不明推论的三种类型》（现载 Eco，1990：227—233）。

于是，一个客体的任何概念，只要被建立就必须为反思性判断所厘定，这一判断"必须归属于尚未给出的一项定律"（CJ §69）。

就康德来说，自然就在我们眼前，他的朴素的实在主义不让他认为自然的客体不在那里，以某种形式发挥着作用，鉴于它们自行发展着。一棵树生长出另一棵树——都是同一个树种——同时这棵树生长着，因此它作为个体生长着自身；被嫁接到另一棵树的树枝上的一棵树的叶芽长出同一个树种的另一株植物；树是作为部分汇整在一起的整体生存的，因为树叶是由树长出来的，但是落叶会影响树干的生长。因此，树的生长所依靠的是自身内在的机体规律（CJ §64）。

但是这一规律不能从树上获知，鉴于现象物不能教授给我们任何本体性的东西。纯粹知性的先验形式也不能教授我们任何东西，因为自然的实体遵循大量的具体规律。然而，根据多样性统一原则，尽管这一原则甚至并不为我们所知，先验形式应该被看作是必要的。

自然的这些客体（除了那些允许我们认识物理现象的高度普遍性的规律之外）是狗、马、石头——还有鸭嘴兽。我们必须能够说出这些客体是如何被组织成属和种的，但是——这一点要注意——属和种不仅是我们拥有的分类性的判断："在自然中有着我们可以把握的属和种的归属；接着属根据一个共同的原则相互关联在一起，这样就可以从一个移到另一个，以这种方式移向更高的属"（CJ 序，V）。

于是，我们试图构建树的概念（我们这样假定）就好像树就如我们所认为的那样。我们根据概念把某物设想为可能的（我们试图在形式和事物本身的可能性之间达成一致，即使我们对其没有任何概念），我们可以把它看作是追寻一定目的的一个有机体。

把某物阐释为好像的样子在某种程度上讲意味着提出一个假设，因为反思性判断必须归属于一个尚未给定的规律，"因此，实际上它只是一个反思客体的原则，而对此决然没有足以对应所出现的情形的规律或客体的概念"（CJ §69）。并且它还是一个非常具有冒险性的假设，因为从一个具体的情况（从一个结果）需要推断出尚未得知的规则；为了在这里或那里找到规则有必要假定结果就是要建构的规则的实例。当然康德并没有用这样的语言表达自己，但是皮尔士这位康德主义者却是这样做的：显而易见，反思性判断只不过就是一种不明前提推论。

在不明前提推论过程中，就像我们曾经说过的那样，属和种不只是任意性的分类——如果它们是的话，只有在不明前提推论发生之后它们才能在概念析解的高级阶段中得以建立起来。按照第三大批判，必须承认的是，从反思性判断为目的性判断这层意义上讲，反思性判断把"动物性"特征（或者"活物性"特征）赋予早已经存在于图式结构过程中的客体。让我们思考一下如果康德看见鸭嘴兽将会怎样。他会产生各种各样的特征形成的直觉，迫使他建构一个受植物性神经控制的生物，不会被外力驱动，并且很显然会协调自己的动作，使喙（可以用来进食）、脚（可以用来游泳）、头、躯干和尾巴形成有机的、功能性的关系。这个客体的动物性表明其自身就可作为感知图式的基本元素，而不是连续性的抽象的属性赋予（这只能概念性地认可图式早已包含的内容）。[1]

如果康德像在随后的两个世纪中人们逐步所做的那样观察鸭嘴

---

[1] 在另一方面，让我们从一个假设的亚当的观点出发，他第一次看到猫的时候什么其他动物也没有见过。对于这样一位亚当来说，这只猫会被图式化为"会动的东西"，在此时它所具有的这种性质使它类似于水和云彩。但我们可以想象得出这位亚当将会把猫跟狗和鸡放在一起，放在受到他的惊动就要不期然地做出反应并且听到他叫一般都会可预知地做出反应的会动的物体，这样就同水和云区别开来了，后者看上去是在动，实际上对他的在场无动于衷。在这里会有人谈到一种前范畴性感知的形式，这种形式先在于概念性范畴，于是看到一只狗或一只猫时所感知到的动物性仍然与动物这个属无关，这个属至少自从普菲力欧斯和他的树那个时期就劳顿着符号学家们。不过，当下我不会有意地引入"前范畴"这个观念，原因在于就像我们将在 3.4.2 中看到的关于被称为"范畴化"的过程那样，这种形式的表达暗含着不属于康德的范畴观念。

兽（其形态、用途和习性），他会得出与史蒂芬·杰伊·古尔德一样的结论（Gould，1991：227）：早于第三纪的其他哺乳动物而在中生代就已经出现的这种动物，其进化再也没有往前推进过，但这并不代表自然界造就出更好的物种的企图泡了汤，而是一个设计上的杰作，是适应环境的绝佳的例子，这种适应可以让一只哺乳动物在河流中生存和繁衍。它的皮毛似乎是专门为了保护其在冰冷的水中生活而生长出来的；它可以调节自己身体的热量；其体形帮助它适合潜入水中，能够闭着眼睛和耳朵寻找食物；其前肢帮助它游泳；后肢和尾巴充当舵的作用；众所周知的后距用来让雄性鸭嘴兽在交配季节同其他雄性鸭嘴兽竞争。简而言之，鸭嘴兽拥有最为独特的结构，都是完美地为其所想达到的目的设计的。但是，古尔德或许不能给出对鸭嘴兽的这种"目的性"解读，如果康德没有向我们表明"自然界中的有组织的产物所具备的一切都是目的，而反之一切也是工具"（CJ §66），并且自然界的产物把自身呈现为有机体，由建构力来驱动（而不同于机器，仅仅是由运动力驱动）。

然而，古尔德在企图定义建构力的过程中，发现最好的办法是回过头来借助设计来作比喻，而设计则是一种构造非自然实体的方式。我并不认为康德会说古尔德是错误的，如果他这样说，他就会发现自己处于一种关于适当的自相矛盾之中。事实则是，判断的能力一旦以反思性的和目的性的面目出现，就压倒和主宰了整个的被认知世界，为所有的可认识的客体甚至椅子提供信息。确实，椅子作为一件艺术品只有从以下这个角度来讲才能够被判断：它是美观的，是一件无目的的目的和无概念的普遍性的纯粹的例子，是没有偏好的快乐的来源，是想象力和知性的自由游戏的结果。但是在这一点上添加我们借以试图对它们予以抽象的规则和目的并不需要多大的力气，而这把椅子将会根据那个把它设计为一个功能性客体的人的意图被加以观照，这个客体的目的是为了实现其功能，为了使所有的部分支持整体而被有机地建构起来。

正是康德自己在某种无动于衷的情形下，从对自然实体的目的性判断过渡到对精心设计的人工产品的目的性判断：

> 如果一个人在一个似乎没有人烟的土地上感知一个画在沙滩上的几何图形，比方说，一个规则的六角形，那么他的思维通过阐明那个图形的概念，就会借助推理意识到获得产生这种六角形的原则的统一性，尽管比较模糊；也就因此按照推理，他会认识到，不是沙滩、不是附近的大海、不是风，也不是他所知道的留有踪迹的动物，总之也不是任何其他非理性原因能够作为这个图形的可能性的基础：因为只有在理性中才可能存在与这个概念一致的巧合，在他看来似乎具有无限的偶然性，于是在那个方面有可能不存在自然法则；结果是，在他看来，似乎在自然（自然只是以机械的方式产生效应）中甚至没有原因能够控制这个效应的因果关系，而只有这个客体的概念能够做到，这个概念只有理性才能提供，理性可以用它来比较客体，而这样做的结果是客体当然就被看成是一个目的，但并不是一个自然目的：因此，是艺术的产物。(CJ §64)

康德当然是那些说服哲学家们构建句子的合法性的人，这个句子在学院版本中有足足二十二行长才有句号出现。但他有效地告诉了我们如何像鲁滨逊那样进行不明前提推论。而如果有人发现在这一情形中艺术已然模仿了规则性的图形，这个图形不是由艺术发明的，而是由纯粹的数学直觉生成的，那么提到一个这里引用的例子之前的例子就够了：在这其中，利用具有经验性目的的例子（相对于纯粹的圆——这个圆似乎是为了突显从中可以推论出的说明而建构起来的），他提出一个精致的花园的建议，当然这个花园具有法国风格；在其中，自然服膺于艺术，花圃和路径被设置得井井有条；在关于目的也就是经验性目的的谈论中，意见是一致的、真实的，只要我们非常清楚地意识到这个花园是根据某个目的和某个功能组织起来的。可以这样说，把花园或椅子看作具有目的性的有机体所需要的假设就不必大胆，因为我已经知道人工物都是遵循制作者的意图，而对于自然物来讲判断都要假定目的（并且间接地还要假定一种创造性的建构性，某种创造自然的自然）作为理解它的唯一可能性。但在任何情况下只有反思性判断才能给人工物提供信息。

在《判断力批判》中图式的目的性版本也被异常清晰地揭示了出来，这样说的话有些乐观。比方说，著名的§59，这一章让那些试图在康德的著作中重新发现一种语言哲学元素的人颇费笔墨。他首先是在其中描述了属于纯粹知性概念的图式之间的差异，以及适用于经验性概念的例子。这个观念本身并不缺乏魅力：在狗或树的图式中，"原型"观念在起作用，似乎通过一只狗的表象（或者一只狗的形象）人们可以代表所有的狗。然而，我们仍然需要决定这个在多样性的直觉和概念之间起中介作用的形象是如何尚未同概念交织在一起的——作为一般意义上的狗的形象而不是某只狗的形象。再者，鉴于对经验性概念来说，图式似乎确实是碰巧对应于描述一个类属概念的可能性，那么哪一个狗的"范例"在直觉和概念之间起到中介作用呢？

紧接着，据说如果一个由知性把握的概念被赋予了相对应的直觉，那么某物的可感知的呈现（"次型"）就具有图式性（而这也适用于对理解"盘子"的不可或缺的圆的图式）；但是当只有理性才能认识、并且没有与之对应的直觉概念借助类比方式提供的时候，它就是符号性的：就像如果我想把君主制国家呈示为人的身体的时候所发生的那样。这里，康德所说的不仅仅是逻辑—形式意义上的符号，也是像隐喻或引喻这样的现象。

于是，在图式和符号之间仍然存在着一条鸿沟。对于鸭嘴兽来说，我可以说第一个印象是隐喻性的（"水鼹鼠"），而这却不能用在狗的身上。我相信康德在《康德遗著》中试图在一条鸿沟上架起桥梁。对此，人们不需要深究其迷宫般的复杂性就可以说，康德甚至力图厘定那些不能单从范畴推绎出的各种具体的物理定律。康德为了给物理学设定言说的基础，不得不把乙醚设定为一种物质，这种物质弥漫在宇宙空间中，在所有的物体中都能找到，并且渗透其中。

作为可能经验的对象的外在感知，是物质的动力（或驱动力）带来的效应，只不过缺乏关联的形式。现在，为了把这些动力应用在表现于经验中的各种关系，需要确定经验法则。它们不是先验性地给予的，而是需要由我们建构的概念。这些不是由理性或经验给出的概念，而是人工的概念。它们是或然性的（而且我们应该记得，一个或然性的判断依靠的是普遍性经验思维的假定，借此就会有可能达成与经验的形式条件一致）。

这些概念必须被视为自然探究的基础。我们必须假定（就像在乙醚的人工概念中那样）一个物质所固有的绝对整体。

康德在好几个地方重复说这个概念不是一个假论而是一个理性的设定，但他对假论这个词语的不信任源自牛顿：实际上，一个（姑且说是在无的基础上建立起来的）概念尽管使得经验的总体性成为可能，也仍然属于不明前提推论，为了解释某些结果而要求助于重新建构的规则。[1] 我们也不应该让这个事实分散了注意力，即对乙醚的前提设定最后被证实是错误的：这个假定在相当长的时间内发挥着作用，有效的不明前提推论（想一想本轮和均轮理论就可以了）也持续了很长的时期，直至一个更合适、更经济和更有效的不明前提

---

① 这就是我在《角、蹄子和鞋：不明推论的三种类型》（今载 Eco，1990）中所定义的创造性不明前提推论。关于此可参见 Bonfantini and Proni，1980。

推论登场。

就像维托里奥·马修就康德的最后一部著作所声明的那样,"知性通过设计结构形成经验,根据这个结构客体的驱动力发挥着作用"。反思性判断不是观察(而接着产生图式),而是先产生图式然后才能够观察和试验。而"这个观念超出了《纯粹理性批判》的观念,实现了一种赋予对客体进行知性设计的自由"。[1]

有了这个后期的图式主义,知性不是对一个可能的客体予以简单的确定,而是制造这个客体,建构它,在这个(本身有着或然性的)活动的过程中知性不断尝试着,在不时会出现的错误中运行。[2]

至此,试错法观念成为关键。如果经验性概念的图式是一个试图让自然客体被认识的构造物,而如果一个完整的经验性概念的合成体永远不能被给予,其原因在于概念的新的特征(LI § 103)在经验中总是会被发现,那么图式本身只能会是可被修订的、会出错的和注定要在时间中不断完善的。如果知性的纯粹概念能够建构一种非时间性的概念组合,那么经验性概念只会成为"历史性的",或者文化性的,如果你愿意的话。[3]

康德并没有这样"说",但是如果图式主义的观念被带到逻辑结

---

[1]《康德遗著》(第231页,注释1)。在《序言》中,维托里奥·马修说道:"即使通过保留范畴的必要的结构,人们也仍然需要考虑外在的自发活动,这个活动被知性意识为是开始于范畴的,但又不止于范畴……建构的不仅仅是源于范畴之物,而是所有可以被思索之物,并且不能陷入矛盾之中"(p. 21)。康德大概就是为了达到这种敢作敢当而需要对《判断力批判》进行一番审美审视;只有在那时"才诞生了新的图式主义——一种自由的图式主义,没有概念,属于想象的图式主义——处于组织感知的最初能力阶段"(Garroni, 1986:226)。

[2] 维托里奥·马修:《序言》,《康德遗著》,第41—42页。在此最令人感兴趣的方面是,康德赋予知性越多的建构力量,他就越会这样做,因为他似乎已经被说服了,认为连续体有着(正如我们在这本书中的第一篇文章中所讲的那样)一个特性;也就是,他需要所有的一切来解释这个事实(如果我可以用皮尔士的公式来表达我自己的话),即普遍性规律在自然中发挥作用,因此也就很自然地存在着物类的客观实在性。有趣的是,皮尔士越接近这个实在论观念,他离康德的早期著作就越远。关于此可参见 Hookway, 1988:103—112。

[3] 就像恩佐·帕齐所说(Paci, 1957:185),它们并非是建立在必要性上,而是建立在或然性上。

论的地方就似乎非这样说不可。无论怎样，这是皮尔士的理解，他把整个认知过程都归于假设性的推论，感觉借此以刺激的解释的面目出现；感知是对感觉的解释；感知判断是对感知的解释，个别和一般的命题是对感知判断的解释；而科学理论是对系列的命题的解释（Bonfantini and Grazia，1976：13）。

鉴于连续体的无限可分割性，关于自然规律的感知图式和命题（如犀牛的长相是什么，海豚是不是鱼，是否能设想一种宇宙乙醚）勾勒出客体或关系——尽管程度不同——这些客体或关系总是假定性的或者出现错误的可能性很大。

自然而然地，在这一点上，先验主义也将经历哥白尼式的革命。对我们的假设为"正确"（或者至少在被证实并非如此之前是可以接受）的保证不再从纯粹知性的先验中去寻找（即使知性的最抽象的逻辑形式将得到保留），而是在历史性、进行性和时间性的共同体所达成的一致中去寻找[①]。面对容易出错的危险，先验性也是历史性的；它成为被接受下来的解释的集成，是经过讨论、筛选和扬弃的过程之后接受下来的。[②] 其基础是不稳定的，因为它是建立在共同体（这是一个希求式的观念，而不是一个社会学范畴）的准先验性之上；但正是共同体所取得的一致性使得今天的我们更愿意接受开普勒的不明前提推论，而不是布拉赫的。共同体自然是提供了所谓的

---

① 参见卡尔-奥托·阿佩尔的著作（Apel，1995）。知识的先验性主体成为社会共同体，这一社会共同体在一种半"进化论"的意义上接近于从长远看经过试错过程而变得可被认知的事物。也可参见卡尔-奥托·阿佩尔的著作（Apel，1975）。这促使我们对反笛卡儿主义的立场，以及对不可认知的数据的拒绝承认予以重新审视，这些也可以被定义为谨慎而且是防范性的与康德的物自体的脱离。动态客体是以物自体开始的，但是在阐释的过程中它越来越多地受到调整——即使只是潜在性的调整。

② 在这个意义上卡尔·波普尔说（Popper，1969；I，I，v），当康德声称我们的知性不从自然中抽取其自身的规律，而是把规律强加给自然的时候，他说得对；但是当他坚持认为所谓的规律必然为真或我们必然会成功地把它们强加给自然的时候，他就错了。自然经常迫使我们放弃我们的规律，只要这些规律能被驳倒。于是波普尔选择了对康德的原则进行重构，也就是说，知性并不是从自然中寻找我们自己的规律，而是企图把它们强加给它——有着程度不同的成功结果。

证据，但并不是证据本身的权威性说服了我们或者阻止我们去证明它的错误；而是怀疑一个证据而不扰乱支持它的整个体系和范式的困难性阻止我们这样做。

由于受到并非很明确的皮尔士的影响，在杜威的"被认可的断言"或者如人们更愿意用的"可断定性"这个观念中，知识的这种非先验化问题又出现了，并且这个问题在知识的整体性的概念中也存在。然而，即使在那层意义上讲真理的可接受性的概念也要依赖一个相互独立的知识体系的结构压力，而在这个体系中事实也总是在出现，渐渐地显露自身，并且似乎"抵制着经验"。于是，这样一来，在单一性和同一性的范式之中就又出现了在皮尔士看来总是作为共同体的基本问题（和任务）之一的问题：如何确定——经过集体性而又漫长地克服了反对、分歧和拒绝之后——这个连续体的本质。但我要在2.9中继续探讨这个问题。

2.8 重释皮尔士

在2.2中，我们曾经讲过，皮尔士通过基础、感知判断和直接客体探索出一条道路，试图从知识的推论角度解决图式主义问题。虽然他到处拾起贯穿于他的所有著述的这个主题，但是我并不认为他给了我们一个确定的答案。他试图给出很多答案。他需要一个图式的概念，但他不能找到一个拥有已经建立起来的属性的概念，他也不能对这些属性进行演绎。他不得不"在行动中"、在阐释的不间断的活动中寻找它们。所以，我认为依赖文献是不够的，至少在这里我没有这样做的意图。我要做的是说明我认为皮尔士应该怎样被阅读（或者如何被重构，如果你想这样说的话）；换句话说，我想让他说我希望他说的话，因为只有在这种情形下我才能够理解他想说的东西。

富马加利（Fumagalli，1995：3）指出皮尔士的思想在一八八五年发生了转变。从那时候起，年轻时代的《论新范畴表》中的范畴不再从对命题的分析中推绎出来，而是涉及经验的三个领域。依我看有一种从逻辑到认识论的转变：例如，基础不再是一个谓项，而是一个感觉。同样地，（指示性的）第二个时刻成为了具有惊异形式的一类经验；它是施与个体的一种冲击，一种在尚未成为表象时的对"主体"的"击打"。富马加利声称在这里发生了康德式的回归，我们回到了在所有推论活动之前的直觉的当下性。然而，我们会看到，自从这种直觉开始，就存在纯粹的感觉，即我遇到了某种东西，直觉仍然缺乏所有的知性内容，所以（在我看来）这会遏制年轻的皮尔士的反笛卡儿的争辩。

基础具有第一性。正如我们所看到的那样，这个词可以表示"背景"（而这会是一个有误导性的解释）或"基础"或"地基"。在认知过程中它就是"地基"的意思，是非形而上学性的，否则基础就成了实体，模糊地把自身设定为谓项的主项。其实，基础本身似乎是一个可能的谓项，更像是"它是红的"而不是"这是红的"。我们仍然面对着拒斥我们的某物；我们将要进入第二性，但我们还没有到达。在某一点上皮尔士告诉我们它是"纯粹物种"，但我不认为人们会用学术的含义理解这个词；它应该在目前的意义上被理解，即表象和外貌（Fabbrichesi，1981：471）。为什么皮尔士称之为像似符或相似性而说它拥有观念的性质？我们认为，这是因为皮尔士是在希腊—欧美传统中接受教育的，在其中知识总是通过视觉传播的。如果皮尔士是在犹太教传统中接受的教育，他或许就有可能谈论的是声音和嗓音。

2.8.1　基础、质性和初级像似论

对热的当下的感觉有什么是视觉性的，就像对红色的感觉那样

处处都有着第一性呢？在这两种情形中我们还有难以捉摸的东西，以至于皮尔士用了一个极其微妙的词表达第一性的观念，"它是如此之脆弱，一碰就坏"（CP I. 358）。

但是这是基础应该被认识的方式，从皮尔士的实在论和他的像似理论这个角度看。从皮尔士的实在论看，第一性就是"如此所是"的在场，只是一个实证特性（CP5. 44）。它是一种"感觉性质"，就像在没有感觉到经验之始或经验之终时被注意到的紫色，除了对颜色的感觉之外没有其他任何意识；它不是一个客体，也不基始性地内在于可认识的客体之中；它没有一般性（CP7. 530）。它是，并且诱导我们过渡到第二性，去考虑某些特性，这些特性在与我们对立之前早已相互排斥着（7. 533），并且至此我们必得承认某物在那里不可。从那一刻起，阐释或许已经开始，但是向前而不是向后。然而，通过显现，它仍然"只是可能"（CPI. 304），没有存在的潜在性（CPI. 328），而只是可能性（CP8. 329），在任何情况下的一个"非理性的而又可以接受理性化的"感知过程的可能性（CP5. 119）。"它不能被清楚地认识：断言它，而它已经失去了其特性的本真性；因为断言总是意味着对某物的否定……所要做的只是记住，对它的任何描述都可能会是错误的。"（CPI. 357）[1]

这里，皮尔士不是康德主义者：他一点儿也不关心在直觉中发现一个多面体。如果初级直觉存在，那么它就极其简单。我试想，在第一性的红色、第一性的热和对硬度的第一性的感觉之后，在随后发生的作为结果的推论过程中，其他的属性被后来添加上去；但是这个开端是一个绝对的点。我认为，当皮尔士说基础是一个性质的时候，他的意思就是说哲学所定义的依然是所谓的质性的现象（Dennet，1991）。

---

[1] 或者再次这样："我说感觉的意思是一种意识，其中没有分析、比较或任何什么样子的过程，其中也不包括把一段意识同另一段意识区分开来的整体性或部分性的行为，这一意识具有自身的积极性质，其中无以包含，其所有的一切为其自身……"（CP 1306）

基础体现了由质性所提出的极端问题的自相矛盾：在任何概念化之前它如何是纯粹的可能性，而后又成为了一个谓项，一个普遍性的对很多不同的客体都能进行谓述的谓项；换句话说，一种对白色的感觉如何在对其内在客体的认识之前就是纯白，而仍然不仅可以被命名而且还可以谓述不同客体的白色？并且，对于皮尔士还有一个问题，这种纯粹的质性和可能性（如我们在 2.2 中所提到的）怎么可能既不受到批评也不受到质疑？

先从最后一个问题开始。就质性来说皮尔士仍然没有谈及感知判断；他所谈到的只是认知的"特点"，而正是这个特点被他定义为拒绝任何可能的批评。皮尔士告诉我们的不是说对红色的感觉是"正确无误"的，而是它一旦成其所是，即使我们意识到我们错了，它也毫无疑问地曾经成其所是过（Proni, 1992：3.16.1）。在 CP5.412 中举过一个例子，在其中提到了某物首先给人的感觉是完美的白色，而接下来经过一系列的对比，给人的感觉是灰白色。皮尔士本可以发展一个例子，告诉我们有一个家庭主妇在第一时刻把她刚洗的被单感知为极白，但是，随后经过与另一床被单的对比承认第二床被单比第一床更白。这个涉及洗涤剂广告的经典图式绝对没有随意或不严肃的意思：皮尔士的意图就是想谈论这个问题。

皮尔士面对这则电视广告会告诉我们，家庭主妇首先感知到的是第一床被单的白色（意识的纯"基调"）；接着，她一旦继续辨识这个物体（第二性），并且开始了充满推断的对比（第三性），发现白色质性由程度显示出来，她可以说第二床被单比第一床白，但同时她又不能取消前面的印象，这个印象作为纯粹的质性曾经存在过；因此她说："我（从前）以为我的被单是白色的，但现在我看见你的，如何如何。"

但是——现在我们先看看第一个问题——在这一过程中，通过比较纯白的各种各样的白度，这个白色是最初的意识的纯粹可能性，也就是说通过对至少两床不同的被单的纯白的反应，这位家庭主妇移到了白色这个谓项，即通名，它可以被命名，并且有一个直接客体与其对应。我们不妨这样说，感知一物体为红色是一回事，这时尚未意识到我们在与外在于我们意识的某物打交道，而取消对那个物体为红色的谓述又是另一回事。

然而，我们说了这么多仍然没有回答一系列问题。我们弄清楚了皮尔士所谈论的东西，但是尚未搞清楚他是如何解释他所谈论的过程的。纯粹的质性（第一性），而这个第一性是随后的感知的直接而又不相关的起点，是如何起到谓项的作用，也因此早已被命名，如果指号过程是在第三性中建立起来的？况且既然所有的知识都是推论的结果，而我们却拥有不能是推论性的起点，因为这个起点是在未被讨论或否定的情况下直接呈现自身的？

例如，基础理应不是一个像似符，如果像似符具有相似性的话，因为它如果连与自己都不相似的话，它也不会同其他任何事物有相似关系。在这里，皮尔士在两个观念之间摇摆：一方面，正如我们所看到的那样，基础是一个想法，一个框架性的计划，但如果它是这样的话，它就已经是一个直接客体了，是对第三性的充分实现；另一方面，它又是一种不与任何事物相似的相似性。它对我所说的一切是我所感觉到的由动态客体释放出来的感知。

在这种情形中，我们必须把相似性的概念从比较的概念中解放（即使这意味着会有悖于皮尔士，他每次都在改变这个词的意思，把我们的思想搞得很混乱）出来。比较是在类似（Similitude）的关系中发生的，此时在给定的比例的基础上，我们说——就拿图形做例子——它表达了客体中的我们必须认为的某些关系。类似性（早已充满了规律）解释了次生像似符的运行特征，如图表、绘图、照片、音符以及代数公式。但是像似符却不能通过说它是类似物而得以解释，也不能通过说它是相似物得以解释。像似符是一种为相似性的所有可能判断奠定基础的现象，但它本身却不能建立在相似性的基础之上。

因此，认为像似符是繁殖客体质性的心象是误导的，因为在这种情形中从很多具体的图像中抽象出一个一般的图像是容易的，这就像从很多鸟或树中抽象出（尽管这会发生）对鸟或树的一般观念。我不希望说心象不能被承认或者在一些时候皮尔士不用心象来认识像似符。我所说的是为了构建初级像似论的概念，就是在基础的时刻自身建立起来的概念，我们甚至必须放弃心象的观念。[①]

让我们把心理事实消除掉，做一次心理试验。我刚起床，还睡意蒙眬，我把咖啡渗滤壶放在煤气灶上，或是我没有把咖啡壶的位置放正，总之壶柄被烤得很热，我拿起咖啡壶倒咖啡时就把自己烫了。脏话脱口而出（删掉），我保护我的手指，把咖啡倒出来。故事结束。但第二天早晨我又犯了同样的错误。如果我要把这个第二次经验表述出来，我就会说我把同样的一只咖啡壶放在煤气灶上，我又有了同样的痛感。但这两种认识是不一样的。确立咖啡壶是同一只这个认识是推论的复杂系统的结果（充分的第三性）：我可以拥有同一类型的两个咖啡壶（我也确实拥有），一只旧的，一只新的。确定我所拿起的是哪一只意味着一系列关于该客体的形态特征的认识和猜想，甚至还涉及前一天我把它放在了哪里。

但是"感觉"我今天感到的同我昨天所感到的一样（有可以忽略的热度上的变化）是另一种麻烦事情。我相当确定我对挨烫有着同样的印象，或者更确切地说，我感觉到了令人疼痛的热感，在某种程度上我认识到这个热感同前一天的热感相类似。

[①] 哈贝马斯（Habermas, 1995）强调了皮尔士从哈佛大学演讲开始的对心理主义的批评。阐释本身的过程被"无名化"了、被"非个人化"了：头脑可以被看成是符号之间的关系。这导致哈贝马斯在皮尔士那里看到缺乏一种对作为主体间性事件的交流过程的兴趣，这允许奥勒（Kettner, 1995）在回答他时强调，相反皮尔士有时也表明自己对主体之间的交流有所意识。但是，众所周知，你想让皮尔士说什么他就说什么，根据你如何去解读它。我认为有可能解释初级像似论的过程而无需借助心智活动或表呈——在没有悖离皮尔士的前提下。

我认为激活这种认识并不需要很多的推论。最简便的解决办法是上次在我的神经线路中留下的"痕迹"。但是存在着已经把这一痕迹认作是图式、感觉原型或是辨识同样感觉的危险。如果我们愿意的话，让我们接受盛行于新关联主义圈子中的一个观念，在其中神经网络不需要建立范畴的原型，在规则与数据之间不存在区分（也就是对刺激的记忆和对规则的记忆拥有同样的构形、同样的神经布局）。甚至更保守地讲，我们可以假定，我感觉到痛感的那一刻，我的神经系统中的一个点被激活，这一点跟前一天被激活的那一点一样，也就是这一点在激活自身的时候以某种方式使我连同热感感觉到"又一次"的感觉。我甚至不肯定，是否人们必须设定一个记忆，而这个设定又不是在这层意义上，即如果某次我们身体的一部分受伤，身体保留了对这次受伤的"记忆"，而当又一次受伤时，这部分身体所做出的反应跟从未受到伤害的那一部分感到的伤痛不一样。就好像第一次我注意到了一种"热 1"的感觉，第二次是"热 2"的感觉。

吉布森（1966：278）主张感觉留有痕迹的观念相当有道理，从各方面讲都是便捷的，而且当下的输入在某种程度上必须重新激活先前经验所留下的痕迹。但与此同时，他却声言存在着另外一种解释，即对刺激源之间的相似性的判断反映了在感知系统和告知性的刺激源的不变量之间的协应。没有痕迹，没有初级"图式"，仅仅就是我们只能称之为从属的东西。

这并非是说我们一头又扎回了认知与存在的符合的理论（或至少是它的感觉的端口）中去。我们只是在讨论刺激源和反应之间的简单对应问题。因此，我们不需要在更高一级的认知层面上解决对应理论中的所有的悖论性问题：如果在感知一只狗的时候，我们发现它对应于我们对狗的图式，那么我们就必须问自己这一对应判断所建立的基础是什么，而在寻找对应模型时，我们就进入了第三人的螺旋上升的过程中。相反，同一性，即刺激源和反应之间的数据性对应确切地说就是由刺激源引发的。

　　在这种情形中对应意味着什么？让我们假设某人试图记录我们每次接受同样的刺激时在我们的神经系统中所发生的过程，并且假定这个记录总是有 x 构型。我们就应该因此会说 x 恰当地对应于刺激源，并且是它的图像。那么就让我们说这个像似符唤起了刺激源的相似性。

　　这种我们决定称之为相似性的对应尚未同与刺激物或刺激域的特征——对应的"象"相关。正如马图拉那（Maturana，1970：10）提醒我们，在一个给定的神经细胞中发生的两种活动状态可以被认为是一样的（即对等物），条件是"它们属于同一类属"，并且由同样的活动模式所定义，而不必具有一对一的那种地图式的特征。例如，让我们接受费希纳定律是有效的，根据这个定律，感觉的强度与刺激性影响的对数是成比例的。如果情形真是如此的话，并且这种成比例是稳定的，刺激的强度就会是刺激影响的像似符（在 $S = K \log R$ 这个公式中，等号表达了像似性类同）。

　　我认为，皮尔士初级像似论正是在于这种对应性，其中刺激源被恰当地由那一感知而不是另一感知"表征"出来。这种对应不是被解释的而是被识别的。这就是为什么是像似符成为了类似性的参数而不是相反。如果我们从那一刻起就想谈论其他和更复杂的类似关系，或者类似性的蓄意关系，那么就是基于初级相似性和像似符的模型我们建立了它的意义，很明显是这样一层意思，即"与……类似"无疑直接性和快速性都稍差一些。[1]

----

[1] 要注意的是在这一阶段甚至不能声称感觉呈现了与某物的相似性，这种相似性存在于客体或刺激场中（在感觉红色的情形中我们很清楚地知道这个客体中没有红色，至多也只有色素或是光的现象，我们对它们所做出的反应是红色的感觉）。我们甚至会有两个客体，一个色盲（他会把绿色错当成红色），而另一位则不是色盲。这样一来，第一位主体的感觉就跟第二位的感觉不一样，但两者仍然对刺激源有着持续的反应，两者都被教授把那个刺激源回答为是红色。我要说的是对每个人来说在刺激源和感觉之间总是存在着一种持续的关系（以及通过文化上的偶然因素两者能够容易地进行交流，因为他们总是把火说成是红色，把草说成是绿色）。

在 6.II 中我们将会看到这种发生在镜像中的非思辨性的无可置疑（除非没有来自能够"戏弄"这些意义的因素的干扰）。但是在这里我宁愿避免求助于任何性质的图像，确切地说就是把像似论从其与视觉图像的历史关联中解放出来。

2.8.2 初级像似论的低门槛

如果用非心智的术语给初级像似论下定义是可能的话，这是因为在皮尔士的思想中有着两个不同但相互依赖的视角的交汇：形而上—宇宙论的角度和认知的视角。除非从符号学的观点来解读，否则皮尔士的形而上学和宇宙论是很难理解的；但这也同样地适用于参照宇宙论描述他的符号学。像第一性、第二性和第三性这样的范畴，以及阐释本身的概念，不仅为意指方式下定义——也就是世界被认识的方式——它们还是*存在*方式，世界*作为*的方式，世界在进化过程中解释自身的程序。

从认知学的角度被放置在作为纯粹性质的本性之内观察，绝对非关联性的意识状态就是相似性，因为它对应于使它存在的东西（图像因此如是，即使它尚未被比作自己的模型，即使它还未在与外在于感觉的客体的关联中被审视）。从宇宙论的观点来看，图像是某物对应于另一物的天然的自愿性。要是皮尔士最终会知道基因符码理论，他肯定会说允许氮碱链生成氨基酸序列的关系，或者允许 DNA 的三联体被 RNA 的三联体所替代的关系是像似性关系。

我所提及的是我在《符号学理论》一书中所定义的"符号学的低门槛"，把它从试图构建一种文化关系的符号学的讨论中排除出去，是如果动态客体被看作指称和指称过程的终点唯一可以具有说明性的一种符号学。但是我们现在把动态客体看作起点，于是自然指号过程必须得到考虑。

出于慎重起见：我绝没有否认信号和符号之间以及刺激—反应的

二元过程和阐释的三元过程之间的区别（这仍然是基本的），只有在这方面的充分扩展中指号过程、意向性和阐释（无论你多么希望考虑它们）才能最终出现。我跟普罗迪（Prodi，1977）一起承认为了理解更高一层的文化现象，而文化现象很清楚是不会从无中生发出来的，就需要假定存在着某种"指称的物质基础"，而这些基础恰恰倾向于交汇和互动，这样我们就可以把它看作是初级像似论的表现（尚不是认知的，当然也不是心理的）。

在这层意义上讲，指号过程的初级条件是一种物理状态，借此一结构就容易与另一个结构互动（普罗迪会这样说："容易借此解读"）。在免疫学家和符号学家之间发生的一场争论中，免疫学家坚持认为"交流"现象发生在细胞层次上（Sercarz et al. 1988），问题的关键在于，决定对于免疫系统中的淋巴细胞其"识别"现象是否可以用"符号"、"意义"和"阐释"来处理（Edleman，1992，III，8 中出现的同样的问题）。我仍然对越过表述更高级的指号过程用词的低门槛担忧；当然，我们需要设定我目前所谓的初级像似论来解释"T淋巴细胞为什么以及如何因为它们把在巨噬细胞的表面上的细菌碎片识别为非正常的符号，从而有能力从正常的巨噬细胞把受到感染的巨噬细胞区别开来"（Eichmann，1988：163）让我们把"符号"这个词从这个语境中清除出去，并且赋予像"识别"这样的词语以隐喻价值（通过放弃淋巴细胞识别某物的方式就像我们识别父母的脸一样的观念）；也让我们不要对很多免疫学家认为淋巴细胞会根据不同的情况进行某些"选择"这一事实予以评论。事实就是这样：在上述的情形中，两个某物交汇是因为它们彼此相对应，就像螺丝配螺槽那样。

在同一场争论中，普罗迪（Prodi，1988：55）评论道：

酶……从一些无意义的分子中选择其酶作用物，它可以与之发生碰撞：它发生反应并只同其合伙分子形成配位体化合物。这个酶作用物是酶（它的酶）的符号。酶探寻实在并找到了与其形状相对应的东西：它寻找并且找到了钥匙的锁。用哲学语言说，酶是通过确定能与其发生实际反应的一套分子对实在进行"分类"的读者……这种符号学（或原型符号学）是整个生物组织的基本特征（蛋白质化合、新陈代谢、基因活动、神经冲动的传递等）。

然而，我还是要避免使用像"符号"这样的词语，但无疑，在突然碰到寻找钥匙的那把锁的时候，我们碰到的是一种原型符号学，而我就是把这种原型符号学倾向我命名为自然初级像似论的。

我每次思考如果重写《符号学理论》我将如何重新组织，我都会告诉自己我将从结尾处开始，也就是把有关符号生成的模式的那一部分放在开头。这会很有趣，在开始就讨论在一个人迫于动态客体的压力的情况下把其作为起点的时候会发生些什么。要是我把尾当作头，我将会回到我把原型（即铸型）看作处于符号的生成（和识别）的第一模态之中的那几页书中（Eco，1976：3.6.9）。

在那种情形中，从一个模子开始，在其中表达式的物理空间的每一点上，在压模的物理空间内，都有相应的点。我所感兴趣的是，"通过反向转化"人们是如何推知压模的特性的。我从死人的面模这个例子开始，因为我对符号的阐释和辨识已经被意识到的过程的终点里的客体感兴趣。我对符号的可能内容的建构中的关系尤为感兴趣，因此我准备对死人面模的情形予以考虑，尽管这种面模不属此类，而是不存在的压模的刺激物。现在我们所必须做的一切是再把这个例子拿出来，不是将注意力集中在模子被"阅读"的时刻，而是集中在它自我生成的那一刻（并且它是自身生成自身，没有一个有意识的生命体意欲要为阐释而生成符号的作为，那样的话表达式就必须跟内容联系起来）。

那么，我们就处于一个起始阶段，仍然是前符号的，在其中某物被压在他物上面。只有在此之后，某人就像发现了凹陷物所生成的凹陷开始朝后回溯，试图从当前存在推断出此前那里可能的存在物，所参照的是那里可被认作印子于是也是图像的存在物。但是，在这一点上出现了一个反面观点。

如果初级像似论以这种方式认识的话，那么我们如何去界定使用模子或压模这种隐喻的第一性的时刻，而这需要一个压印的实施者，也因此需要在两个元素之间所发生的原初的联系、比较以及实际上的对应？鉴于这个事实我们实际上已经处于第二性之中了。让我们考虑基因遗传的传递过程，我们曾经在早些时候谈到过这一点：在其中我们有所谓的位现象以及一系列对应关系的发生，也因此我们就有了从皮尔士的观点来看早已经与第二性相关的刺激—反应过程。皮尔士可能会是第一位同意以下观点的人：他在很多情况下说第一性可以从第二性中被（逻辑性地）抽离出来，但不可能在其缺席的情况下发生（Ransdell，1979：59）。因此，我们把初级像似论作为模子来谈论，我们所谈论的不是实际发生的对应，而是一种对应倾向，所谓的通过一元素与即将发生的另一元素的互补特性所决定的"相似性"。自然初级像似论属于压印所专有的性质，这些压印尚未找到（所需要的）压模。但是已经准备去"辨认"。但是，如果我们知道，压印准备接受其压模，并且我们知道即将发生的压印的方式（那种只有这种螺丝才能拧进这种螺纹所依循的自然规律），那么我们就可以从压印推知（如果压印在理论上被看作是符号）压模的形制。在感知过程中（我们会随后谈到）我们也以完全同样的方式——从被称作基础的不相关的感觉那里——建构也应该具有那个质性的某物的直接客体。

谈论像似符似乎是自相矛盾的，而像似符被皮尔士认作第一时间的绝对证明，某种程度上讲是不在场的证据，可作为指向尚不在那里的物体的意象的纯粹意向。似乎这种初级像似符如同洞一样，就我们每天都能体验到它但却很难定义它而言，并且就 152 这个数字被认为只是在场的某物中的一个缺席而言（Casati and Varzi, 1904）。而正是从那个非存在，人们才可以推论出塞住它的"塞子"的形状。但是既然通过谈论洞我们已经进入了形而上学的领域（并且我们已经说过初级像似论如果不用最初的形而上学语汇的话就无法被理解）。我们就想提及形而上学的另一页，提到莱布尼茨谈论一和零的文本。在这一文本中他还厘定了两个基本的概念："上帝自己还有虚无，也就是负性质：它是由一个奇妙的相似性所体现的。"这种相似性是二进制算法，在那里"一和零之间的所有数字都是可敬地用这种方式表述的"。

奇特的是，在讨论（总是被归入类比队伍中的）像似符的特性的时候，人们必须求助于为未来数码算法打下基础的文本，并且发现自己是在用布尔数学体系中的语汇翻译像似符这个概念。但是就在场和不在场之间的辩证关系而言，所有位列现象的可能性都能被定义，包括洞和塞子之间的奇妙对应。在定义经验中"结构性"最差的经验，即像似符的第一性时，我们发现了结构性原则，只要一个元素不是他物就可以用这个原则来识别，而这个他物则可以通过接受激发而发挥排他性。

自然，一旦这个预设被接受下来，我们就可以对付介于自然的初级像似论和非人的认知系统之间的那些情形，诸如动物中的识别和伪装，帽子上经常光顾的蜜蜂——如果我把它那样放置的话——对于很多动物符号学家来讲。[1] 所有这些现象我个人不愿意把它们看作指号过程，因为在我看来它们更多的是属于二价的反应（刺激和

---

① 参见 Sebeok, 1972, 1976, 1978, 1979, 1991, 1994。

感应）而不是三价的反应（刺激、系列阐释，以及可能的最后的逻辑阐释中介），如今都获得了重要性，这时候我们需要（在把动态客体看成是起点时候）为那个皮尔士讲述给我们的认知过程的始发时刻寻找一个基础（和前历史）。

否则，我们甚至不能解释在什么意义上这种初级像似论在皮尔士看来与康德直觉的多层面的"给定性"相关，而这种"给定性"构成了认知过程的"核心"；我们也不能解释促使康德认定其"对观念论进行驳斥"的不可动摇的信心。

2.8.3　感知判断

一旦初级像似论被认识，我们必须问自己在皮尔士看来像似论是如何在从基础到直接客体的转变中在更高的认知层面上被重新详尽阐发和转化的。皮尔士的不可置疑的基本"实在论"在进入符号性的世界里受到了质询，即它要接受阐释的活动。

这个像似时刻表明一切都要从证据开始，尽管不尽精确，我们也不得不予以考虑；而这个证据就是在某种程度上讲，来自客体的纯粹的质性。但是质性来自客体这个事实并不提供其保证"真理"的条件。就其作为图像而言，它既不为真也不为假："真理的火炬"仍然必须从很多只手上传递。这是借此我们开始踏上言说某物之路的条件。

在这条路上，并且就是从初始的时刻开始，即使那个初级像似论也能接受考察，因为我在能够"欺骗"我的神经末梢的（外在或内在）条件下受到这个刺激。但是我们已经处于详尽阐释的高级阶段；我们不再只有一个基础去回应，我们要把许多基础簇集在一起，因此借助另外一个来解释其中的一个。

在皮尔士的思维中，这种初级像似论仍然是对其基本实在论的假定，而不是对客体存在的实在性的证明。由于他否认直觉具有任何能力，并且断言所有的认知都源自先前的认知，甚至不相关的感觉，这种感觉不论是热应的、触觉的还是视觉的，都不能在不启动推论过程的情况下被认识，这一过程不论多么稍纵即逝还是潜意识中的都证明了感觉的可靠性。这就是为什么这种甚至先于康德所谓的对万象的直觉的出发点也可以用逻辑语汇来定义，但却没有用认识论语汇来识别。

由基础提供的确定性甚至不能证明我们面对着实在的某物（因为它仍然是纯粹的或然），但是它告诉我们在什么样的条件下我们能够接受我们面对着实在的某物这个假定，以及这个某物是这样和那样的假定（Oehler，1979：69）。实际上，皮尔士在《论新范畴表》中早已经说过，"这个基础是从具体性中抽象出来的自我，它暗示他者的可能性"（WR 2：55），当每个人都自由地阐释皮尔士自己认为恰当而实际上相当可怕的英语的时候，我们必须思考这一点。第一性让我们知道某物在那里是可能的。为了说它是，说某物在拒斥我，我们必须已经进入到第二性。正是在第二性中我们才真正地遇到某物。最后，在移向暗示着概括的第三性中，人们抵达了直接客体。但是，既然它为我打开了通向普遍性的大门，它就不再为我提供任何某物在那里的保证，也不是我的一个建构。① 然而，基础会作为对初级像似论所提供保证的一种"记忆"保留在（其像似因素被皮尔士在很多场合强调过）直接客体中——这种初级像似论更多地仍然是康德的概念，除了在皮尔士那里，由先于对万象的直觉的某物所给予的保证无论怎样是仅由感知推断提供的。

于是，在第一性、第二性和第三性之间形成的模糊而又充满沼泽的区域感知开始了。我说过程（运动中的某物）而不是判断是因

---

① 在这层含义上，兰斯德尔（Ransdell，1979：61）能够坚持认为在给定了知识的两种理论可能性的前提下（即知识是客体的表呈，以及知识是对在其自身中的客体的当下感知），皮尔士的建议就成了这两个立场的动态性综合。

为后者暗含有结论和休停的意思。就其为过程而言，如果我们对其进行解释，就不会再自我满足于刺激—反应图式。这就有必要启动那些我从以某种方式定义初级像似论的尝试中排除出去的心智事实。对于皮尔士来说，这些可以是"假性心智"事实的情况——就此种意义来讲，即一种阐释理论可以用一种形式化的方式建立起来，而不考虑发生在其中的心智——是另一种争论。在这一点上，起头脑作用的某物的"谋划"以不可或缺的身份出现了。向我们解释感知过程的是在我们到达静止状态的时候，让它停止片刻，确定我所面对的某物是一个热的（或白的、圆形的）盘子，我就已经传达了一个感知判断。

　　从二十世纪初期就有一系列的文本，在其中皮尔士重新确定了在他那里感知判断意味什么（CP 7：615—88）。感觉这种纯粹的第一性是对绝对的非时间的单一性的意识；但从这个第一时刻开始我们就已经进入了第二性，我们把这第一个像似符赋予一个客体（或至少赋予我们所面对的某物），我们就有了这个感觉，一个介于第一性和第二性以及像似符和指号之间的中间时刻。第一刺激物，我在"卖力"地把它整合进一个感知判断中，是有某物需要感知的这一事实的指号。或许某物进入了我的视线，而我却没有被任何意图所驱动，以及某物对我的感知施加影响。我看见一把有绿色垫子的黄色椅子：但这要提请注意，我已经越过了第一性，我把两种质性对立了起来，我在移向更为具体的那一刻。在我面前所形成的是皮尔士所谓的准感知，这并不是完全意义上的感知。皮尔士注意到人们会把我所见到的称作"意象"，但这却是一个误名，因为这个词会让我想到代表他物的一个符号，而准感知代表的是它自身，它只是"敲打着我的心灵的门扉，站在门道那里"（CP 7. 619）。

　　我被迫承认某物出现了，但是这个某物更准确地说仍然是不被明显感知地出现，它绝不求助于理性。它是纯粹的个体性，本身就是"无以言表的"。

直到此时感知判断才出场，我们才处于第三性中。① 当我说那是一把黄色的椅子的时候，我就已经使用了假设来建构对当下的准感知的判断。这个判断并不"代表"这个准感知，就像准感知甚至不是其前提那样，因为准感知甚至连命题都不是。关于准感知的特性的任何陈述都是感知判断的责任；正是判断保证了准感知，而不是相反。感知判断不是准感知的复制品（在皮尔士看来，至多是它的表征，一个指号）。感知判断不再在第一性和第二性之间界线模糊的门槛处移动；它已经断定我所见为真。感知判断有着推论自由，而愚蠢和非理性的准感知则没有。

但不仅如此。很明确，对于皮尔士来说，在我声称这把椅子是黄色的时候，我的感知判断保留了初级像似性的痕迹。而它对其进行去除单一性的处理：

> 感知判断很粗心地声称椅子是黄色的。它不考虑黄色的色度、色调和纯度会是多少。而另一方面，准感知则一丝不苟地具体到很小的细节，它把这把椅子同世界上其他椅子区分开来；或者说，它会这样做，如果它沉溺于比较的话。（CP 7.633）

看到在感知判断（黄色因此成为彼黄色）中初级像似论渐变为一种类属性的平等（彼黄色就像是我所见到的所有其他黄色），确实颇富戏剧性。个体的感觉已经把自身转化为一类"类似"的感觉（但是这些感觉的类似性不再具有刺激源和基础之间的那种类似性）。

---

① 富马加利（Fumagalli，1995：167）写道，"感知判断的理论是皮尔士哲学中最后一个曝光的理论"。他还强调了这个理论的新奇性。他澄清说皮尔士的感知对象不是一种感觉材料，一种可感受的特质，而"已经是非意识性认知阐明的结果，这种阐明把数据用结构形式进行了综合"，或是"一种对来自纯粹感觉的数据，即神经刺激源进行心理加工之后的结果"（1995：169）。

就此而言，如果我们能够说"黄色"这个谓项近似于感觉，这只是因为一个新的判断可以谓述同样准感知的相同的谓项。而这里皮尔士似乎并不对这是如何以及为什么会发生有着特别的兴趣：他似乎接受了我在2.8.2中对基础所做的阐释：两个刺激源分别是彼此的像似符（即像似性），因为它们都是我的反应模式里的像似符。

并且，皮尔士实际上是说同样的准感知在头脑中引发了涉及"感官元素"的想象。因此，"很明确，感知判断不是准感知的复制品或图表，无论多么概约地讲"（CP 7. 637）。

这很令人迷惑。因为我们会被诱使着说这种被第三性渗透了的感知判断被认同为直接客体。而皮尔士反复地强调直接客体的像似性特征。但直接客体的像似论当然不可能是感觉的初级像似论；它已经被相似性运算和比率所主宰，它已经是图表式的或次级像似性的了。

因此，我们是不是应该这样认为，当皮尔士谈论直接客体的时候，它不是在谈论感知判断，而当他在谈论感知判断时也不是在谈直接客体？但同样清楚的是，后者无非是前者的完全意义上的实现。

我认为，我们必须分清直观客体的功能和它同感知判断的关系，所根据的是它是否被建构起来，也就是说，当重新（但并非在先前的认知缺席的情况下）面对一种新的经验（如鸭嘴兽）或在认识已经有所了解的某物（如盘子）的过程中时。在第一种情况中，直接客体仍然是不完美的，尝试性的，在履行过程中的；它会最终同第一种假设性的感知判断相耦合（或此像彼，或彼像此）。在第二种情况中，我求助于一个直接客体，它已经把自身放置在我的记忆里了，好像是为感知判断的形成定立方向的先前形成的图式，同时也是它的参数。感知一个盘子因此也就意味着把它认作已知类型的标记，在那一点上直接客体会发挥同样的作用，这个作用——在认知过程中——是由康德的图式完成的。最后的结果是，在那个阶段，我不仅会知道我所感知的是一个白色的盘子，而且还会知道（在我摸它之前）它会有着一定的重量，因为早已经形成的图式也包含那个信息。

感知过程是尝试性的，仍然是私己性的，而直接客体只要是能被阐释的（因此也是可传播的），就是走在成为公共性的道路上。甚至由于一个认知图式已经由社会共同体赋予了我们，它发挥的作用不是鼓励。而是阻挠去感知新的东西的过程（就像是马可·波罗和犀牛的例子）。它的确必须接受不断的考察、修正和重构。[①]

这就是为什么有可能认为（Eco，1979：2. 3）从某种角度来说基础、直接客体和意义是一种东西。从临时性地消退为第一级的概括的知识这个角度来讲，最初的像似性元素、我已经拥有的信息和对推论进行的初步努力都自我组合成一个单一性的图式。而另一方面，有一点是肯定的：如果我们考虑到对感知过程进行时间性的韵律分析（尽管这个过程有时甚至是瞬间的——但对于康德来说，时间性也是图式的一部分），基础和直接客体分别是一次旅行的起点和第一站，而这一旅行沿着具有潜在的无限性的阐释轨道会持续很长时间。

只有在这层意义上讲，基础才能在被有意识地插入到阐释过程中的那一刻被认作是一个"过滤器"、一个选择器，就感知信号以及注定由直接客体使之具有相关性的动态客体的那些性质来讲。而由此没有被阐释的基础代表了前指号性的时刻，代表了在由此未被分割的连续体中寻出踪迹来的分割的可能性。[②]

在这个阶段，人们也能够把图像作为视觉对应现象重新引入直接客体。不管怎样，康德也常常说为了感知这只盘子，我必须让圆的概念发挥作用。但是，我必须把皮尔士的解读排除在发生于现代认知科学中的像似符迷恋者和像似符恐惧者之间的极其激烈的争论

① 我认为为了阐释从过程到感知判断的转变而进行的最富成果的努力之一是由罗伯特·英尼斯（Innis, 1994：2）做出的，这位作者令人信服地勾勒出了皮尔士、杜威、比勒、梅洛-庞蒂和波拉尼之间的相似之处。
② 参见 Perri，1996（I. II. 3）和 Nesher，1984。

之外（Dennet，1978：10）。永远可以这样说，直接客体的图式不一定就非得是"你的头脑中的相片"，而与其说是对它的"描绘"还不如说是对一个场景的描述（Phylyshin，1973）。在不把皮尔士卷入有关知识的"计算"理论的争论中的前提下，我们永远可以说盘子所借以感知的圆圈不是一个可以看到的几何图形，而是规则，是画圆圈的规则。对于狗的情况来说，鉴于为了识别它的形态特征（毛皮、四肢和鼻子的形状）我可以利用的纯粹几何概念并不是太多，而是（就像我们说过的那样）一个三维模型，在不预设心智意象的情况下就很难设想狗的直接客体。我不能肯定皮尔士是如何参加到认知科学领域的时下争论中去的。

也因为能够存在着对应并不旨在陈述像堂兄弟或平方根这样的可感知的客体的词语的直接客体。

当皮尔士是为了命题而不是为了客体而设计一个图表（据他说是"纯粹的像似符"）——因为像康德一样，他在通过具有命题形式并且是建立在经验基础上的判断来思考介于范畴和感觉之间的图式，也通过对不是由感知而认识的客体的某些东西做出断言的命题来思考——这个图表拥有只有偶尔被视觉表征的"程式"的这个侧面。我在从总体上思索图表理论，尤其是出现在《大逻辑》中的一个图表，在这本书里皮尔士想知道如何使"每个母亲都爱她的孩子中的某个孩子"这样的命题"成形"。[1] 我惊讶于这一"程式"和认知过程的某些当今的表征，并且甚至不用沿着皮尔士所就其给出的冗长而详细的解读，我感觉把它再现出来就足够了（见图 2.3）。

皮尔士说得很清楚，图表就是因为是纯粹的像似符而表明了事物的状态而非其他：它没有以清晰的方式断言被命题所理解的东西，

---

[1] 在 CP 1.227 中，皮尔士阐明道，在拥有像似符这个范畴的情况下，包含简单质性的事物是图像，表呈双重关系的是图表，那些表呈两个客体的特征之间比拟关系的是隐喻（在我看来这个词是在更宽泛的"概念性明喻"这层意义上使用的）。

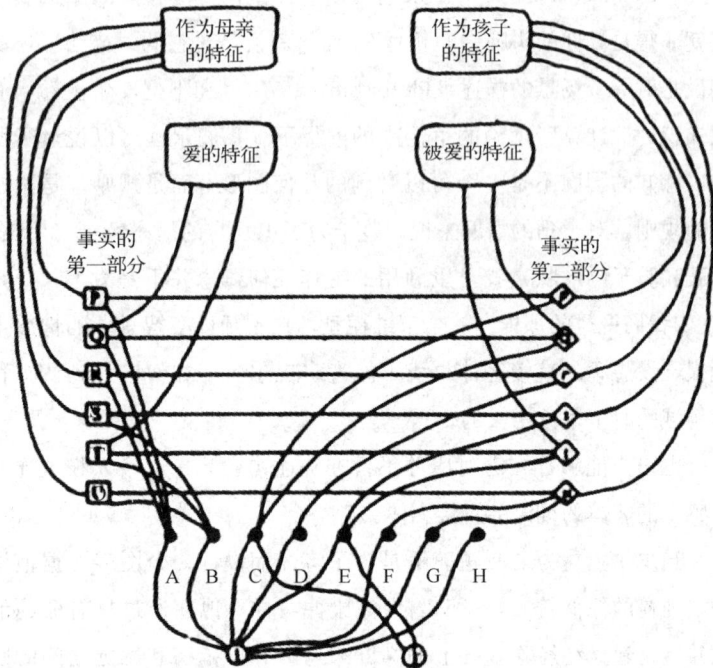

图 2.3

而是把自身局限在表明内在的一些关系上。它其实是接下来的阐释的图式和前奏。但有一点是清楚的，那就是图式如今可以作为非视觉性的语言所表达的指导而被提供给一个机器，而它所表达的关系会被保留下来。不管人们是否假定了作为其包含者或活跃的生产者的头脑。

这一图式被丰富地嵌入了符号性的（因此也是概念性的）元素——这些元素并不倾向于解释任何感知性的经验——这一图式是调节理解所研究情形的直接客体。它也是其意义的一个图式。

于是，从初级像似论出发和通过已经嵌入了推断的感知过程，我们获得了感知判断和直接客体之间，以及直接客体和与表征物相关的意义的首要核心之间的同一性（这种同一如果不是最终的，也至少是临时建立的）。那么作为无所不包的一套标记物、定义和阐释中介的完整意义又如何了呢？在某种意义上讲它消失了，人们可以同意奈舍（Nesher，1984）的看法：它不会凝固在认知过程中的任何阶段，而是把自身散布在这个过程的每个阶段（包括最高级的阶段，当然是开始于最基本的阶段）。

在这种情形中，直接客体不仅仅是康德的图式：它不那么"空"；它不介于概念和直觉之间，而是在其自身中拥有第一性的概念核，并且同时（只要其像似特性被反复重述）不仅仅使它的起始处的感觉的东西成形，不是翻译它，而是通过保存来重新阐释它，在某种意义上讲是"捕捉"和"记忆"它。或者，至少在直接客体意识到感知情形而不是抽象的词语的时候。不像图式那样——或至少在第一大批判中所给出的那种图式的版本——它是尝试性的、可修正的，通过阐释进行增殖。而它的确代表了皮尔士以非超验主义的方式解决图式主义的继承问题的路径。

但是皮尔士已经说得够多的了：如果康德不得已而推断出图式的到来所带来的所有后果，那么他的体系早就陷入了混乱。

2.9　本质

在对康德和皮尔士的双重解读即将接近尾声的时候，应该说一说为什么这一重读与我在 1.10 中所做的反思相关。目前我还是要继续使用图式这个概念，这个概念即使在这一重读行将结束的时候仍然显得相当模糊。但让它在直接客体和我将在 3.3 中确定其面目的"认知模型"之间浮动是方便的。

认知图式是充满了"好像"的构建物，以康德的观点看，这些构建物始自直觉的盲目的材料，而在皮尔士看来则始自尚未为我们提供"客观性"保证的初级像似符。即使这样，在鸭嘴兽身上仍然存在着某种东西阻止探险者们把它定义为鹌鹑或海狸，这并不能保证我们可以把它归类为单孔目动物。明天一种新的分类法将会剧烈地改变这些规则。无论怎样，从一开始，为了构建鸭嘴兽的图式，人们曾经努力地尊重仍然尚未分割的连续体的表象所具有的本质。

即使认可图式是一个建构物，我们也绝不能认为作为建构物的分割是完全任意的，因为（在康德那里跟在皮尔士那里一样）它试图理解存在在那里的某物，以及至少是通过呈现出一些反力来理解外在地作用于我们的感觉器官的力量。

因此，存在着图式的"真理"，一个角度、一个侧面，一个从一定的角度总是给我们呈示某些东西的细微差别。人的 3 - D 模型仍然取决于这个事实：人不能被解释为四足动物，不管他在身体里有多少关节，在肘连接胳膊的关节和在膝部连接腿的关节总是呈现出难以取消的一种关联性（它可以被抽象，但不能被否定）。

在图式中也存在着把鲸鱼描述为鱼的真（即利用鱼所特有的图式特征）。从分类学的角度讲这是错误的（就像我们现在所说的那样），但是从建构一个原型的角度却并非不正确（即使对我们来说仍然不是错误的）。但无论如何都不可能把鲸鱼图式化为鸟。

即使图式是在永久的推断性生成过程中的构建物，它仍然要把经验考虑进去，允许我们通过根据习惯而实施的行为来重返它那里。这并不能让我们免于设想会有更好地组织经验的方式（否则易错论原则将没有意义），但同时它必须向我们保证，根据图式经验可以以某种方式得以处理。对某物的图式不能任意地建构，即使有可能对同一个事物有着不同的图式性的呈现。以康德看来，太阳升起，它照亮石头，以及石头逐渐地受热都是来自感知判断；太阳是引起石头受热的原因来自对整个范畴工具的运用。所有的事物都取决于知性的合法活动。但是，之所以不会发生石头受热在前和太阳升起在后这样的情况，正是因为感觉性直觉。我不能离开知性的形式去考虑从太阳到受热石头的因果连接，而没有哪种知性形式会允许我断定是石头的受热导致太阳的升起。

图式也被认为是非自然的，因为它们并不先在于自然中，但这并不改变它们是受动性的。[①] 正是在这种受动性的启发下连续体的本质才被揭示出来。

---

① 符号的理据这个概念并不排除符号的规约性以及替代性表呈的出现，两者都是有理据的，关于这些可参见《符号学理论》（3.5）。

第三章　认知类型和核心内容

3.1　从康德到认知主义

皮尔士说，如果康德足够早地考虑图式的话，图式就会充斥在他的所有著作里（WR 5：258—259）。在前一章，我建议正是图式主义迫使康德在其第三大批判中转变方向的。但是我们需要再说一些：如果我们重新考虑康德的图式主义问题，本世纪从真值函数语义学到结构变量语义学，其中很多会发现自身陷入困境之中。而这就是平常所谓的"认知研究"领域中所发生的。

就实际而言，在（与知识的建构主义观念相联系的）康德图式主义的各种形式中，有一些出现在了当代的认知科学中，即使它们的践行者有时并没有意识到这一关联。[①]不管怎样，如今当我们遇到像图式、原型、模式和范型这样的概念时，它们（例如，它们不含有先验主义的色彩）当然与康德的概念没有可比性，这些词语也不能被当作同义词来理解。

并且，这些认知"图式"经常被有意地用来解释感知或认识客体和情形这类现象，而我们看到为了解释所有的物体都有重量这样的判断的可能性而产生出来的康德图式主义，恰恰就在解释我们是怎样拥有经验概念时缺乏这种标志。认知主义把注意力拉回到经验概念上来，重新对洛克（胡塞尔基本上也同样如此）所考察的事物提问：在我们谈论狗、猫、苹果和椅子时发生了什么？②

但是说认知论就猫和狗提问并不意味着它所得出的（很多并不协调的）结论是令人满意的。图式主义的阴魂弥漫在相当多的当代研究中，但是这一隐秘艺术的神秘所在还没有被揭示出来。

我也不会自命不凡地在这些章节中揭示这个神秘，我们会看到，原因也在于我不想把脑袋伸进我们的心智或头脑过程的黑匣子中探个究竟。我只会问自己几个关于可能的新图式主义和意义的符号学观念之间，以及词典和百科全书及阐释之间的关系的问题。③

鉴于我想让这些思考具有游艺特性这一点，我不会总是试图去确定当今认知论领域中的立场、理论、研究或思想流派。相反，人们将要看到，我会重述能够例示其中一些问题的很多"故事"（即以叙事形式出现的心智实验）。

我的大部分故事讲的都是极其相似于康德所持的经验性概念的某些东西：我要讲的是我意欲研究我们言说以下几个对象的方式：(i) 我们有着或可能有着直接经验的客体或情形（如狗、椅子、行走、在外吃饭、爬山）；(ii) 我们没有经验到但有可能会获得经验的客体和情形（如犰狳或是做阑尾切除手术）；(iii) 有人的确经验过但不再经验的客体或情形（如恐龙和南方古猿），但关于它们社会共同体传达给了我们足够的说明，以让我们好像经验过一样予以言说。

从符号学的角度研究这种初级的现象首先要提出一个基本的问

---

① 有时这个关联被清楚快速地引述过（Johnson，1989：116），而有时又是被批评性地讨论的（Marconi，1997：145—148——但在这里我们所关涉到的是一个不管是什么但至少是"大陆性的"作者，这不是出于偶然）。
② "当然，在康德的思想中，逻辑范畴功能发挥了重要的作用，但却没有实现把感知和直觉基本性地延伸到范畴领域……就是由于这个原因他甚至没有把作为语词的一般意义的概念，同作为直接性的一般表呈的属种而最后作为一般客体的概念区别开，后者也是作为一般表呈的意向性关联物"（《逻辑研究》VI，§66）。
③ 如果我不读维奥利（Violi，1997）还处于手稿时期的著作——当时我的这本书是在最后的成书阶段——以及我所经常让读者参见的马尔科尼（Marconi，1997）的著作的话，我就不会想到问自己这么多问题。我几乎是完全同意维奥利的观点；至于马尔科尼，情形需要的话，我会强调在其中的方法让我感到不一样的一些观点。

题：谈论感知的指号过程是有意义的。

3.2　感知与指号过程

作为指号过程的感知问题已经在第二章中出现过。当然，那些不熟悉皮尔士观点的人将会发现这个概念很难理解（或这属于半"扩张主义的"），因为如果我们承认连感知都是一种指号现象，在感知和意指之间做出区分就变得有些棘手。[①] 我们曾发现胡塞尔也认

---

① 我在《符号学理论》中陈述到，感知的指号过程是符号学的先决条件。在那本书里，在符号学争论所达到的那一阶段，强调符号系统的社会文化特性似乎显得很重要。寻找用被"公共性的"百科知识的存储所公开展示的阐释中介表述的内容的定义，其目的是为了防止意义在心智主义的滩涂上搁浅，或者至少是为了避免依靠当时尚在无意识的深处辨明身份（在我看来是以冒险的方式辨明的）的主体。《符号学理论》实际上得出的结论是，意指主体（在后结构主义法国符号学的拉康氛围中非常重要）的问题无疑是很重要的，但是眼下主体必须被排除在被理解为文化逻辑的符号学之外。我总是对这种排除感觉很尴尬。于是为了对此做一弥补，我就在《符号学理论》法语版涉及符号生产的那一部分引入了这么一句话："今天我要改正这个声言。根据声言，我们把一个客体识别为代指符或者一般类型的事件的能力，是符号学的先决条件。如果甚至在感知过程中存在指号过程，我把我在上面书写的那张纸看作是另外纸张的替身的能力，以及识别把被读作一个词汇类型的复制品的词语的能力，或是在让·杜邦身上识别出了今天我看见的让·杜邦跟一年前是同一个人的能力，这些都是初级水平的指号过程。因此，区分代指符和类型的可能性如果不放在如今关于符号生产的这个话语框架中的话，就不能被定义为一个先决条件。同样的道理，为了解释用来测量纬度的航海仪器，地球围绕太阳转动就被认为是证实了的——而这个'先决条件'如今再次成为有待证实的科学假设，或者在天文学话语框架中被表明是错误的"（《符号的生产》，巴黎：袖珍书出版社，1992）。但是问题在于，也是在《符号学理论》中，重点放在了符号的社会生活中，而不是放在认知论问题上，不然它就不会以关于文化的（而不是自然的）逻辑作为开篇第一章。然而，我的排除并不像表面看来那么激进。我要感谢英尼斯（Innis，1994；1）把我在《符号学理论》一书中的所有观点都进行了概括。在其中（尽管只是"假定它"）我一再重复感知的指号过程是符号学的中心问题，为感知对象思考一个符号学定义是必不可少的（例如 3.3.3）。我对这个问题不能漠不关心，原因是在我的前符号学的著作如《开放的作品》中，我极大地受到从胡塞尔到梅洛-庞蒂的现象学，以及从皮亚杰到互相影响心理学的感知心理学的启发。但是，显然的是，那个"假定"不是处理（这旨在限制我当时研究的界域）而是预设并生成了一个基本的歧义：实际上，我没有说清楚的是，为了理解某物而要求的推断努力，是否就是感知和认知心理学的对象，因此是符号学的一个前提性的而不是中心问题；或者相反，智力和意指是一个单一的过程，因此也就是属于研究的唯一课题，就像我自己所认同的现象学传统所要求的那样。引起这一歧义性的原因之一是在先前的章节中曾经被解释过：《符号学理论》的结构首先聚焦于作为符指终点的动态客体（也因此这本书鉴于符号系统已经被社会性的构建了，所以就从符号系统开始）。为了将感知的指号过程假定在第一位，就需要像我在这本书中所做的那样把动态客体看作是一个起点，因此也就是看作先于指号过程，并且作为阐发感知判断的开始。

126

为把某物感知为红色和把某物命名为红色应该是同一个过程，但这个过程会有各种各样的阶段。在把猫感知为猫以及把它命名为猫，或是指称它为所有猫的外在符号之间难道没有一个跳跃或鸿沟（至少是从起点到终点的那种转换）吗？

我们能否把指号现象从符号的观念中分离出来呢？不可否认，当我们说烟是火的符号的时候，我们所注意到的烟还不是一个符号；即使我们接受了斯多葛派的立场，烟成为火的符号不是在它被感知的时候。而是在我们决定它代表他物的时候。为了过渡到那个时刻，我们必须离开感知的当下性，而把我们的经验转译为命题性词语，这样对烟的观察才能成为指号推断的前件：（i）有烟，（ii）如果有烟，（iii）那么就有火。从（ii）到（iii）的过渡涉及的是命题性表达的推断；而（i）则涉及感知问题。

相反，我们论及感知的指号过程不是在某物代表他物的时候，而是在通过一个推断过程从某物中我们会对那个相同的某物而不是任何他物言述出一个感知性判断的情况下。①

让我们假设有一个人，他对英语几乎一无所知，但是却常常看唱片封套、明信片或各种罐装商品上的英语标题、名称或语句，而因此对它们很熟悉。他收到一封传真，就像经常发生的那样，这封传真上的线和无法阅读的字母叠加在一起，变形扭曲了。让我们假定（通过把无法阅读的字母改写为 X），他设法读出 Xappy neX Xear 的意思来。即使他不明白这些单词的意义，他也会记得看见过像 happy、new 和 year 这样的表达，于是就认为这些就是传真所意图要传达的词语。他因而就会单靠这些词语的形状从这张纸上的东西

_____

① 我们确实能够（根据赫尔姆霍茨的视觉经验理论）把感觉看作客体或外在状态的"符号"。从这些感觉出发我们借助（无意识）推断发动起阐释过程（我们必须学会"解读"这些符号）。不过，一个词语或图像或征候让我们去指称的是不像我们感知符号那样在那里的某物，而赫尔姆霍茨的符号让我们指称的是在那里的某物，是我们从中接收或收到这些符号刺激物的刺激场。在感知推断的最后，这些在那里的事物使得早已在那里的东西成为我们可理解的。

（表达平面），而不是从这些单词所代表的东西（这样的话他会去查词典）上进行推断。

　　因而，任何现象，只要它是作为他物的符号以及从某个角度才得以理解的，就必须首先要被感知。感知之所以成功正是因为我们受到了现象都被假定性理解为符号这个观念的指引（否则我们就不会注意某个刺激物）。这个事实并不能消除我们如何去感知它这个问题。[1]

　　当现象学传统论及"感知意义"的时候，它所指的某物是合法性地先于作为表达式的内容的意义构成；然而（参见《符号学理论》：3.3）如果我在黑夜中看见一个模糊的动物形状，感知能否成功（做出那是一条狗的判断）受到认知图式的制约，这个图式是关于狗我所知道的一些事情，并且可以被当作我所常常赋予狗这个词的内容的一部分。在这种情况中我进行了一次推断：我推测我在黑夜中看见的模糊的形状是狗这种类型的代指符。

　　在传真这个例子中，-ear 这几个字母在推断过程中代表 y，它们使假定得以可能。我们例子的主角拥有至少是关于一个单词的（纯粹形状上的）知识。这个单词以这些字母结尾，因此猜测-ear 是指示 year 的词汇类型的一个（不完整的）代指符。如果说在另一方面，他熟通英语知识，他也有权假定缺失的字母可以从 b、d、f、g、h、n、p、r、t 和 w 中选择（其中每一个都可以同-ear 形成一个有意义的英语单词），而不会把它假定为 c、i、o、q 或 u。但是，如果他把这一推断延伸到整个 Xappy neX Xear 语段，他就会注意到只有一个答案是可能的，因为他假定了整个语串（在三个地方都是不完整的）就是 Happy New Year（一个常备的表达美好祝愿的高度符号化的表达式）。

---

① 这是我在 6.15 中所讨论的 alpha 和 beta 之间的区别。

那么我们可以说，即使在这种初级的过程中，代指符代表其类型。但是在对未知客体的（如鸭嘴兽）感知中又会怎样呢？这个过程肯定会很冒险，代表是通过反复试错的过程实施的。但一旦感知判断建立起来，从类型到代指符的相互指称的关系就被确立了。[①]

指号过程的基本特点就是推断（Eco，1984），而由代码建立起来的等式（a = b）只是指号过程的固化形式，只有在密码中才能完全找到——如像在莫尔斯电码中的一个表达式和另一个表达式之间的对等（Eco，1984：172—173），于是感知推断可以被当作是一个初级指号过程。[②]

自然地，可以确定的是这个问题完全是唯名论意义上的。指号过程只有在已被约定俗成的符号功能出现的时候才发生。如果这一点确立的话，那么谈论感知情形中的指号过程就会是纯粹隐喻性的——而在这种情况下我们将不得不做如是言：所谓的初级指号过程只不过是指号过程的前提。要是这会使抛弃无意义的讨论成为可能的话，那么我在论及感知前指号过程时就没有什么问题。[③] 但是事情并不会发生如此剧烈的变化，因为，在后面的故事中我们会看到，这个初级阶段和随后的完全意义上的指号过程的发展之间不会提供明显的断裂；相反，这个关系构成了一个阶段性序列，在其中前一个阶段决定了后一个阶段。

---

① 我可以说，在这种情形中，人们把那个过程启动，路易斯·帕莱松（Pareyson，1954）曾描述过。在这个过程中艺术家从他所运用的材料提供给他的尚未成形的提示出发，不妨这样说，就是从中提取能给予他瞥见形式的启示，而这个形式在完成时赋予作品以整体意义，但这个形式在过程的开始阶段还未出现，只是用提示作为先导。

② 参见皮埃尔·韦莱的作品（Oullet，1992），其中有一个最为有趣的努力，即把胡塞尔的问题同现象学的问题结合起来，结合的方式是重新审视可感知知识和命题性知识之间、感知和意义之间的关系，以及自然世界的符号学和自然语言的符号学之间的对立（Greimas and Courtés，1979：233—34）。至于初级指号过程问题也可参见Petitot，1995。

③ 我在 2.8.2 中承认有可能把像位的"识别"那样把有机现象识别为前指号过程（但却是在指号过程的根底处）。

3.3　蒙特祖马二世和马

第一批匆忙赶到海边的阿兹特克人目睹了西班牙征服者的登陆。[①]虽然他们做出的第一反应中只有很少的痕迹保留了下来，我们拥有的最好的信息依靠的是西班牙人的报道和事件发生后所记录的当地编年史，我们确切地知道各种东西肯定完全使他们感到惊讶：船只；西班牙人吓人而威严的胡须；赋予那些拥有白得不自然的皮肤的入侵者唬人气势的全副甲胄；火枪和大炮；最后，除了张牙舞爪的狗之外，还有那些从来没有听说过的怪物——马，与骑着它们的人可怕地共栖共生在一起。

这些马跟鸭嘴兽一样也从感知上令人困惑。起初（或许也是因为他们不能把马同矛、旗和盖在马身上的盔甲区别开来），阿兹特克人认为入侵者骑的是鹿（就像马可·波罗做的那样）。于是受到先前知识系统的左右，但又想把这种知识同眼前所见的事物协调起来，他们一定得尽快做出一个感知判断。一头动物在我们面前出现，看起来像一只鹿，但不是。同样地，他们也不会认为每个西班牙人骑的是不同种的动物，即使科尔特斯率领的这些人所带来的马匹有着各式毛皮。他们因此对那种动物有着一定的了解，起初他们称之为 maçatl，这个词他们不仅用在鹿的身上，而且用在所有的四足动物身上。后来，由于他们接受并改造了由侵入者带来的物品的外来名称，他们的纳瓦特尔语把西班牙语的 caballo（马）转化为 cauayo 或 kawayo。

在某一刻，他们决定派信使到蒙特祖马二世那里去，告诉他登陆以及他们所亲眼目睹的可怕的怪物的事情。我们有他们送给主子

[①] 我想在不太远地偏离已知事实的情况下运用这个情节，尽管这是一个心智实验。所有这些语言资料都来自阿尔弗雷多·胡拉多。他写过至今尚未出版的题为"被叫作马的鹿"的论文。这篇文章是专门为我写的，我非常感激。也可参见托多罗夫关于这次征服的符号学论著（Todorov，1982：II）。

的第一条信息作为证据：一封文书用图形传达这则消息，并且解释入侵者骑着有房屋顶那么高的鹿。

我不知道蒙特祖马二世遇到这种难以令人置信的消息（穿着铁甲和拿着铁制武器的人，他们或许不是凡间出身，还配备了庞大的工具，抛出的石球能摧毁一切）是否会明白这些"鹿"是什么。我猜想送信人（他们担心这个事实：在他们的狭窄的森林地带，如果消息不合接收者的口味，就有可能会惩罚送信人）振作起勇气，不仅是用词汇拼凑起这个报告，因为蒙特祖马二世习惯于要求他的报信人提供给他对同样的东西的所有可能的表达。于是他们很可能会用自己的身体暗示鹿的动作，模仿它的嘶鸣声，演示它的脖颈如何长着长毛，并且还添油加醋，说它是如何可怕和凶恶，能够发脾气，让所有想制服它的人无所适从。

蒙特祖马二世接收到了这些描述，基于此他试图去了解这种未知的动物，上帝知道他是如何想象的。这既需要送信人的技巧也需要他头脑灵活。但他当然也明白它是一种动物，令人头疼的动物。实际上，照那些编年史所载，起初蒙特祖马二世没有问其他的问题，而是陷入了令人焦虑的沉默之中，头低着，表情茫然而悲伤。

最后，蒙特祖马二世和西班牙人的遭遇就发生了，而我会说，不管送信人的描述多么混乱，蒙特祖马二世会很容易地识别那些被称作"鹿"的动物。简单地说，直接面对着关于鹿的经验，他肯定调整了他对它们所做的最初想象。这样，像他的手下人一样，每当他看见鹿，他也会这样去识别它，而每次他听到友人谈论鹿，他都会明白谈论者说的是什么。

于是，当他逐渐地熟悉了西班牙人，他就了解了许多关于马的事情，他就开始称之为 cauayo，他就会知道它们来自哪里，它们是如何繁衍的，它们吃什么，它们怎样被喂养和训练，它们还有什么用途，令他遗憾的是他会很快明白它们在战场上是多么有用处。但是根据这些编年史，他也会就入侵者的非凡间的来历心存怀疑，因为有人告诉他，他手下的人成功地杀死了两匹马。

在某一个时间点上，蒙特祖马二世赖以逐渐增长其关于马的知识的学习过程终止了，不是因为他不能再继续获知，而是因为他被人杀死了。我将对他（以及很多由于知道关于马的实情而跟他一起被杀害的人）暂且不论，目的是为了考察在这个故事中发挥作用的大量各异的指号现象。

3.3.1　认知类型（Cognitive Type，简称CT）

在他们的初步感知过程结束的时候，阿兹特克人帮忙阐明了我们将要称之为马的认知类型（CT）的东西。要是他们生活在康德的世界里，我们就会说这个类型是允许他们在概念与直觉的多样性之间进行调和的图式。但是对于阿兹特克人来讲，既然在西班牙人登陆之前没有一个关于马的概念，这个概念在哪里呢？当然，阿兹特克人在看到一些马之后构建了并不比 3 - D 模型相差多少的形态图式，正是基于此他们的感知行为的连贯性才得以建立起来。但是所谓的 CT，我并非说它只是一种形象、一系列的形态或动作特征（这种动物小跑、跳跃和跷起前腿）；他们还感知到了马富有特点的嘶鸣声，也许还有气味。除了外貌特征之外，阿兹特克人肯定是马上赋予了马以"动物性"特征，因为 maçatl 这个词是即刻就被使用了起来，还要加上能够引发畏惧心理和"可骑性"这种功能性特征——鉴于经常看见有人在他背上。简而言之，我们可以这样表述：马的 CT 从一开始就有多介质特征。

3.3.1.1　对代指符的识别

在以上所阐明的 CT 的基础上，阿兹特克人或许马上就能够把他们从未见过的其他样本识别为马（不管颜色、大小和角度上的不同）。正是识别现象诱使我们去把类型作为对代指符予以比较的参数进行谈论。这一类型与亚里士多德-经院派哲学的"本质"没有关系，而我们对认识阿兹特克人从马中掌握到什么不感兴趣（也许某类身体的表面特征使他们不能够区别是马是骡子还是驴）。然而，肯定的是，通过在这层意义上谈论类型，我们构造出了洛克式的"一般观念"的阴魂，而有人会持反对观点，认为我们不需要这些来解释识别的现象。我们所需要说的是阿兹特克人把同一个名字用在了不同的个体身上，因为他们发现它们之间彼此相似。而这种个体之间的相似观念并不比代指符和一个类型之间的相似观念少些混乱。即使是为了表达据以说明代指符 X 相似于代指符 Y 的判断，也需要对相似标准予以阐明（两个事物在某些方面相似而在另一些方面不相似），因此类型以参数的身份鬼影绰绰地出现了。

另一方面，当代的一些认知理论告诉我们，识别是在原型的基础上发生的，在其中被选为范式的一个客体被置入记忆中，而其他的则根据与这个原型的关系来识别。但是说一只鹰是鸟是因为它同鸟的原型麻雀相似，说明选择的是麻雀最为相关的一些特征（而去掉了例如大小这样的特征）。于是，如果照着这个样子做的话，我们的原型就会成为一个类型。

如果我们在这里重新使用康德的图式的观念，那么 CT 就成为了一个规则，一套建构马的形象而不是建构一种多介质形象的程序。在任何情况下，这个 CT 不管是什么，它都是允许识别的东西。在这一点上，我们在设定了这个类型（图式或多介质形象，如其可能的那样）的存在（某处或别的什么地方）之后，我们就厘清了一个古老的在场的区域，而这个区域无疑仍然居于康德的世界中：如果我们设定一个 CT，这个 CT 不再需要让概念发挥作用。尤其是对我们的阿兹特克人来说，CT 不再在马的概念（这个概念他们在其他任何地方都没遇到过，除非我们设定极其超文化的柏拉图主义）和直觉的多样性之间摇摆。CT 是允许他们把直觉的多样性统一起来的东西，如果它对他们是适用的，对我们也不例外。

3.3.1.2 命名和得体的指称

如果有人过来说马的概念比阿兹特克人所知道的任何东西都丰富，这证明不了什么。我们周围很多人拥有的马的CT并不比阿兹特克人所拥有的更周详，而这并不会妨碍他们说他们知道马是什么，只要他们能识别出马来。在我们的故事的这个阶段，还有很多关于马的东西阿兹特克人仍然不知道（它从哪里来、它如何吃东西、它如何繁衍、它如何喂养幼马、世界上有多少种类以及甚至它是无灵性的动物还是有灵性的动物）。但是在他们所知道的基础上，他们不仅能够识别它，而且对它的名字也达成了一致，而在这样做的过程中，他们意识到他们中的每个人都是通过与别人一样把这个名字用在同样的动物身上而对这个名称做出反应的。命名是首要的社会行为，这种行为使他们相信他们所有的人都是在不同的时刻把不同的个体作为同一类型的代指符加以识别的。

不需要用给客体对象-马进行命名才能识别它，就像有一天我意识到一种不快，但难以定义的内心感觉，所根据的只是它跟我前一天感觉到的一样。然而，"我昨天感觉到的那个东西"已经是我所拥有的感觉的名称了；如若我把这种感觉——况且还是一种极其私己性的——向别人提起，那就更甚了。实现到属名的过渡是出于社会的需要，这样可以把这个名称从当下情景中间离出来，再把它同类型绑缚在一起。

但是阿兹特克人又怎样知道它们用在相同CT上的是maçatl这同样的一个名称呢？有一位西班牙观察者（姑且称之为谜一般的何塞）想知道当阿兹特克人通过说出maçatl的方式来指示一个类属的时候，他指的是不是每个西班牙人都认识的那种动物；还是什么由马-骑马者组成的不可分离的组合、这匹动物闪亮的马饰，以及有一种未知物朝他走来；抑或是他想要表达这样一个命题："看！从海里出来了一些非凡间的生物，它们是我们的先知预言的，有一天格利佛会把它们称为 Houyhnhnms（有理智和人性的马）！"

确定每个人都拥有一个对应着名称的共同的 CT 的情况只有在贴切指称的情况下才会发生（即成功实现的指称的情况）。在第五章中，我会探讨指称观念存在的种种问题。但是经验告诉我们存在着这些情况，我们指称某个东西，而其他人表示他们非常明白我们想要指称的东西——例如，当我们在请求某人把桌子上的书拿给我们的时候，这个人拿给我们的就是书而不是一支笔。假定西班牙人很快地同当地居民相熟起来，如果有人让土著人给他牵一匹马，这名土著人就牵回了一匹马（而不是一只篮子、一朵花、一只鸟或马的哪个部分），我们就有了证据，说明双方都用同样一个名称识别了同样一个 CT 的代指符。

在这个基础上，有可能提出各种 CT 的存在而不必非得要了解它们是什么以及在哪里。而在激烈反心智主义的时代，甚至连假设任何一种心智事件的存在都是被禁止的。但是在认知学研究蓬勃发展的时期，要了解马在阿兹特克人的"心智"中的 CT 是否是由心象、图形，由命题表达的确定性的描述构成的；或者是否包含有他们的"心语"的先天的字母以及他们对——用纯粹布尔的术语说——那些所谓的离散信号串进行处理。在认知科学领域中的最大化输入的问题，在我看来与我所选择接受的观点完全没有关系：只考虑民间心理学的数据，或者是让那些我仍然认为具有很大用处的可敬的哲学概念焕发生机，也就是从常识的角度来认识事物。正是在常识的基础上我们找到了识别和得体的指称这两种现象。[1]

---

[1] 得体的指称情形给不允许"先验意义"的理论带来了严重的问题。或许是因为很难，有时甚至是不可能定义一个文本或是一个表达出的复杂的命题系统的先验意义，到这一点上一种阐释漂移就开始发挥作用。但是，当我对某人说引旁有一个人，请过去让他进来，而那个人（够合作的话）会去打开门而不是窗户，那么这也就意味着在日常经验的层面上我们不仅倾向于把字面意义赋予言语，而且还倾向于把某些名称同某些客体一贯性地联系起来。

3.3.1.3 CT和黑匣子

在我们感知某物的时候，在我们的"黑匣子"里发生了什么是认知科学家们所争论的一个问题。例如，他们争论的焦点集中在（i）到底是外部环境为我们提供了所有必要的信息，而不需要我们的心智或神经系统这一方的建构性作用，还是有着对刺激场的选择、阐释和重新组织；（ii）在黑匣子中有着被指定为"心智"或纯粹的神经过程，还是像在新关联主义领域发生的那样，我们可以断言规则与数据之间的同一性；（iii）各种认知类型或图式（如果有的话）在哪里；以及（iv）它们是如何被心智或大脑组合起来的。这些都是我不打算处理的问题。

各种CT可能存在于心智中、大脑中、肝脏中、松果体中（如果不是如今被褪黑激素所占领的话）；它们甚至可以属于一个非私人的仓库，其中塞进了一些普遍而活跃的知性，吝啬的上帝从那里把它们拿过来施舍给我，出于偶因论我每次都需要它们（而有些认知科学家毕生都在研究不能分清杯子和盘子的试验对象，他们必须确定为什么那些试验对象的一些大脑区域不再与上帝发出的波长相谐调）。但是我们必须从这个原则出发，即要是存在着贴切的指称行为，也是因为再次识别先前感知的某物，以及确定客体A和客体B满足作为一只杯子、一匹马或一座建筑的必要条件——或者两种形状都可以作为直角三角形而接受定义——我们把代指符同类型联系起来（不管它是一个精神现象、物理性存在的原型，还是从柏拉图到弗雷格、从皮尔士到波普的哲学所一直力图解释的第三世界实体中的一员）。

假定CT甚至并不迫使我们提前决定它们是否会全部或部分拥有对心象的组构，或者能够受到严密符号的运算和处理。众所周知，像似符痴迷者和像似符恐惧者之间的争论是当今认知心理学家们的中心议题。我们不妨限制在对考斯林-皮力辛争辩的总结中①：一方面，像似类型的心智呈现形式似乎是不可或缺的，如果我们要解释认知过程的全部系列，与其相关的命题性解释出现时并不充分，这一假设也似乎被计算机模拟试验所证实；另一方面，心智想象似乎是一种简单的副现象，作为对只有用数字语言才能获得的信息的阐明而得到解释。因此，从这个立场出发，心象并不是被融合进我们的硬件当中去的，而只是次级性的输出。

这样，可以说，爱情不在神经层面上存在，而坠入爱河是一种基本上建立在复杂的生理互动基础上的副现象，这些互动有朝一日会通过一种算法而得以表达出来。这并不会妨碍"坠入爱河"这一种现象在我们个人和社会生活、艺术和文学、道德伦理，甚至经常在政治中所处的中心地位。结果是，情感的符号学并不想探究我们感到仇恨或恐惧、愤怒或爱慕时在我们的硬件中所发生的一切（尽管值得探究的东西的确也会发生），而是想探究我们在识别它们、表达它们和阐释它们时这一切是如何发生的——于是，我们完全明白在奥兰多被描述为狂烈而不是痴情时意味着什么。

符指经验告诉我们，我们有着保留心象的印象（即使一种心智并不存在），而首先我们通过视觉表象公开地、主体间性地阐释很多词语。所以，知识的像似成分连同 CT 的存在都必须接受假定，如果我们想揭示常识向我们所提出的内容的话。图像既是引导系统也是语言工具，如果我要告诉某个人到大街怎么走，我可以提供给他关于他要走的街道的冗长的语言性示意，也可以给他看一张地图（这不是大街的图画，而是可以让人找到它的图示步骤）。这两种方法哪一种更好取决于我的对话者的能力和性情。②

① 由于我感觉我不需要深入地讨论这场争论的条件，我请读者参见霍华德·加德纳（Gardner, 1985: 11），里面有基本的和忠实的记述，以及参见约翰逊·莱尔德（Johnson-Laird, 1983: 7），里面有一系列的建议。至于图像，也可参见 Varsela, 1992 和 Dennet, 1978。
② 奈瑟尔（Nesher, 1976）甚至在言语示引的情形中设定了"认知地图"的激活，这种地图有着与图式一样的特性，并且还为感知导向。

我拒绝把鼻子伸进黑匣子探个究竟似乎可以被解释为是对哲学（具体到这种情形）是相对于科学的"低等"知识形式的承认。但并非如此。我们之所以能够假设各种 CT 存在于这个黑匣子中，正是因为我们主体之间可以对它们的输出的构成内容进行核实。我们拥有谈论这个输出的工具——这或许就是符号学有用于认知科学之所在，也就是有用于认知过程中符指的那一面。

3.3.2　从 CT 到核心内容

起初，阿兹特克人想必会觉得他们的 CT 是个体性的，当他们开始说出 maçatl 这个名称的时候，他们肯定能意识到恰恰相反，CT 已经建立起了一个一致性区域。起初一致性区域的设定是为了解释他们是因为使用同一个词语才得以相互理解的。但是，他们一点一点地开始走向通过那个词语所理解的集体性的阐释。他们把"内容"同 maçatl 这个表达联系在一起。这些阐释就像我们所想象的那样类似于一个定义，但是我们当然不能认为我们的阿兹特克人相互之间想要表达的就跟一部百科全书写的一样："一种食草性哺乳性动物，马科，奇蹄目，脚被保护性的指甲包裹，中指高度发达（马蹄）。"

首先，这种一致是作为一种对经验的无序性交换而发生的（有些人会指出，这种动物沿着脖颈处有毛发，这种动物在奔跑时毛发会在风中飞扬，而有人一定会首先注意到马饰不属于这种动物的身体，等等）。换句话说，阿兹特克人在一步一步地解释他们的 CT 的特点，以便对其尽可能地达成一致。他们的 CT（或多种 CT）可以是个体性的，而他们的解释则是公共性的：如果他们把它们写下来，或者使用象形符，或者如果有人把他们之间所说的话录下来，我们就会有一系列的可被证实的阐释中介。实际上，从固有的证明仍然存在这一点上来看我们拥有它们，我们之所以不能确切地知道是什么掠过阿兹特克人的头脑，只是因为我们有理由怀疑证言是滞后的，

138

是对占领者对阿兹特克人作出的第一行为反应的阐释的阐释。但是，如果这些阐释中介是可以被完整获得，就像是科学家第一次看到一只鸭嘴兽时的那种情形，阿兹特克人不仅会弄清楚它们的 CT 是什么，还会界定他们赋予 maçatl 这个表达式的意义。

我们将这套阐释中介称作核心内容（Nuclear Content，NC）。

我更倾向于谈论核心内容而不是意义，这是因为根据长期以来的传统人们会倾向于把意义同心智经验联系在一起。在某些语言中这种混淆会比其他语言更厉害些。我们只需要考虑英语词"meaning"，它可以代表"存在于头脑中的东西"，也可以代表一种意图，代表被当作存在的东西，代表被指示或理解的东西，代表含义、指意等。我们也不能忘记 meaning 还是以动词 to mean 的形式出现的，它可以被定义为头脑里有、意欲、代表，而只有在为数不多的情形中它才意指社会性记录下来的同义关系（在韦伯斯特词典中给出的例子是："德语 ja 的意思是 yes"）。同样的含义变异在德语中还有动词 meinen。拿意大利语来讲，即使 significato 这个词经常被理解为"符号所表达的概念"，significato 和 significare 这对词也可以用来表达思想或情绪、一个表述所引发的情感效果，以及某物所给予我们的重要性和价值等。

另一方面，内容这个词——在叶尔姆斯列夫看来是作为一个表达式的相关物——欠缺妥协性，还可能就像我使用它的方式那样被以公共意义而不是心智意义来使用。这一旦得到澄清，在当今的某个理论论点的要求鼓励我这样做的时候，我就会使用 meaning 这个词，但只是作为内容（content）的同义词。

在某些情况中，CT 和 NC 实际上可以重合在一起。这时，CT 完全地决定了由 NC 所表达的阐释中介，而 NC 又使构想一个适当的 CT 成为可能。然而，我希望再次阐明 CT 是个体性而 NC 是公共性的这一点。我们不是在谈论完全一样的现象（有些人会统称之为"阿兹特克人关于马的能力"）：一方面，我们谈论的是一种感知符指现象（CT），另一方面，所谈论的是交际共识现象（NC）。CT——既看不到也触摸不到——或许只能在识别、认同和贴切指称现象基础上被假定；NC 所代表的是我们试图去主体间性地阐明哪些特征构成一个 CT 的方式。我们以阐释的方式去识别的 NC 可以被看见和触摸到——这不只是一个隐喻，鉴于 horse（马）这个词的阐释中介包含很多用铜或石头雕刻成的马。

如果蒙特祖马二世收集了他的信使所画的所有的象形符，拍摄他们的一举一动，录下他们的话，在把所有这些证据都锁在柜子里之后处死了这些信使，然后自己自杀，留在柜子里的东西就是对于阿兹特克人来说 maçatl 这个表达式的内容。接下来就轮到找到这个柜子的考古学家去阐释这些阐释中介了，而只有通过对那个内容的阐释，考古学家随后才能够猜想阿兹特克人对马的 CT 会是什么。

一个 CT 并不一定就来自感知经验；它可以在文化中（以 NC 的形式）接受传播，接着使得以后的感知经验得以实现。这就是信使借助图像、手势、声音和词语传递给蒙特祖马二世的 maçatl 的 NC。在这些阐释的基础上，蒙特祖马二世想必获得了马的"理念"。这个"理念"是他临时在以阐释中介的形式接受的 NC 的基础上建构起来的 CT 的核心。①

NC 被表达的方式也帮助解开我们是否拥有心象这个问题所形成的结。② 一个 NC 有时用词语来表达，有时用手势，有时通过图像或图表来表达。基本上来说，马尔的 3 - D 模型的绘制就其是公共性的这一点上讲是用来阐释我们的 CT 过程模态的 NC 的一个元素。在我们的头脑中，是什么对应于那个预设的图像的呢？我们姑且称之为

---

① 得体的指称从其为阐释符号的行为来看也是阐释中介的一种形式。有关作为隐含阐释中介的指称可参见 Ponzio, 1990：1.2.。
② 关于这个令人困扰的问题古德曼（Goodman，1990）建议用动词翻译这个名词：似乎是我们没有对"责任"这个概念感到有什么疑问，而是问我们自己对某事负责或感到有责任意味着什么。

神经激活。那么，即使那种激活的模式并不对应于我们所直觉性地称之为图像的东西，那些大脑现象也会代表构想和阐释我们的马的类型的原因或我们能力的对等物。我们假定一个 CT 是生产一个 NC 的能力，我们把 NC 看作是某个地方存在着 CT 的证据。

3.3.2.1 对鉴别的示引

一个词的 NC 还为这个类型的其中一个代指符的鉴别提供标准或示引（或者如他们所说，为鉴别指称物）。[①] 我使用"鉴别"而不使用"识别"是因为我喜欢把后者专门用在严格地依赖于先前感知经验的认知现象上，而前者表示对我们尚没有经验的事物的感知性鉴别能力。我鉴别一只鳄鱼，我第一次在密西西比河的岸上看见，鉴别的基础是先前通过语言和图像提供给我的示引。也就是，鳄鱼这个词的 NC 业已传达给了我。

NC 通过提供鉴别类型的代指符的示引引领一个人形成一个尝试性的 CT。如果信使们提供给蒙特祖马二世的是好的阐释，其尝试性的 CT 将会很丰富和精确，这样就会促成即刻的鉴别，不需要直接感知基础上的重新调整。但有时 NC 提供的示引不充分。信使会坚持与鹿类比，这样就导致蒙特祖马二世构建一个不完美的尝试性的 CT，它使得第一次遇见马时不能轻易地加以鉴别，于是把士兵队伍中的牛误认为是马。[②]

---

① 马尔科尼（Marconi，1995，1997）谈到双重词汇能力：推断性的和指称性的。对我来说似乎后一种能力必须分为用以识别、鉴别和复得的示引的三种不同现象，也就自然地不能等同于指称行为的实施（就像我们在 5 中所见到的那样）。

② 某段时间之前令我感到惊讶的是，在巴黎的很多越南裔出租车司机对这座城市知之甚少，而人们往往会认为一位出租车司机如果想得到驾驶执照就必须证明他对当地的地图了如指掌。有一次我就此问了其中一位司机，他显然是以一种真诚的语气说："当我们中的某个人拿着他的考试证件出现，你能说证件上的照片就是他的吗？"于是，考虑到对于西方人来说所有的东方人都长得很像这个众所周知的事实，反过来也一样，一个单独的有能力的候选人出现在不同的考试场合，所出示的是其不合格的同胞的身份证件。身份证件提供的是与他的名字连在一起的 NC（具有所要求的所有的精确性），但是不同文化之间的情形使得进行鉴别的示引就考官来看都是虚弱的，促使他们抱有从认知上是类属的和非个体性的 CT。

3.3.2.2 对于回放的示引

还有另一种可能：信使没有成功地向蒙特祖马二世表达马的特征。他们只是局限于告诉他一些奇怪和巨大的动物出现在海岸的某处，要是他到那里的话，他就会看到穿着铁甲、坐着时腿叉开的白皮肤的人等。这样，他们提供给蒙特祖马二世的不是鉴别性的示引，而是对客体的回放。

我将要引述的情形与个体具有的 CT 相关，对此我会在 3.7.6 中详细地论述。但在任何情况下它们都在发挥着把鉴别同回放区分开来的作用。第一种情形：每天晚上我都在酒吧里遇到一个人；我每次都认出他来，但我不知道他的名字，而如果我把一个 NC 同属名 man 关联起来，它就只不过是"我每天晚上在酒吧里见到的那个人"这样的描述。一天，我看到这个人在马路对面抢劫银行。在我接受警察讯问时，我通过口头阐释帮助一位专业画家给他画了一幅相当准确的素描。我提供了鉴别这个人的示引，警察能够周详地描绘出他的 CT（尽管很模糊——可能会造成错认为其他人的危险）。第二种情形：每天晚上我在酒吧里都会认出一个人，尽管我从来没有近距离观察过他，但有一天在他打电话时我无意中听见他叫乔治·布朗，他住在伦敦街十五号。一天，这个人同酒吧招待发生了争吵，他用瓶子击打招待的脑袋并把他打死了，然后就跑掉了。作为目击者警察讯问了我，我不能提供给画家画一幅素描的示引（我至多能说出那个人是高个头，相貌平平，长得很凶），但我能提供他的名字和地址。在我个人的 CT 基础上我提供不出进行鉴别的示引；但是在我把乔治·布朗这个名字与之相关联的 NC（男性，住在伦敦街十五号）的基础上，我可以提供给警察回放性的示引。

3.3.3 摩尔内容（Molar Content，简称 MC）

当蒙特祖马二世看见活生生的马并且与西班牙人交谈时，他获得了关于马的其他信息。他可以达到他所认识的一个西班牙人所了解的马的程度（虽然不会像今天动物学家所知道的那么多）。在这种情形中，他会具有所谓的关于它们的复杂知识。注意，我谈的不是"百科性"的知识，在词典和百科全书之间存在着不同之处（我会在4.1中讨论这个问题），而是关于"宽泛知识"，其中包含着对于感知识别不可或缺的观念（如马是如何如何喂养的，或者它们是哺乳动物）。就这种宽泛知识我将论及摩尔内容（MC）。蒙特祖马二世的摩尔内容的格式会与他的第一批信使或他的传教士的有所不同，它处于不断的扩展之中。我们不能确切地知道它是如何扩展的——我们只需要考虑这个事实：在我们的时代马的摩尔内容包括这种动物在美洲大陆有大量的繁殖这样的信息（当然在蒙特祖马二世时代不能这样说）。我不能把 MC 等同于只被命题形式表达的知识，因为它可以包括各种马或各种年龄的马的形象。

一位动物学家拥有马的 MC，驯马师也一样，尽管各自的能力不能相互延伸到对方的区域。正是在 MC 的层面上普特南的语言学研究分支才得以发生，我更愿意把它定义为文化探究的分支。在 MC这个层次上应该有着概括性的共识，尽管会有发白的边缘区域（见3.5.2）。既然正是这个共识性区域构成了当前话语的核心，我将避免考虑 MC，因为由于主体的原因，它会呈现不同的形式，而会代表扇形能力的各部分。我们不妨这样说：作为调节性的观念和符指假定，MC 的总和正好与百科全书相吻合，这在我一九八四年的著作（Eco，1984：5.2）中曾经讨论过。

3.3.4　NC、MC 和概念

有人在读了这些书页的初稿时问我 NC、MC 和概念之间的区别。只有当我解决了两种情形之后我才知道答案：（i）在第一个发现者那里所建构起来的鸭嘴兽的认知类型和他先前即使在众生芸芸的柏拉图世界里也不可能拥有的概念之间的区别是什么？（ii）阿兹特克人关于马的概念和动物学家关于同一种动物的概念之间的区别在哪里？

对于第一个问题，我感到很明确，就从康德的关于经验概念的图式观念出发，显然如果一个概念存在，它就应该被图式所调整。但如果我们引入图式，那么就不需要概念——我们就用为我们不拥有的概念——如鸭嘴兽的概念——建构图式的可能性来证明那一点。因此，概念观念就成了令人困惑的残剩物。

对于第二个问题，如果"概念"对我们来说意思是心智构想，就像词源学家所拥有的那样，这样就会有两个答案：要么概念主宰着感知识别，在这种情形中它跟 CT 一样，不是被经典的定义而是由 NC 来表达；要么它是对客体的严格的科学性定义，在这种情形中它就跟特定的扇形 MC 一样。

这样说似乎令人惊讶，但从我接受概念这个词的角度来讲，它只是意味着一个人在头脑中的拥有物。由于我无意于对黑匣子探个究竟，我不敢说这会是什么。我宁愿知道那些确实往黑匣子里面看的人是否会问那是什么。但这又是另一回事了。

3. 3. 5　关于指称

在整个故事中我们都在考察阿兹特克人赋予 maçatl 这个表达式一个 NC，但是当他们之间谈论他们看到了什么的时候他们指称的是个体的马。我将在第五章中探讨那个非常复杂的现象，即指称行为。这里我们不仅需要把内容同指称分离开，而且还要把鉴别指称物的示引从具体的指称行为中分离出来。有人会接收到鉴别犰狳的示引，而在生活中从来不会指称一只犰狳（即他从来没有说过这是一只犰狳或在厨房里有一只犰狳）。

CT 为鉴别指称物提供示引，这无疑构成了一种能力形式。指称某物也就是一种执行形式。它当然是建立在指称能力上，但我们将在第五章中看到，不仅仅以此为基础。马这个词的指称物是一个物体。指称马是一种行为，而不是一个物体。

在听了他的信使的讲述之后，蒙特祖马二世拥有了一个初级能力，但是就像所关联到的那样，如果他退入到一段时间的缄默之中，那么他就不会立即执行任何对马的指称行为。即使在他们为他提供鉴别指称物的示引之前，他的信使在告诉他打算谈谈有关他们不敢描述的事物时也是在指称马。在打破沉默的时候，蒙特祖马二世想必也会把这些东西指称为未知物，比如通过询问它们是什么和怎么样，即使在他具有了对它们进行鉴别的示引之前。这样一来，我们可以说明一个人可以理解对实体的指称，他可以在不具备 CT 或 NC 的情况下指称它们。蒙特祖马二世明白信使们是在进行一个指称行为，尽管他不能理解那个行为的指称物是什么。

3.4　指号过程的基词

3.4.1　指号过程的基词和阐释

让我们设想一个存在被安置在一个基本的环境中，在与其他同类发生任何关联之前。但这个存在决定给它们命名，而它必须要获得基本的"观念"（不管以后它会如何决定把它们组织成范畴系统，或在任何情况下组织成内容单位）。它必须有高和低的观念（这对其身体的平衡很关键）；拥有站直或躺下的观念；拥有生理机能如吞咽或排泄的观念；拥有行走、睡觉、观看、闻听的观念；拥有感知热觉、嗅觉或味觉的观念，拥有感受疼痛或缓解疼痛的观念；拥有拍手、把手指伸进某些软东西以及击打、采摘、摩擦、搔抓等的观念。一旦它与其他人发生联系，或者与周围的总体环境发生联系，它就必须拥有关于相对于它的身体的某物在场性的观念：交配、争斗、欲望对象的获得或失去，也许还有生命的停止……不管怎样它都要对这些基本的经验进行命名，它们当然是原发性的。

这意味着我们"进入语言"的那一刻，就存在着偏向于前语言特征意义的倾向；换句话说，存在着"人类达成先天一致的某些意义类型。"① 将动物性赋予某个客体就是这种类型的例子。或许这种赋予后来有可能是错误的，就像发生在古人的认识水平上，把云看成是动物的那种情形一样。但可以肯定的是，我们对环境中呈现出来的事物所做的第一反应之一就是把动物性或生动性赋予站在我们面前的那个客体，而这与像动物这样的范畴没有什么关系：我所谈论的动物性的确是前范畴的。

我会在 3.4.2 中谈到我为什么会认为范畴、范畴性的前范畴性这样的词是不合适的。在任何情况下，诸如动物、矿物质和艺术品这样的概念（在很多组构语义学中被认为是语义学的基本形式，或许是先天的，不可以被进一步分析，有时在下义词和上义词的层级式的有限系统中得以构成）能够作为一个 MC 的元素而有意义。它们作为基本的、抵制分析以及被组织成层级的可能性和它们的有限数目有多少在我的著作（Eco，1984）中曾经讨论过。它们当然不是依赖于感知经验，所依赖的是对设定了一个由假论组成的协调性系统的内容连续体所做的分割和组织。我所谈论的指号基础不像这样，因为它们所依赖的是作为活的和有生机的或无生命的某物所进行的前范畴性的感知。

当我们在胳膊或手上感觉到外来客体的存在时，无论它多小（而有时感知假设和运动神经反应之间的间隙微乎其微），我们或者

① 布鲁纳（Bruner，1990：72）。但也可以参见皮亚杰（Piaget，1955：II，vi）。孩子在他们发展的各个阶段，起初会把生活的理念应用到会动的所有事物上，然后再逐渐地只应用到动物和植物身上，但是这种生活的理念先于所有的范畴学习。当孩子把太阳感知为活着的事物，他们是在激活仍然为前范畴的连续体的次分体。也可以参见马尔多纳多（1974：273）。

用另一只手挤压某物，或者食指与拇指一起把某物弹掉。我们常常在当我们认为那个东西是蚊子或其他什么令人讨厌的昆虫的时候进行挤压（甚至是在还没有来得及确定之前，因为我们自身的安全取决于我们反射的速度），而当我们以为它是蔬菜或矿物废料的时候就把它弹掉。如果决定我们要"杀死"它，是因为在这个外来的客体身上有动物性的特征被注意到了。这是一种初级识别行为（在任何情况下都是前科学性的），与感知有关，而与范畴性知识无关（如果是什么的话，这种行为会引导范畴性知识，为自身提供在更高的认知层次上的阐释基础）。

3.4.2 论范畴

认知心理学经常把我们的思维能力看作建立在范畴组织的可能性之上。这个观念在于，我们所经验的世界是由一定数量的客体和事件组成的，如果我们要给它们每一个都进行识别和命名，我们就会被环境的复杂性搞得晕头转向。于是，避免成为具体事物的囚徒的办法在于我们所具有的"范畴化"的能力，也就是把不同的事物等同起来，对客体和事件予以归类（Bruner et al, 1956）。

就它自身来讲，这个观念是无可辩驳的。但这并不是说古人把一切都想得很周全，如果我们用"概念化"这个词来代替"范畴化"的话，将会再次注意到的是我们还是在谈论语言（以及我们的认知工具使用它）如何引领我们类属性地说话和思维——换句话说，我们把个体进行分类归属。

将多种多样的代指符归类为一个单一的类型是语言（就像中世纪常说的那样受到*名称的缺席*的影响）运行的方式。但是在面对各种个体的时候说把这些客体当作"猫"是一回事，而把所有的猫看成是动物（或猫科动物）又是另一回事。这是两个不同的问题。知道猫是猫科动物似乎属于 MC 能力而不是 NC 能力，而对猫的半即刻性的感知对于我们则是一种前范畴性的现象。

事实是，在目前关于这个论题的文献中，"范畴"这个词的使用与亚里士多德和柏拉图的使用方式大不一样，尽管我们经常看到有些作者在探讨这个问题的时候会回过头去引指——不是具体地使用引语，而是用几乎是修辞性的手段让自己的假论合法化——经典性的遗产。

亚里士多德认为存在着十个范畴，实体和九个对实体进行谓述的谓项，即在某个时间、某个地方的某物，它具有某些质性，它害怕某物或做其他事情等。某个对象（一个人、一条狗、一棵树）是什么，对于亚里士多德来说不是问题。一个人感知一个实体并且明白它的本质是什么（换言之，亚里士多德认为我们一看见人的代指符，我们就把它归到"人"的类型之中）。根据亚里士多德的看法，使用范畴并没有比一只猫被感知到（如它是白色的、它从学园里跑过去）走得更远。从当代的认知心理学的观点来看，这一切都应该属于前范畴性的，或者很难说成会让被称作"基本范畴"的东西发挥作用，也很难说是让包括把某个给定的客体识别为具有主动或被动性质的定义的模糊活动发挥作用。

对于康德来讲，范畴比亚里士多德的范畴（统一性、多样性、实在、否定、实体和偶然性、因果关系等）抽象得多。我们在第二章第三节中已经看到让他说出它们与经验性的概念如狗、椅子、燕子或麻雀存在着什么关系是何等困难。

但是，让我们回到亚里士多德。在一个人看见一只猫跑着穿过学园的时候，感知到一只猫跑着穿过学园对他来说是一个自然而然的自发事实。当然，存在着给"猫"这个实体是什么进行定义这样一种事件。既然定义是通过属和差实现的，亚里士多德传统必须鉴别其中的谓项。谓项接近于你所能够到达的现代分类学所理解的范畴：它们是进行定义的工具（在亚里士多德传统中，猫是有生死的非理性的动物，我得承认这并非是全部，而在现代分类学看来，它属于 Felis catus 种，Felis 属，Fissipeda 亚目等，所有的归类都最终属于哺乳动物）。

这种分类——如果我们把亚里士多德的谓项当作是次范畴的话，我们可以讨论范畴化的问题——对识别某物很关键吗？一点都不。当然对于亚里士多德并非是关键的，他虽然没有很满意地给出骆驼的定义（Eco，1984：4.2.1.1），但却可以继续对它进行正确的识别和命名；对于认知心理学也并不关键，因为没有人否认一个人在不需要知道它是哺乳动物、鸟还是两栖动物的情况下，就能够感知和识别一只鸭嘴兽。

在某种意义上，就这个问题来看，亚里士多德要比康德或当代的认知学家更加困惑。认知学家如果需要的话，会通过假定在感知中存在前范畴性的东西而绕过这个问题。康德设法把狗和猫归入经验性概念的行列之中，而把它们的属和种的分类归入反思判断领域。但亚里士多德告诉我们，当我们面对的是一个个别实体时，我们会明白其实质是什么（人或猫），他会愿意承认一个奴隶有可能识别一只猫，即使他表达不出定义，而当他必须说出实质是什么的时候他只能用给出定义的方式说出来，也就是利用属和差。这就好像是亚里士多德去承认在某种意义上我们拥有 CT，但我们只能用一个 MC 来阐释它（因为分类知识属于 MC）。

除非他想说出我们究竟在说什么：去感知（借助范畴——并且是他的范畴）准确地说就是在今天所谓的前范畴性的领域运动，而把生命、动物性甚至理性附加其上是前范畴性的。至少是在阿奎那所试图去解释它的意义上。[①] 我们决然不会去感知诸如理性这类的差

---

① 就这个论点的一系列的托马斯主义文本（《论存在和本质》；《神学大全》I，29，2 ad 3；I，77，1 ad 7；I，79，8 co；《反异教大全》III，46），参见 Eco，1984：4.4 中的处理。

异，而是从可感知的偶然现象中去推断出这些差异；结果就是我们从外部的表象中推断出人是理性的这个结论，比如他说话或他用双脚走路。于是，正是对这些偶然现象的即刻感知成为了感知经验的一部分，而剩下的则是更为详细的获得性知识。

当代认知论所谓的范畴（在亚里士多德那里曾是谓项）更像是自然科学所谓的类属，它们从种到属（或从目到纲，或从纲到界）彼此交织在一起。认知论所谓的基本范畴当然就是 CT，而它所谓的上位范畴（如相对于锤子这样的基本范畴的工具）则是类属。类属属于文化细致化中的更为复杂的一个阶段，被储存在一些特别有天赋的言说者的 MC 中（他们依靠一个统一的命题系统或者一个给定的文化范式）。

还有，我需要指出这种遴分在约翰·斯图亚特·密尔那里已经非常清楚。他当时在研究各种自然分类法，这种研究在他那个时代曾经是激烈争论的主题：

> 存在着对事物的分类，这与赋予它们属名这个事实分不开。根据这个事实，每个包含着属性的名称都把所有的事物分成两大类，有属性和没有属性……要求作为心智的单独行为接受讨论的分类是全然不同的。其一，客体的分组安排和客体的分部部署只不过是名称另当别用时的附带性效果，亦即只不过是用于表达它们的其中一些性质。其二，安排和部署是主要的目的，命名是次于以及有目的地服从于而不是辖制那个更为重要的运作。

既然人们斗不过语言的惯性，我也让自己把这些分类项目称为范畴，但需要弄清楚的是它们并不能马上就告诉我们一个事物是什么。它们所要表明的是它是如何被层级性地安排在一个由基本的、上位的和下位的概念组成的系统之中的。[1]

　　另一个需要作出的说明是，如果范畴（根据这个词的现代的含义）是类属，那么它们就与那些由"特征语义学"所阐明或遴别的基本形式无涉——而这些基本形式又恰巧同很多范畴或类属有着同样的名称，都是些常用用小体大写字母印刷的名称，如 ANIMAL（动物）、HUMAN（人）、LIVING（有生命的）、ADULT（成年）等。这些基词的数量是否有限，以及它们是通过并联还是交叉发挥作用尚有待讨论。但它们不会像类属那样总是被组织进层级之中，尽管在有些作者那里它们会接受超义词或上义词之间形成的关系的组织（至于这个观点参见 Violi，1997：2.1 & 4.1）。实际上，这些语义基词被经常容纳进我所谓的指号基词中（有人把这些基词定义为前范畴性的）。

　　如果注意到某物是一个物体，它在天空中飞翔，它是一个动物并且拥有重量，这些都是指号基词的话，那么如果非要做个描述，类属就会作为这些前范畴性经验的更为细致的遴分而出现——至少是在我自己对其崇敬三分的"前范畴性"的意义上。

3.4.3　指号基词和言说

　　维日比茨卡（Wierzbicka，1996）曾经运用大量的对不同语言做出的识别来支持她的假论。她令人信服地主张某种基本的东西是所有的文化所共有的。在她看来，这些概念有"我"、"某人"、"某物"、"这个"、"其他"、"想要"、"感觉"、"说"、"做"、"发生"、"好的"、"坏的"、"小的"、"大的"、"何时"、"在……之前"、"在……之后"、"哪里"、"在……下面"、"不"、"一些"、"生存"、"远的"、"近的"、"如果"以及"那时"（我总结出的单子是不完整

---

[1] 关于更加接近有效语言用法的分类观点，可参见 Rastier，1994：161ff。

的）。这个观点的有趣的地方在于它旨在用这些基词解决所有其他的可能定义。

然而，在继续运用维日比茨卡所提出的建议之前。我希望说明的是我是以慎之又慎的态度认识这些基词的。说这些概念是始发性的不一定就意味着承认（i）它们从种系发育上讲就是源发性的和内在的：它们可能只是对于一个单个个体讲是基词，而其他个体始发于其他的不同的经验（比如，看对于生下来就是盲人的人来说就不是一种基本经验）；（ii）它们具有普遍性（即使我没有发现对此进行否定的显著理由；但是我们必须分清什么是对它们的普遍性的理论假设和基于经验地肯定与它们所准确对应的词语存在于所有已知的语言中）；（iii）鉴于它们属于基词，所以是不可阐释的。

第（iii）点是维日比茨卡观点的弱点。这一谬误源自这个事实：传统上认为在前几段落中提到的语义基词——那些前设的特征如HUMAN（人）或 ADULT（成年）应该构成的是意义原子而不可能再进一步被分解——是不可阐释的。但是维日比茨卡所谓的基词并非如此——即使她本人有时也会这样对待它们。它们不是意义前设词；它们是基始经验的元素。说一个小孩有对奶的基始经验（于是人们会假定她长大后将会知道奶究竟是什么）绝不意味着这个孩子在要求下不能阐释奶的内容（参见 3.7.2，其中一个孩子在被要求阐释水的内容时做了些什么）。那些用看和听这样的词表达的经验或许就是这类基始性的经验，但甚至一个小孩也能够（借助不同的器官）阐释这些经验。

维日比茨卡对此并没有承认，而对古德曼（Goodman，1951：57）所持的意见做出了强烈反应。根据古德曼的观点，"并不是因为一个词不能被定义才被选作基词的；而正是因为一词被选作一个系统中的基词才不可定义的……总的来说，被接受下来作为一个给定系统的基词的词语在其他系统中理所当然是可以被定义的。没有绝对意义上的基词。"威尔金斯早已向我们表明通过空间和非命题性的认知图式来阐释和定义高与低、朝向和在下面或者在里面是可能的(Eco，1993：2.8.3)。[①]

维日比茨卡为了阐明这一保留意见开始对所谓的词典性的定义和百科全书性的定义予以可接受的批评。拿老鼠为例（Eco，1996：340ff）。如果老鼠（mouse）这个词的定义也可以允许我们鉴别指称物，或不管如何可以让我们拥有一个老鼠的心象（就像蒙特祖马二世想象马是什么样子那样），很显然，严格的词典类型的定义如"哺乳动物、鼠科、啮齿目"（回到自然科学分类的类属上去）是不够的。这种不充分性甚至连《大英百科全书》所给出的定义也有，在其中定义的开始是动物学分类，接着具体说明了老鼠繁殖旺盛的地区，又详细讲述了老鼠的生育过程、社会生活、与人类和家居环境的关系，等等。那些从未见过老鼠的人根据这些异常宽泛和极具条理的数据是难以识别一只老鼠的。

维日比茨卡对这两种定义采取了反对的态度。她给出了自己的通俗的定义，其中只包括基词。这个定义占据了两页纸，由这种类型的条款组成：

> 人们称它们为老鼠——人们认为它们属于同一种类——因
> 为它们来自同一类的其他动物——人们认为它们住在人们生活
> 的地方或者这些地方的附近——因为它们想吃人们储存给自己

[①] 通过坚持由我这个代词所表达的概念是"基素"之一——这使我感到有理由承认某人自己的主体性从它与世界的其余部分相对立来看就是一个"基素"，但是人们理解它只是在个体发生的某个阶段才会这样——维日比茨卡（1996：37）认为就其为所有文化所共有的普遍物来讲，这个观点是无法得到阐释的。因此，面对我被阐释为"指称或在一般的指示中言语行为的主体的代词"这样的提议，她提出了一个作为反面证据的事实。在这一点上，我跟说话的人意见不一样这样一句话应该被转译为"正在说话的那个人跟正在说话的那个人意见不一样"。这个结果显然是荒谬的，但它要求有一位基本上是愚蠢的说话者。从实际上讲，这个句子应该被阐释为"这一言语行为的主体跟他所指称的言语行为的主体意见不一样"。

吃的东西——人们不想让它们住在那里……

一个人很容易把一只老鼠拿在手中——（大多数人不想拿它们）。它们呈灰色或棕色——人们不容易注意到它们——（这类动物中有一些是白色的）……

它们有腿——在它们移动的时候你看不到它们的腿在移动，并且好像它们的整个身子都接触到了地面……

它们的头看起来不像是与身体分开的样子——整个身子看起来好像一个长着长长的无毛细尾的东西——头的前端是尖的——它没有向两侧刺展的硬毛——头的两侧竖着两个圆耳朵——它们有小小的尖牙用来咬东西。

这个通俗的定义使人回想起康德的观念，即狗的图式必须包含想象狗的形状的示引。如果我们玩一种室内游戏，在其中一个人口头表达一幅画而另一个人必须想方设法把它重新画出来（这个游戏既可以测试前者的口头表达能力，也可以测试后者的视觉呈像能

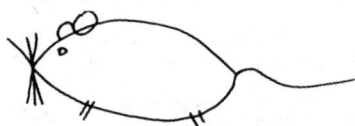
图 3.1

力）。这个游戏想必会成功，要是第二个人可以对维日比茨卡所建议的描述-刺激做出反应，从而画出如图 3.1 所示的图像。

但是难道图像只是言语定义的唯一的阐释性输出物吗？抑或是那个定义的基始性的建构性的元素？换句话说，这个形态图式会不会也是我们的关于老鼠的 NC 的一部分？一部好的百科全书也应该往对老鼠的令人满意的长长的科学定义中插入老鼠的一幅画或一张照片。维日比茨卡没有告诉我们她所参考的百科全书里面是否有一张图示，也没有告诉我们如果没有的话是不是一件坏事。这种疏忽

的发生不是偶然的：对此做出的解释会出现在后文，其中认为语言不能反映颜色的神经性表征，因为这一表征是私己性的，而语言"反映了概念化"。正是由于这个原因，在力图牢牢地把握先于范畴化的过程的指号基始元素的观念中，她到了识别出能够被（一般性）言词所表达的基词这一步就停止了，结果是"某物"的基本指号元素被有意地印刷为 something——也就是说，好像它成了紧紧地黏附在言语语言的用法之上的语义基词。①

---

① 对于所指和命题或言语表达的标记之间的困惑很是明显，甚至是在它阐释看不见的客体，或者真实或假定的心象，还有在阐释超级像似物，换言之也就是图片和绘画时。其中的例子可以参见尼尔森·古德曼的《艺术的语言》（1968）。这本书利用语言哲学家的经验来研究使图像语言存在合法化的问题，并且还试图建构符号学范畴，正如在关于"例示和样本"的章节中所发生的那样，或是像在关于亲笔艺术和异笔艺术之间的区别的章节里所发生的那样。然而，古德曼仍然抱着指示的命题（或言语）观不放。当他想知道一幅用灰色调表呈（当然也是指示）风光的画是否也指示灰色的属性，或者是由"灰色"这个谓述词所指示，或者是否一个红色的客体例示红色属性，或者是否它例示"红色"这个谓述词（在这个情形中关涉对于一位讲法语的人是否例示的是"rouge"的问题出现了），或者是否它例示了同一个谓述所做出的指示，古德曼试图只生成可以用语言学术语把握的视觉交流现象，但是对于（比方说）在一部电影放映过程中在某个刚才亲眼看见了一个血腥场面的人眼中一个红色物体所获得的指示功能没说什么。他对一张"人图"和"一个人的图像"做了细致的区别，给他自己设置相关于一幅表呈惠灵顿公爵和公爵夫人在一起的图画的指示性模态的很多问题。在他看来，这幅画同时既指示这夫妻俩又部分性地指示公爵；从整体上讲它是一幅"两人画"，部分上它又是一幅"男人画"，但它并不把公爵表呈为两个人，等等。一旦这幅画被理解为一系列言语的同等物，那么这些问题就能出现。但是，任何一位看到这幅肖像的人（如果不是处于用于历史资料目的，或识别的极端情形中的话）并不把他自己的经验用这样的话转述出来。不过，看一看卡拉布雷斯（Calabrese, 1981）是如何识别显然为视觉所指的变通性能指。正在起作用的范畴，超越了相似性的问题域，比如说就是一系列对立关系，其中关涉图的大小、手的位置、人物和空间背景之间的关系、眼神的方向，以及在透露出要被观者观看的知识的肖像和在其中人物看的是某物但不是看着其观者的肖像之间的关系，等等。一幅肖像不仅仅是告诉我在观看一幅"男人画"，也没有告诉我我所看见的是惠灵顿公爵（顺便说一下，我是从画框上的饰板得到的这个信息，而不是从画中得来的）：并且也告诉我那个人是否令人喜欢，是否健康、悲伤或者令人厌烦。用语言说出蒙娜丽莎的微笑"如谜一般"是对这幅画所传达给我的信息的一种不好的阐释。不管怎样，我可以（通过用电脑修正达·芬奇的那幅画）识别使得那个微笑谜一般的最小的特征，而如果我改变了这些特征，这个微笑就会变成冷笑或是毫无表达力的鬼脸。这些显著的视觉特征对于把这幅肖像阐释为是对一个人或一种物态的指称也很关键。

3.4.4　质性和阐释

如果存在着不可阐释的基词，我们就应该回到质性问题上（我想我在前一章中把这个问题搁置到一边去了），以及回到皮尔士。让我们用最刁钻和最具有挑衅性的形式提出这个问题：我们有关于质性的 CT 吗？如果对这个问题的回答是"不"，那么质性就是建构 CT 的"砖头"，但在这种情形下我们既不能说我们为什么谓述它们（这东西是红色的或在沸腾）。也不能说为什么我们常常会同意这样的谓述——尽管是以某种商榷为代价。皮尔士曾如是说：我对某个白色物体的第一感觉是纯粹的可能性，但是当我对白色的两种性质进行对比时，我就可以开始一系列的推断，因而还有一系列的阐释；感知判断使这一性质非单一化（CP 7.633）。这一对第三性的转变已经是向着普遍性的转变了。

在我对红色的感觉是否同我的对话者的感觉一样这个问题上会有无休无止的争论，但是除非是色盲，当我告诉某人给我拿支红色钢笔时经常是一种贴切指称的情形，而我不会收到一支黑色的笔。由于贴切指称被当作是对 CT 存在（于黑匣子中）的证明，那么质性也拥有 CT。

然而我还是限定自己说它们必然存在在那里，我不允许我自己说它们是如何建构起来的。但是一个对存在着 CT 的很好的证明是它能被阐释。我们能不能阐释质性？如果从我不仅能够根据相应的波长对红色进行定义，而且还可以从它是樱桃、加拿大皇家骑警队队员的夹克和很多国家国旗的颜色这个角度来阐释。另外，通过各种比较我可以阐释红色的各种质性。最后，有关范畴性感知的实验（Petitot, 1983）告诉我们存在着"突变点"，在突变点的这一边接受实验的主体感知到红色，而在突变点的另一边他们感知到的是另一种颜色——即使突变点会依据对刺激的接受而产生变化，它对于所有的接受实验的主体都是按稳定的方式发生变化。

感觉甜或苦是私己性的事件，而品酒师使用有说服力的隐喻去辨别酒的味道和黏稠度。如果他们不能在一个 CT 的基础上识别质性，那么他们就不能够把皮诺葡萄酒同托卡伊白葡萄酒区分开来，他们也就不能品鉴葡萄酒。[①]

对颜色的可阐释性的其中一个常用的反证是它们不能被没有视力的人阐释。我们所需要做的就是对阐释的意思是什么达成一致。按皮尔士的说法，一个阐释中介就是让我知道比一个客体的名称所表达的关于这个客体的更多的东西，但并不见得会让我知道其他阐释中介所告诉我的一切。很显然出生时就没有视力的人不可能有对红色的任何感知，他没有一个只有通过感知经验才能获得的指号基词。不管怎样，让我们假定（而这个实验并不比科学事实相差多远，Dennet，1991：11.4）在盲人的特制的眼镜里安装了一个摄像机，它能够识别颜色并且以神经冲动的形式传送到身体的某个部位：面对红绿灯，这位盲人在经过了识别不同冲动的训练之后会知道它发出的是红色还是绿色。我们还在他身上安装上一个假体，可以提供给他用来弥补缺失感觉的数据。我不断定他是否能在大脑中"看见"红

---

① 新兴的认知方法显然是复活了这个前或外语言空间，尽管它们有时不愿意把它看作指号空间。比方说，杰肯道夫的立场。这个假设就是思维是独立于语言的心智功能，以及脑力过程的输入不仅是通过听力实现的，还会通过其他渠道：视觉的、热感的、触觉的、内感受的方式。值得提到的是，对于这些渠道中的每一个，各种专门的符号学研究了在这些层面上发展起来的指号过程。但是感知符号学的问题不是一个图像或音乐序列是否能用"语法"术语来分析，这是一个属于专门符号学的问题；问题则在于这种认知类型也会研究通过这些渠道而到达的信息。杰肯道夫似乎承认了视觉信息的作用。比如，他强调在长期记忆中的一个单词表示成不仅需要语音结构、句法结构和概念结构之间的部分合成，而且还要包含部分的三维结构——也就是说，知道指示一个实在客体的单词的意义，则暗中意味着部分地知道这个客体的显现（1987，10.4）。这也同样发生在表达复杂场景或情形的命题身上。例如，在杰肯道夫（1987，10.4）的著作中给像"老鼠钻到桌子底下"这样的表达式解除歧义性，就需要对两种情形进行视觉还原。其中一个是某个东西去把自己置于桌子下面，而另一个是某物在桌子底下走过。但我认为他并没有继续讨论其他的感觉渠道，或许是出于难以用语言表述这类经验的原因。

色，但他的大脑会记录对红色的阐释。为了说明这种阐释的特征，并不需要让这种阐释显得多么完美；相反，每一种阐释都永远是局部性的。对盲人说红色是发光物质的颜色是一种模糊的阐释，但这并不比告诉某人说心脏病发作是一种当你胸部和左胳膊发生剧痛时的感觉更不令人满意。我们意识到胸部疼痛而说这或许就是心脏病发作，说这句话的理由跟先天就失明的人意识到强烈的热感时说这种物质或许就是红色的时候一样多。先天失明者只是把红色记录为一种"暗含的性质"，就跟我们把呈现出一种症状形式的某现象记录为一种暗含的性质是一样的。[①]

3.4.5 CT 和作为"图式"的图像

如果我们能在康德的图式观念中找到什么有趣的东西的话，这个东西不是在图式以极其抽象的面貌如"数字"、"程度"或"多样性的永恒"呈现给我们的时候，而正是当它允许像狗（和老鼠）那样的经验性概念形成的时候（而正是在这一点上第一大批判没有能够给出一个满意的答案）。我们发现在某种程度上讲需要把生成图形的示引引入感知过程。在图 3.1 中的老鼠的形象不一定就得看成是一只具体老鼠的形象（即使它是一张某个特定老鼠的照片也不一定

[①] 正如维奥利（Violi，1997，1.3.4）指出的那样，视觉特性要比嗅觉或触觉特性容易阐释这一事实是由我们的生理结构和我们的进化历史决定的：即使是中世纪的人也知道像视觉和听觉这样的知觉是最大认知。我们更擅于记住和阐释我们可以用即使是很差的图画来再生的感觉，我们也可以再生出我们听到的一个声音或旋律；我们不能再生出或（自愿地）生成一种气味或味道（除了一些像香水生产者或厨师这样的特别的情形；当然他们不是用自己的身体而是用各种物质进行生产的）。这种用身体生产的无能演化为阐释甚至是记忆的无能（或者打了折扣的能力）（我们记住一首旋律并且能把它再生出来，但是我们却在回忆紫罗兰的香气的时候有着同样的生动性，我们常常通过联想到花的图像或我们当时感知它的情形来激发出这种气味来）。触觉是一种独特的情形；我们自己的身体我们可以再生出很多触觉感受（很多但不是全部，比如对天鹅绒的触觉就不行）。这种触觉的混合特性解释了触觉有时可以被用作认知中介，如在布莱叶盲字体系中，更不用说在情色或冲突关系中激发情感或不快感觉的很多情形了。至于在动物身上利用其他感觉资源而发生的接收和生成之间的关系我不能妄论。

就这样看）。而实际上当我们在百科全书中看到这类图像时，我们并不认为他们就一定会提供给我们鉴别出跟所示图像"一模一样"的动物的示引。而实际看来，我们把它们当作是老鼠通称性的形象。

我们如何从"图像"（它命定为一个个体的代表物，即使它是一个三角形的图像，也只能是某个三角形而不是其他什么的图像）开始去运用它作为鉴别或识别一个类型的代指符的通称性图式？就是通过把它理解为一个构建类似图像的（2-D 或 3-D）图式性的建议，尽管在细节上有着显著的不同。只要通过把它理解为康德的图式就可以了——于是永远不会有狗的（图式性的）图像，而是用来建构狗的图像的示引系统。图 3.1 中的老鼠不是某个老鼠的图像，也不代表如此这样的老鼠。它像是一幅素描，告诉我们在我们可以定义为老鼠之物中哪些主要特征是应该去识别的，就像多利斯型石柱的图式性图像（在一本关于建筑柱型的小册子里）会引发我们去识别那些石柱为多利斯型石柱，而不是爱奥尼亚式的或科林斯式的，而并不在意它们的细节和大小。

用日常语言表述的话，我们被引领着去把图 3.1 定义为"图式性的"这个事实告诉我们，这个图像可以作为一个阐释中介而被给出，并且作为不同颜色、大小以及（如果我们能够区别开来的话）个体性的面部特征的老鼠的"典型"被保留在头脑中。应该注意的是即使百科全书包括的是一幅照片而不是一幅图式性的绘画，这也照样发生：我们从它开始，运行的方式可比作所谓的曝光过程，这个过程只不过是一种剥离或减损具体的特征以获得建构任何老鼠的图像的规则。作为与黑匣子的神秘有关的心理因素带来的结果，如果我们是通过唤起我们第一次所见到的那只老鼠的图像而对老鼠这个词做出反应的，也同样会这样发生。个体的心智呈像会为我们充当一个模具或模型（实际上就是图式），而我们就能够很容易地把对一只个体的老鼠的经验转化为识别或建构老鼠的总规则。

然而，我们不仅能够识别或鉴别自然的或人造的客体，而且还可以识别或鉴别像三角形这样的几何图形的代指符，甚至动作和情形的代指符（从行走到出去吃饭）。如果对于作为类型的三角形，人们可以想出原型或者建构及识别这种图形的规则（与发生在一只老鼠或一只玻璃杯的形态特征上面的一切并没有什么区别），甚至像房间或餐馆这样的概念也预设了一个基本的视觉结构，根据明斯基的框架，对像外出去餐馆、争论、责备这样的行为，或对阵战、开会、唱弥撒这样的情景所进行的识别和鉴别，都要求有真正的"剧本"（像在人工智能中所建议的那些，抑或案例和行为者，或者就像格雷玛斯为生气所设计的图式那样更为复杂的叙事顺序）。[①]

　　但这并不是全部。我认为 CT 还包含成对的对立项：不仅在妻子这个概念缺席的情况下很难阐释丈夫（随后我们还会通过功能性的通名讨论认知类型），而且某种程度上讲，我们关于狗的一部分认识来自这个事实：这种动物吠叫或嗥叫，而不是喵喵叫或呜呜叫（而这些特征足以让我们断定在夜晚的黑暗中是什么动物在抓门）。

　　在这些情形中我们无疑具备了不必或者不一定特别地把形态特征考虑在内的 CT。同样地，我们还具有把时间次序或逻辑关系考虑在内的 CT，它们可以用图表形式（在表达的层面上呈现出的是视觉图形的形式）来表达，仍然不考虑视觉经验。

　　在皮尔士的阐释中介理论中，如果存在着"强性"元素，那就是一个符号的阐释系列也可以具有"像似"形式。但是"像似的"并不就意味着"视觉的"。有时 CT 包括感知基词，甚至是质性。这些质性并不容易被阐释，但是必须接受说明：臭鼬的 CT 的一部分——即使对那些从未见过一只臭鼬的人来说——应该包含它所发

---

① 关于框架，参见 Minsky, 1985；关于剧本，参见 Schank and Abelson, 1977。关于行为和身体动作的 3 - D 表呈，可参见 Marr and Vaina, 1982。关于气愤，可参见 Greimas, 1983。

出的刺鼻的味道，而它的 NC 应该包含臭鼬可以通过它的气味来鉴别这样的示引（如果存在着康德的关于臭鼬的图式，就像康德给狗提出的图式那样，它的形式会像是一幅图解，其中高一点的节点包含着即刻往嗅觉那一格前进的示引）。

我们是否就敢肯定我们所拥有的蚊子的 CT 基本上只包括形态特征，却尤其不包括它在我们的皮肤上引起的瘙痒的效果？我们对蚊子的形态知之甚少（除非我们在显微镜下观察过或在百科全书中看见过），但是我们首先是通过我们的听觉把它感知为靠近时会发出嗡嗡声的会飞的动物。所以我们甚至在黑暗中也能识别一只蚊子——实际上我们是通过参照这些特征为某人提供了鉴别蚊子的示引。

我认为老鼠的 CT（和 NC）也包含精神（tymic）（参见 Greimas-Courtés，1979：396）元素。我们已经看到把老鼠（常常）感知为一种讨厌的小动物有多么基本。除了形态特征外，老鼠的 CT 还包括一个框架，一个系列的行为：那些从没有看见笼子之外的老鼠的人们除外，对老鼠的认识（以及识别老鼠的能力）建立在这样一个事实之上，即它常常在我们看来是一种模糊的形状，因为它从房间的一边快速地跑到另一边，从一个较高的藏身处蹿到另一个藏身处。

这导致人们相信由布鲁纳（Bruner，1986，1990）提出的看法：我们运用叙述性的图式来组织我们的经验。我认为我们对树的 CT（和 NC）也包含（叙述性的）发生次序，即它是从一粒种子长出来，经过各种阶段的生长，经历四季的变化，等等。一个小孩很快就会知道椅子不是种出来的而是造出来的，而花不是造出来的而是种出来的。我们对老虎的认知类型不仅包括它是有着条纹毛皮的黄色大猫，而且如果我们在丛林中遇到一只，它就会以特有的方式朝我们扑来（Eco，1990：4.3.3）。

当论及像昨天和明天这样的表达的时候，难道我们真的能说 NC 只是由命题来表达而不会被有着矢量箭头的某种图表来表达，用后者表达的结果（尽管不同的文化采取的方向不一样）会是在一种情形下我们构形出"向后指"的心智图像，而在另一种情形中则是"向前指"的心象？

我将自由地接受一种在比克顿（Bickerton，1981）那里找到的很精细的心智实验。让我们假定我同一个非常原始的部落交往了一年，它的语言我懂得非常有限（如物体和基本动作的名称，不定式动词以及没有代名词的名词等）。我陪伴奥格和乌格打猎：他们刚刚打伤了一头狗熊，后者流着血在它的洞穴里躲藏。乌格想跟着这头动物进去干掉它。但我想起几个月之前伊格打伤了一只狗熊之后大胆地跟着进了它的巢穴，在里面这头狗熊表现得依然很强壮，仍然能够吞食他。我想提醒乌格这件发生过的事情，但这样做我就必须说我回想起过去的一件事情，我既不知道如何表达动词时态，也不知道像我记起那件事这样的信念作用表达式。于是我只能说翁贝托看见熊。乌格和奥格显然会认为我看见了另一只狗熊。他们感到害怕。我又试图让他们放心：熊不在这里。但这两个人只会得出这样的结论，那就是我在不恰当的时候讲了最没有品味的笑话。我坚持说：熊杀了伊格。但他们回答说：不，伊格已死！简单地说，我应该停止，那么乌格就会丧命。于是我就指望非语言的阐释中介。说伊格和熊时，我用手指敲打我的头或我的心脏部位或我的腹部（所根据的是这些地方是记忆所在）。然后我在地面上画了两个图形，我把它们分别指作伊格和熊。在伊格的背后我画了月亮不同阶段的形状，希望他们能明白"很多月亮"之前这个意思，最后我又一次画了杀死伊格的那头熊。我这样做是因为我假定了我的对话者有着回忆的各种概念，最为关键的是有着为朝向不同于当下的时间点的"延伸性"活动而设立的 CT（或许不需要用命题阐释而是用图表来阐释）。

也就是说，我开始于这样一个原则，即如果我能够明白在其中我被告知昨天发生了某事或明天将要发生某事的句子，我就应该具备为这些时间性实体所设立的一个 CT。在我的实验中我试图视觉性（矢量性）地阐释我的 CT，而我的阐释对土著人来说也许是不可理解的。但是这一运作的困难并不排除其在某种程度上是可能的这一点。

我当然具有声音序列的认知类型，如果我们常可以把电话铃的音质和节奏同门铃、军队中的起床号和休息号以及我们非常熟悉的两首歌的旋律的音质和节奏区分开来。

如果我们承认指号基词存在的话，它们肯定是一些诸如行走、跳或跑这样的基本经验。在我们蹦跳的时候，我们意识到（或可能会意识到，如果我们注意到我们在做什么的话）我们用右脚两次，还是用左脚两次，还是总是用同一只脚。而实际情况是，这后两种动作在英语中有两个不同的词来表达，但在意大利语中则没有。奈达（Nida，1975：75）所列的下表区分了表示运动性活动的英语词语的内容。

	跑 （run）	走 （walk）	蹦 （hop）	跳 （skip）	跃 （jump）	舞 （dance）	爬 （crawl）
一个或另外一个肢体接触 vs. 无肢体间或接触	−	+	−	−	−	+ / −	+
接触次序	1，2，1，2	1，2，1，2	1，1，1，1	1，1，2，2	不相关	不定但具精神性	1，3，2，4
肢体数目	2	2	1	2	2	2	4

图 3.2

任何人只要是想把描述这些动作的文本翻译成意大利语就必须根据这个表来阐释这些词语。这个表——即使它用的是语言学术语——为运动类型提供了示引（人们最好是把这一类型翻译成电影连续影头，或是翻译成一系列使用被不恰当地称作"像似性"的符号的图表)。[①]

3.4.6 "可供属性"

CT 应该包括吉布森称为"可供属性"(普利艾托称之为相关性)的那些感知条件[②]:"椅子"这种类型的各种代指符之所以被识别出来,是因为我们所面对的是让一个坐下来成为可能的客体,而"瓶子"这种类型的代指符之所以被识别,是因为它们是一些允许我们盛装和倾倒液体物质的客体。我们会直觉性地把一个树桩识别为一个可能的椅子,而不是一根柱子(除非有人是高柱修士),原因在于我们的腿的长度以及我们发现坐在上面把腿放在地上很舒服。另一方面,为了给餐具中的刀、叉和勺,或家具中的椅子和橱柜进行范畴化,我们必须把形态上的相关性搁置一边而依靠更加一般性的功能,如摆弄食物和提供舒服的环境。

我们识别可供性的能力可以说是内涵含在了语言用法本身之中。维奥利(Violi,1991:73)想知道为什么在面对上面立着一个花瓶的桌子时,我们会被引导着把我们所看到的用语言表述为花瓶在桌子上而不是桌子在花瓶底下。她提出"语言表达式的选择似乎是由在空间中移动的主体和围绕着它的客体之间的意图性关系的复杂结构来制导的"。但这也就是说我们对这只普通的花瓶的 CT 还包含着所允许的动作序列,那么一只花瓶就是某种容易被移动的、立在某物上面的东西。另外,我们对桌子的 CT 不仅包括其形态特征,还包括它能用来把东西放置其上(而绝不会是用来插入某个东西下面)的

---

① 参见 Marr and Vaina,1982 中的那些 3 - D 模型。我们假设有一个人(例如,这些严肃学者中的一位;据说他们从小就像大学教授那样学习,也就是说他们从来不玩),在关于翻译的一场争论中向他解释逃课是怎么一回事。在这种情况下如果用直接证明的方式来解释这一现象的话欠体面。于是,相信他有理解和形成命题的能力,人们就可以把包含在奈达的表格中的说明给他翻译成词语,这样就让他自由地回到他的花园,使他第一次享受到相应的初级体验。
② Gibson,1966:285;Prieto,1975。也可参见约翰逊·莱尔德(Johnson-Laird,1983:120):一个人工制品被看作是某个范畴里的一员,与其说是形态上的原因还不如说它显得适合实现某种功能。也可以参见 Vaina,1983:19ff。

这种认识（依我看是核心的认识）。①

但是阿恩海姆（Arnheim，1969：139）却认为语言会阻碍我们对相关性的识别。他在引用布拉克的话时承认一个咖啡勺之所以会获得不同的感知的显著性，要看它是放在一个咖啡杯旁边，还是像鞋拔子那样插在鞋子和后跟之间。但常常是我们用来指示客体的名称会突出一种相关性而放弃其他的相关性。

如果下结论的话，我们仍然对我们的 CT 得以组织起来的纷繁多样的方式——以及它们如何在 NC 中表达自己——有着不准确的认识。我将遵循约翰逊·莱尔德（Johnson-Laird，1983：7）所提出的主张。根据这个观点，随着时间的转移，不同的表呈类型逐渐地会为自己提供不同信息类型的编码选项，一般情况下，我们会从真实的图像转到心智"模型"（像大卫·马尔的 3 - D 表呈）和真正的命题上来。② 我认为不要去谈论像在这些情形中所经常做的那样进行"双重编码"，而是应该谈论多重编码，谈论我们在不同的场合控制同样一种 CT 的能力，要么加强像似性成分，要么加强命题性成分，要么加强叙事性成分，所依据的是——在复杂情景的范围内——我们激活复杂的核心内容和信息的能力。③

---

① 关于认知类型和身体及原动反应之间的关系可参见维奥利（Violi，1997：5.2.4）："以沃尔夫的观点来看我们习惯上把语言看作连接思想和文化的铰链，而现在语言系统还具有了协调身体和思想之间关系的功能。"

② 只谈"头脑中的形象"会预设感知它们的传统上的人体模型，结果就会导致人体模型的朝向无限性的回归；就此观点，也可以参见埃德尔曼（Edelman，1992：79—80）。然而，人们可以这样说：3 - D 表呈不是语义表呈的一部分，而更像是用来接近这一表呈的（Caramazza et al.，1999）。就此可以参见 Job，1995。至于接下来的有关双重编码的问题可参见 Benelli，1995。

③ 在早晨我们常常可以非常清晰地回想起前一天晚上我们做了些什么、看见什么或说了些什么（不仅是从视觉意义上，而且还从听觉意义上，比方说）。但是，如果一个人是在狂饮滥喝了一个晚上之后醒来，这个人回忆所做或所说（并且这个人能够自言自语地说出来或说给别人听），他却不能"像似性地"重构所发生的事情。我们不妨就建了一个门槛，在这个门槛上，这个人像似性地回想起九点和午夜之间（在所摄取的酒精超量之前）发生的事情，却只保存了此后所发生的事情的部分记忆（于是这类场景被如此之多的喜剧所利用，在其中人物回想起前天晚上说了什么可怕的话或做了什么可怕的事，但却再也不能重构当时的场景了）。

所有这些都促使我们去重新审视，我想不厌其烦地讲，那些极其僵化的语义表呈（成分分析模型、格语法、语境和情景选择；参见《符号学理论》，2.10—2.12）。这些语义表呈在我们重新认识我们的认知类型被组织起来的复杂方式（当然不是线形的，而像是一个网络），以及我们是如何通过核心内容阐释它们的过程中受到了挑战。这些骨架式模型是自然形成的速记形式。它们从一个特定的角度来认识我们的 NC。这种认识要么根据我们要在一个固定的理论话语框架里想要强调什么，要么根据为了在一定的语境中消除词语的歧义性我们如何去表明我们所遵循的方式。我们利用这种模型在需要时阐释我们所需要的 NC 的数量。它们是对植根于感知经验的阐释的元语言学（或元符号学）的阐释。

3.5　经验性实例和文化性实例

到目前为止，我探讨了与诸如老鼠、猫和树这些"自然种类"相关的 CT。但我还说了，确实也存在着像走路、攀爬和蹦跳这样的动作的 CT。"自然种类"这种说法是不全面的：像椅子、船或房子这样的人造种类的 CT 显然也存在着。那么，假如我们可以这样说，我们考察了我们能够通过感知经验而认识的所有客体或事件的 CT，但我也没有能够鉴别出一个可以表示感知经验的各种客体的合适的词语，我就姑且选择了"经验性实例"这样的说法（所参照的是康德的经验性概念）：一个经验性实例会是这样一种事实，如我感知或识别一只猫、一张椅子、某人在睡觉或行走，甚至会是某个地方是一所教堂而不是火车站。

但是"文化性实例"又是另外一回事，在其中我可以举出一系列的经验，参照这些经验我们可以讨论这类事情是否会发生，如我以特定的方式所进行的命名是否命名得正确，以及我所识别的某物是否他人也会如是予以识别。不管怎样，这些"实例"的定义就像对它们进行识别的示引一样，取决于一个文化假设系统。在文化实例中，我会举功能性的类名（如堂亲、总统、大主教）；一系列的抽象概念（如平方根），它们当然也可以"存在"于某个柏拉图的第三世界之中，但肯定不是当下经验的对象；事件、行为、关系（如合同、诈骗、土地保有权或友谊）。这些实例的共同之处在于，如果它们被识别为文化性的，那么它们就需要有一个文化规则框架作为参照。

这种区分类似于奎因在同时是遵照句的偶然句和不是遵照句的偶然句之间所做出的区分。人们可以同意他这种区分。此外我们会看到，这是位单身汉并不是完全意义上的非遵照性的。

在单身汉这个问题上，莱考夫（Lakoff，1987）谈到了理想认知模型（Idealized Cognitive Models，ICM）：这个词很难说在什么时候应该应用它，但它有意义。莱考夫对围绕单身汉而展开的后期讨论进行了思考。这个讨论宣称具有一段很长的历史，其中充斥着高度敏感的论点和不乏俏皮的见解。[1] 据说，"未婚成年男性"这一定义是否真正地划定了单身汉的范围还是个问题，因为"未婚成年男性"包括天主教教士、同性恋者、太监，甚至人猿泰山（至少是在小说中他还没有遇到简的时候），结果就是我们不能把他们一概定为单身汉，除非我们的用意是为了幽默或隐喻性的。根据大量的常识给出了一个答案，即单身汉不仅可以定义为未婚成年男性，而且还可以定义为那些选择（在一个不限定的时间段内）不结婚的成年男性，即使他们从生理上或社会意义上讲能够结婚；因此同时适用于太监（被判终生无法结婚）、人猿泰山（在一定的时间限制之内不可能找到一个伴侣）、牧师（身份要求单身），以及同性恋者（因出于一种对另一种形式的结合的本能而未婚）。在同性恋者可以合法地与同一性别的人结婚的情形中，才有可能从结了婚的同性恋者当中区分出

---

[1] 参见 Fillmore，1982；Lakoff，1987；Wierzbicks，1996；Violi，1997；2.2.2.1 & 3.4.3.1。

不成双生活在一起的同性恋者单身汉。明显的是，即使这些具体的规定被制定了出来，我们为了能够谈论单身汉也需要密切结合具体情况进行其他讨论。例如，一位同性恋者为了在社会上方便起见，能够同一位异性结婚（如他是王位继承人），而并不会就因此放弃了自己的同性恋者的身份，又如一位牧师只有在还俗的前提下才能同一位异性结婚；于是——如果我们再认真一些的话——不妨说一位同性恋者单身汉比一位牧师更像是单身汉。但是，既然一名没有免去圣职的牧师被暂停了圣职身份就可以在里诺的一家登记处结婚，那么一位被暂停了圣职但并没有结婚的牧师更像是单身汉呢，还是一名没有与他的异性婚伴同居的同性恋者更像是单身汉呢？我们可以发现，这种讨论会无穷无尽地继续下去，而这就是为什么如今习俗发生了变化，单身汉这个词几乎没人再使用了（并且，它还具有自由自在这种特有的涵义，使人联想起相对的、也是已经被弃置不用的未婚女子，即"老处女"这个概念）。于是，单身汉现在就成了"单身者"这种语义模糊的词语群中的一员，其中包括未婚成年男女、同性恋者或异性恋者、离异者、寡妇、感情触礁的夫妻以及疯狂地爱着对方但一方必须在纽约工作而另一方在加利福尼亚找到了一份工作的夫妻。莱考夫的 ICM 概念在这层意义上仍然有效，即单身汉的理想定义尽管并不能总是会让我们说某人是不是单身汉，但它却能够让我们说他不是单身汉，如果他是一位有五个孩子的婚姻美满（与他们同居在一起）的父亲的话。①

---

① 这个关于单身汉的讨论很好地说明了形式语义学和认知语义学之间的差异。这场讨论使人想起了其中一个著名的问题：如果村子里的理发师给所有自己不刮胡子的人刮胡子，那么谁给理发师刮胡子呢？从认知角度上讲（我曾经拿这个问题问过两个小孩），答案很多并且还都有道理：这个理发师是个女的，这个理发师从来不刮胡子、胡子很长，这个理发师是一只训练过的大猩猩，这个理发师是机器人，这个理发师是没有胡子的年轻人，这个理发师不刮胡子而是用火燎胡子（所以他作为剧院魅影而为人所知），等等。但是在逻辑的层面上，如果这个问题有意义的话，我们就必须想象只有男人组成的世界，这些人确实刮胡子。

但是，这种类型的概念要求基于同文化密切相结合的习俗和行为的讨论，但这并不意味着我们就可以排除它们所允许的偶然句没有遵照性的基础。

拿杀和谋杀做一下区分。某人杀另一个人可以被直接感知到：在某种程度上讲，我们有一个杀的 CT，形式上是一个相当基本的套式；当某人击打一个活人而致其死亡的时候，我们识别到我们面对的是杀这个行为。我想杀这种经验在不同的文化中是相同的。但谋杀却是另一回事：这种杀的行为可以被定义为为了自卫而杀人，或者应受处罚的罪行，或者事先并没有恶意，也可以被定义为是一种祭祀仪式、被国际公约认可的战争行为，最后也会是谋杀，这些都完全取决于特定文化中的法律和习俗。

经验性实例和文化性实例之间的区别令人困惑的地方在于前者无疑是建立在感官证实的基础之上的，但这并不就能够说经验性的数据在后者中就没有价值。单单从一开始，一个行为除非被（直接或间接地）经验到是杀人的行为才能被识别为是谋杀。

因此，就算在经验性实例和文化性实例之间有着差别，并且我们注意到经验性实例存在着 CT，那么我们有没有文化性实例的 CT 呢？

人们可以说 CT 就是关涉感知经验的客体，仅此而已，那么这样就能够避免回答上述令人困惑的问题。对于其他概念来说，那些由语言词汇表达的概念没有 CT 而只有 NC，这跟说某些东西是在感知经验的基础上被我们认识的一样，而其他的我们只能通过定义来认识，这些定义都是在一种文化范围内约定好的。这把我们带回到了罗素对客体-词和词典词之间做出的区别（Russell，1940），我们只不过是把客体-词的概念扩大到包括类属和质性以及对其他种类的经验。

但是，既然 CT 被定义为"在头脑中的某物"，它可以允许我们识别某物并且就此对该物命名，即使它还没有用 NC 来公共性地接受阐释，那么我们能否说在我们读出堂亲或总统这样的词语时，我们的脑子里空无一物，甚至连同康德的图式最不相似的东西都没有？要注意的是，即使承认我们不是用图像来思考而只是通过处理抽象的符号来思考，这个问题也依然存在。在第二种情形中，这个问题应该被简单地重新组织成以下这个样子：有没有可能当我们声称某物为猫时我们会"在头脑里"处理某种东西，而当我们声称 X 是 Y 的堂亲的时候我们不会处理任何东西？

在我理解堂亲和总统的意义的时候，我在某种程度上唤起了一种亲属或组织图式，一种皮尔士图式。在我理解对应于意大利语的 nipote 时，它在亲属图式中有着两个不同的位置，在英语中分别被表达为外甥或孙子，这个时候会发生什么呢？确实，我也可以用言语表达这一差异（这会把我们带到 NC），于是有着作为表亲的孩子的 nipote 和作为孩子的孩子的 nipote。但是这个问题——这个问题我不想回答，因为我不愿意把鼻子伸进那个黑匣子里——在于是否这个用言语表达的 NC 就是我所知道的关于这一差异的一切，或者是否它就构成了通过图表所把握和理解的对一个差异的言语阐释。

像阿恩海姆那样认为思维具有显著的视觉特性的人在比勒所举的例子面前似乎败下阵来：在被要求对"娶自己的寡妇的妹妹合法不合法？"这个问题做出回答时，被问者断定他们理解到如果没有图像的帮助这个问题是无意义的（Arnheim，1969：6）。的确，尤其是对有着训练有素的脑筋的人来说对这个问题的回答可以通过命题的方式实现。但是，我再重复这个实验的时候，我也发现有人会想象一个寡妇在其丈夫的坟前哭泣，她的妹妹陪伴在一边（这个直观的证据表明在坟墓里的丈夫是不可能结婚的），从而会认识到这个问题的自相矛盾的特点。

这也同样能说明意大利语中的 presidente 这个词，甚至在我决定

170

（这个词在英语中的）明显的同义词是不是贴切的翻译的时候会更能说明问题。实际上，不仅美国的总统（宪法意义上的）跟意大利的总统不一样（他们的权力关系是由两种不同的组织系统图表达的），而且在商业界意大利语所谓的公司的总裁相当于英国英语中的董事会主席，而一家美国公司的总裁的职务很像是一家意大利公司的总经理。在这种情形下只要是参考一家公司的组织系统图，差别也是非常明显的。组织系统图自然可以用语言表述出来，即说总裁是一位对 X 而不是对 K（因为 K 对总裁发号施令）发号施令的男人或女人，但这跟说在上面或在下面这样的表达只能被言语（即用 NC）所表述并无二致，而同时我们清楚地知道我们是借助 CT 来对它们进行转述的。某人是一伙我们看见他们在滋事的流氓的头儿这个事实可以通过感知经验来推断。这难道就因此意味着对这个头儿来说有 CT，而对总裁来说就没有 CT 吗？

很多人不能用语词或其他符号阐释谋杀这个词的 NC。而人们看见有人敲击一位老妇人的头，然后把她的手提包夺走就跑掉了，那么他们就会意识到他们目睹了一起谋杀。因此，谋杀的 CT（一个框架或叙事序列）不存在吗？

这样说是令人困惑的：为了识别一个三角形或一个斜边，或者识别有两个旁观者而不是三个，这些事物都是基于感知经验（于是这些经验性实例都有一个 CT），而不是基于我们把 5677 这样一个数字作为奇数的 CT。鉴别一个奇数，即使是一个很大的数字，依赖的是一个规则，这个规则就是一个示引性的图式。既然存在着识别狗的示引系统，那么为什么就没有一个把 5677 识别为奇数的示引系统呢？

但是既然存在着一个把 5677 识别为奇数的示引系统，那么为什么就不应该存在识别一个协议是否是合同的示引系统呢？有没有一个合同的 CT 呢？

用来识别一个奇数的示引与我们为了识别一条狗而在内心构建的那些示引属于不同的类型，这不存在异议。但是在 2.5 一节关于图式主义的讨论中我们承认为了把图式认定为一个示引系统，不可避免地要让这些示引在本质上是形态性的。我们早已放弃了把 CT 理解为只是视觉图像的观念，我们断定它们也对应于用来识别一系列行为的计划表或流程图。

作为单身汉的特性似乎不是基于经验就可以识别的。那么足球裁判的特性呢？作为裁判当然不属于自然种类：一头骆驼永远是一头骆驼，但是一位裁判只有在他一生中的某个时刻或阶段是裁判。裁判的职能确实需要用言语阐释来表述。但是假如我们被突然运到一个足球场的看台，在那里正在举行一场足球比赛，即使其中没有人——包括球员——穿着允许感知识别的衬衫。过了一会儿我们就能够说，从每个人的行为判断，这二十三人中哪一位是裁判，就像我们能够看出谁从正在跑着的人身边跳开。

虽然把裁判和守门员区别开来需要很强的能力（但这并不比把鸭嘴兽同针鼹区分开来需要更强的能力），我们在内心所构建的是识别行动中的裁判的示引。有些示引是形态性的（裁判穿着某种类型的服装——以同样的理由我们能够识别出在宗教仪式中谁是主教），但这并非是必不可少的。在授圣职礼上的主教和在一场足球比赛上的裁判（即便穿的是便装）是通过他们的所作所为得以识别出来的，而不是通过他们的着装。而这种识别也是基于感知经验。

不管怎样，感知经验必须由一套文化性的示引来制导：那些不知道足球赛是什么的人只是看见一位先生没有像其他二十二位先生那样踢球，而是在他们中间跑来跑去做着一些令人费解的动作。而第一次看见鸭嘴兽的人也看到了不可理解的东西：就像一个对足球一无所知的人看见场地上有一伙人但不敢确定他们在做什么，或者至少不知道他们为什么这样做以及按照什么规则这样做，这个人看到的是一种有着相当独特特征的动物，不明白它是什么，或者它是在水里还是出了水来呼吸。他一点一点地开始识别出鸭嘴兽的其他代指符，尽管没有能够以理性的形式对它分类。我们或许可以说一个足球盲在感受了几场比赛的经验之后，判断出这是一种可能与游戏有关的活动，在其中游戏者要把球送进网中，而这第二十三位先生不时地做出干预，打断或调整他们的活动。如果我们从一开始就承认鸭嘴兽的发现者为现在仍然是被权宜性地命名的动物建立起一个CT，那么为什么这名足球盲就不能提出一个CT（只有上帝知道属于什么类别，可能是职能性的类别）来识别裁判的代指符呢？

那么，裁判似乎比堂兄或单身汉更容易从感知上识别，从经验上讲确实如此。但是，甚至在自然种类的情形中，我们有时基于形态来识别其中一些种类（如猫或鸭嘴兽），有时基于定义和列出来的它们的可能行为模式来识别其他种类，只需想一想我们从来没有感知经验的某些化学元素或某些矿物质。但人们不能说我们有猫的CT而没有镭的CT：就像马尔科尼（Marconi, 1997）所建议的那样，如果我们必须在镭、蝴蝶和苹果之间做出选择的话，与镭的定义相关的简单能力会允许我们感知性地识别镭的样品。只说我们把有着明显的非蝴蝶或非苹果性质的某物识别为镭是不够的：实际上，镭以矿物形式出现的简单信息使我们识别一物而不是他物。

我不认为在我们对猫的识别能力之间的差别会同我们对单身汉的识别能力有什么不同，所依据的是格雷马斯在隐喻义素（figurative semes，外感受性的，指称的是对世界的可感觉的性质）和抽象义素（abstract semes，内感受性的，用来对世界进行范畴化的内容维度）之间存在的差异。抽象义素属于"客体 vs. 过程"类型而非"单身汉 vs. 结婚的"类型。在格雷马斯看来，单身汉处于什么位置呢？他的抽象义素是极其普遍性的范畴，在抽象义素和隐喻义素之间我们仍然需要康德赋予图式的调节手段，需要处于范畴性工具的抽象性和各种直观的具体性之间的中间手段。

我也不认为马尔科尼在指称能力和推断能力之间所做的区分站得住脚，至少在这种情形中不是这样。理想意义上讲，知道什么是穿山甲的人有着相关于它的指称能力（他具有用来鉴别它的代指符的示引），而知道单身汉的人只具有推断能力（他知道单身汉是未婚成年男性）。但我们假定我们为一台计算机提供理解英语的必要示引：相关于穿山甲这个词的能力同相关于单身汉这个词的能力另无二致，在这两种情形中都可以进行"如果是穿山甲那么就是动物"和"如果是单身汉就是未婚的"这类的推断。我对穿山甲只能有推断能力而没有指称能力，就相当于如果在我写作的时候，穿山甲出现在我的桌子旁而我不知道它是什么那样。但是要反对的是在理想的情形中我可以获得识别一只穿山甲的所需的所有示引。我是不是也必须排除在理想的情形中我不能被提供识别单身汉的所有示引这种可能？让我们想象一下，假如我是一名侦探，我每天每小时都在监视一个人的行为。我发现在晚上他回到他一个人居住的公寓，在那里他与异性只有短暂的接触，每天都在换异性伴侣。他当然会是一位假的单身汉，跟妻子分居的丈夫或患有强迫症的通奸者。但是同样地，我难道不也会识别一个极其逼真的穿山甲模型或机器穿山甲，如果在受到威胁的时候蜷成一个球，或它的鳞甲和黏性极强的舌头可以被看到和触到？

对反论的反论：穿山甲是神旨（或天意）所造就，而单身汉则是社会规约或语言规约所造就。人们都同意，只要设想一个社会不认可婚姻制度，那么被我们识别为单身汉的人就不会再是单身汉，这样做就足够了。但是这里的问题不是在自然类、职能类和只有上帝知道的物种之间的区别，也不是在经验性和文化性实例（猫和土地保有权）之间存在的差异。问题是我们是否也能够谈论作为允许我们识别文化物类代指符的示引系统的CT。

3.5.1　天使长加百列的故事

下面这个故事是在《圣经》正典中的《福音书》的启发下产生的，但在某些方面存在些出入。我们姑且说它是受到伪《福音书》的启发，既然是伪的，我就自己来写。

上帝决定把道成肉身这件事做起来。他让圣母马利亚从出生就准备无沾成胎，而她是唯一一位适合实现这个目的的人。另外，让我们假设他（上帝）已经插手或准备插手这个奇迹。但他必须告诉马利亚这件事，并且告诉约瑟夫等待他去做的这项任务。于是他召唤天使长加百列，向他下达了命令。我们把命令总结为如下内容："你必须下到凡间，到拿撒勒去，找一名叫马利亚的女孩，她是安娜和约阿希姆的女儿，把这这那那的事情告诉她。然后，你找出一位品德高尚纯洁的男人，他名叫约瑟夫，属于大卫这一支的，然后你就告诉他他必须做什么。"

所有这一切都很简单，如果天使是人的话。但是天使不会说话，因为他们是通过无言的方式相互理解的，他们所知道的都是在真福直观中看到的。然而，在这种直观中他们并没有获得上帝所知道的一切，否则他们就是上帝了；他们所获得的只是上帝根据天使军中的职衔允许他们知道的。于是，上帝必须让加百列有能力履行他的使命而授给他某些能力：首先，感知和识别客体的能力，然后就是对希伯来人的了解，以及其他文化概念，没有这些，我们会看到，这项使命就不会有一个圆满的结局。

加百列就下到了拿撒勒。识别马利亚不困难。他在约阿希姆的房子周围询问，进入考究而富丽堂皇的柱廊里，确定无疑地看见了一位少女，就用一个名字叫她确保没有搞错（她的反应是恐慌地看着他）。关于天使传报这一段就是这些。

现在严重的问题出现了。如何去鉴别约瑟夫呢？这里鉴别的是男性中的一员，加百列完全能够从穿着和面部表情把男女分别开来。但是其他人怎么区分？在他成功地在马利亚身上使用了那个办法之后，他开始在村子大声地喊约瑟夫，但是没有用处，因为很多人听到他的喊声都跑了过来，于是他意识到在某些情形中名字是一对一的标示（他在上帝那里读了一点儿模态逻辑），但是它们在社会生活中却远非这样，约瑟夫们比一对一地称名所要求的多得多。

加百列自然知道约瑟夫必须是个有品德的男人，他也有可能接受过如何去识别一个有品德的人的一些类型方面的示引：通过他们的表情的安详、通过他们对贫穷病弱之人的慷慨施与之举，还有通过他们在庙宇中的虔诚的动作。但是在拿撒勒正直的成年男性不止一个。

从这些有品行的男人当中加百列必须选出一位单身汉，他接受了关于犹太语言和那个时期社会方面的指导，他知道他的候选人必须是成年男性、未婚，即使这个人如果希望的话也可以结婚。这样，加百列不会想找一位同性恋者、一名太监或是一位其所信奉的宗教要求单身的教士。

他所需要做的就是去拿撒勒的婚姻登记处。但是，凑巧的是，我们都知道，恺撒·奥古斯都是在九个月之后才宣布个人财产调查的，而当时并没有官方记录，即使有这些记录也是杂乱无章、难以说清。加百列为了确认他所看见的约瑟夫们是单身汉，只有从他们的举止中判断出他们的状况。那位一个人住在自家的木匠店后面的约瑟夫可能是一名单身汉（但他也可能是一名鳏夫）。

最后，加百列想起来约瑟夫是大卫家族的成员；他猜想庙堂里会有老的记录；他传唤这个家族的成员，通过与口供比对，他成功地识别出了他要找的那位约瑟夫。加百列的使命到此为止。加百列又回到了天上，因出色而真正地完成了一项使命受到了其他天使的热烈祝贺。加百列向他们做了解释，也因此一步步地描述他为了确认约瑟夫是单身汉所采取的步骤；于是他就提供给他的天使同伴单身汉这个词语的 NC，其中当然会包含这样的文化规约："成年男性，未婚，即使他可以结婚"，但是还包括形象、关于一些典型行为的描述，以及搜集数据的程序。[①]

但现在我们把这个故事进一步复杂化。天生就有反骨的路西法（即堕落之前的撒旦）听到神谕时就想阻止道成肉身。他不能反对无沾成胎的奇迹，但是他会滋事——就像他随后所做的那样，唆使希律王屠杀无辜者。于是，路西法试图让马利亚和约瑟夫的会面泡汤，采取的手段就是，即使在生育发生的情况下，也会在所有的巴勒斯坦人眼中是不合法的。因此他就命令贝尔芬格赶在加百列之前到达拿撒勒，用匕首除掉约瑟夫。

所幸的是，这位黑暗王子（即撒旦）教给我们他的伎俩，而不是如何隐藏它们。他忘记了贝尔芬格——这人已被派往未知地区的野蛮人中上千年——已经习惯了那些族类的习俗，在他们中间品行由战争般的凶蛮行为表达出来，用让脸呈现一副凶相的文身和伤疤来炫耀（或夸示）。于是我们的这位可怜的魔鬼设法识别出有品行的约瑟夫来，他犯了可以理解的一时疏忽就把眼睛盯上了未来一个叫作巴拉巴的人的父亲。他不知道什么是单身汉，原因是他来自一个多毛部落，在里面年幼的少年奉命必须跟贪色的老男人配对，目的是为了在失身之后紧接着就进入无约束的合法的多妻制度中。贝尔芬格识别出马利亚也有困难，因为他不知道到了适婚年龄而又圣洁的女孩是什么意思；在他来自的地方，女人还是小孩的时候就被送给另一个部落的男人，他们到了十二岁就生育。他也不知道单身汉

---

① 另一方面，暂且把神秘的虚构故事放置一边：在一次会议上一些天文学家在谈论消失了很久的恒星 N4。这颗恒星几百万年前在那里闪烁，并且只能用一种复杂的装置才可看到。天文学家们很懂得如何识别这颗星，他们把它同由非常复杂的信息构成的 MC 联系起来。不管怎样，在他们谈论它的时候，每个人都有着相对类似的 N4 的 CT，其中包括为了识别它而依循的程序，以及在聚焦地观察它的时候所收到的（不管是什么类型的）信号。

177

或适婚女孩独自生活，或跟父母生活在一起是什么意思，因为在他的丛莽中每个人都住在里面生活着所有家庭的茅屋里——独自生活的是被诸神弄疯了的人。由于贝尔芬格来自的社会建立在父系制度上，这个魔鬼长不知道属于大卫家族是什么意思。结果贝尔芬格没能识别出约瑟夫和马利亚，他的使命没有完成。

这项使命没有完成是因为贝尔芬格不知道加百列所知道的一些事情。但他也不是一无所知。跟加百列一样，贝尔芬格也能够区别男人和女人、白天和黑夜、拿撒勒这样的小村落和耶路撒冷这样的大聚居区。如果他路过约瑟夫的作坊，他会看到约瑟夫正在设计木材图样而不是往压榨机中倒橄榄；如果他遇见了马利亚，他肯定会自言自语对自己说这是一位年轻女子。简而言之，贝尔芬格和加百列共同拥有的是指称经验性实例的认知类型，而不是取决于公元前一世纪的巴勒斯坦文化系统的认知类型。

通过这个故事，很容易地总结出（i）有着我们由感知经验所知道和识别的经验性实例；（ii）会发生这种情况，对于从未直接感知过的客体我们通过阐释获得一个 NC，只有在这个基础上我们产生出一个 CT，尽管是一个尝试性的 CT；（iii）因此对于经验性实例我们从基于经验建立起来的 CT 得到 NC，而文化性实例则相反。

但是事情并不这么简单。我们已经发现，为了区别单腿跳（hop）和蹦跳（skip），我们必须考虑来自感知经验的数据，而且还需要我称之为的"舞蹈性的"信息，没有这种信息就不可能计算肢体接触地面的顺序（也不可能识别出一个舞蹈演员所进行的某个剧烈动作是一个完美的击脚跳芭蕾舞动作）。相对地，作为一名教授当然是一种文化性实例。但是任何一个走进（传统）教室的人都能马上辨认出谁是教师谁是学生，因为他们具有相互的空间位置——当被问及时比一般人更容易在鼹鼠和白鼬之间，甚至在青蛙和蟾蜍之间做出分辨。我们能够理解把对一只猫的识别同对一个平方根的识别区分开来的不同的认知运行方式，但在这两个极端实例之间存在着其认知状况极不稳定的各种"客体"。

我以结束语的形式推测，我们也必须承认文化性实例的 CT 的存在，于是在需要的时候我们会对它们予以考虑，而不会对它们质疑，甚至也不会对它们进行穷尽一切的分类。实际上，在这一章中我探讨了经验性实例的认知类型，我将直接对它们继续探讨下去。

当然这一结论并不能消除另一个问题：是否有着不依赖假定的"合作"系统的遵照性句子，或者是否男性和女性的差别只有在一个"被证实的断言"系统中才会在一定程度上讲是不可能的。我会在第四节讨论这个问题。

3.5.2　作为共同能力区域的 CT 和 NC

我当然拥有关于老鼠的一些概念。我能够在我乡下房子的地板上一闪而过的小动物身上识别出它是一只老鼠来。动物学家知道很多我不知道的关于老鼠的知识，或许他所知道的比《大英百科全书》所记录的还要多。但是，如果这位动物学家跟我一起待在乡村房子的起居室里，并且我让他注意我看到的东西，在正常状况下他应该会同意在那边的角落里有一只老鼠。

似乎是这样的，在给定我拥有关于老鼠的概念系统（即 MC_1，其中有可能包括建立在先前经验基础上的个人阐释，或是很多文学和艺术中的关于老鼠的概念，这些都不是动物学家所拥有的）的情况下，以及这位动物学家的概念系统或 MC_2 被给定的情况下，我们都同意我们共同拥有一个知识区域（图 3.3）。

这个知识区域正好与动物学家和我所分享的 CT 和 NC 相重合；它允许我们俩去识别一只老鼠，并且对老鼠做出一些常识性的观察，或许是把一只老鼠同一只沟鼠区别开来（尽管这是一个有争议的地方），以及用一些常见的行为模式做出反应。

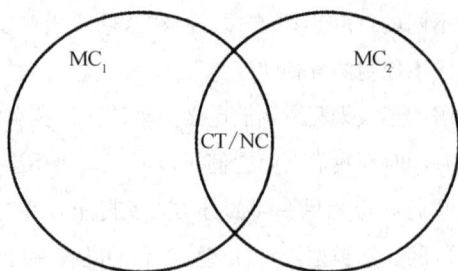

图 3. 3

动物学家不仅用有一只老鼠！这样的口头表达做出反应，而且还会用我可以预见到的动态阐释中介做出反应；他要是把他看见的画下来，那么他会提供与图 3.1 极其相似的东西，或者他总能够用一系列与由维日比茨卡所建议的那些描述并无二致的描述，向一个小孩口头解释老鼠是什么——所有这些都表明，在某些地方动物学家肯定有着跟我没有什么两样的概念。以下事实可以证明：我们俩要是想制作一个捕鼠器的话，其大小都会差不多，我们俩都会研究栏杆之间的距离，这样标准体型的老鼠就不会跑掉，我们都会用奶酪而不是沙拉或口香糖作诱饵。我们俩都不会做一个蚂蚱笼子或是一个像在《沉默的羔羊》中用来监禁莱克特的那么巨大的钢栏笼子。

在我和动物学家一致地识别出老鼠的那一刻，我们都把由刺激场提供给我们的代指符赋予同样的 CT，而这个 CT 动物学家也可以用 NC 来解释。难道这个 NC 必须跟一个表达式的习惯上称为"字面义"的东西等同起来吗？如果这个字面义是在词典中找到的那一个，就当然不能被等同起来，因为我们发现老鼠的 CT 还应该包括精神、"内涵义"、框架等。如果，在另一方面，字面义被理解为大多数人被引领着去把一般情形下的老鼠与之联系起来的话，也就是当不需要怀疑其中的隐喻用法或其中有着明显的感情色彩加重（如昵称小老鼠，或在我们说到计算机的鼠标）时，那么我们就可以予以肯定的回答。除非这个字面义也包含着常常被当作是"百科性"的信息，也有着对世界的经验。

　　这再次证明词典和百科全书之间的经典性对立或许对某些理论目的是有用的，但却绝不会对我们感知事物并为之命名有什么作用。

　　到现在为止我谈了我和动物学家"拥有"一个共同能力区域，我把这个区域等同为从中阐发出来的 CT 和 NC。既然我和动物学家有着一样的 CT，于是就对它是不是被给予我们的产生了怀疑。鉴于这个 CT 是产生于感知经验，这些经验既是我自己的（我已经看到并能够识别出老鼠），也是（当他们教我识别老鼠的时候）把这些经验传授给我的人们的。这一怀疑是有道理的。

　　但是，如果这一区域是被给予我们的，我们就自然而然地会问我们是否面对的是被弃置在这里或那里的一个实体，如过去的日子里的物种、本质或观念。如果情形果真如此，那么它对于每个人来说都是一样的（从根本上讲康德所面对的问题是如何建构一个图式过程，而这个过程至少是在第三大批判中成了对每个人来说都是费力猜测的事情）。其实，我们已经发现了这个区域是如何同主体的性情、经验和知识紧密结合在一起的，以至于我对它会不会包括小老鼠（mouse）不同于大鼠（rat）这样的观念表达了怀疑。这个共同能力在不断地磋商或订立之中（动物学家同意忽略某些他所了解的有关老鼠的东西，接受只是我所知道的那些，或者他让我注意我没有注意到的，从而加入了一些知识，丰富了我对老鼠的 CT）。它可以相互磋商，因为认知类型不是一个实体（尽管它所履行的经常是分配给概念的职能）：它是一个过程——就像康德的图式是一个过程那样。

3.6　从类型到代指符或者从代指符到类型

　　当我们把某物识别或鉴别为老鼠时，一个代指符就被赋予了一个类型。在这个过程中，我们从具体来到了一般。只有在这些条件下，我才能使用语言和谈论老鼠。人们已经看到，在现代认知心理学的语言中，这个过程被（从历史上看是以有争议的方式）指定为一种范畴化现象，而我为了交流方便起见也只好沿用这个用法。

不论如何，当我和动物学家一致认为我们看见了一只老鼠的时候，我们指的就是那只老鼠，也会用言语来指。为了理解那个具体的代指符，我必须把它同一般结合在一起，如今我又要把一般同具体结合在一起了。据奈瑟尔（Neisser，1976：65）所言，要从心理学角度讨论这种摇摆，一方面我对这个客体予以一般化处理，另一方面我对这个图式予以具体化处理。[1]

他这样说只不过是重新挑起先前的一场争论，我不知道这令人欣慰还是令人沮丧。托马斯·阿奎那会这样说，一个人在看见一只老鼠时由感觉提供的幻觉中抓住了一个实质，因此不是"那个老鼠"而是"如此这般的老鼠"（当然有必要就像他做的那样，识别出感觉马上提供给我们已经组织好的东西，好像视网膜上的映像提供给我们的是一个轮廓清晰的客体，自然而又自发地指称相对应的那只老鼠，而不需要阐释性的中介）。但阿奎那意识到这样做并没有解释我们为什么仍然能够继续谈论那只老鼠，我们看见的那只。于是他获得了幻觉的映像，提请注意的不是对那一只老鼠本身的映像，而是对其图像的映像。从各方面考虑这是一个不令人满意的解决方式，尤其对于实在论者来说。邓斯·司各脱消除这个问题（把握那一只老鼠）的努力（先是存在的个体性——但在那种情形中我们必须决定如何形成一般性的概念）似乎并不具有相当程度的说服力，

---

① 奈瑟尔（Neisser，1987：9）谈到认知图式，但是说得很清楚，这些图式既不是范畴也不是模型；实际上，它们似乎是建立在先前经验基础上的期待系统，这些经验为感知判断的建构制定方向。不过，他确实承认，"我说不出它们是什么：我们直到能够描述感知者所获得的信息的时候，才能说出感知的结构前提有什么特点。基本上没有什么理由相信那些'前提结构'与范畴所依赖的认知模型有什么太多的共同之处；但却有着充分的理由相信它们非常奇妙地与实在世界的生态性相关属性合拍"。

奥卡姆提出的办法也不行（先是单个的个体，接着就是作为纯粹符号的概念——这是言说 CT 是从个体抽绎而来的方式，而并没有在遇到用同样的概念指意的其他个体时解释一般-具体的辩证关系）。

基本上这些就是解决黑匣子问题的所有方法。为了从中跳出来我们必须只集中在一个事实上：某事发生了。在谈论老鼠的时候我们对它进行一般化处理，但是在把代指符鉴定为一个类型的代指符之后，我们又再次停留在了代指符上：否则我们就不能说，比如那只老鼠掉了一截尾巴，而如此这样的老鼠和老鼠的 CT 都没有被截断一截的尾巴。

这又把我们带回到了康德的图式问题：如果一般性太一般的话，我们不妨把它拿来与经验的多样性（在深处就是作为鼠自体的那个老鼠）作比较，但很难从一般回到个体的多样性。作为想象老鼠的一个过程，图式起着中介作用，于是就有着一定的对应关系，不是那种一对一的对应，而至少是类型特征和在代指符中可找到的多对很多的那种。这就意味着是说，类型和代指符之间的关系不是存在于地图的概念和地图之间的那种关系，而是存在于一幅具体的地图和它旨在代表的地域之间的那种关系。皮尔士会说在第三级那一刻一切都是被一般化了，但是没有不充满着出现在第一级和第二级中的此时此地的第三级。

纵观整个哲学史，个体据称是由众多因素决定的，取决于所有方面，因此其特征也是无限的。拿我正在看到的老鼠来说，我能够断言毛发的数量，其相对于麦加的位置或者它昨天吃的食物。如果我们总是只知道个体，那么每个一般性命题都会来自所有个体方方面面的实用知识。为了说老鼠是动物，我不只是说对于每个 x，如果 x 是一只老鼠，那么 x 是动物；并且，我真正地列举出了所有的 x，而发现它们都无一例外地呈现出由*动物*这个词所指示的特性。或者我要说有些 x，我所知道的 x，它们有着作为动物的特性（悬置了我对我没有经验的 x 的判断）。但是如果有着 CT 和与之相应的 NC

（更不用说 MC）的功能，那么这个功能就是它也必须代表我尚未遇见的诸多 x。

让我们再次拒绝对涉及在黑匣子中所发生的事情的猜测。常识保证我们和动物学家识别了一只老鼠，但我们知道我们面对的是那一只老鼠，如果我们偶尔逮住了它并用笔在它的背上做了一个标志，下一次我们就会识别出我们面对的是同一只老鼠——而且这就是我们通常借助比笔迹更为复杂的特征识别每天所遇到的个体的方式（而当我们不能这样做的时候，医生就要开始谈论早老性痴呆症）。我们之所以能识别个体是因为我们把它同类型联系起来，但我们之所以能够形成类型是因为我们有对个体的经验。我们能够进行幻象性的映像，而这正是思考的食粮，即使就我个人来说我没有解释它的工具，并且把索尔·克里普克（Kripke, 1971）所做的关于同一性和必然性的会议讲话的结束语作为我的座右铭："下面的话题会是我对心身问题的解决方式，但我却没有这种解决方式"（1971：164）。

但我们有可说的东西，这不仅是因为我们在把他识别为一个人（类型）的时候有着对这个人（代指符）的某些经验，而且我们赋予了某些个体以专名而把他们识别为那些确定了的个体而不是一般性的东西。所以，如果可以假定我们要感谢 CT 的话，我们就必须承认有着一般人的 CT（它甚至会具有三维模型的最具图式性的形式），而我们的父亲、妻子、丈夫、孩子、朋友和邻居都有着不同的 CT。我会在 3.7.6 中探讨这个问题，但是为了触及那一点，我们必须冒一下险，进入横亘在一般和个体之间的那片沼泽地带。

3.7　CT 集群

3.7.1　类型 vs. 基本范畴

当然，识别像老鼠这样的自然种类的代指符而参照 CT 是一回事，识别单个的人而参照 CT 是另一回事。奈瑟尔承认我们的图式可以在不同层次的一般性上运行，这样我们就随时可以识别"某物"、"一只老鼠"、"我的内弟乔治"，甚至是乔治脸上的轻蔑的讥笑（而不是微笑）。就个体类型（这个自相矛盾的表达迫使我们做进一步的探讨）的可能性存在，我会在 3.7.6 中有更多的话要说，但目前来说，我们需要谈论通类和具类之间的区别。换句话说，我们就是谈论我们有时想把家猫同暹罗猫区别开来，有时想把猫同狗区别开来，或者有时只是把四足动物同两足动物区别开来诸如此类的事情。显然，这就涉及在不同层次的一般性上设定 CT，但是问题马上就来了：我们是否针对不同的 CT 而考虑一种"树"，还是我们把它们看成是没有层级秩序的一个集群。[①]

业已存在并且仍然在被我们广泛讨论的事实是，我们对于不同的自然和人造种类有着不同的区分能力。就我自己来说，我能够把母鸡同火鸡区分开来，把一只燕子同一只鹰区别开来，把麻雀同金丝雀区别开来（甚至把仓枭同小枭区别开来），所以我有着它们的 CT；然而，我却不能够区分鸫鹟、红尾鸲、花鸡、红腹灰雀、黑顶莺、云雀、黄雀、大山雀、刺嘴莺、椋鸟、松鸦、鹞或鹤兔。我把它们识别为鸟，仅此而已。当然，猎人或研究野鸟的人的能力就跟我不一样，但这并不是问题。问题在于，如果燕子的 CT 是 CT 的话，那么一般意义上的鸟的 CT 是什么？即使我们接受我们通过范畴组织来认识这种看法，这种组织会根据各种经验区域、人群组合和个体的不同而不同。

如果我们的知识确实是根据由类和次类组成的同质系统结构而成的，我们就会按照图 3.4 中的表格对下面的客体予以命名和识别。

---

① 在接下来的论述中，我研究了 Rosch，1978；Rosch and Mervis，1975；Rosch et al.，1976；Neisser，1987；Reed，1988，以及 Violi，1997。

上位范畴	基本范畴	次 位 范 畴
家具	椅子 桌子	厨房椅子，起居室椅子 厨房桌子　起居室桌子
树	枫树 桦树	银槭，加拿大枫树 欧洲桦，黑桦
水果	苹果 葡萄	甜食用苹果，金黄可口苹果 麝香葡萄，黑皮诺葡萄

图 3.4

当我们假定这种图式时，我们也一样做了这样的假定：基本范畴是最先习得的，因此它们不仅在语言交流中起着关键作用，而且也制约着鉴别或识别的过程。当主体被要求列举出一系列的刺激词语（如动物、家具、椅子、狗、水果、苹果和梨）的特点、性质或特性的时候，可以发现（i）对于上位范畴，特征数目很少；（ii）对于基本范畴，特征数目猛增；（iii）对于次位范畴，就特征来说与基本范畴的数量差别很小。例如，只有两个特征被赋予个体来定义衣服（它是穿在身上和可以使我们保暖的东西），一些特征被赋予个体以成裤子（裤腿、口袋、扣子、是由布做成的、你用一定形式把它们穿上，等等），而对于像牛仔裤这样的次位范畴主体常常只加入特征即颜色（它们通常是蓝色的）。根据这些区别性特征的数量，显然把裤子同夹克衫区分开来要比区分两条不同的裤子容易。[①]

这方面的所有实验表明我们日常知识并不对应于这一分类。不同的主体情形会不同，但他们中很多人可以把母鸡同火鸡区分开来，而在鹨和红尾鸲的情形中他们只能识别出是鸟而已。

---

① 有人想必会反对说，因为主体必须做出言语反应这一事实，这些文本就被取消了有效性：我敢打赌任何人从感知上和从情感上都能马上把晚礼裤同粉红色超短裤区别开来，就像能够马上把裤子同夹克衫区别开来一样。但我确实是选择了一个刁钻的例子，因为很明显，比较把王后苹果同金帅苹果区别开来，我们更容易把香蕉同苹果区别开来。

罗施（Rosch，1978：169）谈到了一个没有预料到的结果：虽然树和家具被设定为上位范畴，可以看到，主体把椅子和桌子区分开来要比把橡树和枫树区分开来容易一些，而后两者都在属类上识别为树。我对这个结果一点儿也不感到惊讶，脑子里记得普特南曾经告诉我们他不能区别榆树和山毛榉（我必须也加入这一行列），而我可以想象他会很容易地区分椅子和桌子，或者区分香蕉和苹果。这里有两个问题。

我们倾向于参照感知情景对 CT 进行阐发。在这些情景中，就我们的身体的一时之需来看，形态和相关性要比我们称之为美学和社会的功能起更大的作用（我请读者参见 3.4.7 中的关于可供属性那一段）。为了确认书架和椅子都属于家具的上位范畴，我们需要一个关于什么是居住地的详细的概念、我们期望在标准的居住地中会有什么以及到哪里去买这些物品用以装备标准的居住环境。家具这个范畴于是就需要一种抽象能力。我认为一条狗会识别一把椅子或一件长沙发，用来作为它蜷缩其上打盹的东西，而它把书架或者（关闭的）橱柜只当作障碍，跟他把房间的墙壁看作障碍没什么两样。[1]

另一方面，某物作为树的特性是那些指号基素的一部分，我们直觉性地在周围的环境中把它分辨出来，其结果就是我们在树和动物，以及其他客体之间做出区分（我不认为一条狗在把树用作便池的时候行为会有什么两样——除非他对一些特定的气味刺激源会产生反感）。我们首先阐明的是树的 CT（而山毛榉和椴树之间的区别属于更为细致的知识类型）。因为，树在我们看来都是装备环境的东西，只要是我们需要，它们都发挥着同样的功能（它们提供荫凉、

---

[1] "既然一种语言的语义学难以从自然世界的语义学分离出来，我们用以理解语言的图式跟我们用以理解世界的图式并无二致。如果对世界的经验不会被减缩为实施过的有限的数量，对于语言意义来讲这同样也适用。"（Violi，1997：11.1）

标识界线、以树林或森林的形式簇集在一起)①，除非我们是原始森林的居民，靠识别不同树种的能力为生。

但我们可以很容易把香蕉和苹果区分开来，因为这一区别对我们的需要和饮食偏好很关键，因为我们必须经常在它们中间做出选择，或是因为它们所具有的消化条件不同。于是，我们具有关于香蕉和苹果的不同的 CT 以及关于树的一个通称性的 CT 就很自然了。②

这些统计性的规则也有着很鲜明的例外，这取决于个人经验。就像我不能区别榆树和山毛榉一样，我却能很容易地识别出榕树和红树。有三个原因可以对此做出解释：第一个原因是我们所谈论的树激发了我这样一位喜欢读冒险故事的人儿童般的想象（尤其是喜欢读萨尔加利的书，至少就榕树来讲）；第二个原因取决于第一个原因，即在我旅行的过程中，当我听到有人说起什么是榕树，以及沿着岛的海岸或沿着沼泽密布的水道一簇簇的植物是红树的时候，我就急忙向它们看去，于是就把它们的形态特征记在了脑子里；第三

---

① 维奥利（Violi，1997：5.2.2）写道："我们来看看人造的客体：一把椅子、一张床或一件衬衫都属于其功能被定义为意向性行为的客体。在这个功能的基础上，一个确定的原动程式以及那种类型的所有客体共有的程式将得以发展。所有的椅子都是我可以依照相同的行动序列坐在上面的客体，所有的玻璃杯都是我以同样的方式用以喝东西的客体，诸如此类不一而足。当我从这个层面移向上义范畴，如家具范畴时，我就不能再识别出一个单一的原动程序，原因在于家具不能促成单一的共同互动，而是可以产生各种不同类型的动作。"这种对既决定意义也决定范畴化的身体性的坚持，使我们又回到了可供属性这个主题上来，并且还构成了相对于传统语义学的当代认知论中的转折点之一。

② 斯蒂芬·里德（Reed，1988：197）在细致地分析了衣服这个范畴之后，想知道为什么蝶形领结要比衬衫更难被识别为衣服。这取决于这一事实：衣服被定义为穿上可以保暖的东西，在这种情形中领结甚至连衣服都不是。不过，如果我们建议测定者测定的不是衣服这个范畴，而是衣物的类别范畴，就会获得不同的结果。但我担心在这种情形中，这一范畴是商业性的而不是功能性的，所以蝶形领结会毫无疑问地同衬衫和腰带放在一起，因为它们都是在同一家商店买的，或是把它们同裤子和手帕一起放在衣橱里或卧室里，而不是放在书架上或是厨房里。在范畴能力的某个层面上，自行车和汽车可以一起放在运输工具中，但是如果这个范畴是适合作生日礼物的，自行车就会跟手表或围巾在一起，而汽车则会被排除在这一组之外。

个原因是榕树和红树都有着不一般的特征，前者是因为树干的枝杈带着星状的"叶片"向根部伸展，而后者是因为它们（绝非偶然地）在英语口语中被称作行走树，也就是说从远处看它们就像是行走在水面上的昆虫。

当然，仍然是由于发生在我个人身上的偶然事件，我确定地识别出了鸭嘴兽。我可以鉴别出鼷蜥，但我对蚰蛇的概念却很模糊。这并不意味着让我去把蚰蛇和獾区分开来的话我不能把它鉴别出来，因为我知道它是一条蛇，但我对蛇的概念是"原始的"，与关于爬行动物的科学概念没有关系。

3.7.2 蒂尼·蒂姆的故事

我们很清楚，小孩只有到了一定的年龄才会获得分类能力，但这并不会妨碍他们非常清楚地识别很多客体。下面是一段按录音抄录下来的文字。一九六八年在一次小孩聚会时录的这段录音没有任何科学目的，只是让他们拿录音机玩，讲故事或做即兴对话。根据我的记忆，在这里被记录下来的说话者名叫蒂尼·蒂姆，年龄在四到五岁之间。

我：听着，蒂姆，我是一位总是住在荒岛上的先生。在岛上没有鸟，只有狗、牛和鱼，但就是没有鸟。最后我要到这里来，我就要求你向我解释什么是鸟，这样如果碰巧我遇见一只我就可以认出来……

蒂姆：好吧，它有少少的肉，胸部的肉很少，它有着小小的脚、小小的脑袋和小小的胸部，它的翅膀也小，胸部上面有一点羽毛……它用这些羽毛飞翔还有……

看得出，这个小孩有着自己对鸟的概念，他大概所想到的只是他在自家阳台上看见的鸟，一些麻雀，这会预示着在接下去的讨论中的关于原型的一些看法；说出鸟是两足飞行动物不会进入他的头脑中。

我：好吧。现在，听好了。我是一位一直住在山顶上的先生。在那里，我渴了就吃水果，但我从没有见过水。那么你能不能给我解释一下水像什么？

蒂姆：它像什么？

我：是的。

蒂姆：我不知道水像什么，因为没有人向我解释过它……

我：你从来没见过它吗？

蒂姆：见过，当你把手放在水下……

我：但我不知道水是什么样子，我怎么能把手放在它下面呢？

蒂姆：但会弄湿，在水下面……你先是把手放在水下面，然后你拿一块肥皂，接着你抹上去，然后你用水把肥皂冲掉……

我：你告诉我的是我能拿水用来干什么，但你没有告诉我水是什么。或许是在炉子里燃烧着的红红的东西？

蒂姆：不不不！水是……

我：我看见水时看见的是什么？我怎么知道它是水？

蒂姆：你把手放在水的下面手会湿的！

我：它会弄湿你是什么意思？如果我不知道水是什么，我也就不知道弄湿是什么意思……

蒂姆：它是透明的……

我：它是窗户上的东西，可以让你看见另一面有什么？

蒂姆：不不不！

我：你说它是透明的……

蒂姆：不，不是玻璃，玻璃不会弄湿你！

我：但弄湿是什么意思呢？

蒂姆：弄湿是呃……呃……

另一位成年人插话进来：那位先生既然总是在山上吃水果就应该知道湿是什么意思……

蒂姆：它就是潮！！

我：很好。它是不是像水果那样潮？

蒂姆：有一点。

我：有一点。它的形状也像水果，我的意思是说是不是圆的？……

蒂姆：不不不，水的形状像…它哪里都可以去，圆的地方，方的地方，到处都可以……

我：它想是什么形状就是什么形状？

蒂姆：差不多吧……

我：那么你到处都可以看到方的水、圆的水……

蒂姆：不，不是到处，只有在河水中、溪流中、在洗衣盆中、在澡盆中……

我：那么它是一种透明的东西，潮湿，进入哪里就会像哪里的形状？

蒂姆：是的。

我：那么它不像面包那样是硬的东西……

蒂姆：不是的！

我：那么如果它不是硬的，会是什么呢？

蒂姆：我不知道。

我：不是硬的东西是什么呢？

蒂姆：是水。

我：难道它是液体？

蒂姆：你看，水是你不能喝的透明的液体，因为一般情况下的这种东西里面有小苍蝇、你看不见的微生物……

我：好小伙，一种透明的液体。

可以看出，蒂姆知道液体是什么，经过很多提示之后他甚至获得了一个令词典语义学家高兴的定义（"透明的液体"）。显然，他不可能靠自己到达这一步，他给的第一个定义是一种功能性的定义（水是干什么用的：他没有涉及这个客体的"词典"或形态特征，而更多所涉及的是它的可供属性）。然而，我们应该回想起这个问题。它所关涉的是一个住在山顶上不知道水是什么但又要解渴的人。蒂姆知道这个人喝果汁，所以液体的概念对他来说是模糊的。他试图用跟其他液体作比较的方式来鉴别出水的特点。问题的形成导致得出的答案在我们看来是游离的或不充分的，在这一点上这个例子很典型。

我：现在听着，我从来也没有见过收音机。我如何识别一台呢？

蒂姆：（嘟嘟囔囔地犹豫着）

我：你先前怎么对付水的就怎么做，当时你不是最后告诉了我最重要的东西吗？也就是透明的液体。

蒂姆：有电池或插入电线的？

我：我不知道收音机是什么，所以我不知道哪个更好？

蒂姆：噢，它有电，什么都会说……在……电池是（听不清的单词）……说所有发生过的事情……

我：这就是收音机？

蒂姆：你接上电就像这里一样（指着录音机），那么它就会响起来。

我：但收音机是什么——它难道是我在里面放进电就会朝前走的动物？

蒂姆：不是，它是电匣子……

我：电匣子？

蒂姆：不，它里面有电和电池，有电线……说发生过的一切。

我：那么就像那里的那个盒子喽，如果我放上唱片就会说发生过的一切？

蒂姆：不不不，它没有唱片。

我：噢，它是有电、电线、电池而没有唱片的盒子，讲所发生过的一切。

蒂姆：是的。

　　连成年人也会觉得给收音机下一个定义比较困难，并且很显然，蒂姆可以很清楚地识别出收音机来，除此之外，还要注意的是他并不想把它作为人造之物或人造品来同水和鸟区分开来，甚至当我向他提出同动物的对立时他也没有想到。

我：现在，听我说。我是一位曾老是住在……

蒂姆：不要再住在一个荒岛上了！！

我：不了，这次是在一家医院里，在那里人们生着病，每个人要么缺胳膊要么断腿。我从来没见过脚。什么是脚？

蒂姆：哈哈……这不就是吗。

我：不，你不能指给我看，你得向我解释它是什么，这样当我见到一只时，我就可以说，噢，那就是一只脚。

蒂姆：它是肉长成的，它有脚趾。你知不知道什么是脚趾？

我：它是肉长成的有脚趾的东西……是这个吗？（我给他一只手看。）①

_____

① 在意大利语中，手指和脚趾都是由同一个单词"ditto"表达的。

蒂姆：不不不。因为脚在这个地方弯曲，而手在这个地方弯曲。

我：那么它是一只病手喽，像这样（我模仿一只萎缩的手）……

蒂姆：不不不！它有拐角，前面有着直直的脚趾，就像这样。

我：那么我们住的街道就是一只脚喽。它有拐角，它是直的……

蒂姆：不对，它更小，它这里有东西。

我：告诉我它在哪里……

蒂姆：它在会走路的人那里……它是人跟地面接触用来走路的东西……在屁股开始，延伸下去直至腿的根部——那就是那个东西所在的地方——脚就在那里。

我：再一个，又是那个住在荒岛上的人。他不知道什么是热香肠。

蒂姆：它是圆的。

我：像一只球？

蒂姆：不，不像球，它有像这样的角，比球长，用肉做成。

我：那它就是脚喽……

蒂姆：没有骨头，因为脚有骨头。

我：我怎样识别熏肉香肠？你告诉我它是由肉做成的……

蒂姆：它是圆的，有球那么大，只是在拐角处没有肉，在里面……中间的地方……那里面很薄很薄，那它就是用肉做成的，粉红色。

　　这段对话就在这里结束了，因为蒂姆表现出了厌烦情绪。可以看出，他并没想说脚是肢体的一部分和熏香肠是食物。他肯定跟奈瑟尔（Neisser, 1978：4）的看法一致：范畴不是感知的方式。

3.7.3　四足牡蛎

我会在 4.3 中讲到，在何种意义上科学范畴必须同"原始"范畴区分开来。但就目前来说，我建议假定我们——没有从一般到具体的嵌入——拥有苹果、香蕉、树、母鸡、麻雀和鸟的CT。对于麻雀和母鸡来说，各自都有各自的CT，而大山雀、鹳和云雀这三者才有一个CT，这种情况如何可能？这之所以可能在很大程度上是因为事情就这样发生的（根据确立已久的定义所发生的一切都是可能的）。鸟的CT是如何之"宽泛"（或是模糊、粗糙），囊括了所有长翅膀的、在天上飞的、可以落在电线上或树上的动物，如果我们从远处看见了一只麻雀，我们实际上可以当时就把它看作一只鸟，仅此而已。鸟这个词要比母鸡或麻雀的外延大，但我不会说这就意味着我们把鸟的CT感知为相对于母鸡的CT是上位的范畴。"用翅膀在天空飞翔的动物"（这是我们对鸟的一个单纯的概念）这样的东西是符指基素。对于一些动物来说我们感知的只是那个特性，我们把它们同鸟的粗糙的CT关联起来。对于其他动物，在识别某些额外特性的时候，我们用更为细致的特征阐明CT。

我们在x、y这些特征或过程基础上识别鸟的CT；我们在x、y、z这些特征或基础上识别麻雀的CT；而在x、y、k这些特征的基础上识别燕子的CT；我们意识到不仅在麻雀和燕子之间存在着共同特征，而且在麻雀和其他被识别为鸟的动物之间也存在着共同特征。但是，首先这与我们把麻雀同鸟类关联起来的逻辑标准无关，即使我们的确是从相似点开始往下阐明分类的。我们只是能够识别麻雀、燕子和鸟，那么如果有人想致力研究自由飞翔的鸟，他还有一个鹳的CT以及另外一个云雀的CT。CT是宽泛而无序的；有人有猫的CT，有人有斑猫和暹罗猫共同的CT，斑猫的大部分特征当然暹罗猫也拥有。虽然正是在这个基础上我们能够继续断言斑猫是猫，这一点看起来似乎很明显，但我还是要坚持重复说，在感知过程的基础上，这仍然是一种猜测，一种鉴别特性的直觉，还没有明确地写在范畴树上。

如果 CT 是建立一个客体的可识别性以及被鉴别的条件的过程，参见图 3.5，上面有各种 3 - D 模型。

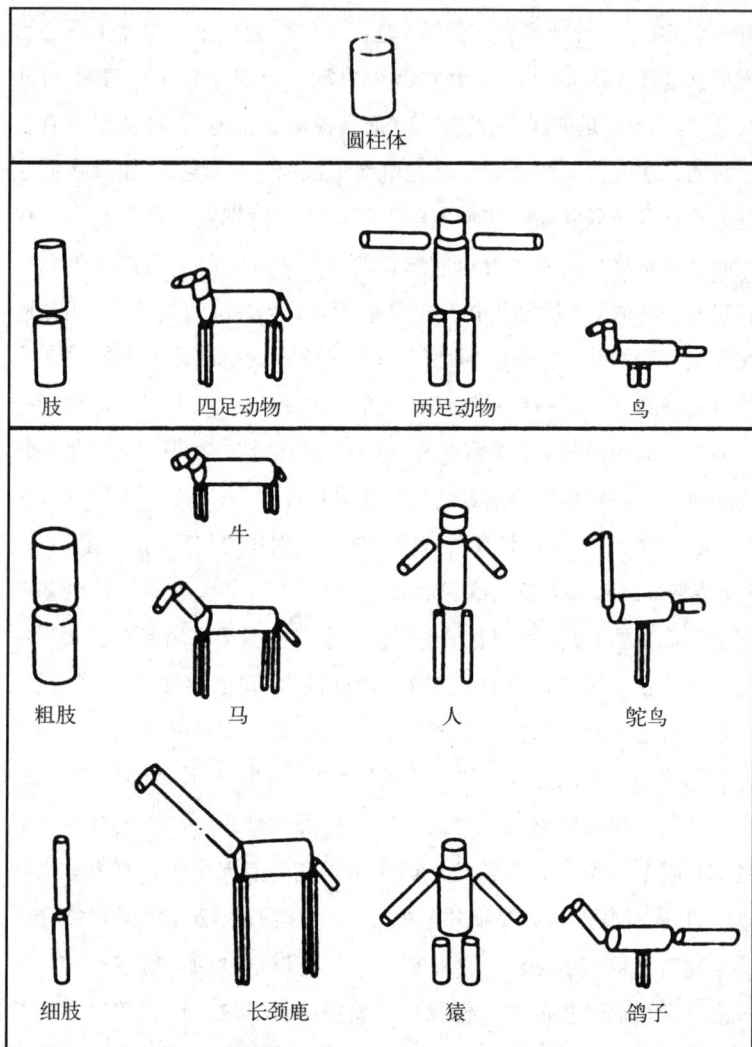

图 3.5

有一个要么是狗要么是马的 3 - D 模型。没什么能阻止我们根据更具体的需要去建构一只拉布拉多犬或一只猎犬的 3 - D 模型。或者建构黑马或利皮扎马的 3 - D 模型。就像没有什么能阻止普特南和我到一座苗圃工作一天，去学习如何把榆树和山毛榉区分开来。但首先，山毛榉、榆树和树都是应该被放在同一水平上的 CT：我们每个人根据自己同环境的关系和满意程度不是用其中的这一个就是用其中的那一个。我看见一条猎犬和我看见一条狗这样的观察句，根据环境都同样有用和恰当，即使在此之前猎犬的范畴已经被确定为从属于狗的范畴。从感知的角度上讲，狗的 CT 要比猎犬的 CT 粗糙，但是在某些情形中它是完全恰当的；它并不是非要让我们在大丹犬和爱尔兰猎狼犬之间做出选择，我们所问的仅此而已。

因此，在我看来，有关 CT 的讨论仍然与有关分类-范畴系统的讨论没有关系。CT 只不过是用来垒建范畴系统的砖。

然而，也有一些可能的反例。我承认我将引用的实验既可以被用来把范畴同 CT 等同起来，也可以否定这一等同。汉弗莱斯和里多克（Humphreys and Riddoch, 1995：34）向我们讲了一个患脑损伤的病人。当有人给他看一只昆虫的时候，他没有用写实的手法把它画下来，他使用的画法显然会让我们把它识别为很类似于昆虫的东西（图 3.6）。他这样画告诉我们他对它进行了阐释，从而提供了鉴别它和以后识别它的提示；简单地说，如果它先前没有一个 CT，那么现在就建构了一个。但当这只昆虫被拿走而他被要求再度画它时，他却把它表现为一种类似鸟的东西（图 3.7）。

当同一位能够识别出真正的牡蛎的病人（在没有模型的情况下）被要求画牡蛎，他画出的是四条腿的东西。这两位作者注意到，对于短期的视觉记忆来说，我们必须设定有着被存储起来的心智知识，其衰退消极地影响到被记忆客体的重建。这种情况能不能用范畴能

图 3.6   图 3.7

力的干扰做出解释？就事实来看，在昆虫不在场的情况下这位病人并没有画一把椅子或一支铅笔作为牡蛎。他的记忆保留着"动物性"这个特征，所以所画之物可以从昆虫或牡蛎一直上升到这些动物的上位范畴，然后再向下退后，退到鸟或其他非具体的动物。但是如果我们把对动物性的感知看作是前范畴经验，那么通过只保留一个他所看见的东西的模糊特征，这个病人就会得出包含这个特征的任何 CT 来，于是就从一个 CT 滑到另一个 CT 上去，就好像在 CT 的群岛中冲浪，而不是从种到属那样上升。

我并不是在坚持认为，先前的知识或范畴猜测在对 CT 的建构中不起什么作用——在 2.1 中提到的马可·波罗的例子就肯定了这一点。我只是认为 CT（i）可以离开有序的范畴能力而被独立地建构起来；（ii）可以独立地被激活，即使是在与这种能力发生矛盾的情况下（这一点在 4.5 中重新讲鸭嘴兽故事时可以看到）。

3.7.4　CT 和原型

3.7.4.1　套型和原型

我们能否把 CT 同那些普特南（Putnam，1975：295）所谓的套型等同起来呢？如果我们参照对水这个词的内容的表述（图 3.8），

句法标记	语义标记	套　型	外　延
名　词 具　体 物质名词	自然物类 液　态	无　色 透　明 无　味	H_2O

图 3.8

那么，我们就可以说 CT 既包含语义标志也包含套型信息（自然作为 H_2O 的特性是 MC 的一部分）。在任何情形下，CT 都有着套型的俗常的特性，以及词典和百科全书元素的随意配搭。

但是，如果说明套型不是认知学文献中所谓的原型，这一点就可能会更有意思。

原型目前被理解的方式之一是，它是范畴中的一员，成为识别同样具有某些显著特征的其他成员的模型。当小蒂姆被要求定义鸟的时候，他想到的是麻雀的原型，原因很简单，它是他最为熟悉的鸟。从直接意义上讲，有关识别原型所做的实验允许人们认为这是我们所有人惯常所做之事。

其他人更倾向于把它看成是一簇特征，这样它就更接近套型了。当我们想到一只狗（除非我们是天天跟一只狗生活在一起），我们所想到的不会是一只斑点狗，更不会是一只拉布拉多犬，而是一只杂种狗。当我们想到一只鸟，我们会想象一只普通大小（也就是介于麻雀和鸽子之间）的有翅双足动物，而很少会是（除非我们是直接来自《一千零一夜》）像大鹏那样的东西。这种杂交形式根据不同的文化也会不同（我想象得出南海岛屿的居民所拥有的鸟的 CT 会比我们更强调羽毛的生动），不过正是在协商一个能够达成一致的空间过程中，CT 才愉快地杂交在一起。当我们认识一种像恐龙这样的动物，我们没有对它的直接经验，只是通过百科全书提供给我们的真正原型来认识它。即使在这种情况中，我认为最常见的 CT 也是恐龙、雷龙、霸王龙以及其他各种灭绝的大型爬行动物的杂合。如果我们有可能投射一幅每个人对它拥有的一般心象,我们会发现它是迪士尼动画片中的一种动物,而不是我们在自然历史博物馆所见到的重新复原的那种。①

第三种样式有着作为更为抽象的某物的原型,有着一套可以用命题表达的必要条件,如果我们要把某物谓述为属于一个范畴,这些必要条件就派上了用场;而在这里,"范畴"的歧义性又冒了出来。因为在最后这个情形中我们已经是在用分类来考虑了。

3.7.4.2 有关原型的一些误解

原型曾经在心理学文学中广受欢迎,现在依然如此,但它们的历史相当复杂,原因是研究这些原型最多的埃莉诺·罗施不断地改变对它们的本质的认识。莱考夫(Lakoff, 1987)或许是重建这一理论最为细致的学者,我会谈论一下他的集大成的思想。

原型的发展史源自一系列的问题,从维特根斯坦到罗施,涉及家族相似、中心性(认为一个范畴中的成员比其他成员更典型的观念)、梯度(很多人认为母鸡不如麻雀更像鸟)、语言简约论(即认为语言使用更短的和更容易记的词来代表物,而这些物看起来是有机的整体而不是一套或一类形态各异的客体)。但是,就像我们在前面几段所看见的那样,这一点证明存在着依赖形式感知、我们的运动神经行为和记忆功能的基本范畴,而就是在这个层面上,说话者命名呈现出"自身统一性"以及更加自若地使之"符合人的规模"的事物(Lakoff, 1987:519)。

---

① 有些人建议,如果我们被要求画一个三角形,我们经常会画一个等边三角形。我无意讨论之所以这样是因为在学校里留下的记忆,还是出于天性上和文化上讲我们看到的三角形的形式(如山或埃及金字塔)更容易依附在等边三角形模型上而不是直角三角形这个事实(尽管一般来讲山的三角形是不规则的)。这些试验之所以与有关作为原型的认知类型的话语几乎没有关联,是因为它们的统计值。我们假设全世界有99%的人口把三角形画成等边三角形。这样也会有1%的人口,或许相当于英国的人口不这样画。现在,让我们问99%中的一个代表和问1%中的一个代表,以便确定某物是三角形的而不是正方形的或圆形的:我想象得出答案是一致的。这会告诉我们没有必要把三角形的 CT 等同于统计意义上更为广泛的标准。

但这并不表明范畴具有原型的形式。说 cat、Katz 或 chien 这些单词比 Felis（猫科）或 Mammal（哺乳动物）这些词更方便和容易记住，这当然就肯定了在日常经验中我们识别像猫这样的东西比识别哺乳动物更容易，但这并不能告诉我们是否有猫的原型，如果有的话会是什么。不管是什么，原型问题都会涉及诸如范畴限度的可延伸度（可延伸界限）这样的现象。所以，某些极度复杂的不规则多面体是不是多面体至今还是个争议，而对更为熟悉的规则的多面体则没有疑问，以及人们争论超限数字是不是数字，但没有人怀疑 2 或 100 000 000 是数字。

然而，基本范畴的存在是从日常自发的语言行为中推断出来的，而像关于多面体或数字的实验则要求采访者让一位接受实验的人回答一个启动复杂分类的问题。问题就是：原型的存在是从日常行为（不仅是语言性的而且还会是行动的，如一次恰当的识别）中推断出来，还是从对复杂问题的口头回答中推断出来？

现在来谈一谈埃莉诺·罗施。在她的实验的第一个阶段（在六十年代和七十年代之间），原型与感知关联性有关。在第二个阶段（七十年代的头五年），实验可获得的原型效应被认为是提供了对范畴内部结构特征的界定（因此使得它们构成心智表呈这一说法有了说服力）。在第三个阶段（七十年代后期），原型效应被认为次要性地决定着心智表呈，但是在原型效应和心智表呈之间没有一对一的对应。这些效应并不被认为是反映了范畴结构。因此，我们会认识到原型性判断，但它们不会告诉我们关于我们的认知过程的信息，原型效应只是表面性的。①

---

① Lakoff（1987：49）区分了作为类的范畴和分类结果，但没有区分类和范畴。在第54页上他把原因称作一个范畴，鉴于存在着一物如何以及为何必须被看作原因的一个原型（施动者做某事，受动者经受，他们之间的互动构成一个单一事件，施动者所做的一部分的确改变了受动者的状态，在施动者和受动者之间有一种能量的转移，等等——所有这些特征都让我感到所涉及的是人的因果关系）。因此，关于原因，莱考夫是在康德的观念中来谈论范畴的；不管怎样，被用来定义原因的一系列的框架或语法上的格，使人想到的是（用康德的术语）图式而不是范畴。这样经过更加细致地考察范畴概念的历史，一种歧义似乎已然被再次消解掉了。

就事实来看，罗施（Rosch，1978：174ff.）说明了原型既不是范畴中的一员也不是精确的心智结构，还不如说是旨在原型性的程度上搜集和量化判断的实验结果。原型性程度是什么意思？据说当范畴中的一员被赋予它与该范畴的其他成员所共有的最大量的特性的时候，我们就有对原型性的识别。

现在，人们只把两个特性（移动和载人）赋予一般的交通工具，他们倾向于把汽车认作是交通工具的原型（大约有二十五个特征），把自行车或船放在较低的层级上，而为空中交通工具以及电梯保留最低级的位置。电梯只被赋予了两个特性（移动和载人）。[1] 但是在那一情形中，电梯理应是交通工具的原型，鉴于它所呈现的正好是任何交通工具所共有的那些特征，因此允许我们把各式各样的种类和代指符同交通工具联系起来。在任何范畴序列中，上位属必须拥有比下位种少的特征，而种又比使识别成为可能的个体代指符拥有更少的特征。如果狗的CT为"建构"狮子狗而不是别的提供示引，那么就很难把它应用在猎狗身上。如果一个原型（在其中分类系统早已被建立起来了）和CT有什么共同之处的话，那将会是两者都拥有最大的外延和最小的内涵。而不是原型拥有最小的外延和最大的内涵。

在我看来，原型概念对划清基本范畴的"界线"似乎很有价值。如果确定了鸟的上位范畴的显著特征是喙、羽毛、翅膀、两只脚以及飞翔的能力，把母鸡定义为完全意义上的鸟自然有些困难，因为它不会飞而至多只会扑扇翅膀（但它也不能被排除在外，因为必须承认其他鸟即使在不飞的情况下也不能说就不是鸟了）。我感到在这里更值得争论的应该是识别出原型是什么，因为我认为这种识别取

---

[1] 我觉得奇怪的是，一般的主体也不把它定义为具有盒子形状的东西，并且在运动或停留在地板之间的时候难以打开，然而正是这两个属性解释了这种运输方式在很多情形中所激发的本能性幽闭恐惧症。也许整个的样本组全是由旷野恐惧症患者组成的。

决于环境经验，我也认为对原型性的判断对文化人类学研究要比对厘定总体上的认知机制更有价值。[①]

3.7.4.3 神秘的迪尔巴尔语

在任何有关分类的实验中，总是实验者提出由某个文化模型激发的对种类的次分，意在不仅消除分类的"荒蛮"形式，而且还假定一种分类，在其中大概只存在没有语义对应物的形态上的偶然。

这种奇特的情形在莱考夫（Lakoff，1977：6）那里可以找到，其中（在其他研究的基础上）提到了迪尔巴尔语（澳大利亚），在这种语言中每个词语前面都必须有这些单词：

> Bayi：男人、袋鼠、负鼠、蝙蝠、大部分蛇、大部分鱼、一些鸟、大部分昆虫、月亮、风暴、虹，回飞镖、一些矛，等等。
>
> Balan：女人、袋狸、狗、鸭嘴兽、针鼹、一些蛇、一些鱼、大部分鸟、萤火虫、蝎子、蟋蟀、毛玛丽蛴螬（hairy mary grub）、与水或火相关的任何东西、太阳和星星、盾牌、一些矛、一些树，等等。
>
> Balam：所有可以吃的水果和长这些水果的植物、块茎、蕨、蜂蜜、香烟、酒、蛋糕。
>
> Bala：身体的部位、肉、蜜蜂、风、山药棍、一些矛、大部分的树、草、泥巴、石头、噪音、语言，等等。

莱考夫惊奇地发现这种"范畴化"被当地土著人自动地使用，几乎没有意识到它的存在。他于是就寻找语义和符号的理据判断它

[①] 莱考夫（Lakoff，1987：66）认为原型效应真实但却很表面化。它们来自各种来源。由于原型结构是由认知模型给予的，所以不把原型效应和范畴结构混淆起来很重要。注意莱考夫所造成的涉及母亲的内容和可能用法的普遍看法的有价值的混淆（在时下有关克隆技术和人工授精的语境中，他的书似乎极具预见性，或者也至少是前沿性的）。

们正当与否。他发现，比如，鸟同女人分到一起，原因是它们被认为是死亡女人的灵魂，但他没有成功地解释为什么鸭嘴兽同女人、火和危险之物分在一组——正如你看到的那样，我不是唯一一个把动物看作不断令人感到忧虑的根源的人。

不管怎样，莱考夫注意到，对于已经几乎丧失了父辈语言的最晚一代的说话者来说，只剩下 Bayi 来代表男性和非人的生物、Balan 代表女性以及 Bala 代表其他类的事物，他很有道理地把这种现象同英语代词系统的影响联系起来（He、She、It）。一次正确的观察不管怎样都会鼓励一个人走得更远——超出英语之外，我想说。让我们假定在地中海某个半岛住着一个单一的群落，当地的土著人有一个奇特的习惯，就是把两个单词中的一个放在每个名词前面：il（及其变体 lo）或 la，结果就有了下面的"范畴性"效应：

il 被应用于男人、袋鼠、蝙蝠、很多蛇（蟒蛇、蝰蛇、眼镜蛇）、很多鱼（鲈鱼、狗鱼、剑鱼、鲨鱼）、很多昆虫（大黄蜂、瓢虫）、太阳、守护者、风暴、虹、回飞镖、马车、步枪、机器、手枪、鸭嘴兽、犀牛。

La 被应用于女人、哨兵、老虎、机车、一些蛇（蝰蛇、游蛇）、一些鱼（鲑、金头海鱼）、很多鸟（燕子、大山雀）、昆虫（黄蜂、苍蝇）、水、月亮、星星、铠甲、手枪、矛、一些树（橡树、棕榈树）、斑马、臭鼬。

我们很清楚地知道，语法意义上的性与性别之性没有关系，甚至与在概念层次上把哨兵跟机车和月亮放在同一列，以及把太阳同守护者和马车放在同一列的分类也无关。在白天结束的时候，我们不妨假定在那个半岛的北面、一座山脉的另一边，住着另一支（极其未开化的）群落，他们也像年轻的迪尔巴尔人那样把三个单词中的一个放在每个词语前面：der、die 和 das（或许是英语代词系统的"语言混杂化"的结果），但是，在这种情况中，太阳像女人一样是die，月亮像豹子和老虎一样是 der，而鸭嘴兽、耳朵和金子都是 das，这一切并没有范畴上的重要意义。

我并不是在说发生在迪尔巴尔语中的东西类似于在意大利语、德语、法语以及其他语言中发生的那样。我只是想表达一种猜测，认为语法现象经常被作为分类现象——这给很多调查罩上了阴影，在这些调查中实验者所熟悉的而接受实验的人却不具备的分类是被假定的，或者做实验的人只是白费劲地推断出分类，而接受实验的人却并不会对其分类而只是遵循语法的机械行为。[①]

3.7.5　其他类型

我打算把自己局限在实例范围之内。在这些实例中，讨论的是实际的或可能的感知经验的客体或事件，而不是当我们谈论英国银行、政府、多数体制、财产保有权、命运、困境、借喻、精确性和直觉等时进一步探究发生了什么。但是在多大程度上我们才能谈论可感知的客体呢？

意大利半岛是否能被感知？今天是的，就像月亮那样，也没有必要从月亮上看它，因为我们可以从卫星上给它拍照。在我们有卫星之前，有没有靴子的 CT？当然有，每个意大利的小学生都会知道，就像每个法国小学生有六角形的 CT 一样。而在过去没有人感知到这些领地。然而，虽然取得了不断的近似，通过根据几乎是一比一的比例尺为这些海岸绘制地图获得了图像（当然因不同的时间以及测绘数据的投影或不完美而有所不同，就像古代地图所发生的那

---

① 读者可以参见维奥利作品（Violi, 1997: 6.13.2）中对范畴原型性和意义的典型性之间的区别。

样），这一图像传达了意大利和法国这样的地理表达语的 NC。

有没有历史人物的 CT？对于一些激发出了大量而又极其流行的图像材料（像拿破仑）的人来说答案是肯定的。有没有罗杰·培根的 CT？我怀疑；仅有一个 NC，也并不是每个人都知道（因为他是"中世纪的哲学家"），在专家那里还有一个 MC。我认为，超出一定的界限，一些非常复杂的情形就会出现。对于一些化学物质来说，我们当然没有一个 CT，但是我们有其他物质的 CT，比如盐酸，跟我们所拥有的臭鼬的 CT 差不多（Neubauer and Petofi，1981）；但是化学家们可能会在这方面拥有更为发达的能力。我们没有糖尿病的CT（说一位医生有糖尿病症状的 CT 是另一回事），但是我们有着这样的印象，即我们一眼就能看出一名患感冒的人，以至于患感冒的人可以被描画或模仿出来。

对 CT 集群的探索少之又少，这一点可以由一个常见的经验揭示出来。

3. 7. 6　如果在一个冬天的夜晚有一名司机

我在夜色中开着汽车行驶在一条乡村路上，路上还有一层薄冰。我在前面的某个地方看见远处有两个光源，正逐渐变大。首先来的是第一性：两道白光。然后，为了比较按时间排列的刺激源的顺序（时间 2 中的光比时间 1 中的光强烈），我一定是已经展开了感知判断。在这一点上奈瑟尔（Neisser，1976：4）所谓的"图式"，即对从刺激场发来的元素进行选择组织的期待和预测形式（这并不意味着刺激场不提供给我一些显著特点和一些优先的指向），就开始起作用。我并不真正认为在没有掌握"汽车"CT 和"晚上的汽车"情状的前提下我就可以激活期待系统。

我看见两道白光而不是两道红光这个事实告诉我，这辆汽车是朝着我开来而不是离我而去。如果我是一只兔子，我就会感到目眩而不能够阐释这种奇特的现象，那么我就会被碾压过去。为了控制这一局势，我必须即刻就明白朝我而来的不是一双明亮的眼睛而是具有某些形态特征的物体，即使这些特征不在我的刺激场内。即使我看见的光是那些光（一个具体的代指符），一旦我接下去进行感知判断，我就已经进入了普遍性：我所能看到的是一辆汽车，我并不会对制造方法或谁在开它感兴趣。

这可以作为对吉布森及其基本实在论和非构建论的"生态性"感知理论的回应。在他说下列这段话时人们或许会表示同意：

> 大脑的作用……不是去解码，也不是阐释信息或接受图像……大脑的功能甚至不是组织感觉输入或处理数据……感知系统，包括在各个层次上一直到大脑的神经中枢，都是从一系列流动的周围能量中寻找和搜取有关环境的信息的方式。（1966：5）

让我们承认就是刺激场本身为我们提供了显著特征，就是它在那里提供给我们足够的信息以感知两个圆形光源，来分辨出把它们从周围环境中分离开来的"边界"。我想象一只兔子看见了相类似的东西，它的感受器对光源而不是周围的黑暗做出积极的反应。但是只有像吉布森那样，只有把这个过程的第一个阶段称作"感知"，我们才可以正确地说它是由刺激场所提供的显著特征决定的。但是，如果我想坚持我的术语前提，感知判断比这更为复杂。使我同兔子不同的东西是，我绕过了这些刺激，因为它们都是由客体决定的，而来到了那是一辆汽车这样的感知判断，使用了一个 CT，于是就把刺激我的东西同我已经知道的整合在了一起。

只有在我形成了感知判断的时候，我才能进行进一步的一系列判断。首先，我把类型同代指符关联了起来；汽车前灯的位置告诉我这辆汽车是在路的右边行驶还是很危险地接近路中央，它是高速还是低速行驶。根据我开始所看见两个勉强可感知到的光源或是在灯光出现之前有着散射的光线，我明白了在路的前方是一处拐弯还是一个斜坡。知道路上结冰还提醒我要遵守（已获得的）谨慎的驾驶规则。正如奈瑟尔（Neisser，1976：65）所表达的那样，我一方面对这个客体进行一般化处理，而在另一方面则对图式进行具体化处理。

如果这就是事物发生的方式，我甚至不需要考虑，就像康德那样，一方面有着各式各样的感觉，另一方面又有着范畴这样的抽象工具作为中介元素等着与图式一起被应用。图式是一种工具，是示引系统，这个系统如此灵活变通，以至于不断地进行自我调节，也就是说在我所拥有的经验基础上加强和修正自身，就像它本然那样充斥着符指基素（一个客体、一种明亮性）和范畴元素（一辆汽车、交通工具、移动的客体）。

在我估测整个情形的同时，奈瑟尔所谓的"认知地图"也发挥了作用。我把我所知道的乡村路（就像那条路那样是结冰的）的易疏忽特征应用到这个情形上；我还估测比如我在其上行驶的这条路的宽度，否则我就不能确定那边的汽车是否保持在右边行驶，或者是否有与我碰撞的危险。我从汽车对我在闸踏上的探测性的轻踏所做出的反应估测路面是否承受得住更加剧烈的突然刹闸（而在这种情况中我不是用我的眼睛来感知，而是用我的脚和臀部来感知，阐释朝我本体感受性投射过来的一定数量的刺激）。

简而言之，在这一经验过程中，我把各种 CT 投入到运行中；客体、情势和更像是属于 MC 的具体能力的 CT；因果关系的图式，以及各种类型和复杂程度的推断；我所看见的只是我所理解的一部分，我所理解的包括道路的规则系统、习得性习惯系统、学到的实例系统，所以我早已知道在过去由于没有遵守那些规则而导致了一起致命的事故……

这些能力中的大部分都是公共性的，这一点可以被这一事实主体间性地证实：如果我注意力不集中或犯困，坐在我旁边的人将会警告我一辆汽车正朝我们迎面开来，并且建议我把方向控制在我这一边（需要注意的是，这个某人获得了跟我一样的感知判断，即使他或她是从不同角度接受刺激的）。

或许在这个过程中我只是估测了附带现象。但如果我不把这些附带现象当回事的话，我就成了一只上了死亡名单的兔子。

3.7.7　个体的相貌类型

但是让我们回到对构成绝大部分我们尚未探索的集群的各种各样的 CT 的调查中去。一个 CT 也可以关涉个体。杰肯道夫（Jackendoff，1987：198—199）建议，即使我们为了识别个体和类属都求助于同样的 3 - D 模型，但是所涉及的是两个截然不同的过程。在我把乔治范畴化为一个男人的情形中，我确定代指符 i 是类型 k 的实例。在我把乔治识别为乔治的情形中，我确定代指符 i 等同于代指符 j。其他人会说在第一个情形中我把乔治识别为类似于其他人，在第二个情形中则把他识别为同一个人。我们可以说类型和代指符在个体中巧遇了。但是像这样的情况在识别过程中并不会发生，原因在于代指符 i（我在这一刻所看见的那个个体）是真正意义上的代指符，而代指符 j 毕竟是从记忆中重新获取的，不管它是心象还是其他什么记录形式，因此它是一个 CT，我们应该把它定义为一个"个体类型"，但由于这个词很像是一个矛盾体，我想把它称为相貌类型。

如果不假定相貌类型，我们能够跨越一个时间过程识别同一个人这个事实就难以得到解释。一年一年地过去，人们发生着变化，脸变胖或者变瘦，皱纹出现了，头发变白了，肩膀塌了下来，脚步也失去了活力。在正常情况下我们在跟一个人失去了多年的联络之后还能够识别出这个人来，这是令人惊奇的。要是我们不能立即把他识别出来，我们所需要的就是一个腔调、一个眼神，以及一句"你一点儿也没有变！"的寒暄。

这意味着我们用仅有几处的原来的显著特征建立起对象的一个相貌类型。这些特征有时与转动眼球比与鼻子的形状或头发的数量及长度有着更多的关联。我们记住的是脸部（或者是姿势或者有时是步态）的某种完形，它在每个个体特征中甚至拒绝变化。

相貌类型的图式性程度对恋人来说非常熟悉，他们容易有两种截然矛盾的经验。一方面，他们总是受制于一种印象，看见远处爱人，而后才意识到自己认错人了：这相当于说欲望导致他们慷慨地使用相貌类型，试图把它应用到很多具体的代指符上。而另一方面，当自己的恋人不在的时候，他们就竭力去在记忆中重建他或她的特征，但又是不断地感到失望，因为这样不如直接见到爱人时的感觉强烈。在这种情形中，他们发现相貌类型是如何为识别代指符发挥作用的，但是却不能代替对代指符的直接感受（除了那些有着亲历感记忆的人，比如很多能够凭记忆画肖像的画家）。换句话说，他们意识到了"识别"和"回想"之间的显著区别（Evans，1982：8）。

然而，个体的相貌类型具有一个让其与类属性 CT 区别开来的特征，这些 CT 尽管可能有一定的私己性，但是通常因具有经阐释的 NC 的形式而带上了公共性。当然会发生这样的情形：某人可以很容易地识别老鼠，但却不能或者从来没有机会表述他用以识别它们的形态特征，因此我们就不能保证，就老鼠来讲这个人有着与其他人相同的类型（由于个人特质的原因，他或许只是通过它们的快速动作识别它们，对它们的形状却没有概念）。当我们向这个人谈到老鼠的时候，他至多把它们描述为"在家中肆虐的令人生厌的啮齿目动物"，由于这个概念是共有性 NC 的一部分，我们就会得出一个错误的结论，这个人的 CT 有着跟我们一样的格式，跟我们的 CT 一样有着属于共有性知识一部分的关于形态特征的知识。但是，公共生活的环境使得这类情形极为不可能发生，尽管如今这一情形发生在老鼠身上（大多数人很少会看见老鼠），它只会极为罕见地发生在牛身上，而它发生在椅子身上的情况则更加罕见。

同样的情形不会发生在个体的相貌类型上。需要注意的是，这个现象不仅发生在人身上，也会更有理由发生在个体动物、蔬菜和工艺品身上。很多人都对狗、自行车或烟斗的模样有相同的看法，但是却极难向人解释小狗汤姆、我的自行车、我的烟斗是什么样子。在动物和物体的情形中，类属性特征往往占上风，我有时会很难从停车场上同一型制的大量汽车中识别出我的那辆车（除非我的汽车有与众不同的标志）。但是对人的个体来说这个问题的意义则有所不同。

我会在成百万的个体中识别出约翰尼，马克也同样地会识别出他来。然而，我识别出约翰尼的原因可能会与导致马克识别出他的原因大为迥异。我和马克一生中都会提到约翰尼，我们俩只要能遇见他都会认出他来，却从来没有机会把我们用以鉴别他的特征公布于众。只有在我们被要求共同协助警方画一幅破案用的素描时，我们才会注意到我们各自的 CT 的差别：只有在那个时候我才发现，马克不仅没有注意到约翰尼的鼻子的形状，而且还忽视了约翰尼头发的茂密度，以及刚刚开始的秃顶的迹象，或许他认为他身材瘦长，而我则觉得他粗胖。如果有人问我们约翰尼是谁的话，在解释这个名字的内容时，我们不仅会注意到我们的解释少有共同之处，而且 NC 和 MC 之间的界限也非常模糊。大概我们俩都会说他是一个人，男性，是位某某大学的某某专业的教授，但对于我来说约翰尼是路易斯的哥哥，是一本关于纳瓦特尔语的名著的作者（这种语言是蒙特祖马的土著语言），而马克会说明他不知道这些细节。然而正是这些细节当中的一个使得第三者把约翰尼这个名字同很多其他特征联系起来，甚至会促使这位第三者从他自己的记忆中发现对鉴别约翰尼有用的资料。至于马克的作用，他可能是唯一知道约翰尼具有开膛手杰克的特征的人，没有人会妄言这不是一个重要的特征——即使这个特征让我觉得属于MC的一部分，而不属于NC。

我们不妨说有三种现象发生在个体身上：(i) 使识别出个体成为可能的 CT 的通常属个人癖性的特质，(ii) 公开阐释这些 CT 的困难以及因此造成的为鉴别提供示引的困难，(iii) 可以用 NC 来表达的特性的伸缩性。我想，这就是其中的原因之一，使得很多理论家坚持认为个体的专名没有内容，只是直接指代其负载者而已。这个结论显然过时了，因为我们整个一生都是在（为他人）定义我们用名字称呼的各种各样的个体，定义的方式是通过把他们的名字与不期然的大量特征联系起来，用言语描述和视觉表呈表达出来；但是，无疑这些描述表达的特征在某些情形中和对某些人来说是显著的，尽管这并不是对每个人来说总是显著的，同时在一个阐释和另一个阐释之间有着明显的差征。①

在一九七○年的时候我蓄了胡子。二十年后，我把胡子剃掉了几个月，我注意到一些朋友遇到我时第一眼没有认出我来，而另一

---

① 这种情形与洛克为感觉所设想的情形不同（Essay II，xxxii, 15）："两者都没有负载对我们简单的观念的错误所做的指责，如果鉴于我们的身体器官的不同，同一个客体在同一时间在不同人的脑中注定要产生不同的观念；例如，如果紫罗兰被看到后，在一个人脑中所产生的观念跟金盏花在另一个人脑中所产生的观念一样，反之亦然。由于既然这永远不会为人所知；……这里的这些观念以及这些名称绝不会混淆在一起，其中也不会有错误。原因在于，所有那些具有紫罗兰质地的东西都会不断地产生出他所谓的'蓝色'的观念；所有那些具有金盏花质地的东西都会不断地产生出他所谓的'黄色'的观念；在他的头脑中那些表象无论是什么，他都会借助这些表象甄别事物为其所用，并且理解和意指被标示为'蓝色'和'黄色'的那些差异，就似乎从那两种花中得到的这些表象或他头脑中的观念跟其他人的头脑中的观念并无二致。"在维特根斯坦的重新表述下，这个问题似乎是这样的："假定每个人都有一只装有某个东西的盒子：我们称之为'甲壳虫'。没有人可以看到别人盒子里面有什么，而每个人都说他可以通过看他自己的甲壳虫而知道甲壳虫是什么。这样就很有可能每个人在自己的盒子里有不同的东西。人们甚至想象得出这种东西在不断地变化。但是假定'甲壳虫'这个词在这些人的语言中有着一定的用处呢？如果这样的话它就不会被用作一个事物的名称了。盒子里的东西在语言游戏中一点位置也没有；甚至连某物都不是：因为这个盒子甚至是空的。不，人们可以被盒子里的东西'分开'；它可以被取消，不论它是什么。"（《哲学研究》：I，293）

212

些人则马上就正常地交流起来，好像他们没有意识到这个变化。

我后来明白了，第一类人是在前二十年内跟我认识的，当然这期间我留着胡子，而第二类的人是在我蓄胡子之前就跟我认识了。我们建立起我们所遇见的人的相貌类型（几乎总是基于第一印象，或是在例外的情形中，在印象最为生动的那一刻），接下去这辈子就指望它了——在某种意义上我们让我们所遇到的"新"的代指符的特征适合最初的类型，而不是每次重新遇到都修改最初的类型。①

这促使我认为，就像讽刺漫画突出确实会在所描画的脸上找到的面貌特征一样，也跟研究愚蠢常常是为了对才智有更好的了解一样，很多病态行为也只不过是突出了的"正常"的倾向，这些倾向被更为复杂的行为模型所控制并且吸收。我想起了脸盲症，特别是萨克斯（Sacks，1985）对一个把妻子错当成帽子的人所做的细致研究。既然连萨克斯都不知道在 P 先生的黑匣子里究竟发生了什么，我们只考虑 P 先生的口头阐释也就足够了。

P 先生辨认不出相貌来，但他不仅患有脸盲症，而且还患有全面性的失认症，辨识不出景致、物体或人形：他把注意力聚焦在具体的特征上而没能把它们组织成一个整体的图像。他对一朵玫瑰可以进

---

① 这个经验的一个变种在这所大学的我所在的系里发生过。我前所未有地把胡子剃得干干净净地走进了一位同事的办公室，在那里她跟我谈了几分钟而并没有显出惊讶。直到我离开，在场的一个学生才问她那个人是不是真的就是我。面对她对这个问题的惊讶，他强调了我没有了胡子这个事实。至此我的同事才明白。她做出的解释是她认识我已经很多年了，从我没有留胡子的时候就认识我。但在同一个下午，她路过我的办公室，从打开的门缝里瞥见一个人未经许可地坐在我的桌子旁。她愣了一会儿，接着就肯定地意识到那是没有留胡子的我。她在我前胡子时期就认识我，但在那间办公室里（我们搬进去没几年）她所看到的我总是我的后胡子形象。因此，似乎她有着我的两个不同的相貌类型，姑且称之为私人类型和职业类型。另一种经验对那些经受因时断时续的节食而体重摇摆不定的人来说是共有的。在这种经验中，他们遇到别人时，后者就不由分说地指出他们觉得前者比平时胖了或瘦了；这种声言从来不会符合所说对象的实际情况；确实发生的是被谈论者听到自己被说成是变胖了，而实际上则是至少减了 8 公斤，被说成变瘦了时其实又长回来了。这就意味着这个判断的发出者把别人同很久以前所构建的类型联系起来，而这个类型是在第一或最为重要的一次见面中的谈论对象的状态。在社会关系中，一个人长胖还是变瘦与秤上显示的重量无关，而是与人们的相貌类型有关。

213

行细致入微的描述，但是直到闻到它的香味才把它识别为玫瑰；他可以提供对一只手套的详细的描述，但只有当他把它戴上才识别出它是手套……萨克斯说（参照康德）P先生不能进行判断，但我宁愿说P先生不具有图式（而实际上在一项参考文献说明中，萨克斯承认P先生可能会有一种"马尔类型"缺陷，以及他没有这些客体的"基本素描"）。

尽管如此，在P先生费力地识别人们的方式中有些东西给我们的感觉非常接近我们识别他们的方式——除了P先生的行为是我们的行为的一种讽刺性仿拟。首先P先生注意到了细节；他之所以识别出了爱因斯坦的照片是因为胡子和头发，识别出他的弟弟保罗只是因为大牙。这就像是萨克斯在其后的补说明中所提到的另一位病人：他认不出他的妻子和孩子，但能通过相关的特征认出一些朋友：不自觉的习惯动作、一颗痣、极其消瘦。

我感觉在我们细致地分析个体类型的过程中，我们往往这样进行。我们当然有能力建构图式和"基本素描"，我们能够从无限多的具体细节中进行抽象，我们把我们的倾向限制在最小的个别细节上：不过我们接受了经过调节的不平衡，我们倾向于抓住显著的方面而更加细心地把它们保留在记忆里。我的关于约翰尼的相貌类型与马克的不同，原因是我们俩（在极其有限的程度上）都像P先生那样。最终，是不断的社会交往迫使我们不会完全像P先生那样，因为为了被定义为是正常的，遵守既定的规则（不管怎样）就足够了——如若需要的话就对其进行修正——这规则是由社会共同体一步一步地建立的。

3.7.8　形式个体的CT

约翰尼是一个个体，独一无二又不可重复，但我和马克都通过不同的理由将他识别出来。现在，让我们自问司各特的《艾凡赫》

和贝多芬的第五交响曲有没有 CT。我说有，因为在翻开这本书（或者至少是在读开头几行）的时候或者在开始演奏的时候，凡是比较了解这两部作品的人都会识别出它们来。但这是些什么样的知力作品（我用这个词不仅来指文学、绘画、建筑学和音乐作品，而且还指哲学和科学论文）呢？我们再看一看我的作品（Eco，1976：3.4.6—8）中说了些什么。

约翰尼是一个个体。我发出的音素是音素类型的复制品（在读音中有各种各样的变异，但是由类型建立起来的贴切的特征得以保留）。《艾凡赫》的任何第一版都是由同一个出版商印制的有着相同题目的所有其他书的相似物（在每一本都至少在摩尔水平上拥有其他本的特征这层意义上讲）。但它也同时是"文学"原类型的克隆：出版类型涉及的是表达的质料（纸张、铅字、装订），而文学原类型关涉的是内容的形式。在这种情况下，我的那一本平装的《艾凡赫》（把纸和排印问题排除在外）是对同一个文学原类型的克隆，一八一九年版的第一本也是对这个原类型的克隆。从古文物收藏的角度讲（在其中表达的质料，即纸张，就成了相关的东西了），一八一九年的版本就更有价值，而从语言学和文学的角度讲（表达的形式），我的这一本就像它最初从作者的笔端流溢出来时那样，具有原类型的所有相关的特性（结果就是，作为版本的非物质性特征，演员朗诵文本中的段落，生成出同样的语音表达的质料，从而产生相同的美学效果）。

《艾凡赫》的原类型不是种属性类型，不是皮尔士的可读符号：它看起来比约翰尼更具个体性，因为约翰尼永远是约翰尼，即使他头发、牙齿和胳膊都掉了，而如果有人改变了开头或结尾，或者这里那里到处替换词语，《艾凡赫》就会成为别的什么东西，一个赝品，部分上讲是一种抄袭的情形。

《艾凡赫》跟《蒙娜丽莎》一样都具有个体性吗？我们知道

（Goodman，1968：99）在不允许标注因此也就不可以被复制的真迹艺术（《蒙娜丽莎》）和可复制的代笔艺术之间有着区别——有些是根据严格的标准，如书籍，而其他的则是根据阐释的变通性，如音乐。但是，如果有一天有可能复制《蒙娜丽莎》的每一处细微着色、画笔的一笔一划以及画布的每个细节，那么真迹和复制品之间的差别就只有古玩收藏价值（就像珍本书领域中那样，同一版本的两本书中更有价值的是作者签名的那一本），却没有符号学价值。

简单地说，不论我们喜欢不喜欢，《艾凡赫》是一个个体，尽管它具有被复制的特性（但是在这层意义上，即它的每一个类似物都像原类型那样有着同样的独特的个体特征）。[①] 那就是为什么我有着对它的非类属性的相貌类型。不知道该把这些作为知力作品的个体的奇怪类型称作什么，既然与它们的个体性相关的只是表达的形式和内容，而不是质料，我斗胆称它们为形式个体。我们一旦踏上这条路，其他有趣的形式个体将会被鉴别出来，但是就目前来说，我仅限于把这一定义用于那些属于被直接感知的客体的知力作品上。

自然，我可能翻开我已经读过的一本书而没有从它的前几页中识别出它来，但是另一方面如果我从远处、在后面以及在讨价还价的人群中瞥见约翰尼，我也会同样地感到迷惑。这种迷惑值得讨论，因为它会扰乱我们的识别和鉴别。由于《艾凡赫》和第五交响曲太容易了，我们来看一看问题更大的形式个体的心智实验。

3.7.9　识别 SC$_2$

家里所有的电器在一次停电后不能使用了，只有装有内置 CD 播放机的收音机还可以用，因为它是由电池驱动的。待在黑暗中，

[①] 要注意的是，如果克隆技术是可能的，克隆人不仅有着跟原型一样的身体，而且思想、记忆、基因遗传也一样，那么甚至像约翰尼这样的人也会像小说或音乐作品那样是可以复制的：将会有随心所欲生产约翰尼们的"乐谱"。

我所能做的就是听我最喜欢的作品，巴赫的大提琴独奏曲第二组曲（我在后面简称之为 SC_2），用最高声部录音机录制的作品。由于太黑了，我看不见 CD 上的标签，只好把所有的 CD 都试一下。为了把这个故事更加复杂化，我一只脚打着石膏，但我的朋友罗伯特像我一样也是 SC_2 迷，也待在房间里，我让他摸索着到 CD 播放机那边去，替我做这件事。于是，我对他说：请过去给我找找 SC_2，就好像我让他去火车站接我的朋友塞巴斯蒂安。我于是启动了一种指称运作，这个运作假定了罗伯特有着鉴别指称物，或者说我的语言行为的所指物的能力。[①]

就一部音乐作品来讲，个体性观念似乎被同一部作品的不同实现是由不同的演奏者完成的这个事实给中和了，然而（对于那些能感觉出这些差别来的人来说），这个个体不是 SC_2，而是与 SC_2/Rampal 有着区别的 SC_2/Bruggen。在我们这项心智实验中，我们的所作所为就好像是只有一个对 SC_2 的实现，被复制在成千上万的唱片上。在这种情形中识别 SC_2 就如同翻阅各种各样的书来识别《艾凡赫》。实际上，这会发生在大多数听众身上，尽管在阐释上有着差异，他们总是在各种实现中识别 SC_2 的。

罗伯特为了识别这个个体有着什么样的示引，以及这些示引在多大程度上与我的相重合呢？

维特根斯坦（*Tractatus*，4.104）说，"留声机唱片、音乐思想、音符、声波，在那个形象化的内在联系中彼此关联着，这种内在联系介于语言和世界之间。对所有这一切来说逻辑结构是共有的。"我们把维特根斯坦的图像理论所做的强烈假定放置一边，这个假定把

---

① 显然，我们必须考虑在其中我的交谈者和我都熟悉 SC_2 的情形。否则，我们都具有不确定因素。比如有些人凭借开始的音符就可以识别出《热情》，但却识别不出《告别》——但这跟说我们因为跟约翰·塞巴斯蒂安每天都在一起工作而会识别出他来并无两样，而我们在十年没见面的情况下，每次遇见路德维希时却很难把他识别出来。

语言命题作为对它们所指称的事物状态的像似符（后来维特根斯坦在这一点上变得特别谨慎）。对于音乐这个例子来说，在我看来似乎很清楚，那就是我们面对的是两个不同的现象。[①]

在声波和唱片材料上的纹道或 CD 彼此独立的信号次序之间有着像似关系。我们所研究的当然是压模关系，运用的是像在 2.8 中所讨论的初级像似论，这种关系即使在没有人去阐释它的情况下也会自我建立起来，在声波被类比性地录制下来，以及当声波被数字化转译的时候，这种关系继续存在。

一方面，在物理现象和五线谱上的记录之间存在着关系，另一方面，在它与"音乐思想"之间存在着关系，这两者之间是不同的。用五线谱记录当然代表了（极度传统地）把音乐思想公之于众的方式。这个过程是传统的（极其符码化的），这一点并不能抵消这个事实，即书写音符序列是由作曲家所想象或在乐器上试弹的声音序列驱动的。我们面对的是我在《符号学理论》一书中所定义为非编码化关系的那些情形之一，在其中表达的形式是由内容的形式驱动的。

当我们给内容的形式下定义的时候问题出现了。这种形式似乎对应于维特根斯坦所谓的音乐思想，这就是"好形式"的理想状态，演奏者一面试图赋予其质料，而一面又在五线谱上阐释音符。音乐思想是什么意思？它不管是什么意思，它肯定是我为了如实地识别 SC_2 而必须鉴别出的形式个体性。但它是不是巴赫所想象的音符序列，一个（从本体论意义上讲）我们不再知道其下落的动态客体，就像我们不知道直角三角形的下落一样？人们不得不说，直观客体应该是这个动态客体的相貌类型，否则我们如何用主体间相互可以接受的方式克隆它，以及如何去识别它的克隆体呢？然而，在我的心智实验中情况变得越来越复杂，因为巴赫为大提琴（而不是为了

①在这个方面，可参见梅里尔（Merrell，1981：165ff）提到的有趣的情况。

录音机）构思组曲，因此他的最初的音乐思想也包括在转录中被改变的音色特征。但我并不是随机选择了这么一个该死的复杂情形。事实是，当只听过录音机转录的人们第一次听到由大提琴演奏的这部作品的时候，他们会一时感到困惑，但是通常是在最后他们会惊讶地识别出它是同一部作品。在另一方面，不论是在吉他上演奏的还是在钢琴上演奏的，我们都会识别出一首给定的歌曲，于是值得抓住相貌类型不放，因为它是如此之具有图式性而可以不依赖像音色这样的参数，而这并非无足轻重。[1]

很清楚，如果在声波和唱片纹道之间的关系属于基本像似论的情形的话——并且如果在布鲁根（Bruggen）的演奏和乐谱的音符之间的关系早已被各种阐释推断、选择和相关性的加强给充实了的话——那么，我们现在就跟着相貌类型一起到达了看起来难以对付的极为复杂的过程。我所考虑的音乐思想是什么？它必须对应于布鲁根的吗？当然不是。我的相貌类型会与罗伯特的不一样。我可以用眼睛阅读为录制 SC_2 而使用的转录乐谱，而如果我凭记忆演奏的话，我可以持续演奏一两分钟，接着我就停下来，记不起来下面是什么了，而罗伯特，他会使用录音机，曾经上千遍地听这段乐曲，

---

[1] 如果音色这个参数并不怎么重要的话，我们能否说在曼陀林上演奏的贝多芬第五交响曲仍然是同一首作品？从直觉上讲我们不能这样说——至多我们会识别出旋律的谱线。那么我们为什么就会对 SC_2 的改编满意呢？显然是因为后者是专为独奏乐器谱写的作品，而前者是交响乐作品，并且在对前者进行曼陀林演奏的时候我们不仅仅是从一个音色过渡到另一个音色，还会失去对这个作品来说至关重要的音色总体上的复杂性。但这个答案并不完全令人满意。我们需要在交响乐器的数量上减少多少才能最低限度地说演奏的仍然是第五交响乐曲呢？为陶笛改编的 SC_2 还是录音机录制的 SC_2 吗？如果用口哨吹 SC_2 的开头部分我是不是在“演奏” SC_2，抑或我只是提供一种解读，就好像我说《艾凡赫》是一部历史传奇小说一样？还是通过吹口哨我只是在提供可帮助记忆的伴唱用来回想起这个类型，就像当我说《第十二夜》是一出开头为“如果音乐是爱情的食粮就继续演奏吧……”？如果把《艾凡赫》翻译成法语会发生什么呢？会不会像为录音机录制的 SC_2？我必须换一天为这些以及其他问题提供答案，这属于被人们认为是翻译的符号间理论的伟大时刻（在这里读者可参见 Nergaard，1995），但这一时刻却对我在这里所讨论的问题并不十分重要。

但如果演奏的话却不行。

因此，布鲁根、罗伯特和我都能识别，但是我们意指（或使之运行起来）的是三个不同（这种不同是在复杂性和美妙程度或定义上讲的）的相貌类型。我们能否为了简单地识别这个目的而谈论"声音图像"？什么是声音图像？说我在视觉特征的基础上识别了塞巴斯蒂安和在声音特征的基础上识别出了 SC_2 是不够的吗？事实是，塞巴斯蒂安的相貌特征是全都一起展现在我面前的（尽管审视它们有时需要一定的时间），而音乐作品的声音特征是在时间上分散着呈现给我的。但是，在黑漆漆的房间里，我们的问题不是在听了整张唱片之后识别 SC_2。否则就会像让塞巴斯蒂安向前和后行走、微笑、说话以及在像警察那样盘问了他的过去（只是在特殊的情景中发生的事情）之后才认出他差不多。为了满足我的要求，罗伯特必须在相当短的时间内识别出（或许是在做了几次随意的选择的基础上）SC_2。这个问题我们经常会遇到，例如，当我们打开收音机，听到一支曲子，我们肯定知道但却没有一下子识别出它来。如果罗伯特在识别出 SC_2 之前需要听整支曲子的话，他在开始这样做之前就失败了，所以不妨让他把《十二平均律钢琴曲集》放给我，我也同样高兴，因为我不难被讨好。

我们能不能说 SC_2 的相貌图式与《蒙娜丽莎》的并无二致？我说不能。如果我能识别出《蒙娜丽莎》，是因为我从前看见过它；如果我看见过它，我就知道如何用语言去阐释它（一位微笑女子的半身肖像，背后是风景……），而即使我是一个非常蹩脚的画家，我也可以为它画一张素描，不论这张素描多么粗糙，它也足够让《蒙娜丽莎》同波提切利的《维纳斯》区别开来。我能把 SC_2 识别出来，即使我不能演奏它刚开头的几个音符，而不能说这只是因为我或罗伯特无能。如果我们熟悉《茶花女》，我们就完全能够哼唱《永远自由》或《饮酒歌》。但是你像了解你的手背一样了解《唐璜》，然而我却无法要求一个非职业歌手哼唱"俗世食物没有营养"。但这不妨碍我们一听到这段哼唱，就知道是老骑士在唱。

我们可能被诱使说人们识别的是"风格"。但是除了在试图定义风格图式的过程中体验到的困难之外（一位音乐理论家可以很容易地告诉我们，在我们把一首音乐识别为巴赫的作品而不是贝多芬的作品时，抓住了什么样的特征。但是麻烦在于，在识别这首音乐时，我们不知道我们在识别什么），我们的问题是我们如何在不把第二首组曲同第一首混淆起来的情况下把第二首识别出来。在这里，我认为甚至音乐理论家——即使擅长分析巴赫风格所独具的旋律、节奏和和谐的手法——也只能指给我们看五线谱：SC$_2$是由这一套和那一套音符构成的音乐个体，而如果音符不同，那么我们所面对的就会是另一首作品。

在我提到 SC$_2$ 之后，罗伯特在直觉上应该准备寻找的并不是极为复杂的认知类型（就像布鲁根的认知类型），而是部分性的相貌类型，需要的话，就像是在对"样式识别技巧"（Elis, 1995：85）的更为复杂的结合可能性方面鼓励他的一条线索。有趣的是，也暗示了在他同名字与局部性类型联系起来时，识别他没有意识到的声音特征。

艾利斯（Ellis, 1995：95 ff.）认为，我们记住了简单的旋律-节奏样式，比如前五个音符。我会说，我们识别一些作品不是在开始而是在某一点，因此这五个（或二十个）关键音符可以在任何地方，根据的是我们每个人细化了的相貌特征。在任何情形中我们所面对的仍然是截断的回答：那几个音符"给了我能够感觉到演奏这个曲子的信心"。①

但是，那些不会"演奏乐曲"的人又会怎样呢？我们这里必须

---

① 我认为这越来越接近马尔科尼（Marconi, 1997：3）所考虑的两种情形中的第二个：完整的推断能力和很差的指称能力相对于好的指称能力和差的推断能力。

小心：我说的不是病理上的对声调不能识别的情形，而是那些识音调但稍微"跑调"的人，所以当他们想哼几节音乐时，任何听到的人都要让他们停止。这种人在脑中（或在代替脑的任何记忆性记录的部件中）神秘性地拥有前五个或二十个音符，即使他们不能（用声音或陶笛）复制它们。这个情况与恋人唤起心爱的人的形象没有什么不同；他对唤起的形象永远不会满意，完全不能画出她的肖像，然而一见到她就能识别出她来。所有的恋人面对他们自己的欲望的贪婪时都会想象性地走调。

不能演奏曲子的人具有识别的最小图式，这是较弱的允许很多人画出老鼠轮廓或意大利半岛的轮廓的一种图式，而当他接受这个刺激源刺激的时候，他就识别出了这个构形。这种人不知道五度音程是什么，他也不会用他的声音把它复制出来，但当他听到它时可以把它作为已知构形识别出来（即使他不能叫出它的名称）。

所以，我们有时是借助旋律特征，有时是借助节奏特征，有时是借助与音色有关的特征来识别出 SC_2 的，所根据的基础是一种"截断"的类型，在这种类型中相关性被赋予完全在其他人的相貌类型中缺席的特征。一套简约的百科性事实（像是用这样那样的方式结构而成的由巴赫在某天谱写而成的作品）或许对识别的目的没有用处，截断的或常常是完全个性化的类型可能就足够了。

我们经常是借助截断的认知类型来进行阐释的事实，让人们想起皮尔士的实用主义标准（CP 5.9）："为了确定智力构想的意义，人们应该考虑那一构想的真值必要性地和可构想性地产生出的实际结果；这些结果的总和构成了这个构想的全部意义。"实际上，为了知道是同意另一个人的感知判断"这是对 SC_2 的实现"还是为了证实我自己的识别（在序曲部分不是很多的音符之后大胆提出的），我必须知道其所有的远的推论结果：包括这首乐曲必须以某种方式继续下去，在我听的时候这些音符可以被识别出来。但是就 SC_2 来说，

222

也有可能我听的只是"阿勒曼德舞曲"和"库朗特舞曲",也因此我不知道(也永远不会知道)收尾的"吉格舞曲"是什么样子。在识别过程中,我们只是猜想在所有的可能性中,结尾将会是它应该的那样。简言之,我们调动了模糊但却是希求式的图式。

在这些情形中唯一的保证就是社会共同体达成的一致——如果在我的心智实验中这个社会共同体被减缩为两个人那就糟糕了。阐释系列将会解决剩下的问题:重新来电之后,我们俩就能读出唱片套上的这支乐曲的名字,只有在此时,通过被公共性地记录在百科全书中的阐释中介,社会共同体将会告诉我们没有搞错。

3.7.10 一些公开的问题

我们承认,对于所有那些被截断的东西,我具有一个 SC_2 的认知类型。它是否等同于核心内容?我说不等同,因为尽管核心内容很粗糙,还是应该有可能被阐释,而我们已经断言某人虽然不能哼唱一个音符或写出五线谱上的前几个音符,也能够识别 SC_2。因此,这个人提供给这个 SC_2 的唯一阐释会是"一部某天塞巴斯蒂安·巴赫最初是为大提琴谱写的作品……",我们面对的是言语阐释。或者有人会给出相应的乐谱,那么我们面对的将会是通过对声音事件的图形阐释这种外在化的方式而进行的阐释。于是,被截断的 CT 有着被完全抽离出内容的特征,不论这个内容是核心的还是别的什么。[1]

有没有其他被认识的客体会揭示同样的抽离现象呢?

一种同 SC_2 的极其类似的情形关涉的是地点的 CT,这种情形是私己性的,足以被主体所识别,但难以公共性地被阐释,完全与 NC 脱离开来。如果我蒙上双眼,被带到我的家乡,然后被扔在路的一

---

[1] 布鲁根能够把他的 CT 等同于他的 MC,但在这种情形中我们所研究的是同动物学家鉴别老鼠没有什么两样的能力,我们看到的是我们只对我们同动物学家所共有的能力感兴趣。

处拐角，眼罩被揭开后我就能马上识别出——或相当快速地——我在哪里。如果我被搁在米兰、波伦亚、巴黎、纽约、芝加哥、旧金山、伦敦、耶路撒冷或里约热内卢，这些城市我根据天际线就可以识别出来（Lynch, 1966）。我的这种极为视觉性的知识仍然是私己性的，因为很难让我对某人做出有关我的家乡的一番描述，而这一描述又能使他在相同的情景中识别出我的家乡来。我会说什么呢？是不是说它的街道通常是平行的，还有一座很高的铅笔形状的钟楼和一条把这座钟楼同城堡分开的河流？这并不够；通过这些描述还不足以识别出这个地方。有时这些私己性的 CT 最为生动；我们可以告诉我们自己我们的城镇是什么样子的，但却不能告诉别人。视觉经验似乎比音乐经验更容易用语言表达出来，但是我（如果不是罗伯特的话）总是可以通过用口哨吹前几个音符的方式阐释 SC_2，却不能给任何其他什么人阐释出亚历山德里亚的但丁大街的模样（对我来说不会搞错）。这项任务可以由建筑师、画家或摄影家毫不费力地完成。然而，在那种情形中，我们所讨论的不是 CT 而是 MC。

另外，我的认知类型与我把其对应于这座城市的名字的 NC 无关（这个 NC 会被减缩为"亚历山德里亚是在皮埃蒙特区的一座城市"）。即使在那些 NC 包括某个奇特的特别之处的情形中，如在罗马有大剧院废墟，或是纽约这座城市里有很多摩天大楼，这些信息也不可能使人将罗马和尼姆区分开来，不可能使人将纽约和芝加哥区分开来——也不能让我识别出我在罗马这个事实，如果我被搁置在纳沃纳广场附近的一条街道上（这种事我在现实中却能完美地做好）。

人们可以继续讨论这种不确定实例类型。我在一部电影中可以很容易地认出莎朗·斯通，但我却不能告诉别人去如何识别她（除了说她是一位光彩照人的金发女郎，但这不足以继续下去），但我把她的名字同 NC（女性、美国女演员、主演过《本能》）联系在一起。

在公路上我可以把一辆蓝旗亚同一辆沃尔沃区别开来，因为我有与这两种牌子相关联的 NC，但我却不能告诉任何人如何区分它们，除非用很模糊的方式。

很清楚，就我们接近世界上的客体（以及向别人谈论它们）的方式来说，一切都不是明明白白的，也不是都是进行得很顺利。事情行不通的话，这没问题，这只不过是说某个人不了解某物，正像一个人不知道很多词语的意思或不能识别出不熟悉的客体。这种问题在情形不能进行的时候就出现了，而在情形行得通的时候也会出现，就像在对 SC_2 的识别中的情形那样。

我想我必须坚持一个相当宽松的观点：对于我们很多的认知经验，CT 和 NT 是重合的；对于其他的则不会。我不认为承认这一点是一种投降的姿态。这只是对正在进行的争论的一个哲学结论：让我们目前满意于清楚的实例（如老鼠、椅子），让我们把歧义性的实例归类于我们仍然知之甚少的现象之中去。

3. 7. 11　从公共性 CT 到艺术家的 CT

一个 CT 总是一个私己性的东西，但是当被阐释为 NC 时，一个公共性的 NC 可以为 CT 的形成提供示引。于是，在一定意义上讲，尽管 CT 是私己性的，它们继续服从于公共控制，而社会共同体一步一步地教我们把我们的 CT 同其他人的 CT 配对。这种情形也同样发生在 CT 的控制上，就像发生在匆忙的即兴断言中那样。如果我说我的皮肤被不可感知的湿润分子击打，但水实际上不是从天上落下来的，人们会告诉我，我所感知到的是雾而不是雨，以及告诉我在把我的感知判断用语言表达出来的时候如何去正确使用这两个词。这些 CT 之所以成为公共性的东西，是因为在我们接受教育的过程中它们被传授给我们，根据由社会共同体认可的现状而得以审视、修正和加强。我们最初认识狗的时候，是有人让我们注意它跟鸡不一样，有四条腿，我们被鼓励去发现它的友好的特性；我们被引导不要害怕、可以抚摸它，我们被警告如果踩在它的尾巴上它就会叫。我们很早就被告知，太阳实际上要比裸眼看到的大得多，比我们想象的大得多。

我们曾说过，个体的相貌特征会非常具有私己性。但是在交际互动过程中，甚至连相貌类型都是由一连串的阐释集中在一起的：马克和我拥有约翰尼的不同的 CT，但是我们通常与其他朋友交换对约翰尼的描述，我们谈论他笑起来的方式，我们说他比罗伯特粗矮，我们看见我们会认为像或不太像他的照片……简言之，我们建立了（至少就我们的熟人圈子或很多公众人物来说）多套我们可以称之为像似性规约的东西，这些在公众人物身上所起的作用大小源自这一事实，即我们在漫画中也能识别出他们（漫画是夸张的艺术，或者甚至是发现脸部最为显著的典型特征的艺术）。

非常私己性的类型属于艺术家。一位画家有着感知颜色之间差异的能力，这种能力比一位普通人的要细腻得多，米开朗琪罗当然具有比 3 - D 模型更为复杂的人体的认知类型。但是，这绝不意味着他的类型就注定要停留在私己性和个人独具性之上。相反，很清楚，一个 3 - D 模型就是在我们感知人体的时候，一般达成一致的基本类型；但是解剖学家、画家、雕塑家或摄影家们的阐释不断修正和丰富它。显然，只对某些人来说：认知劳动就像语言劳动一样，也有分工，就像存在着更加细致和限制性的符号一样，在同样的意义上，一位化学家比普通人有着对水更为广泛的概念。正如在多少受到限制的能力之间进行的语言沟通的交易，在 CT 间的"贸易"中这也会发生。

这就是人们会说艺术家加强了我们感知环境的能力。一位艺术家（而这就是俄国形式主义者所谓的陌生化概念）不断地试图修订现行的 CT，就好像一切于是被感知为未知的客体。塞尚或雷诺阿训练我们用不同的方式在某些具体恰当性或感知的新鲜性的情景中观看树叶、水果或年轻女孩的面庞。

在刺激的战场上有着抵抗战线，抵制着不可控制的艺术发明（或者迫使艺术家不仅去描绘我们世界的客体，还会描绘可能世界的客体）。这就是为什么艺术家的建议不会总是被社会共同体所完全接受。我们很难在杜尚的《新娘被剥光》激发下构想出女人身体的CT，而艺术家的作品总是试图质疑我们的感知图式，总是引导我们认识到在某些情形中事物也会以不同的面貌呈现给我们，或者意识到存在着图式化的各种可能性，这会使得客体的某些特征以激发性的非常规形式带上了关涉性（对于贾科梅蒂来说，人体是骨架的瘦长；对于波特罗来说则是肌肉的无法驾驭的恣肆）。

我想起了一天晚上，当时人们在玩室内游戏，其中一个游戏是"塑像"，观看者必须猜出表演者模仿的是哪个作品。在某一时刻，一组（搭配很好的）女孩把四肢和脸扭曲错位。几乎每个人都识别出她们指的是《亚维农的少女》。如果这个人体可以阐释毕加索对它的呈现，那么那个呈现就抓住了人体的某些可能性。

第四章　介于词典和百科全书之间的鸭嘴兽

4.1　山脉和山脉

像往常一样，我们要设想一种情景。桑德拉在告诉我她将开车从南到北穿越澳大利亚时，我告诉她绝不能忘记看一看竖立在该大洲中部的、属于世界第八奇迹的艾尔斯巨石山。我还补充说，如果在达尔文市和阿德莱德市之间的路上她路过爱丽丝泉，那么她就应该朝西南挺进沙漠，直到她看见一座山，很难错过，因为它耸立在大平原的中央，就像在博斯中心的沙特尔大教堂：这就是艾尔斯巨石山，一个奇特的地形构造，会在一天当中的不同时间变化颜色，在日落时让人惊叹。

我给她的示引不仅帮她找到艾尔斯巨石山，而且还帮她识别艾尔斯巨石山，然而我感到有点不安，好像我在欺骗她。于是，我对她说，在我告诉她（ia）艾尔斯巨石山是一座山的时候我所讲的为真，然而也是在告诉她如果同时我声称（iia）艾尔斯巨石山不是山也为真。显然，桑德拉会这样反应：她将提醒我稍微接受过一点点真值函项教育的人都会知道如果（ia）为真，那么（iia）则为假，反之亦然。

因此，我重复 NC 和 MC 之间的区别（在这个故事中桑德拉已经读了这本书，只有这一段没读），而我向她解释艾尔斯巨石山呈现出我们赋予山的所有特征，如果我们被要求把我们所知道的客体分为山和非山，那么我们当然就应该把艾尔斯巨石山放入第一个范畴中。我们习惯于把一座山识别为开始是有着起伏的坡度而随后这些坡度越来越陡，最后隆起为一个相当高度的东西，而艾尔斯巨石山孤零零地陡然耸立在大草原中间；但是，我们面对的是奇特的、非典型的大山这一事实，并不比鸵鸟就它是鸟来说也一样是奇特而非典型的、尽管如此也并不会被感知为比一般的鸟少几分这个事实更令人不安。然而，从科学的角度看，艾尔斯巨石山不是一座山，而是一块石头：它是一块孤立的石头——换句话说，一块巨石插在地上，好像是一个巨人把它从天上抛了下来。艾尔斯巨石山从 CT 的角度讲是一座山，但从 MC 也就是你所掌握的可定义为岩石学或岩性学等的能力的角度讲，则不是一座山。

桑德拉很清楚地明白我为什么没有告诉她向西南方行进直到看见一块石头——因为在那种情形下她会一直盯着地面而不会抬头看。但是，她会说，要是有意玩逻辑悖论，我最好把（ia）和（iia）改写成这样：（ib）艾尔斯巨石山是座山；（iib）艾尔斯巨石山不是一座山（MOUNTAIN）。这样，就可以很清楚地看到（ib）断言艾尔斯巨石山拥有山的感知质性，而（iib）会断言它在范畴系统中不是一座山（MOUNTAIN）。桑德拉自然会运用她的声音一个音一个音地强调小体大写字母的使用，这样做就是为了表明这种字体写的词语代表了合成语义学所谓的词典特性，这些特性对于一些词语来说是语义基素，它们在任何情况下都暗示着一种范畴组织，范畴组织这个术语同前一章所使用的意思一样。

但是在那一点上，她会让我注意到一个奇特的悖论。词典表呈的支持者认为，这类表呈记录的是语言内部的关系，却把世界的知识要素抛在一边，而百科全书格式的知识预设了语言外的知识。词典表呈的支持者们为了给语言如何发挥功能提供严格的解释，就认为我们必须关注一系列层级性地组织起来的语义范畴（如物体、动物 vs 蔬菜、哺乳动物 vs 爬行动物），而且——即使我们对这个世界一无所知——也可以做出各种推论，比如，如果哺乳则是动物；如果这是哺乳动物则不是爬行动物；某物是爬行动物同时不是动物是不可能的；如果这是爬行动物那么就不会是蔬菜；以及很多其他的令人愉快的箴言，根据专家的意见，比如在意识到我们拿起的不是笋尖而是一条蝰蛇的时候我们就会习惯性地发出这些箴言。

百科性的知识在另一方面本质上是不均衡的，有着无法控制的格式，狗的百科性内容必须要包括几乎是所有的关于狗以及所了解到的狗的东西，甚至像我的妹妹有一只母狗叫拜斯特这样的细节——简言之，这种知识即使对于博尔赫斯的"博闻强记的富内斯"也会过多。实际上并非就是这样，因为我们所认为的百科性知识只是那些社会共同体在某种程度上公共性地记录下来的项目（而且不仅如此，还会认为百科性能力会根据一种语言上的分工而跨区域性地被共有，或者以不同的方式和模式根据语境而被激活）。但毫无疑问的是，就这个世界的事件和客体来说，更不用说其他世界的事件和客体了，总是有新的事实要了解，因此那些发现百科全书格式难以处理的人并没有错误。

不管怎样，奇特的事件发生了，每个人都认为词典能力对于语言的使用是不可或缺的，鉴于清晰地记录词语特性的词库被称作"词典"而那些沉湎于复杂描述的则被称作"百科全书"这一点来看。然而，艾尔斯巨石山的故事告诉我们，为了识别客体以及能够每天谈论它，（基于很多事实特性而）显现为山的感知性（而非语言性）特征起着很关键的作用，但它不是一座山而是一块石头这个事实只是为那些享有广博的百科性知识的精英保留的资料。因而桑德拉会向我指出，人们在进行日常言说时都是遵循百科全书模式，只有有学问的人才会去查词典。她说得没错。

这整个情形也可以在历史上获得确证。如果我们看一看古希腊和中世纪的百科全书，我们只会发现告诉我们某物什么模样（对于亚历山大·尼卡姆来说，鳄鱼是 serpens aquaticus bubalis infestus, magnae quantitatis）或者如何找到某物（抓到蜥蜴的示引）的描述。一般地，有着大量轶事性特征的簇集，如在《剑桥动物寓言集》中："猫之所以被称作 musio 是因为它历来是老鼠的天敌。更为常见的 catus 来自 capturare，或者——根据其他的说法——是因为 captat 即为它看见的意思，猫实际上就是具有了敏锐的目光才能够用闪亮的眼睛穿透夜晚的阴影。"① 如果我们查询秕穗学会在一六一二年出版的词典，我们会发现关于猫的这样的定义（这个词是以阴性形式 gatta 带着政治正确性被收入的，尽管其余的是用阳性代词被书写的）："众所周知的动物，养在家里，原因是它对老鼠有着特别的敌意，它会杀老鼠。"就是这样。

我们可以发现，过去并不存在词典类型的定义（除了"理性的有寿命的动物"之外）。这方面的首次尝试是在成熟语言的词典中发现的，如在约翰·威尔金斯写的《论真实性格》（1668）中，他试图通过类属加种差的方式定义整个宇宙的事物，并且以对自己进行科学分类的初期尝试作为基础。然而，在列出了四十个主要的属和把这些属再次分为二百五十一个具体的差，以及又从这些差中获得了两千零三十个种之后，威尔金斯（比如我们把"胎生带爪的动物"作为例子）可以把狐狸同狗区分开来，但却不能把狗同狼区分开来

---

① 迭戈·马尔科尼（Marconi，1986，附录）考察了从中世纪以来直至十八世纪的一系列双语词典和单语词典，并且发现其中的定义（或释义）似乎是：（i）在另一种语言中的同义词；（ii）识别或呈现指称物的示引（参见《论词义》，在其中 muries（盐卤）是经过在研钵中压磨粗盐得来的，并收集在土罐中，等等）；（iii）单纯的词语清单，在其中把难词转化成简单的词（但是词典类型的能力问题就在于给简单的词定义）；（iv）借助同义词（adulterate = to counterfeit 或 corrupt）；（v）把拉丁语作为通用语（ambiguous = anceps, obscurus）。

（Eco，1993：242，图 12.2）。那么，如果我们想知道狗是什么以及会做什么，我们就必须查询差，但这些差不是作为词典类型的基素被呈示出来的，而是真正的经验性质的百科全书式的描述（如，攻击性的胎生动物，一般有六颗带尖的切牙、两个犬齿；"狗类"具有长方形的头，与"猫类"的圆形头区别开来；狗与狼不同，因为前者"以驯顺著称"，而后者则以"野性和对羊有敌意"著称）。词典的程式是分类的工具，不是定义的工具；它使用的方法类似于杜威所谓的图书管理的方法，可以让我们从图书馆中成千上万的书架中识别出一本给定的书，从而推测出其主题（如果我们知道代码的话）而不是具体的内容。①

科学分类学的雏形出现在十七世纪，而只有从十八世纪开始才被有机地建立了起来。鉴于此，我们似乎要被引领着得出这样一个悖论式的结论：在那时（其时不存在词典结构）之前，从智人的出现到至少是十七世纪，既然词典能力不存在，那么没有人会体面地使用他的语言（亚里士多德和柏拉图或笛卡儿和帕斯卡说话，但他们却彼此不理解），也没有人设法把一种语言翻译成另一种语言。既然历史经验与这个推测相矛盾，人们就必须得出这样的结论，词典能力的缺失并没有阻止人说了一千年和理解了一千年，这一缺失，即便并非是无关紧要的，当然也不是在实现语言能力的目的中起着决定性的作用。

NC 大多由经常是杂乱的、具有百科全书特性的特征组成，而词典能力的形式只是以 MC 的表呈形式出现。或许这样说就足够了。但并非这么简单。中世纪动物寓言集的作者们或许会动物学考试不及格，但不能否认的是，当他们（用 NC）把鳄鱼定义为水蛇的时候，他们会以自己的方式建构范畴，显然是想当然地把这个范畴与

① 威尔金斯方法（Wilkins，1668）的缺陷我在对 bachelor（单身汉）的定义中评论过（Eco，1975：2.10）。

陆地蛇类对立起来。

另外，如果存在着指号基素，前范畴性的区别特征，如"动物"（在是有生命的存在物这层意义上）的区别特征，当我们把蚊子感知为动物时，我们（用相当混乱的方式）把它放在一个范畴序列中，就像我们把鸡和食用菇都放在"可食用的东西"里面一样，于是就把它们同犀牛或毒蘑菇（危险的东西）对立了起来。

4.2　文件和目录

因此就让我们比较我们的认知过程，从初期的感知到对任何知识的建构——这些知识并非是科学性的——再到我们计算机的组织。

我们把事物感知为特性组合（狗是有毛的动物，有四条腿，舌头可以耷拉在外面，会吠叫，等等）。为了识别或鉴别事物，我们建立文件（这些文件有可能是私人性的，也有可能是公共性的：文件可以是我们自己的作品，也会由社会共同体传达给我们）。文件通过我们判断的相似之处或不同之处而逐渐地得到定义，于是我们就决定把它插入一个给定的目录中（或是社会共同体以已经被插入的形式交给了我们）。有时，当我们需要查询某物时，我们就在屏幕上调出树形目录来，并且，如果我们对这个树形的组织方式有着模糊的了解的话，我们就会知道某个类型的文件肯定会存在于一个给定的目录中。我们如果要继续搜集数据，就可以从一个文件转到另一个文件。但是如果这项任务变得愈加复杂，就有必要把某些目录分解成次级目录，而在某一点上我可以决定重新调整整个的树形目录。科学分类不过就是一组树形目录和次级目录，而十七世纪的分类和十九世纪的分类之间的唯一区别在于树形目录仅仅是（难道仅仅吗？）在各种场合中重新建构起来的。

然而，这个由计算机激发的例子掩盖了一个陷阱。一台计算机里面的文件是满的（也就是说它们是信息的聚集），而目录则是空的——换句话说，它们可以是对文件的聚集，但如果没有文件它们也就不包含其他的信息。另一方面，正如我早已指出的那样（Eco，1984：2.3），在科学分类中，比方说，当犬科动物被插入哺乳动物中时，说狗和狼是哺乳动物并不只是意味着它们被分在叫作哺乳动物的目录中：科学家们也知道哺乳动物（不论是犬科还是猫科）常常会以相似的方式繁殖。这意味着分类学家不能打开——比方说以CRYPTOTHERIA 开头的目录，决定把任何老的文件放在那里。如果出现了这种需要：他必须确定 CRYPTOTHERIA（或许是新型的）的特征是什么，这样——在一个给定的动物身上出现的这些特征的基础上——他就能够判断把这个动物的文件插入那个目录的正当性。这就保证了当分类学家说某个动物是哺乳动物的时候，他就知道它具有的一般特征是什么，即使他还不知道它看起来是像牛还是海豚。

于是，每个目录都应包含关于文件中所描述的客体的共同特征的一系列数据的"标签"。我们所需要做的是，就像出现在某些操作系统中的文件身上的情形那样，有可能一个目录的名称不是登记为一个简单的密码，而是一个文本：在这种情况下，哺乳动物的目录会被登记为哺乳动物（具有这样那样的繁殖特征）。实际上，像哺乳动物、卵生动物、裂足动物或有蹄动物这样的分类性词语表达了大量的质性。在林奈双名法定义系统中，像 Poa bulbata（鳞茎早熟禾）这样的名称包含所有的 Pitton de Tournefort（德图内福尔）仍然必须列为以下内容的信息："Cramen Xerampelium, miliacea, praetenui, ramosaque, sparsa canicula, sive xerampelinum congener, arvenese, aestivum, gravem minutissimo semine"（Rossi, 1997: 274）。

这一条件一点也不是词典语义学所必不可少的：如果，比方说，PRISSIDS 种被放在了 PROSIDS 科的次级目录中，而 PROSIDS 属于

PROCEIDS 目，那么为了能够对这个类型做出像如果这是 prissid 那么它肯定就是 prosid 和某物是 prissid 而同时不是 proceed 是不可能的这种（极度精确的）推断，就没有必要知道 proceid 或 prosid 所具有的特性。不幸的是，这可以作为我们做逻辑练习（是值得称道的行为）时进行推理的方式，也可以作为一位不理解推论而死记书本（可悲的行为）应对考试题目的动物学学生所采取的方式，但却不能作为我们为了理解与之相对应的词语和概念而进行推论的方式，所以，当有人听到别人说所有的 prissids 都是 prosids 的时候，他就会要求一些补充信息，这并不是不可能的。

但是，即使目录和文件之间的辩证关系可以比作词典和百科全书之间的辩证关系，或者比作范畴性知识与类属性知识之间的辩证关系，这个分野与 NC 和 MC 之间的分野不是同质的。我们也确实在 NC 的层面上组织目录（如把猫放在动物之中和把石头放在非生命的物体中），但是组织标准却不太严密，所以也就难怪我们长期以来会把关于鲸鱼的文件放入标为"鱼"的目录中，而当我们识别出艾尔斯巨石山拥有很多山的属性时，我们不假思索地就把它放入混乱的山性事物的文件中，没有做太细致的分别。

于是，我用词典能力这个词语来指某物把自身限制在对一个给定概念在树形目录中的某一结点上的所属位置做出（NC 和 MC 意义上的）记录。另一方面，百科性能力既涉及目录和文件的名称的知识，也涉及它们的内容知识。文件和目录的总和（包括那些目前所记录下来的甚至还包括随着时间的推移被删除的、重新排序的或重新书写的）代表我在各种场合所说的作为调节性概念的百科全书——图书馆中的图书馆，一个对不能被任何单独的说话者所实现的知识总体性的公设，一个还没有被社会共同体所探知的、永远都在增长的宝库。

4.3 野性范畴化

在 NC 的层面上存在着对"野性"范畴的不断组织和重新排序，这些范畴中的大部分来自对稳定的前范畴特征的识别。例如，在西方世界中鸡被认为是可食用的动物之一，而狗则不是，但在一些亚洲地区狗则属于可食用范畴中有着完全资格的成员，它跟西方的火鸡或猪一样被养在房舍周围，人们知道在某个时候它将会被吃掉。[①] 但是，就是在 MC 的特殊区域，讨论变得愈加谨慎。

试想一下矿物、蔬菜或昆虫的概念。很多言说者在把某个动物（如鼠海豚）识别为哺乳动物时犹豫不决，但他会很轻松地承认苍蝇或跳蚤是昆虫。能否说我们所面对的是一个动物学范畴，起初这个范畴专属于一个 MC，但随着时间的推移被 NC 捕捉到了？我说不是这样：如果我们注意到共同能力接受了牛是哺乳动物的观念（一个在学校里学到的观念），这种情况会发生，但毫无疑问的是，人们在分类学家决定标识一定的节肢动物之前就在识别昆虫。

这种情况之所以发生，是因为 MAMMAL（哺乳动物）这个词是在一七九一年作为一个术语被造出来的，这个词在林奈发表于一七五八年的《自然系统》中的 MAMMALIA（首次被扩展而包含了鲸目动物）之前，它取决于把繁殖系统考虑在内的某个功能性标准。相反，insectus 这个来自希腊语 entoma zoa 的拉丁语仿造词，意思是"被切的"动物：这是对把这些小动物的典型形状考虑在内的形态特征的描述（源自直觉感觉到这些身体是被切割而成的，在环状处连接在一起）。昆虫的"野性"范畴仍然发挥着作用，我们常常把昆虫

[①] 甚至在认知心理学家谈论范畴活动时，他们最可能会论及将经验归为被我们定义为野性的分类名下的初级能力。比如，布鲁纳等人（Bruner，1956：1）谈到过"危险情形"的分类，在其中人们会不由得把空袭警报、我们爬树时受到惊扰的蟒蛇以及来自上级的责备包括进去。

这个名称赋予很多动物学家不把它们识别为昆虫的动物，像蜘蛛（它们是节肢动物，但是属于蛛形纲动物而不是昆虫）。[①] 这样，在 NC 这个层次上如果有人说蜘蛛不是昆虫我们就会感觉很奇怪，而在 MC 这个层次上蜘蛛就不是昆虫。

因此，"昆虫"要么是一个日常语言呈现给博物学家们的前范畴类型的指号基素（而哺乳动物则是由博物学家们给日常语言的一个范畴），要么它在任何情况下都是一个野性范畴。在进行野性范畴化的过程中，我们根据客体对我们的用处、与我们的生存之间的关系，或者形式上的类比等对它们进行分组。我们并不在乎保有一个动物是哺乳动物这样一个事实，是因为 MAMMAL 的科学范畴所包含的动物不仅看上去千差万别，而且还会与我们发生各种各样的关联（比如，存在着我们吃的哺乳动物，也存在着吃我们的哺乳动物），而昆虫给我们的感觉是多多少少在形态上的相似，并且都一样地令人讨厌。

对于说话者来说，这些野性范畴通常是简洁地总结了大量的特征，而且还暗示性地包含着鉴别或检索的示引。马尔科尼（Marconi，1997：64—65）认为，即使我们不知道铀是什么或是什么样子，但是如果被告知它是一种矿物质的时候，那么要是有人把它同一个未知的水果和一个未知的动物一起拿给我们看，我们或许就能够鉴别出它来。这时他所言及的是矿物质的野性范畴，而不是 MINERALS。实际上，如果我们让一位没有任何科学知识的人把节肢动物同蜘蛛、百足虫和矫形假体区别开来，他将会不知道该怎么做。但是，当我们（大概地）知道铀是一种矿物质的时候，我们去查询矿物质的野性目录，就像我们去查询山的野性目录一样（而如果他们告诉我们它是一块石头，我们就会去查询别的什么目录，只是在其中我们就

---

① 关于这方面的资料可参见《罗伯特法国语言历史词典》（Alan Rey，1992）。

找不到用来鉴别它的合适的示引)。

现在，如果我们参照科学模型来考虑范畴（或词典）能力的话，我们就会被告知那个能力的其中一个特征是，它由不可抹去的特征组成：如果我们知道鼠海豚是鲸目动物，而鲸目动物又是哺乳动物，而哺乳动物又是动物，那么就不能说某物是鼠海豚而不是动物；如果（只是为了避免使用经典的例子）在某个星球上所有的鼠海豚都是机器动物，它们不是动物这个事实就会阻止我们说它们是鼠海豚：你可以拥有玩具鼠海豚、假鼠海豚、虚拟鼠海豚，但不是鼠海豚。在另一方面，日常能力告诉我们鼠海豚是长着圆形鼻子和三角形背鳍的海豚（以及许多诸如此类的东西，涉及的是生存区域、习性、智力程度和可食用性），但是任何特征都可以被合法地抹去，因为认知类型并不对这些特征加以等级性的组织，也不会生硬地固定住（特征的）数量或重要性。我们可以识别出吻部呈凹形或畸形或尖端翘起以及背鳍呈锯齿状的鼠海豚，这样的鼠海豚虽然不会赢得鼠海豚选美比赛，但无论怎样都是鼠海豚，跟它们更好看的同类没什么两样。

科学分类中的特征不能被抹去，因为这些特征被组织进了一系列的嵌入的上义词和下义词之中了：如果蜘蛛是蛛形纲动物就不能是节肢动物，否则整个范畴系统就会坍塌；但是正是因为蜘蛛是蛛形纲动物，那么它就不能同时也是昆虫。

同样在 NC 的层次上我们的知识也被组织进了文件和目录之中，但是这种组织不是等级性的。让我们看一看在 3.4.3 中所考察的老鼠定义中的一些特征：

　　　　人们认为它们都属于同一类。
　　　　人们认为它们生活在人们所居住的地方或附近。
　　　　一个人可以很容易地把一只老鼠抓在手里（大部分人都不想抓它们）。

这意味着老鼠的文件可以被放在"生活在家中的动物"范畴中（这个范畴也包括猫的文件）以及"令人讨厌的动物"范畴中，就跟苍蝇和蟑螂（它们都会大量地出没于人家中），还有毛毛虫和蛇一样。同样的文件根据场合可以被同时放入几个目录中，根据语境从一个目录转到另一个目录中。而实际上，列维-斯特劳斯提醒我们野性思维是以拼装的方式运行的，这种拼装是一种拼缀的形式，不会预设任何等级性的组织。[①]

但是，如果情形就是这样的话，文件就不一定暗示着目录，就像在科学分类中；换句话说，当这种必要性不带来方便时就很容易否定这种必要性。喂养可爱的小白鼠的人不会把这些老鼠放在令人生厌的范畴之内。在澳大利亚，兔子被认为是有害的动物。在中国市场中，有人会把他们认为是乖巧之物的东西放在笼子中展示，而我们却把这些动物看作是讨厌的老鼠，如果它们在我们的楼上出现我们会感到很害怕。另一方面，鸡被列入农场动物之列有上千年的历史了，而目录（如果这个目录已经不是为我们所列，至少还为我们的后代所列）迟早会只包括一种鸡，这种鸡被称作自由放养型的鸡，而其同类则被分类为圈养型动物。在 MC 这个层次上，鸡是鸟而不可能不是鸟，而在 NC 层次上，鸡（在一定程度上是鸟，当然要比鹰稍逊一些）可以被分类也可以不被分类在圈养动物的行列中。

4.4　不可抹去的属性

非科学性范畴化的野性本质因此就会阻止不可抹去的特性存在吗？似乎并非这样，因为可以正确无误地看到（Violi, 1997: 2. 2. 2. 3）一

[①] 换言之，我们运作的方式跟我们整理自己的书房的方式一样。十年前克罗齐的《美学》是在"美学"这个分类中找到的，而一旦认识论研究开始，这本书就会被移到"知识"这一部分（直到研究结束）。这个标准是个人性的，但无论如何也具有相关性——一旦查寻的规则得以确立。

些特性比其他特性显得更加具有拒斥力，并且这些不可抹去的特性并非仅仅是像动物和物理客体这样的范畴标签。在指号生命中，我们注意到我们也对删去一些看起来比其他属性更为显著的、特征更为鲜明的"事实性"属性很小心。很多人会接受鼠海豚不是哺乳动物这个看法（我们发现哺乳性不是属于鼠海豚的 CT 的特性；几个世纪以来它都被认为是鱼），但是不论一个人有多么地不了解鼠海豚，他也很难接受鼠海豚生活在树上这个说法。如何解释某些否定会比其他的更具有拒斥力呢？

维奥利（Violi，1997：9.2）区分了本质属性和典型属性：猫是动物是本质性的；而它会发出喵的声音则是典型性的。第二个可以被删除，而第一个则不能。但是在那种情形中我们又回到了词典属性和百科全书属性的旧的区分上来。相反，维奥利（Violi，1997：7.3.1.3）甚至认为功能性属性（这些属性通过客体身上所典型具有的可供性而同 CT 紧密地联系在一起）是不可抹去的，所以很难说某物是一个盒子而同时又否定它能够容纳东西（如果它不能容纳东西那就是一个假盒子）。[①]

---

① 这种在 NC 层面上可取消属性的范畴不仅包括分类性属性。马尔科尼（Marconi，1997：43）提供了两个断言的例子。根据他的观点，这两个断言都是必要的，但并不是一般能力的构成要素，尽管第一个断言是普遍性的而第二个是个别性的：(i) 金的原子数是 79，(ii) 37 是第 13 个质数。句子 (i) 当然不能反映一般能力，于是我承认它是"必要性的"，也就是说在科学话语的域界内是不能删除的。在将来有可能不是这样，到时会发现目前的这个范式不能恰当地解释元素之间的差异。一位金匠能依据标准（不管是什么标准）把金子同金色铜区分开来，我把此定义为经验性的，而在任何情况下人们关于金子的 CT 都相当模糊，这个事实会让骗子和仿造者轻而易举地用假金子蒙混过关。而至于 (ii)，它要比 (i) 更"令人相信"，要是人们接受了康德的分析判断和先验综合判断之间的区别。康德想必说过我们关于数字的知识取决于先验图式论，而关于金子的知识则是一个经验性的概念（实际上，康德想必知道 37 这个数字是如何产生的，而不知道人们如何确定金子是什么）。在这两个句子之间存在着差异。我认为这个差异并没有完全被普遍必要和具体性必要的对立所掌控。无疑，句子 (ii) 不属于 NC：我需要知道的一切是，37 是小于 38 大于 36 的数字以及我们如何产生它。如果有人让我们去买第 13 个质数之多的花生，我想我们会空手而归。这些结论允许我们说，从 NC 角度看，否定老鼠是哺乳动物、金的原子数是 79 以及 37 是第 13 个质数都是无关的陈述，原因就在于只是就更细致的区域性知识目的来讲，它们是重要的（和不可删除的）。

我们看一看下面的句子：

（1）老鼠不是哺乳动物。这就是我所定义的指号判断（Eco，1976；3.1.2），也就是，对存在于一个给定语言阈限之内的百科全书式或词典式的规约的确认或质疑的断言，或者更准确地说，是对现行的分类范例的断言。在范例的阈限内这个断言当然是错误的，但是很多人能够在不知道（1）是错误的情况下识别出老鼠并说出它的名称来。很可能是这样，（1）应该被理解为"我在关于其繁殖过程的新的事实证据的基础上断言老鼠不再被分类为哺乳动物"。在4.5中可以看到这类断言在鸭嘴兽身上流行了八十年。证明它们为真在第一个例子中是进行这种动物的生理和解剖的实验性验证工作的研究者的事情。但是很自然，改变分类标准以断言鸭嘴兽不是哺乳动物就足够了。无论怎样，断言（1）既不指称老鼠的CT，也不指称老鼠的NC；它不属于我们在3.5.2中所讲到的共同性能力区域的一部分。如果是什么的话，它算是MC的一部分：就让动物学家根据他们自己的意见决定什么是更值得删除的，什么不值得删除吧。

（2）老鼠没有尾巴。如果这句断言被理解为是由指称所有存在的老鼠的一个普遍性量词支持的话，那么最少提供一只有尾巴的老鼠就足够将其证伪了。但是，在日常生活中，我认为不可能有人作此断言，这样就会预设说话者先前对所有的老鼠（有成百万只）逐一做过验查。这句应该转述为"有尾巴这个属性不是老鼠的CT或老鼠的NC的一部分"。我们知道NC是被公共性地验证了的，那么我就可以说质疑（2）是容易的。被我们称作老鼠的东西（通常）是有尾巴的；老鼠的范型有，就像其原型一样，如果原型在什么地方存在的话。不可能有人会说（2），但我们将会看到，可能有人说雌鸭嘴兽没有乳房（这是发育中的CT的情形）。那么，具有尾巴这一属性是可以隐没的还是不可以隐没的呢？我认为这个问题问的不是地方：当CT被阐释的时候，所有的属性起初都具有同样的价值，这也是因为我们仍然必须知道这一类型被所有人真正地全部所共享的程度有多大。决定性的实验是在代指符被识别出来的时候。这就把我们带到了下一个例子。

（3）这是一只老鼠，但没有尾巴。发现一只死老鼠，尽管支离破碎也能把它识别出来。我们对老鼠的 CT 也预设了具有特征性的尾巴，但这是可以被取消的属性。

（4）这是一只老鼠，但它不是动物。这里我们必须回过头来看看我们先前说过的东西：赋予动物性同赋予范畴没有什么关系；我们所处理的是感知性的基素，是前范畴性的经验。如果它不是动物，那么它就不可能是老鼠（它肯定是常常在关于哲学语言的书页中被一只机器猫追来追去的机器老鼠）。作为动物的属性是不能被抹去的。

（5）这是一只老鼠，跟鳗鱼一样，呈弯曲的柱形，两头尖。就算是一个不必考语言哲学试题的人这样愚蠢而又一本正经地说出（5）来，我们也不可能同意这个说法。一个几乎是卵形的、稍微朝鼻子方向趋窄的形状是我们识别老鼠的不可缺少的（也是不可抹去的）条件中的一部分。这一完形的重要性在于我们可以变通性地对待尾巴，甚至也可以变通性地对待爪子的在场。老鼠的完形一旦被感知就允许我们推断出爪子和尾巴（如果是老鼠，就有尾巴）。[①] 地上的四只爪子或一只尾巴另一方面允许我们只能通过不明前提推断来推

[①] 当我们看见一个夹克衫下面穿着衬衫的人我们感知到的是什么？我们虽然看不见，但知道衬衫覆盖在背上。我们知此，是因为我们拥有建立在感知（和生成性）经验之上的关于衬衫的 CT。这件衬衫是否有领子、是什么类型，或者它有长袖子或短袖子都是选择性的，但如果它有袖口，那么它就有长袖子。有一部名叫《托托，佩皮诺和甜蜜的生活》的电影。里面有一位吝啬的妻子强迫她的丈夫托托穿只用领子、前襟和袖口做成的衬衫。其余的部分被它的夹克衫掩盖着，所以就没有必要浪费布料了。托托当然反对这样做，如果碰巧他在电车上感到不舒服，需要脱下夹克衫，所有的人都会发现这种见不得人的欺骗：就事实来看，他说在这种情形下旁观者会意识到他们先前把不完整的刺激物同强烈的 CT 整合了起来，于是就宣称了一个错误的感知判断。至此，旁观者们就会确定被他们感知为衬衫的东西却是一件假的衬衫。但是这位妻子（把这件事情的可能性排除在外）却拿她自己拥有的、对包括不可去除特性在内的 CT 的存在深信不疑下赌注。

断出不在那里的一只老鼠。在这种情形中，我们的所作所为就像古生物学家那样，他拿了一块颌骨，重新拼成一块头颅，但他之所以能这样做是因为他参照了一个史前生物的 CT，尽管是假设性的。这就相当于说，如果一个 3 - D 模型是一个 CT 的一部分，那么它就会对识别和鉴别起很重要的作用，那么就不能被删去。

(6) 这是一只老鼠，但它有八十米长，重八百公斤。在把基因密码搞乱的情况下，没有人会排除这一断言被说出来的可能性。但是，在这种情形中，我说我们所讨论的是一种新的物种的出现（我们把它们称作相对于正常老鼠₁的老鼠₂）。想一想厨房里有一只老鼠这句话被讲出时因为指的是老鼠₁还是老鼠₂而使用的不同声调就足够了。这意味着老鼠的 CT 也包括标准的方面，这些方面不论有多么大的商量的余地，都不会超出某个界限。这让我们想起了塞尔所提出的一个问题（Searl，1979），我们走进一家餐厅要一个汉堡包时我们为什么不会想到侍应生会拿上来一个有一英里长装在塑料方盒里的汉堡包呢？有趣的是，这个例子举出后不久，一家美国连锁餐厅为其厨师提供了一本手册，上面具体地说明了标准汉堡包的大小、重量、烹制时间以及调味品；这不是专门用来回答塞尔的，而是因为从经济和企业角度来说公布汉堡包的标准概念很重要。自然，这本册子不仅是对汉堡包这个词的 CT 的阐明，也是对其 MC 的阐明；不管怎样，它为把某物识别为汉堡包建立了核心条件，如果不是通过详细说明重量和烹制时间的话，也至少说明了其大小和大约的稳定状态。于是这就说明了为什么像标准大小这样的属性即便是可以被抹去的，也至少很难删除。当然，有一只八百公斤重的老鼠比起老鼠不是动物的说法其问题性的程度要小一些，然而为了证实第一个命题，必须承认我们所面对的是一个假老鼠，而为了证实第二个就至少需要假定一个完全不可能的世界，于是这只老鼠即使不是假的也至少是虚构的或虚拟的。

（7）这是一头大象，但没有鼻子。这里我们必须把这个命题（类似于没有尾巴的老鼠那种情形）同一个给定的动物是一头没有鼻子但是有以某种其他什么方式制成的吻部（比方说，像袋鼠那样的吻部或信天翁那样的喙）的动物这个断言区分开来。我认为，我们每个人所做出的反应都会是认为在这种情形中，我们面对的不再是一头大象而是其他什么动物。我们可以想象一只老鼠没有尾巴，但没有鼻子的大象的想法却不令人信服。这种情况实际上类似于（5）。鼻子是大象的特征性完形的一部分（比象牙更甚；不要问我为什么，但试着画一头有鼻子而没有象牙的大象，其他人往往会识别出它来；但如果你画一种有着象牙而长着鼠海豚的圆形鼻吻的动物，没有人会说你画的是一头大象）。尽管从最大程度上讲，我们可以说鼻子的在场不足以识别出一头大象来，因为鼻子也可以属于猛犸，但是它的不在场无疑会减损完整意义上的大象。它是不可抹去的属性。

这个例子说明可取消属性是识别的充分条件（如划一根火柴引燃），而不可抹去属性则被看作是必要条件（没有氧气就不能燃烧）。区别在于，在物理或化学中我们可以通过试验确定什么条件是真正必要的，而在我们这种情形中，这些条件的必要性取决于很多感知性的、文化性的因素。被大自然设计而成的一种动物不再被我们决定称之为大象似乎是直觉性的。一旦大自然设计一种没有角的犀牛呢？我想我们必须把它归入另一个物种，用另一个名字称呼它，哪怕单就词源上讲。而我认为，对犀牛的问题我们要比大象那个问题更加宽松和变通一些。于是，印度犀牛（Rhioceros unicornis，或许是马可·波罗所看见的那种）只有一只角，而非洲犀牛（实际上就是 Diceros bicornis）有两只。而且，对于不是动物学家而是猎人的人来说，大象的鼻子很关键，但是犀牛的角的重要性则小得多。

把一个属性识别为不可抹去的要取决于我们感知经验的历史。斑马的斑纹对于我们来说是不可抹去的属性，但是如果经过进化，马或驴的品种生有斑纹毛皮，那么它就会变成充分条件；斑纹就成为了完全可以被取消的条件，因为我们把注意力转移到了其他一些特征性属性上面去了。如果世界上的四足动物都长了长鼻子，同样的情形也会发生，在那种情形中——或许——大象的牙齿就会成为不可抹去的属性了。

电影和书本中的全部图像记载使我们相信羽毛头饰是识别美国印第安人的不可抹去的属性；接下来是约翰·福特，他在《关山飞渡》中有勇气让杰罗尼莫和他的印第安战士不戴羽毛头饰突然出现在陡崖上，电影院里的所有观众完全识别出了这些红皮肤的印第安人（这是一部黑白片），等待着对驿马车发起突袭，激动得屁股差点离开座位。我们可以这样说，福特或许识别出了基本上厘定我们的CT 的其他不可抹去的特征：染色的脸颊，坚定中带有冷漠、凝视的目光，谁知道是什么。[1] 不论怎样，他之所以成功地让我们相信是通过建构一种语境（互文指称网络和能够生成某些外貌特征的期待系统、高地上的位置以及某些类型的武器和衣服的出现），这种语境要比羽毛的在场更有相关性。在我的著作中（Eco，1979，1994）已经指出是语境建立起了相关的属性。我因此同意维奥利（Violi，1997：9. 2. 1 & 10. 3. 3.）的看法。她在最后把选择不可抹去属性的功能交给了语境。本质性属性于是就成为了我们必须了解的东西，如果在一定的语境中我们希望让话语处于敞开状态，而这些东西如果被否定的话就只有重新协商我们所使用的词语的意义了。

语境间或会为一个时代和文化所共享，只有在这类情形中，指称那个文化分类其所了解的客体的方式的词典属性才似乎是不可抹

---

① 另一方面，迪士尼成功地让我们把有着老鼠的尾巴和耳朵、但又有着两条腿和像人的躯干的动物看为老鼠。在他没有即刻被作为米老鼠介绍给我们的时候，我们问自己是否会把他识别为老鼠是合理的。在此情形中，我们会说，向我们暗示了一个CT 的这个名字引领我们毫不犹豫地把这个 CT 应用了起来（而图示性规约则负责其余的部分）。

去的。但是即使在那时，事物也是以复杂的方式发展着，伴随着很多戏剧性的突变。这会被读者或许是期待了一段时间的东西所证实，而这就是关于鸭嘴兽的真实故事。

4.5　鸭嘴兽的真实故事[①]

4.5.1　水鼹鼠还是鸭喙平足兽

在一七九八年，一位名叫多布森的博物学家送给大英博物馆一个动物标本，澳大利亚殖民者称之为"水鼹鼠"或"鸭喙平足兽"。据柯林斯在一八○二年出版的出版物记载[②]，类似的动物在一七九七年十一月份于霍克斯伯里附近的湖岸上被发现。它的大小跟鼹鼠差不多，长着小眼睛；前脚有四个爪子，由比把后脚的爪子连在一起的蹼大一些的蹼连接在一起。它有一只尾巴和鸭子般的喙；用脚游泳，也常常用脚刨窝。它肯定是两栖类动物。柯林斯的文本还附上了一幅极其不精确的画：这个动物看上去像是一头海豹、鲸或海豚，似乎这位画家知道它会游泳，第一眼就把海洋动物的类属 CT 用在了它身上。或者有可能其参考的来源是另一个。根据古尔德（Gould，1991：19）的记载，在一七九三年前往澳大利亚的旅行中，布莱船长（因为以他为原型的电影《叛舰喋血记》而著称）发现（并且津津有

[①] 这个故事非常有趣，在很多方面仍然有争议（来自这一时期的证据或科学文章很难找到，历史学家也承认这一点），这方面的文献非常复杂，我要固守在我从伯勒尔（Burrell，1927）和古尔德（Gould，1991）那里获得的东西，让读者在其中寻找更完整的文献资料。由于伯勒尔自己的参考文献是不完整的，我就把伯勒尔放在引号中。我还要指出的是我在互联网上找到三千多条关于鸭嘴兽的网址，其中有一些纯粹是巧合（一些人或机构决定用鸭嘴兽命名俱乐部、书店诸如此类的东西），但其他的则值得玩味，从大学的研究中心到有些认为鸭嘴兽是上帝存在的最好证明的人，再到原教旨主义。他们在肯定了与其他哺乳动物相比较，鸭嘴兽在古生物学意义上的古老性之下，询问自己这种小动物是如何在洪水之后从阿勒山迁徙到澳大利亚的。差不多在这本书的意大利语版出版的同一时间，哈面雅特·里特沃出版了《鸭嘴兽和美人鱼》（剑桥：哈佛大学出版社，1997 年），从中我为我的这本书的英文版引用了一些额外的文献资料。
[②] 《新南威尔士英国殖民地记述》（Burrell，1802：62）。

味地烤熟吃了）一只针鼹。现在，我们知道针鼹是鸭嘴兽的近亲，同样具有单孔目动物的身份。布莱很仔细地画它，这幅画在一八〇二年出版。它看起来很像柯林斯的鸭嘴兽。我不知道柯林斯见没见过布莱的那幅画，但如果见过那就再好也不过了。结论似乎就是两位艺术家抓住了两种不同动物共同具有的类属特征，而忽视了具体特征（柯林斯鸭嘴兽不具有令人信服的喙，似乎更适合吃蚂蚁，像针鼹一样）。

让我们回到那个鸭嘴兽的标本。这个标本是在一七九九年到达伦敦的，并且被乔治·肖描述为 Platypus anatinus①。乔治·肖（他只能够观察皮肤而不能观察内部器官）表现出百般惊叹和好奇：起先他认为鸭子的喙被移植到了一种四足动物的头上。"移植"的使用不是巧合。标本是在越过了印度洋之后到达的，并且当时人们知道有些中国标本剥制师极为擅长移植，如把鱼的尾巴移植到猴子的身体上，这样可以制作像美人鱼一样的怪物。于是乔治·肖起初就有理由认为他面对的是一种人工伪造的动物，但他后来承认找不到伪造的痕迹。他的反应非常有意思：这种动物是未知的；他无法识别出它来，他也宁愿相信它不存在。但由于他是懂科学的人，他没有就此罢休。从一开始，他就在词典和百科全书之间摇摆不定。

为了弄明白眼前的这个东西，他马上就想把它归类：鸭嘴兽在他看来似乎代表了一种独特的新物种，这一物种在林奈对四足动物的分类中应该同时属于 BRUTA 目和食蚁目。此后，他离开范畴探究它的属性。他描述了身体的形状、毛皮、尾巴、喙、距、颜色、大小（十三英寸）、脚、颌和鼻孔。他没有发现牙齿，并且注意到他的这个标本的舌头也找不到了。他看见了在他看来似乎是眼睛的东西，但它们太小，上面覆盖了太多的毛而遮挡了视线，这就是他为什么

①《博物学杂录》（Burrell：插图 385 & 386）。

会认为它们像鼹鼠的眼睛。他说它们想必已经适应了水中生活，并且猜测这种动物吃水草和水中动物。他引用布丰的话说：凡是可能会被大自然造就的东西，实际上都已经造就了。

在一八〇〇年，由于不敢把这种动物包括进四足动物中[1]，乔治·肖带着新的疑惑和犹豫又重新进行了描述。他说他得到消息，有另外两个标本被新荷兰的总督亨特送给了约瑟夫·班克斯。它们可以帮忙驱散所有有关伪造的疑云。后来比威克曾在他的《四足动物通史》第四版的补编中把这两个标本（亨特似乎把另一个送给了纽卡斯尔文学和哲学协会）描绘成一种具有鱼、鸟和四足动物三位一体特征的独特动物。比威克的观点是，它无法根据分类的标准方法被归类，当他收到这两个标本的时候，照实地提供对这些奇特动物的描述就足够了。尽管随后有一幅题为"一种两栖动物"的画，我们会发现比威克拒绝把它分类为鱼、鸟或四足动物，虽然他从中鉴别出了鱼、鸟和四足动物的形态特征。

最后，有着内部器官的完整标本被浸泡在酒精里开始送来。但在一八〇〇年德国人布鲁门巴哈还是收到另一个填塞标本（而仅仅就在第二年他收到了泡在酒精里的两个标本），于是他就把它命名为Ornithorhynchus paradoxus。这里的形容词的选择很奇特，它并不对应于分类性的用法；它告诉我们布鲁门巴哈是在试图把一种东西范畴化为不可范畴化的东西。在他之后，Ornithorhynchus paradoxus就沿用了下来（而我们应该注意到这是词典名称，但是要依赖百科性的描述，因为它的意思是"有着类似鸭喙的鸟喙"）。

在一八〇二年，布鲁门巴哈看见过的浸泡在酒精里的（一雌一雄）标本为霍姆所描述。[2] 霍姆也说这种动物不在水面上游泳，而只

---

[1]《普通动物学》（Burrell，1800）。

[2] 埃弗拉德·霍姆：《Ornithorhynchus Hystrix 的解剖学描述》，《皇家学会哲学学报》92，360。

是为了呼吸空气才浮出水面，就像乌龟一样。他面对的是一个毛茸茸的四足动物，他于是就马上想到了哺乳动物。哺乳动物必须有乳腺和乳头。但是，雌性鸭嘴兽不具备这个属性，况且不仅没有形成子宫，而且输卵管直接通向泄殖腔，就跟鸟和爬行动物一样，它既充当尿道和直肠，又发挥生殖作用。霍姆是一位解剖学家，而不是分类学家，所以他没有过多地考虑分类，而只限于描述他所看见的。但是同鸟和爬行动物的生殖器官的类比不会不使他认识到鸭嘴兽是卵生动物，或者可能只是具有卵生特征（现在我们都知道，鸭嘴兽具有卵生特征，但不是卵生动物），他于是确定它可能是卵胎生动物：卵在母体中形成，并且在里面时就已经分解了。霍姆的假定在解剖学家理查德·欧文那里获得了支持，但是到了一八一九年他又倾向于认为是胎生（一旦人们想到毛皮动物是从卵中生出来这个悖论，这个假设就出现了）。

霍姆还发现鸭嘴兽同针鼹有些相像。针鼹这种动物在一七九二年就被乔治·肖描述过。两种相似的动物应该能归于共同的属，他猜测这个属可能会是 Ornithorhynchus hystrix。除此之外，他还长篇大论地详述了雄鸭嘴兽后脚上的距、代替牙齿发挥作用的有褶皱的舌头、输送精子的生殖器、次分为多个小孔的生殖器的外孔，这样精子可以大面积的散播，等等。最后，他说到了显然是与鸟和两栖动物相关的"族"，于是在达尔文之前就提出了一个接近进化关系论的观念。

4.5.2 没有乳头的乳房

在一八〇三年，原始进化论者艾蒂安·杰弗洛伊·德·圣-希拉里创生出单孔目动物（MONOTREMES）这个范畴（这个词也因此表达了一个属性："拥有单个孔"）。他不知道把这些动物往哪里放，但又假定它们是卵生的。六年之后，拉马克创生出了一个新的纲，即原兽亚纲哺乳动物（PROTOTHERIA），说它们不是哺乳动物，原因是它们没有乳腺，还可能是卵生的；它们不是鸟，因为它们没有翅膀，它们也不是爬行动物，因为它们有着一个拥有四心室的心脏。[1] 如果一个纲要定义本质的话，我们这里有两个纯粹唯名论的好例子。但在这一点上，进行范畴化的需要使得科学家们能够自由想象：在一八一一年，伊利格谈到爬行亚目（REPTATIA），介乎爬行动物和哺乳动物之间的中间类动物；在一八一二年，布兰维尔谈到了原哺乳亚纲（ORNITHODELPHIA）中的哺乳动物。

很清楚，就是属性决定了这种动物被分在此目或他目中，而有些人已经在争论说刚出生的有喙的动物不会吮奶，我们应该不要再说什么哺乳不哺乳了。但事实是，关于这个目的假设促使人们寻找或忽视一些属性，甚至不考虑它们。

相关的一个实例是乳腺的作用，这是由一位名叫麦克尔的德国解剖学家于一八二四年发现的。它们很大，从前身一直延伸到后肢，几乎覆盖了全身，但只有在哺乳幼崽的时候才能看得见，随后就会缩小，这就说明了先前为什么没有被认出来。

有乳房的动物就一定是哺乳动物吗？是的，如果它还有乳头的话，但是雌性鸭嘴兽并没有乳头，更不用说雄性鸭嘴兽了。然而，这种动物在表皮具有孔状的腺体，很像分泌奶汁的汗腺。如今我们知道是怎么一回事了，幼崽是通过吮舔喝奶的，但圣-希拉里拒绝把这些器官看作是乳房并没有全错，也是因为他坚定地相信单孔目动物是卵生的，因而不是哺乳动物。他把麦克尔所看见的东西当作像鼩鼱的身体两侧所生长着的腺体，这种腺体可以在交配季节分泌一种引诱配偶的物质。或许它们是分泌香料的腺体，或者分泌一种使

---

[1] 关于霍姆，可参见《Ornithorhynchus paradoxus 的解剖学描述》，《皇家学会哲学学报》，第一部分，第 4 期，pp. 67—84。关于圣-希拉里，可参见《霍姆的针鼹解剖学观察记录》，载《科学学会科学通报》，1803 年；《论鸭嘴兽的性器官和泌尿器官》，《自然史博物馆备忘录》，1827 年。关于拉马克，可参见《动物哲学》，巴黎，1809 年。

毛皮防水的物质，或者这种腺体同海豹和鲸鱼的所谓的乳腺差不多，它们分泌的不是奶汁而是一种会在水中凝结的黏液，用来喂幼崽。

但是支持卵胎生这个假设的欧文让那种分泌物悬浮在酒精里，获得了一种似乎像是奶但不是黏液的东西。圣-希拉里没有善罢甘休。生殖器是卵生动物的生殖器；卵生动物只能生蛋；蛋生的动物不会用乳房喂养。在一八二九年，鉴于单孔目动物不可能是哺乳动物；不可能是鸟，因为它们既没有翅膀也没有羽毛；也不可能是爬行动物，因为它们是热血动物，并且，由于肺被包括在胸膜中，被膈膜与腹部间隔开来，甚至也不可能是鱼，于是圣-希拉里确定地认为有必要为它们创立第五种脊椎动物范畴（需要注意的是在那个时候两栖动物自身并没有形成一个独立的目，一般被分类在爬行动物中）。

在如此这般的过程中，圣-希拉里求助于在我看来非常重要的一个原则。分类，他说，并不仅仅是排序的方法，它们是行动指南。如果我们把单孔目动物放在哺乳动物中，问题或许就被解决了，而如果我们把它们放在另一边，我们就必须去寻找新的属性。在某种意义上讲，圣-希拉里在建议创立一种"开放的"类属，这样就可以避免对未知的对象进行笨拙的分类，这一定会激发猜想。于是，他固执地等待那些虽然尚未被发现但迟早会出现的蛋。

4.5.3 寻找失去的作品

我们知道，圣-希拉里打输了乳房这一仗（也因此鸭嘴兽成了一种哺乳动物，尽管它似乎是很不自在地孤独地待在那里，为单孔目动物保留的折叠座椅中只有针鼹陪伴着它），但他赢得了关于蛋的战役。

早在一八一七年，约翰·詹姆逊就提到过在一封来自悉尼的信中出现过蛋。这个资料不是太确定，但在一八二四年圣-希拉里把它视为是被证明了的。在鸭嘴兽孵蛋时不容易看到它（有人认为它在隐蔽处孵卵，在人类探险者找不到的深洞里）。于是就有人把希望寄托在应该对它知道更多的人那里，也就是土著人。帕特里克·希尔在一八八二年写道："库库刚是一位布拉布拉部落的土著首领，他说人们都知道这种动物下两个蛋，大小、颜色和形状同母鸡下的蛋差不多。"如今，我们知道鸭嘴兽的蛋很小，有三分之一英寸长；要么是库库刚把大小搞错了，要么他用英语表达的不是太清楚，又或许是希尔不明白他的语言。我们也不能排除这位土著头领为了取悦探险者而撒了谎。

在一八二九年，新的信息传到了圣-希拉里那里：有人看见过一些蛋，下在了沙子中的洞穴里，这次的形状跟鸟、蛇或蜥蜴下的蛋差不多。他还收到了一幅画，因此告诉他信息的人可能是真的看见过这些蛋。不幸的是，现在人们认为这些蛋是乌龟下的蛋。而圣-希拉里认为那种大小的蛋不可能通过雌性鸭嘴兽的产道——他说对了，但所讲的原因却不对，因为他没有考虑在沙中找到的蛋或许是处于发育的高级阶段。

在一八三一年，莫尔上尉打开了一些洞穴，找到了蛋壳。反对卵生说的人说这些蛋壳是像发生在鸟身上的覆盖着尿盐的排泄物，原因是尿液和粪便都从同一个孔中排出。在一八三四年，支持卵生说的乔治·贝内特博士把提供信息的土著人引向了对蛋的自相矛盾的说法：他画了一个椭圆形的蛋，于是他们就告诉他是 Mullagong 蛋，然后他画了一个圆形的蛋，他们还说是 Mullagong 的蛋。然而，他们又说刚出生的动物是"滚下来"的。你不可能从蛋里滚下来，而只能说从子宫里滚下来。贝内特承认土著人英语说得不好，但谁知道他问了他们什么，他们又明白了什么，谁知道他的所谓的椭圆形和圆形是什么样子的。Gavagai 要比 Mullagong 好。

在一八六五年，理查德·欧文（属于反卵生说的人）收到由一位名叫尼科尔森的人在一八六四年九月发出的信。信上说十个月前一只雌性鸭嘴兽被抓住，并且送给了当地收购金子的人。这个人把动物放在笼子里，第二天早晨他在里面发现了两只蛋，这次的大小跟乌鸦蛋差不多，软软的，没有钙质外壳。尼科尔森说他看见了这两只蛋，但两天后有人把它们摔了，杀死了这只动物（在其肚子里发现了他的消息来源者所说的"蛋"，但有可能是卵）。后来一封来自收金人那里的信似乎确定了这一说法。欧文发表了这两封信，并且想知道那两只蛋里有什么东西。如果把它们打开会看到一个胚胎或者至少是蛋黄，如果有人把它们放在酒精瓶子里……但遗憾的是，除此之外再也没有更多的信息了。或许这一切都是因为惊吓而导致流产所带来的后果。伯勒尔（Burrell，1927：44）不得不承认欧文——其行为是一位谨慎的科学家的行为——是正确的；伯勒尔甚至可以推断这些蛋不会像乌鸦的蛋那么大，并且认为说不定是位年轻人恶作剧把鸟蛋塞进了笼子里。

这场争论在科学杂志上持续了很多年，直到一八八四年（发现这种动物的八十年后）考德威尔到澳大利亚做实地考察的时候才发给悉尼大学一封贺电："单孔目卵生，不全裂卵"（其中第二项说明胚胎细胞的分裂方式同爬行动物和鸟的并无二致）。

结论：单孔目动物是哺乳动物和卵生的。

4.6 订立合同

4.6.1 八十年之久的谈判

这个故事说明了一个什么道理呢？在第一个实例中，我们可以说这是一个绝佳的例子，用以说明观察性句子是如何形成的，所借助的只是概念框架，或是赋予这些句子以意义的理论，换言之，就是最初理解所看之物而进行的、参照先前的范畴系统认识经验的理论（就像在马可·波罗和犀牛的例子中）。但同时，我们也要说，还是在马可·波罗那个例子中，当观察的结果质疑范畴框架时，就做出调整这个框架的尝试。我们以这种方式行进在一条平行的道路上，根据新的观察句子重新调整范畴框架，把那些与所预设的范畴框架相符合的观察性句子识别为真实的。在我们逐渐进行范畴化的同时，我们也在等待着新的属性的鉴别（无疑是以非秩序化的百科全书的形式）；当属性逐渐被找到，我们就试图重新建立范畴结构。关于等待设定的任何假论都会影响到我们形成观察句以及确认它们有效的方式（结果就是，那些把鸭嘴兽当作哺乳动物的人不会去寻找蛋，或是在蛋出现时他们拒绝识别蛋，而那些把鸭嘴兽当作是卵生动物的人则既拒绝承认乳房也拒绝承认有奶）。这既是认知的辩证法也是理解的辩证法，也就是理解和认识的辩证法。

但是，这个结论是充分的吗？事实上，有人最后表明鸭嘴兽既有乳房也有蛋。我们不妨说，有两种相互对立的理论，每个理论都占过上风，迫使这个领域的研究者找寻理论所要求存在于那里的东西，如果一个理论战胜了另一个（因为这甚至是在科学理论进行比较的时候发挥作用的机制），或许乳房和蛋都不会被看见。但是，事实是，在最后乳房和蛋都被看见了，这样一来，如今似乎就很难否定鸭嘴兽用乳房喂养幼崽，尽管这样，也会下蛋。

于是，鸭嘴兽的故事所发挥的作用就是要说明在最后的实例中，事实战胜了理论（就像皮尔士所希望的那样，真理的火炬无论如何都会被传递下去，尽管有着这样那样的困难）。但是，根据有关目前这场争论的文献，我们并没有停止发现很多鸭嘴兽未知的属性，而有人会说，之所以这样是因为获胜的理论要求这种动物要同哺乳动物分在一起。皮尔士让我们的头脑安静了下来：我们所要做的就是等待，而社会共同体到最后会找到一个共识点的。

然而，不能忘记乔治·肖在一七九九年所做出的决定：把这种未知的动物分派到某个类别中或许是可能的，但就目前来讲我们还是描述所看到的东西。我们注意到，甚至是在决定把它放在哪一类之前，在这场争论进行下去的过程中，博物学家所了解的关于鸭嘴兽的东西就是它很奇怪，当然是一种动物，可以根据一些鉴别性的示引（如喙、像河狸一样的尾巴、张开的蹼等）被识别出来。

八十多年来，博物学家们在什么方面都没有达成一致的看法，除了他们讨论那种动物是如何如何造就出来的，其物种被逐渐地识别出来。那种动物可能是也可能不是哺乳动物、鸟或爬行动物，它从来没有停止过作为两头不讨好的动物的命运，就像莱松在一八三九年所说的那样，自己横跨在通往证明自己错误的分类之路上。

鸭嘴兽的故事是一个长期协商的故事。在这层意义上讲，它是一个具有示范性的故事。但这个协商有一个基础，那就是鸭嘴兽类似于河狸、鸭子和鼹鼠，却并不类似于猫、大象或鸵鸟。如果需要服从感知具有像似内容这个证据的话，那么鸭嘴兽的故事就是这样告诉我们的。任何人看见，或是看见它的一幅画，或是一个标本，或是保留在精神中的一只鸭嘴兽，都会回过头来参见一个共同的 CT。

有了八十多年的协商，但是这些协商总是围绕着各种抵制和连续体的特性。由于这些抵制，认可某些特性是不可否定的决定，当然这一决定本质上是协商性的，就必须做出。起先，以及在后来的几十年的时间里，人们都在准备着删除关于鸭嘴兽的一切东西：像它是哺乳动物或卵生动物，它有没有乳房，但当然不包括以这样或那样的方式造就的动物这个属性，以及它是某人在澳大利亚发现的。而在他们争论的同时，人们都知道他们所参照的是同一个 CT。关于 MC 的建议是不同的，而协商已经被 NC 所确证了。

喙不能被删除（至关重要的是因为它本不该在那里）被这种动物所赖以指称的名称揭示出来了，无论是在日常语言中还是在科学语言中，从开始一直贯穿这个争论的全过程：鸭嘴兽。

4.6.2 叶尔姆斯列夫 vs. 皮尔士

长期以来，我都在担心在我的《符号学理论》一书中所采用的符号学方法有理论混合之嫌。正如我所做的那样，试图把叶尔姆斯列夫的结构主义观念同皮尔士的认知-阐释符号学结合起来意味着什么呢？前者向我们表明我们的语义（因此也是概念）能力是如何具有范畴类型特征的，其基础是对连续体的切割，内容的形式借此以对立和差异的结构呈现自身。我们通过某些词典标签如 OVINE 和 EQUINE 的在场或不在场把羊同马区分开来，叶尔姆斯列夫建议这种内容组织强加给我们一个世界的景象。

但是，这种内容组织形式要么假定这些标签为基素，不再允许进一步的阐释（因此这种组织形式就没有告诉我们 EQUID 和 OVINE 的属性），要么是让这些成分自身再接着接受阐释。然而，在我们进入阐释阶段时，僵硬的结构组织在百科性属性的网络中就消散了，而是沿着潜在地具有无限延伸性的不受限制的指号路线伸展下去。这两种观点是如何得以共存的呢？

前面所做的思考的结果就是它们必须共存，因为如果我们只选择其中的一个，就不能解释我们认识和表达我们所认识的东西的方式。让它们在理论层面上共存是不可或缺的，因为在我们的认知经验的层面上我们行进着，甚至跑起来——如果这种表达不显得过于简化的话——和兔子一起跑，用猎狗打猎。这种共存的不稳定的平衡关系不是（理论性的）混合，因为正是在这种愉快的不稳定的平衡关系基础上我们的理解才得以进行。

这就是为什么范畴时刻和观察时刻并不是作为难以调和的理解方式而彼此对立着，也不是通过混合而相互叠加在一起的：它们是相互补充的考虑我们的能力的方式，这正是因为，至少是在理解的"黎明"时刻（当动态客体是起点），它们相互隐含着对方。

现在我要谈谈一个可能的反对观点。我们把类别（如哺乳动物或鸟）作为文化构建物，就它们是对像"这种动物哺乳幼崽"或"这种动物下蛋"这样的观察句的总结来看。但为什么我们会把哺乳或蛋的在场或不在场作为仅仅是被观察的事实呢？好像把某物识别为蛋而不是卵，或者确认某物是奶或黏液，并不依赖概念的结构系统。在结构语义学中，我们难道没有用像硬/软这样的属性的对立分析来把椅子同扶手椅区别开来？

事实是，一个分类系统的建立确切地说就是建立在根据高度宽泛性的分类方式而尽可能远地分组的抽象能力基础上（而这就是为什么在俗常的经验层面上很难确定长颈鹿和鲸鱼都是哺乳动物），但没有结构语义学试图成功地建立过对立项的全系统，这一系统可以解释我们所有的知识和语言的所有用法，在这一系统中蛋和脊椎、紫罗兰的香气和攀爬都有其确切的位置。相反，对于演示性的目的，我们总是局限在极度限制性的领域，像坐在其上的座位或父辈关系。这并不排除有一天（在一个理论中）建立一个内容的整体系统（也并不排除这种系统在神的头脑中的存在）。它告诉我们的一切（正是因为，就像康德常常说的那样，经验性概念从来不能穷尽它们的所有确定因素）只有通过临时的处置和不断的修正进行下去。

甚至像这是蛋这样的观察句也取决于文化规约。但是，虽然蛋和哺乳动物都是来自对于内容的文化切分，虽然哺乳动物这个概念本身也考虑了经验性数据，在概念建构和感知经验的近邻关系中存在着差异（正是基于此 NC 和 MC 之间的差别才建立起来）。

当我们说，为了确定一个动物是不是哺乳动物，我们还是要依靠文化规约系统（或者，就像我们看见的那样，重新建构一个），而当我们为了确定某物为蛋而从直觉上就相信我们的感知以及所使用语言的基本知识的时候，我们说的都是超过了直觉明晰性的东西。当然，如果某人没有受过训练把蛋这个词用到某个 CT 上去（这个

CT 已经考虑了形式，蛋黄和蛋白的存在，以及如果这个物体被坐在上面一段时间那么一个活的生物就会从中孵化出来这样一个预设），那么对蛋的识别就没有达成一致。因此，感知的一致性也总是来自先前达成的文化共识，不管这个共识会具有怎样的模糊性或俗常性。[①] 这印证了我在此之前所说的，那就是，在理解过程中，结构时刻和阐释时刻一步步地相互交替、相互补充。但无论怎样都不能否认，在把蛋如此定义的时候，感觉所起的证明作用占了上风，而为了把哺乳动物如此定义的时候，占上风的是关于分类的知识以及我们在所给定的分类系统上达成的一致。

在我们继续修饰感知判断的时候，以及在某物是奶还是黏液发生冲突的时候，有必要也用文化术语来看待感知经验，以确定是哪个标准和化学分类使得我们能把奶同黏液区分开来。但我们仍然有证据表明，在理解世界的两种方式之间存在着摇摆性和持续的互补性。在某个给定的时间，甚至允许圣-希拉里把某物识别为奶的共同的 CT 也让位于已经被赋予了结构性对立方的 MC，以此为基础，麦克尔和欧文就难免显得得意扬扬。

4.6.3 变化不定的连续体在哪里

所有这些都把我们带回到系统性或整体性、一个命题系统的压力同依靠感知经验的观察句的可能性之间的对立上来。

感知符号学的设立应该会在下列人群之间产生分歧：认为我们把形式赋予一个变化不定的连续体的人，认为这种形式是文化构建物的人，以及同在另一方面认为我们对环境的了解由环境本

[①] 除非是通过行为而不是语言来说明。让十个人在沙漠里行走。在经历了几天的饥渴之后，让他们遇到三棵棕榈树和一池水：所有这十个人都会跑向水而不是树。他们识别出水来了吗？这个问题问得不恰当，他们当然识别出了他们都同样渴望的某种东西，但是我们不妨这样说，只有在他们被引领着用言语阐释他们的行为之后，才把它识别为水，或者是在其中有两个人同意这样阐释它之后——这样我们又回到了原处。

身的特征所决定的人，而我们正是从环境中获得它所提供的显著信息的。

似乎很明显，即使像在下雨这样的观察句，如果不放在我们借以把雨的意义同雾和露水的意义区分开来的语言规约系统中，也不会被理解，不能被判断为真或假。所以，"雨"这个概念不仅要依靠一些词汇规约，还要依靠相关于大气现象的统一的命题系统。运用普特南说成是维斯特·切奇曼所说的格式，而后者又把它说成是埃德加·辛格所说，而辛格又转而让它对意指詹姆斯思想的有效浓缩（Putnam，1992；20），"关于事实的知识假定了关于理论的知识，关于理论的知识假定了关于事实的知识。"尽管如此，雨的意义并不依赖于水的化学观念；否则，没有受过教育的人就不能断定在下雨，我们每个人在"酸雨"的情况下都会错误地这样断定，在这种情形中只有上帝知道从天上落下来的是什么。同样地，为了观察阳光灿烂或者满月当空，当然就需要共享一种对天文连续体的切分，尽管看起来有些天真，但了解恒星和行星之间天文学意义上的差别是不可或缺的。

对连续体的天真的切分也可以在实际上否定它的、交织在一起的观念系统中进行下去：这就是为什么我们很容易就可以断定太阳升起，但是根据我们的知识建立其上的观念系统，我们应该知道太阳并不这样运动。

我们尝试着设想一个假定的争论。这场争论发生在伽利略、他的一位托勒密派对头以及像布拉赫、开普勒或牛顿这些选择脚踏两只船的人之间。我认为我们不需要大量的想象去假定所有的参加者都会同意这样的事实：在某个给定的时刻他们能够看见天上的太阳或月亮，两个天体都是圆形的而不是正方形的，它们照在被每个人识别为树的 Arcetri 上面。然而在各种命题系统中，太阳和月亮的运动、距离、功能，以及像质量、本轮、均轮、引力或重力这样的概念不仅具有不同的价值，而且还可以被接受或拒斥。但是，即使每个辩论者拥有不同的概念框架，他们感知一些客体和现象的方式是一样的。

对于持日心说观点的人来说，太阳的运动是明显的，对于他们的反对者来说这又是真实的。但这一差别与关于宇宙的命题的统一性系统相关，而与双方所同意的观察句无关。

询问是否每个人看见了月蚀是一回事，而谈论引发月蚀感知的天体运动是另一回事。第一个问题关涉的是我们形成感知判断的方式（这种判断尽管依靠我们认知工具的结构，但无论怎样也离不开多样性的感觉），而第二个问题关涉的是命题系统（对于康德来说是一个基于经验的判断系统），这个系统必然会受到内在结构关系的影响。在我们讨论整体论的时候，我们意指的是命题系统的坚固性；而当我们谈论感知的时候，尽管我们假定它是由产生了一系列的期待的命题系统影响的，我们所谈论的也是在某种程度上考虑了环境在当下感觉中所呈示给我们的内容的观察句。

我很清楚地意识到，认为存在着独立于一个普遍性命题系统的观察句的主张，被戴维森说成是第三经验主义学说；但我们不能忽视这个证据，我们（在短时间内）协商而达成对小心，有台阶这样的句子的一致看法，要比达成对表达热动力学的第二定律的句子的一致看法更容易些。差异在于，在第一种情形中，我马上对感知基础检索了一遍（台阶的概念是"经验性概念"）。于是我在3.5.1中讲的故事中，加百列和贝尔芬格有着关于道德的相差很大的观念，但是两个人都能说出约瑟夫和马利亚的性别差异。

因而，即使我们承认，每一个文化系统及其所依赖的每一个语言系统以自己的方式切分经验连续体（戴维森所谈论的是"概念图式"），这并不能改变这个事实，即由命题系统所组构的连续体已经提供了自身，所依据的是供给主体间性同质感知的规程的特性，这些同质性的感知甚至在参照不同的命题系统的主体之间也存在。由命题和范畴系统促生的对连续体的切分，在某种程度上考虑了这样一个事实，连续体不再是完全意义上变化不定的；换句话说，在它在命题意义上是变化不定的同时，也并非在感知上就是混乱的，因为在感知层面上如此阐释和建构的客体已经被具体地呈现了出来：好像在其中命题系统呈现出其自身构形的连续体已经被"野性的"、尚未系统化的指号体系染指过。在确定太阳是恒星、行星还是围绕地球的非物质性实体，还是处于我们这颗行星的轨道中心的天体之前，我们感知到一个圆形的发光体在天空中运动，这个客体对我们的祖先也是熟悉的，他们甚至有可能都没有细究出一个名字来指称它。[1]

4.6.4　凡维尔

所有这一切都迫使我们需要对真这个概念做出思考。说某物是蛋为真和说某物是哺乳动物为真之间有区别吗？或者说某物是山（mountain）为真和说某物是山（MOUNTAIN）为真之间有区别吗？如果我先前谈论过的（在结构组织和经验性的阐释之间的）不间断摇摆不存在的话，答案将会很容易：说某物为哺乳动物或山只能在语言 L 中才为真，而说某物是蛋或山为经验性的真。然而我们看到，即使为了识别一只蛋，我们也不能摆脱语言 L 的制约，这个语言跟借以确认只要下蛋鸟就能称之为鸟的语言是同一种语言（但并非所有会下蛋的动物都是鸟）。

---

[1] 在叶尔姆斯列夫的分析中（Hjelmslev, 1943），由法语词 bois（树林）所覆盖的语义空间并不与意大利语词 legno（木头）相重合。这告诉我们，对于一位讲法语的人，"bois"这个范畴还既可以包括用来燃烧的木材，也可以包括建筑用木材（在这层意思上英语只用 timber）。意大利语把一丛树称作 bosco。对这一连续体的切分对应于戴维森用在批判它时所谓的概念图式。但肯定的是，一位说法语的人拥有树林的 CT，以及拥有木头的 CT，尽管他的语词迫使他使用同形异义词。同样地，意大利人能够很容易地区分他们的儿子的儿子和他们的兄弟或姐妹的儿子来，尽管他们（不像法语）只拥有 nipote 这个同形异义词来指示这两个意思。

在格雷马斯编写的《词典》(1979)中有一个"真"的定义，这个定义似乎是专门为了激怒真值函数语义学派的支持者而设的，更不用说那些真理符合论的支持者对此会有什么反应了：

> 真指称的是这样一个复杂的词语，它把位于对立轴上的是和似归入实证模态的符号正方形之中。指出"真"位于话语之中是有助益的，因为它是证实运作的结果；这样就排除了具有外指的任何关系（或确认）。

也许《词典》发现了言说曾被言说过的复杂之物的最为复杂的方式：那就是真的概念应该放在内容系统的语境中来看待；接受者已经认为是在他自己的文化模式的框架内保证了的命题则为"真"；这一分析的有趣之处，已从将一个断言定义为真的规约（逻辑新实证主义观点和青年维特根斯坦的观点）挪移到对把某物呈现为真的推论性策略的分析上来。

这个立场相对于分析哲学的（显然是对立的）话语不是那么的耸人听闻和滴水不漏。格雷马斯的立场是以结构主义范式的叶尔姆斯列夫的版本为基础，而叶尔姆斯列夫的版本预示了（即使不是在预示也是在一条平行的线路上）[①]对新逻辑实证主义和假整体论之名的分析哲学的内在性批评的发展，预示了向分析性和综合性之间的差异发起的挑战，预示了证实性断言原则、内在实在论以及作为不可通约结构（或者，在任何情形中，作为不允许从此到彼的简单转译的结构）的科学范式的个体化。即使是间接地，叶尔姆斯列夫的

[①] 叶尔姆斯列夫的《序言》出自 1943 年的著作。奎因的《经验主义的两个主张》出自 1951 年的著作。库恩的《科学革命的结构》则是 1962 年出版的。这两股思潮互不相干地发展是另一回事。叶尔姆斯列夫知道卡尔纳普，而据我个人了解，我可以证明库恩并不知道叶尔姆斯列夫，但在动笔写他未完成的遗著之前已然决定要看一看结构主义传统。我不知道库恩对结构主义传统了解多少。

版本也影响而不是预示了对作为自然的镜子的知识的批评，影响了罗蒂（Rorty，1979）的一切表征都是介质的观念，以及认为我们必须放弃——对应观而把命题看成是与其他命题相关联，而不是与世界相关联。

唯一的区别在于，从被认为是整体论的观点出发无论如何都存在着一种在何种意义上讲某物被认作为真的倾向，尽管是在"证实性断言"的意义上，而在格雷马斯可以说是代表了其中最为激进一翼的符号‐结构主义学派中，研究的倾向指向了理解一个话语是如何让人相信某物为真这个方向上。

符号‐结构主义方法的限制在于这样一个事实，为了能够说出人们是否以及如何把某物接受为真，并且使他们相信此它为真，我们也必须要假定存在着一个幼稚的真的概念，跟授权给我们说今天下雨这样的句子为真的那个概念一样——此句为真是在它被说出的语境之中。我认为这个标准并不存在于结构主义范式中。

麻烦在于它也不存在于真值函数范式中。无论怎样，它都不会由塔尔斯基的真理标准来提供。这一真理标准关涉的是一个命题的真值条件得到定义的方式，但是却没有关涉到如何确立这个命题是否为真。说理解一个句子的意义就意味着知道其真值条件（也就是说，理解在什么条件下它为真），并不就是证明这个句子是否为真。

达成一致的是，范式绝不像它从前被认为的那样是同质的，有些人还倾向于根据真理的符合论阐释塔尔斯基的标准。但无论塔尔斯基在想什么[1]，很难以符合论意义来读出这个权威性的定义：

---

[1] 无论怎样，这就是他在《真值的语义建构和语义学基础》(《哲学和现象学研究》，1944) 中的思路。他说，我们可以在不放弃我们所具有的无论怎样的认识论观点的前提下接受真值的语义建构；我们可以继续做天真的实在论者、苛刻的实在论者或理念论者、经验主义者或形而上学者——抑或不论我们从前是什么立场。参见 Bonfantini，1976；III，5，以及 Eco，1997。

（i）"雪是白的"

为真当且仅当

（ii）雪是白的。

我们能够说出（i）属于逻辑和语言实体的哪一种类型——它属于陈述句，或者是在语言 L 中表达命题的一个句子——但我们仍然不了解（ii）是什么。如果它是一种事态（或是一种感知性经验），我们就会感到极其困惑：事态是事态，而感知性经验就是感知性经验，不是陈述。句子是产生出来表达事态或感知性经验的。但是，如果（ii）关涉事态或感知性经验，它就不可能是在 L 中表达的句子，鉴于它必须保证由句子（i）所表达命题的真。它因此就必须是在元语言 L2 中所表达的句子。但是塔尔斯基的公式必须转译为

（i）命题"雪是白的"，（在 L 中）表达它的句子雪是白的，

为真当且仅当

（ii）命题"雪是白的，（在 L2 中）表达它的句子雪是白的为真。

这个解决方式显然注定要产生一系列无限多的句子，每一个句子都是在一门新的元语言中表达的。①

除非我们在严格的行为主义意义上理解这个定义：雪是白的如果——当遇到雪的刺激的时候——每个说话者做出的反应都是说它

---

① 如果我们以一种幼稚的方式假定塔尔斯基的例子，我们就会发现我们处于与索绪尔出版商同样的处境。他们用一个分为两个部分的圆形来表现所指和能指之间的关系。其中下面的部分包含 arbre 这个词，其中上面的部分包含了一棵树的素描。现在，arbre 这个能指当然是一个单词，但是一棵树的绘画不是也不能是一个所指或心象（因为如果是什么的话，它就是另一个非言语的所指，阐释下面的单词）。既然索绪尔的出版商们所呈现的图画没有形式上的野心，只是发挥一种帮助记忆的功能，那么我们就把它忘记吧。但是在塔尔斯基的情形中这个问题要严肃得多。

是白色的。除非我们发现自己深深地陷入基本翻译的困难，我不认为这是塔尔斯基的真实想法，即使他是这样想的，这也不是确定这个陈述是否为真的方式，因为它只是告诉我们所有的说话者都犯了同样的感知性错误，正如几千年来所有的说话者都会说在晚上太阳落到海中，并不证明他们的这个陈述为真。

　　似乎更令人相信的是承认在塔尔斯基的公式中，（ii）规约性地代表了把真值赋予（i）。塔尔斯基的事态不是为了认可它所表达的命题为真我们就可以检验的东西；相反，它是一个真命题所对应的东西，或者是由一个真命题所表达的一切（McCawley，1981：161），换言之就是其真值。在这个意义上，塔尔斯基的观念并没有告诉我们说一只猫是猫更为真，还是说一只猫是哺乳动物更为真。

　　这又把我们带回到是否存在着与非观察句的真值标准不同的观察句的真值标准的问题。

　　由于这些问题在奎因的《经验主义的两个主张》一文中以示范性的方式争论过，我想把在一九○○年召开的奎因学术研讨会上讲过的一个故事重新整理一下。① 我具体做一下说明，否则就不可能明白我使用的街道和地点的名称（都是从奎因的著作中取来的例子）——其中包括赋予这座城市凡维尔这个名称（Van 是奎因——Willard Van Orman Quine——在亲密朋友中的昵称），以及偶尔提到过的榆树大街上的砖砌房子，是在奎因的一九五一年的著作中所使用的典型的观察句的例子。

　　图 4.1 展示了凡维尔的地图。这是一座在第一批先民生活时期、Gavagai 河北部建立起来的小城。凡维尔是一座全由木制建筑组成的城市（其中包括长老会堂），市中心则除外。在本世纪初，人们在那

① 这个会议名为"W. V. O. 奎因对哲学的贡献"，是在 1990 年 5 月圣马利诺大学的符号学和认知国际研究中心召开的。这个会议的论文集现在载于 P. Leonardi and M. Santambrogio, 1995。

里建造了三幢砖石结构的建筑，里面的柱子是铸铁的。这张地图还展示了榆树大街上的一座砖房，但它是在一九五一年建造的，以后我们还要更详细地讲讲它。

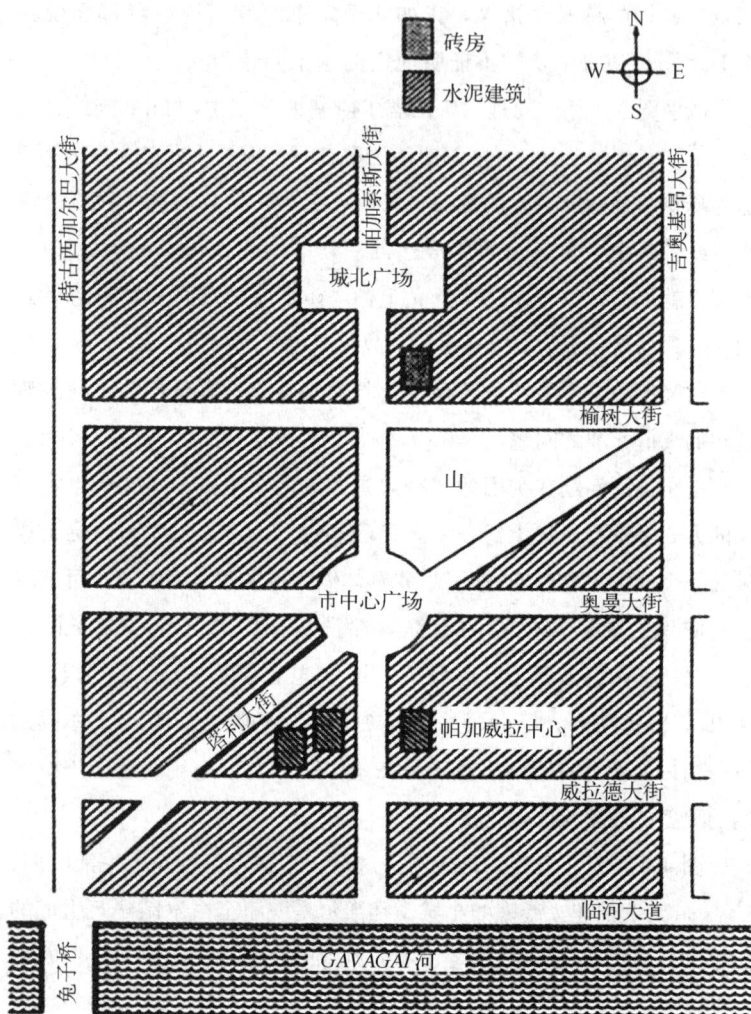

图 4.1

从中可以看得出，特古西加尔巴大街、帕加索斯大街和吉奥基昂大街同榆树大街、奥曼大街和威拉德大街以及临河大道是垂直的。有一个类似百老汇的地方叫作塔利大街，告诉我们凡维尔不一定就是古罗马的堡垒，但它的发展受到了盎格鲁-撒克逊经验主义的启发。有一个市中心广场和城北广场，而在城北广场和榆树大街之间有着山丘，上面还没有建东西。在帕加索斯大街和威拉德大街的交汇处我们发现有三处砖石建筑：凡维尔第一城市银行、戴尔莫尼克饭店和市政厅。凡维尔的市民称之为帕加威拉中心，意思就是"帕加索斯大街和威拉德大街的交汇处"（与把鸭喙平足兽这个名字赋予有着鸟喙的动物没有太大的分别）。

这张地图是对凡维尔这个表达式的阐释，但只是在某个轮廓下面的阐释：关于房屋的形状或河流的美景它什么都没说。由于市民对城里的路了如指掌，那么我们就不妨假定每个人都知道这些地方在哪里，所以作为地图的这张图表就是他们的 CT 的一部分，也是公共性共享的 NC 的一部分。[①]

让我们假设有一位游客到达了凡维尔，问帕加威拉中心在哪里。根据他进城的方向，他将得到这种类型的示引：

(1) 帕加威拉中心是一个拥有三大建筑的地方，可以从特古西加尔巴大街和榆树大街的交汇处出发，向东走，穿过榆树大街，然后在帕加索斯大街和榆树大街的交汇处转入帕加索斯大街，向南走，一直走到帕加索斯大街和威拉德大街的交汇处就到了。

(2) 帕加威拉中心这个地方拥有三大建筑，从塔利大街和威拉德大街的交汇处出发，接着沿着威拉德大街向东走，一直走到帕加索斯大街和威拉德大街的交汇处，这样就可以到达。

---

① 我所谈的是地图，而不是这个地方的"相貌"：关于这个问题，在 3.7.9 中已经做过有力的阐述。

（3）帕加威拉中心这个地方拥有三大建筑，沿着吉奥基昂大街朝南走，一直走到吉奥基昂大街和奥曼大街的交汇处，接着向西转来到奥曼大街，继续走到奥曼大街和特古西加尔巴大街的交汇处，之后再朝北走，一直沿着特古西加尔巴大街，就来到了特古西加尔巴大街和榆树大街的交汇处，在这个地方你向东转，沿着榆树大街，到了榆树大街和塔利大街的交汇处再向西南转，沿着塔利大街往前走，在这里你必须穿越临河大道和兔子桥，然后就跳入 Gavagai 河，向东一直游到临河大道和吉奥基昂大街的交汇处，在那里你沿着威拉德大街向西走，最后就来到了帕加索斯大街和威拉德大街的交汇处。

（1）、（2）、（3）都是对帕加威拉中心这个词语的阐释。这样一来，它们就成了帕加威拉中心的 NC，也就是寻找它的示引（而全面考虑的话也就是鉴别它的示引，因为这座城里再也没有其他大型建筑了）。

乍一看，示引（3）似乎很奇特，但实际上却不是，如果把它给某个对凡维尔有足够了解的人的话。鉴于阐释的一个特点就是通过阐释我们总是能够获得比被阐释的直观客体更多的东西，阐释（3）就使得通过与这座城市的其他地方的关系来更多地了解帕加威拉中心成为了可能。

就它们是陈述来看，（1）、（2）、（3）都正确，至少在这张地图的框架（和这座城市的结构）中是这样的。在我们的情形中（在这种情形中我们只是想象凡维尔和它的地图），它们只是在假设系统范围内才为真（我们唯一能够经验的就是那张地图），这张地图是对一个可能世界的描画，而不是真实世界的状态。但是如果凡维尔确实存在，而一位真正的游客依靠这些示引找到了帕加威拉中心，他就可以真切地说我依靠示引 x 中所描述的路线到达了帕加威拉中心。

有一个晴朗的日子，大约是在一九五三年，有人在榆树大街用砖砌了一幢房子，就在帕加索斯大街的街角。路过那里的每个人都可以说在榆树大街上有一座用砖砌成的房子。这是一个观察句，来自一种感知经验（并且或许会被其他那些相信可信证明的人当作真实的）。这样，这个句子不会干扰其他先前就凡维尔所做的断言，也不会使得定义（1）、（2）、（3）变得不怎么真。但是，我们不能说它就脱离了凡维尔的整个情形。要是有人要把那幢房子的特征描述为在榆树大街上的砖房，至少它是榆树大街上唯一一幢这类房子。在一座到处都是砖房的城市里，说在榆树大街上有一幢砖房仍然是一个真实的观察句，但是却不能作为能够为识别所指物的示引的描述。

然而，假定榆树大街上的这幢房子是凡维尔的唯一的砖房。一旦其存在被市民登记下来，将会增加对帕加维尔中心阐释的可能性。不需要把奥卡姆拉进来（Quodl. Septem，8）。他常说只要你举起手指就会产生无数个新的实体，这是因为这个举起的手和世界中的所有实体之间的所有位置关系都会被改变，不可否认其中有一个对帕加维尔中心的新的可能的阐释会是"在榆树大街上的砖房以南的那组建筑物"或是"从榆树大街上的砖房出发沿着帕加索斯向南走即可以到达的那组建筑物"。

如果在凡维尔建造第二座砖房又会怎样呢？如果市民先前常把榆树大街上的那座房子称作砖房，出现了第二座之后第一座的名字就必须更改。榆树大街的定义之一也得改变，要是有人把它定义为耸立着这座城市的唯一的一座砖房的那条大街的话。

需要多少新的事实连同它们所涉及的观察句才能在一个相互关联的定义系统中发生一次剧烈的变化？这个问题使人们想起了粮垛的悖论。但是在粮垛和一粒沙子之间存在着很多中间层次的程度，而通过从一堆沙子当中拿掉很多沙粒至少可以合法性地断言在 t 这个时刻这堆东西要比在时刻 t-1 这个时刻小。

于是就让我们从一九五一年的凡维尔跳到今天，根据图 4.2 看看它是如何通过一系列的转换成为一九九七年的凡维尔的。

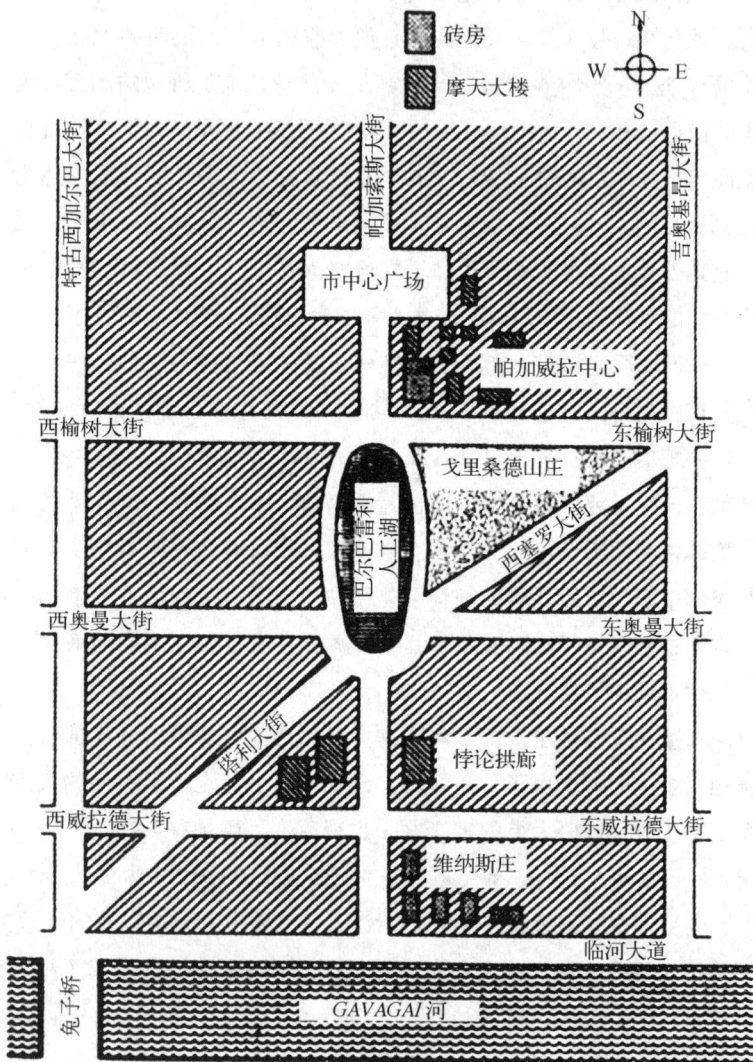

图 4.2

在这座著名的砖房周围逐渐耸立起了一些摩天大楼，新的市政中心（银行、市政厅和博物馆已经搬到里面去了，而一座新的希尔顿饭店也已建好）也建成了。由于这座城市的向北拓展，城北广场变成了市中心广场。既然它现在坐落在帕加索斯大街和榆树大街的交汇处，这个市政中心还是被称作帕加威拉中心就显得有些奇怪了：在语言中存在着惯性现象（就像我们今天以同样的方式仍然把原子的名称用在已经被表明是可分割的事物身上那样）。市中心已经被名为巴尔巴雷利的人工湖给占据了，这使得新戈里桑德山庄的富有居民们感到高兴（这个山庄是在几个开阔的山坡上建起的一系列别墅）。塔利大街延伸到湖边，在湖的对岸又延伸下去，名字是西塞罗大街。老的市政中心现在包括了悖论拱廊：一面是商店，一面是娱乐场所。沿河边车道的新的砖房包括维纳斯庄，这个地方的酒吧曾经一时为画家们所经常光顾，而随后却变成了红灯区，里面有色情商店和脱衣舞俱乐部。现在如果晚上在凡维尔市中心一人走路的话就相当危险。

显然，先前对帕加维拉中心所做的阐释不再发挥作用。示引（2）如今可以定义悖论拱廊，而示引（1）和（3）则不再有什么意义了。

这两个凡维尔似乎构成了两个相互不相容的系统，就像在谈论两种语言时相互可译性受到质疑一样。我们怎样才能把关于一九五一年的凡维尔所宣布的句子翻译得能够参照一九九七年的凡维尔也可以被理解（并且还为真）呢？答案是我们不能。我们所面对的是两个系统，在其中相同的名称指称的是不同的街道（在一九九七年的凡维尔，塔利大街所指的就跟一九五一年的不一样）。

这些单一的事实和以前通常用来表达这些名称和街道的观察句逐渐形成了一个新的系统，即凡维尔一九九七年系统，与凡维尔一九五一年系统不相通约。我们再也不能把在榆树大街上有一座砖房这句话看成同样为真，因为如果真的有什么的话也是在东榆树大街有一个砖房。此外，那座房子不再是靠近城北广场了，而是靠近中心广场；它也并非是在帕加威拉中心的背面，而是在帕加威拉中心里面，等等。

一种奇特情形，但同伽利略和布拉赫所处的情形并无二致，他们都在专心地看着同一个太阳，承认他们所看的是同一件东西，然而却被迫，就他们所赋予太阳这个词的 MC 来讲，在不同的假设系统框架内以不同的方式对其做出定义。

但是尽管他们把这座砖房识别为先前的同一个，但难道市民们确实以同样的方式感知它吗？在如今的纽约市，新哥特风格的建筑连同它们高高的尖顶都被第五大街上的摩天大楼给比了下去，虽然也曾经似乎是高耸在那里，给我们的印象却是微小的，甚至是被微缩了的感觉。以相同的方式，这座在建造时雄伟、漂亮而又气派的房子，在其周围这个新中心的摩天大楼的映衬下现在又显得如何呢？而这就是为什么一个客体一方面不会改变而总是被如此感知，另一方面由于它作为其中一部分的城市规划系统的原因又会被看成不同的东西。[①]

[①] 我想提及以前就狗吠所做的一份研究（Eco and Marmo, 1989）。这项研究念头的出现是在一次关于中世纪符号学的研讨会期间，当人们注意到，在谈论不同于人的言语的各种形式的表达时，不同作者总是会提到吠叫的狗（以及病人的呻吟和公鸡的啼叫）。由于我们研究的是极为复杂的分类，所以就企图为每位作者勾勒一种分类树，这样做我们就会意识到狗吠、病人的呻吟以及公鸡的啼叫在不同的作者那里占据树上不同的纽结（以及它们有时会作为同一个指号行为的例子出现，有时则作为不同的情形）。中世纪的人们有个习惯（我不知道这有多么不明显，但是却的确与现在的习惯相左）：在说新的事物的时候假装重复了先前的人说过的事物，结果就是总会难以理解他所持的立场有几分是与早期的传统相对立的。这个实验向我们清楚地表明，关于交流现象的明显相类似的讨论掩盖了深刻的系统性差异。简言之，在没有更深入地探讨这个问题的情况下，狗吠对一个思想者来说是一回事，而对于另一个思想者来说则是另一回事。根据这个系统，同样的行为具有不同的意义。而每个作者感知的是同样的现象（听到狗吠的共同的经验）。这是同类观察句的情形（有一只狗在吠叫），甚或是符号判断的情形（狗是吠叫的动物），这些句子从整体考虑的话是同质的。于是，甚至在几个世纪之后所有这些句子都给人具有狗的同一个 NC 的印象。然而，根据每一位作者的假定框架，也因此在不同的 MC 的框架中，吠叫的狗呈的是一种不同现象。狗的吠叫就像凡维尔城中的砖房。

这个原则在奎因（Quine，1995：43ff）那里也曾提到过：虽然"观察句"依赖感知刺激，但是也会"随着科学知识的增长而变化和发展"。观察句的参数还有经验的参数都是由"相关的语言共同体"所赋予的。当一位主体面对一头鲸的时候，是"公共压力"迫使他改正看那条鱼这个观察句的。

让我们用普特南（Putnam，1987：33）使用过的话来重新表述这个问题："存在着'外在事实'，而我们可以说它们是什么。我们所不能说的是——因为这没有意义——这些事实独立于所有的概念选择。"假定有三个时空点 x1、x2、x3；有多少个"客体"呢？在卡尔纳普的世界里有三个（x1、x2、x3）；在波兰逻辑学家那里有七个（x1、x2、x3、x1＋x2、x1＋x3、x1＋x2＋x3）。可识别客体的数量根据概念框架的改变而改变。但（我强调这一点）我们把三个时空点看作是起始性的刺激源，如果在起始性的刺激源这个问题上达不成一致，那么关于可识别客体的争论甚至就不能启动。不仅如此，这两个世界也不会有可比性。

两个系统在结构上不可比并不就是意味着它们各自的结构就不能拿来比较。我们到目前所玩味的凡维尔的这两张地图就说明了这一点。

我们能够明白这两个系统，而我们也能够明白两座城市都有着相同的砖房意味着什么。在这个基础上，我们当然明白（1）—（3）这些示引对一九五一年的凡维尔来说是有效的，而对一九九七年的凡维尔则不再有效。然而，拿第一张地图验证一下塔利大街这个表达式的意思，我们就能够从第二张地图中得出其内容现在对应着两个不同的城市实体，既可称作塔利大街也可以称作西塞罗大街。

这就允许我们说，如果我们在一九五一年的凡维尔找到一张藏宝图，上面说从榆树大街和吉奥基昂大街的交汇处，在向西南沿塔利大街拐弯之前，在中心广场拐角前面的三米处，在右手我们会发现一箱西班牙达布隆金币。在一九九七年的凡维尔，这个句子将会翻译为"从东榆树大街和吉奥基昂大街出发，在沿着西塞罗大街向西南拐之前，在被巴尔巴雷利湖所占据的地点的前三米，在右手，我们将会发现一箱西班牙达布隆金币"。这个事情的有趣之处在于，通过协调指称标准和被认为两个不可通约的系统的互译标准之间的关系，我们会真正地找到那些金币。

在以前（偶尔也有新近的）用意大利语翻译的血腥的英语犯罪小说中，一个更加饶有趣味的问题是，侦探常常钻进出租车，说"Portami nella città bassa"（字面义是："把我带到下城去"）。有时他会要求把他带到"上城"。意大利读者马上就会认为所有的美国城市都像贝尔格蒙，或者像都灵、佛罗伦萨、布达佩斯或第比利斯，这些城市的一部分坐落在平原上，河的对岸则是坐落在山上的另一部分。显然并非如此。在英语原文中侦探要求把他带到市中心（或城郊）。

但让我们处在译者的位置，记住他或她从未踏上过美国的土地。那么如何翻译这些词语呢？如果译者请一个当地人做一下解释，当地人会告诉他"uptown"和"downtown"是在不同的城市会有所不同的两个概念：它们有时意思是商业中心，有时意思是红灯区，因此也就是城市最古老的地区，有时意思是沿河地区，所依据的是这座城市如何发展（在纽约这些概念偶尔很绝对——于是华尔街当然就是 downtown——有时又是相对的，所以如果你想从中央公园到格林尼治村你就告诉出租车司机到 downtown，而如果你想从华尔街到那里去你要告诉他去 uptown）。

有没有解决方法呢？没有法则可循，但是译者需要知道故事发生在哪个城市。那么他必须要看地图（以及查一本好的导游册），明白侦探去做什么（是去一家赌场、一家五星级的旅馆，还是下流夜总会，抑或是去找一艘船），于是就让他每次告诉出租车司机带他到市中心、商业区、老城区、港口，他想去哪儿都可以。downtown 的所指需要协商，其限度要看意义的可协商程度，依城市来看（根据系统）。

观察句为真的概率也是需要协商的问题。但这并不会改变观察句是建立在感知性证据的基础之上这个事实，以及所依据的砖房毕竟已经建成这个事实，甚至对凡维尔城的规划一无所知的狗也能感知到。你可以避免注意到它的存在，但你不能否认它在那儿这个事实。然而，其存在被注意到的那一刻，它就必须被命名和定义，而这除非是在城市作为系统的语境之中，否则就不能实现。

4.7　契约和意义

至此，我认为有一点很清楚，那就是所有这一切都预设了 CT 之间，以及 NC 和 MC 之间的契约观念。我在其他地方（Eco，1993）谈论过几个世纪以来进行的建立（或重新发现）一种完美语言的努力。这些努力中的大部分都是基于这样一个假定：可能会鉴别出一系列的起始性的观念，这些观念为整个物种所共有，并且把他们安排在一个初级的语法中，这一切都是为了建构起一个元语言，在这种元语言中，用任何自然语言所表达的观念和命题都完全是可译的，无论什么样的情形，这种可译性都不会产生我们的母语所独有的那种歧义性。既然我提到了指号基础和与感知经验关联在一起的 CT，但为什么不能在这个基础上建构这样一种完美的语言呢？这种语言今天甚至会具有某种心语的形式，这种心语会解释人脑的运作方式，以及硅片电脑像人脑那样运行的方式。

因为，我想，通过详释 CT 和 NC 的方式沿着经验的方向前行是一回事，而说我们的这些实体确实是具有普遍性并且格式上是超历史的又是另一回事。你不能建构一种完美语言，因为它会排除掉使我们的语言有效的协商时间。

每个人就老鼠的识别基本上达成了一致，但是动物学家不仅能力跟我的不一样，还必须继续验证他的 NC 跟我的是否是一个格式。老鼠会携带病毒是不是老鼠的 NC 里面的一部分？这取决于文化、环境，自然还有时代。在十七世纪人们还没有把老鼠同瘟疫联系在一起，但人们如今却把它们联系在了一起。而当瘟疫发生时，在把老鼠感知为四腿动物之前就把它感知成了一种威胁。

CT 和 NC 总是可以协商的；它们是一种"嚼口香糖式"的观念，构形会因环境和文化的不同而不同。事物就在那里，咄咄逼人地出现了；我不认为会有一种文化促使某个人去把狗感知为双蹄动物或有羽毛的动物，这确实是一个非常坚固的契约。但是除此之外，意义播散、切断自身的关联，然后重新组织。甚至所谓的"本质"属性也会让我们对下面的命题严肃地怀疑起来：糖是可溶解的这个命题在拉丁美洲所表达的（指的是红蔗糖）和在欧洲所表达的（指的是白甜菜糖）是否一样。这种"可溶性"需要不同的时间。

就像在鸭嘴兽的故事中所显示的那样，同样的可协商性调整着科学范式的建构，尽管在这些情形中分类目录的重建要花更多的时间，并且要按严格的而非随意的标准协商。

4.7.1　词语的意义和文本的含义

有人得出这样的结论：如果意义是可协商的，那么对我们相互理解做出解释就不再有任何用处。

存在着两种避免谈论意义的方式。第一个方式包括声称（Marconi，1997：4）我们之所以不能谈论意义，是因为意义是一个不知去向的实体，不过我们可以谈论各种语词能力，这些能力属于"技术范畴"。但在这种情形中，在我看来似乎为了保证这种能力的存在，我们所要做的一切就是进行一种行为试验：拥有相同程度的能力的说话者将会被这一事实所证明，即他们能彼此理解，从同样一个前提出发做出相同的推断，或者在指称某物的时候，会进行我曾经提到过的得体的指称。那么，共享能力存在的证据是以何种方式区别于我所理解的证据，后者是通过解读内容（或意义）的公共性存在所得来的，转而又证实了认知类型的私有存在呢？让我们想想对于皮尔士来说，即使某项正在进行的行为都能被看成是一个动态阐释中介（士兵们听了立正这样的命令都会做出一个确定的姿势，这样一个事实是对这个口头命令的一个可能的解释）。于是把意义说成内容并不会导致对不可捉摸的实体的实体化，或者至少不会像对待能力或语词能力概念那样。

第二个方式包含说理解语言只不过是把会或多或少地与我们自己的信仰相一致的信仰赋予交谈者。但是我有一个印象，那就是对信仰的引入并不能驱散意义的鬼魂（以及它所表达的 CT 的鬼魂），至少在我迄今一直使用的内容这层含义上。拿戴维森（1984：279）的一个例子来看，如果一艘船像双桅纵帆船（ketch）那样撑着帆驶过，我旁边的一个人说，看那艘小帆船（yawl），我想（i）他跟我一样感知那艘船的帆，错误在于稍不留神错用了语词；（ii）他并不知道 yawl 这个单词的内容；（iii）或者他犯了一个感知错误。但在所有这些情形中我必须假定他跟我一样知道各种类型的船只，他会把一个语词同表达了其 NC 的类型联系起来，否则我甚至不会认为（i）他只不过是混淆了单词的用法，（ii）混淆了单词的意义，或者（iii）错误地把一个给定的符号同他在某个地方所构想起来的船的概念联系起来，要是不事先假定两个谈话者在某种程度上分享一个分类和档案系统，不论这个系统多么不系统，交流都是不可能的。我有可能被一种慷慨的友善原则所驱使，把不同于我的组织形式的分类赋予另外一个人，试图让我来适应这些分类。如果这意味着对"信仰"予以比较，还马马虎虎。但是我们是在谈论纯粹的术语性的问题。

这个分类树，并且是应该被记录下来的分类树被认为是对内容的组织，不管这种组织有多么私人性，另外的人把这种内容称作是"意义"。

我认为这些讨论缺乏一个很多符号学理论长期以来一直在做的区分，尽管我承认就赋予这些语词的含义来讲很难达成一致。意义这个概念对于一个符号系统来说是内在的：必须承认的是在一个给定的符号系统中每个语词都会被赋予一定的意义。另一方面，含义这个概念对于发出的言语或者文本是内在性的。我不认为会有人拒绝承认对于*狗*这个词存在着一个相当稳定的意义（以至于我们甚至——一种极端鲁莽的指号行为——认为它是 cane、chien、perro 和 Hund 的同义词），其实同一个词在不同的言语中可以具有不同的含义（我们只需要考虑隐喻的情形）。[1]

读者受命不去用带有弗雷格在意义（Sinn）和指称（Bedeutung）之间所设定的差异的完全的平行主义来思考。在任何情形下，在我看来很清楚，那就是词典可以把意义赋予 X 这个语词，然而在不同的言语中同样一个语词可以具有不同的含义（哪怕在这个语词的最微末的含义中），所以由一名反传教者所说的*这个主教是腐败的*这个表达式（其中所指为亚历山大六世）所具有的含义就跟由一名传统派的高级教士所说的同样的一个表达式（其中所指为约翰二十三世）不同。

至此，很明显，为了确定一句言语的含义，有必要常常求助于善意原则。但这条规则对于一个语词的意义却并不适用。

说相互理解是无限的协商（以及为了能够理解他人的信仰或其能力的格式而实施的善意行为）的结果所涉及的是言语，即文本的

---

[1] 参见 Davidson，1984，Picardi，1992，皮尔卡迪想了解一位阐释者为了理解一门语言而使用的理论和阐释者在会话的每个阶段每次为每个会话者所建构的理论之间的关系。我认为戴维森并没有解决这个问题，这正是因为，或许是由于语言原因，他没有把语言和言语区别开来，也就是说把一门语言的语词的意义和言语以及文本的意谓区别开来。

理解问题。① 但这并非就意味着我们能够通过消解句法和语用中老朽的语义学取消意义这个概念。说意义可以协商而得并不意味着达成的契约可以无所依凭。相反，从法律的角度看，契约之所以可能，确切地说是因为契约规则已经存在。一笔买卖就是一个契约：如果 A 把一幢房子卖给了 B，契约签过之后这处房子就被定义为 B 的财产，如果没有买卖协议绝不会这样；但是为了签这个契约，就需要 A 和 B 在买卖的 NC 上达成一致。A 和 B 甚至能在房子的内容上进行协商（B 可以告诉 A 他想卖给他的房子不是一处房子，而是一处农庄、一个简陋的小木屋、一个牛舍、一幢摩天大楼、一处湖边别墅，或者是一处不适合人居住的破房子）。但是，即使在这种情形中他们也会从这样一个共享的观念出发：本意是为了给生物或事物提供遮蔽的人工建造物，而如果他们没有一个谐调的观念，这个观念至少允许他们把能被定义为房屋的东西同能被定义为树的东西区别开来，那么他们甚至都不可能开始协商。②

---

① 关于此，参见阿拉克（Alac, 1997）的阐述。
② 至于这一点，读者可参见在齐诺著作中（Zijno, 1996）关于戴维森和斯波伯-威尔森所进行的分析。清楚的是，在这些作者中没有一个人认为不存在语言规约，并且我们都会遵守确定的规则，既为了预设会话者的所信，也为了协商的恰当和详解关于交流情景的推断。不管怎样，"缩小分歧"的工作得到了强调，让人们这样来理解：有了说话者的好的理论，不要语言理论也无妨。有人说"交流意味着试图调整另一个人的认知环境"（Zijno, 1996: 2.1.2），而一个人的认知环境就是对他来说显在的一套事实（Sperber and Wilson, 1986: 65）。这种认知环境看起来很像我所谓的 CT，而为了站在说话者的立场上预设它，我还需要以 NC 的形式出现的表呈。这个推断和这个契约关涉了让我们的认知环境被公共性地接受所做出的努力。这是发生在艾尔斯巨石山那个例子上的情形。很清楚，如果有人对我说艾尔斯巨石山是一个动物，我从中可以推断出的是他的认知环境不仅跟我的很不同，而且也不像被公共性认可的那一个。缩小分歧意味着引导另一个人至少是部分性地接受共同体认为尚可接受的一个 NC。我至多能把善意原则延伸到常规限制之外，如果我同一位确实把艾尔斯巨石山看成是一个动物的人交谈。但我之所以同意把我的认知环境调适为他的只是为了交流互动的目的，我感觉我们应该不惜代价地维护这种互动。此后，我还是认为那座山不是一个动物。粗略地说，一个人同意非理性者并不意味着社会共同体就接受这个观点。如果共同体到头来是错误的是一回事，而我们认为一个疯子是正确的是另一回事：历史告诉我们这种情况在过去经常发生，共同体需要花费一点时间来修改根据社会公约每个人都认为是正确的东西。于是，简言之，协商并不建立认知环境，它只是考虑先前的认知规约，修正它们，试图把它们同质化。

279

把这个词的意义定义为买卖跟我所说的你把自己出卖给了敌人这个表达式里解释的含义是不同的。

说我们不能为消除一个概念的歧义规定精确的规则（因为这取决于每个人的信仰）是一回事情，而说在一种给定的语言中的、在某种程度上是公共性的语词的意义却总是可以被协商的又是另一回事，这不仅发生在从一种语言到另一种语言的转换中，而且也会发生在同一种语言中，根据不同的相关性而定。

就它们是内容而言，意义总是可以被识别出来的，即使它们会浮动、凝结，对于一些言说者来说还会萎缩，直到它们几乎阻止了说话者恰当地言说或识别某物。但我看不出为什么对言语的含义的契约性观点，一方面必须排除掉把我们的认知类型聚集在一起的禀性的存在，而在另一方面则排除掉实现这些聚集并且为接下来的阐释和协商提供基础的语言规约。①

毫无疑问，如果我坐在一辆汽车的副驾，催促她说，你可以走了，交通灯是蓝色的，她就会马上明白我的意思是绿色（她会认为我是个色盲，或者认为我只不过是犯了一个口误）。大概这样的情形之所以发生是因为这些单词的意义无关紧要，而她能够懂我的意思是因为她把跟她自己相同的信仰赋予了我？但如果当时我说的是你可以走了，因为 7 是一个质数又会怎样呢？她难道会这样想，因为我跟她一样，我指的只能是绿灯？或者，这些单词的力量会脱离这个情景而不会促使她试图理解我意欲传达的东西，有可能是隐晦地要表达的东西，原因在于我的观察句完全与数学有关而与交通车流无关？

---

① 说我们不时地协商并不意味着说更为坚实的和更为稳定的规约不会逐渐地沉淀下来。（Dummett，1986：447—458）。有关意义的一个很好的契约性观点在布鲁纳的著作中可以被找到，其中一个优点就是把意义问题放在认知科学的中心。他不仅声称文化使得意义成为公共性的和可分享的（他知道皮尔士关于阐释中介的公共性的观点），他还认为虽然我们所有的话语都是歧义性的和多义性的，但我们总能通过协商使它们的意义成为公共性的（Dummett，1990：13）。

4.7.2 意义和文本

我曾经讲过，有关我们的符号工具的变通性的某些奇特现象是处于这样一个事实，在几乎所有的关于意义的不可捉摸性的话语中，存在着语词的意义和言语的含义方面的混乱。但是同样的问题不仅仅出在它们身上。基本的言语和文本也有这个问题。

在红绿灯那个例子中，这个对话不会至此就停止了。司机还必须问我另外的信息；我必须告诉她我的那个数学引用是什么意思。文本符号学曾经一时承认过我们在语法层面上识别规约系统，而又承认协商是发生在文本这个层面上。是文本在协商规则。把各个方面综合起来讲，赋予一本书的名字为《傲慢与偏见》也就意味着说，在这本小说的结尾，我们关于这两种情绪的看法，或是对那种社会行为的看法会有所改变。但之所以如此需要一个条件，那就是从一开始我们就对这两个单词的意思有一个模糊的概念。

至于孤立的言语，这些极不可能的情形（只在实验室里才明显）不允许协商。只有患有自闭症的接受实验者才交换他们极为隐蔽的个人语言的片断，声言不结婚的男人就非得是单身汉，大象既可以有鼻子也可以没有鼻子。但是同我的耐心的读者协商是否可能真切地说艾尔斯巨石山是一座山以及同时说艾尔斯巨石山不是一座山，我就得需要以文本的形式进行冗长的证明，我不能依靠我的对话者对我的善意——这当然是我所希望的。

我于是想到了漫画家贝约的蓝精灵，在英语中叫作 Smurfs，法语原文称作 Les Schtroumpfs。① 蓝精灵的语言特征就是在其中常常是

---

① 马尔科尼（Marconi，1997：5）的著作也包含了对蓝精灵的思考，引述了我在 1979年 9 月 5 日的《字母表》上的《蓝精灵与狂飙突进》（现在收录在《七年的欲望》中，米兰：彭皮亚尼，1983：265—271）。

这样子的，专有名词和普通名词、动词、副词被 schtroumpf 的变位和移位所代替。

比如，在其中一个故事中，一位蓝精灵决定获取权力而发动了一次政治运动。他的演讲是这样的：

> Demain, vous schtroumpferez aux urnes pour schtroumpfer celui qui sera votre schtoumpf! Et à qui allez-vous schtroumpfer votre voix? A un quelconque Schtroumpf qui ne schtroumpfe pas plus loin que le bout de son schtroumpf? Non! Il vous faut un Schtroumpf fort sur qui vous puissiez schtroumper! Et je suis ce Schroumpf! Certains—que je ne schtroumpferez pas ici—schtroumpferont que je ne schtroumpfe que les honneurs! Ce n'est pas schtroumpf! ⋯C'est votre schtroumpfàa tous que je veux et je me schtroumpferai jusqu' à la schtroumpf s'il faut pour que la schtroumpf règne dans nos schtroumpfs! Et ce que je schtroumpfe, je schtroumpferai, voilà ma devise! C'est pourquoi ensemble, la schtroumpf dans la schtroumpf, vos voterez pour moi! Vive le pays Schtroumpf!

蓝精灵的语言似乎缺少一个活语言的必要条件。它是一种没有同义词而充斥着同音异义词的语言，规范语言难以处理。然而蓝精灵不仅彼此理解得相当通畅，而且读者也会明白其中的意思。这就是问题的关键所在。

这似乎同戴维森的观点不谋而合。蓝精灵不是在空无中说话的（他们不是在特定的情形之外说出句子的），而是在漫画中说话的，也就是在一种多媒体的语境中说话的，在其中我们不仅阅读（或听到）他们的所说，而且还能看到他们的所为。这是一种我们常常阐释他人话语的情景——正是在一种情景中说话的人才能运用指示词，比如这或那。因此，不妨这样说，当在一个给定的情景中听到同音异义词发出时，我们赋予说话者以我们在同一种情形中所持守的信仰，并且我们通过善意原则借给他他未发出的、但能够或应该发出的那些语词。

或是我们会说（就像维特根斯坦想必说过的那样），在蓝精灵语言中，语词的真正意义是其用法（显然，我所更多地指的是 Schtroumpfische Unterschtroumpfungen，而不是 Schtroumpfus Schtroumpfico-Schtroumpficus）。

但这里出现了两种反对意见。第一个是我们"借给"或赋予说话者他先前未说出过的语词，就是因为这些语词（连同它们的常规意义）都先在性地存在于我们的词汇中。如果读者理解了我的关于蓝精灵和维特根斯坦的笑话，是因为他们早已听说过这个话题，仅仅就是因为一个先定的符号（互文本）系统已经存在了，在这个系统中各种表达式都有内容，所以我们才能协商制定契约。

其次，刚才所引用的那段拉选票的演讲没有涉及可感知的情景（即这幅图像所体现出来的）。它所指称的是"政治演讲"情形及其修辞。它还涉及我们在类似的情形中所听到的大量的言语，因此也涉及互文性世界。像 Un quelconque Schtroumpf qui ne schtroumpfe pas plus loin que le bout de son schtroumpf 这个表达式之所以能被理解是因为我们知道这个现成的表达：他看不到远过自己鼻子的地方（He cannot see any farther than his own nose）。像 Je me schtroumferai jusqu'à la schroumpf 这样的言语能被解读，原因在于我们在无数的场合听到过我将战斗到底，直到死亡（I will fight to the death），我们在审慎的演讲的修辞的语境中听到过这句话。La Schtroumpf dans la schtroumpf 可以被理解是因为我们听到过手拉手（hand in hand）数千遍。

这意味着蓝精灵语言对应着文本语言学的规则，在文本中含义取决于对文本论题的识别。可以这样说，每个文本都是一台懒惰的机器，需要接受者这一方积极的阐释合作，而这种懒惰似乎邀请我们在 Schtroumpf 中生成文本（Eco，1979）。我们的合作是可能的，因为我们求助于互文性的世界；我们能够理解蓝精灵，因为所有的说话者都使用 Schtroumpf 及其派生词，并且总是也仅仅是在这类表达已经被说出的那些语境里。

蓝精灵语言是一种寄生性的语言，原因在于，尽管名词、动词和形容词都被这个无所不能的同音异义词给代替了，如果没有基始语言的句法（和各种词汇上的贡献）的支持就不会被理解，不论这种语言是原初的法语还是其翻译语言）。

现在，在其中一个故事中我们见到了蓝精灵的敌人，邪恶的魔法师格格巫。他说的法语跟蓝精灵语所基于的法语是一样的，但正规一些。格格巫施了一个魔法把自己变成了一个蓝精灵，去他的矮小敌人的村子里。但他只能沿着墙溜着走，不回答那些人问他的为什么他不懂蓝精灵语言的问题。如果我们发现了基始语言跟他的相同，那他只要他应用善意原则就能解读蓝精灵对他所说的话。这是如何可能的呢？蓝精灵语的基本规则是：尽可能地用 Schtroumpf 替换普通语言的每个语词，但要避免造成过度的歧义性。但是格格巫的问题很清楚，就在于他发现所有的文本都是歧义性的或是不可理解的，原因很简单，那就是他缺乏互文性信息。

比如，假设一位普通修养的说英语的人听到一名蓝精灵诗人吟诵 I schtroumpfed lonely as a schtroumpf 这句诗。他肯定会想到对华兹华斯的引用。显然当他听到 To schtroumpf or not to schtroumpf，也会想到莎士比亚。但他如果听到 Schtroumpf is the schtroumpfest schtroumpf 这句话就会懵然不懂，因为他以前可能从未读到过艾略特的诗，就不知道某些月份要比其他月份更残酷。他跟格格巫的处境是一样的。①

　　把善意原则应用到某人要说的话中要建立在少量的词语信息的基础之上，但最为重要的是建立在对已被言说过的大量信息的基础之上。

---

① 蓝精灵的认知世界是什么样子呢？鉴于他们把 schtroumpf 这个名称不加区别地给予了房屋、猫、老鼠和单身汉，这是否或许就意味着它们不具有这些概念而不能区别开猫和单身汉呢？或者他们有一个表达体系（尤其是词汇），这个体系很差，但却是一个内容体系，至少跟他们的环境所允许的经验一样广泛和清晰？或者，既然蓝精灵语言使说贝多芬第五 Schtroumpf 跟说贝多芬 Schtroumpf 交响乐或者 Schtroumpf 的第五交响乐成为了可能（但绝不可能说 Schtroumpf's Schtroumpf Schtroumpf!），那么就有可能他们有着跟我们一样丰富的词汇，使用万能的同形同音异义词，原因是出于懒惰、患有失语症、做作或保密。但是，难道只用一个词来指称很多东西不会让他们把所有的事物看成被某种奇怪的关系统摄起来？如果鸡蛋、铲子和蘑菇都是 Schtroumpfs，那么蓝精灵不是生活在一个在其中鸡蛋、铲子和蘑菇之间的关联比它们在我们的或者格格巫的世界中更加模糊的世界吗？如果就是这种情形的话，这会不会就赋予蓝精灵同总体事物更深入和更丰富的联系？或者这会不会使他们不能对现实作出正确的分析，让他们陷入了他们的混杂语所造成的不确切的世界里？这些问题我感觉在这里都是无法回答的。但是我把他们列入是为了说贝约的这些故事尽管是为了孩子所构思的，也为成年人提出了一些严肃的符号学问题。

285

第五章　关于指称即契约的笔记

在讨论完意义即契约之后，人们还想接下去知道契约/协商的观念会不会也适用于指称现象，如果适用的话程度有多大。

这一章中的各节没有编号并非是由于疏漏：确切地说，这是为了消除对我的话语可能暗藏的任何体系化的企图的怀疑。指称问题在其所有分枝中都可能会在即使最坚强的人的心里埋下对上帝的恐惧。我在这里把自己限制在一系列有疑问的观察之中，能够厘清一些原因，这些原因说明了为什么认为涉及指称的运作具有契约性质——或者至少具有一种强烈的契约成分——这样会很方便。

在我的一部著作（Eco, 1976: 163）中我接受了斯特劳森的建议（Strawson, 1950）。这个建议认为提及或指称不是一个表达式所为的东西，而是某人能够运用一个表达式去做为的东西。斯特劳森继续说，"给出一个表达式的意义就是为其用法给出一般性的示引以指称或提及具体的客体和人"以及"给出一个句子的意义就是为其用法给出一般性的示引以便做出真或假的判断"。我仍然认为这是一个令人满意的安排，指称就是一个言语行为。这并不改变这一事实，即很难说它是什么类型的言语行为以及，其得体性的条件是什么。

一个表达式也为识别或获取指称物提供了示引。句子也应该考虑表达式的真值。那么在表达式的意义和句子的意义之间虚位以待的恰恰就是指称的空间。

我们能指称所有的猫吗

首先，为了让这些大部分的片断式的笔记得以理解，我必须说明我使用指称（referring）这个词的意思是什么。

我要把这个词的"广义"用法排除在外[1]，我想把指称的概念限制在指定这类情形的意思上，这样或许更具有恰当的可描述性，也就是限制在提及具体的时间和地点上的具体的个体、群体、具体事实或连续性的事实。这种限制更为合适（也是参考了先前的论述）。从现在起我还将使用"个体"这个类属概念来指代可识别的时空片断，如一九四五年四月二十五日，并且我要坚持这个黄金决定，依此决定普遍与个别名称。

我希望读者能参考一下我一九八九年的著作（Eco, 1989），里面讲了一个有关 denotatio 和 designatio 的极其复杂的故事。这些词在几个世纪的时间里带上了不同的含义。但是我认为要接受现在已经被建立起来的惯例，按此惯例一般性的语词"指示"类或属的属性，而局限在时空的确切部分的个别性的语词或表达式"指示"的是个体（Quine, 1955: 32—33）。

因此，我坚持认为我们在实施指称行为的时候利用的是像以下

---

[1] 例如，在圣安布罗焦（Santambrogio, 1992）的著作中所使用的那一个。这本书研究的是对"一般客体"的指称。圣安布罗焦意在研究我们如何用量化来研究关于一般客体的句子。在真值函数语义学中，这个问题具有一定的趣味，但我认为在这种情形中指称某物成为谈论某物的同义词。每当我们交谈时，我们都要谈论某物，但是也因此我不明白指称这个语词所意指的具体现象是什么。

这样的指示性的句子：看那只鸭嘴兽，去把我放在桌子上的鸭嘴兽标本拿给我，悉尼动物园里的鸭嘴兽死了。我认为像鸭嘴兽是哺乳动物或鸭嘴兽产卵这样的句子并不指称个体，而是断言了赋予个体所属的属、种或纲的一些属性。

回到我在 4.2 中所举的计算机的例子。我集中谈论的是我们的指示树（或动物学家的树）被组织起来的方式，而谈的并非是鸭嘴兽。我们指称的不是任何什么个体或一组个体，而是重新确认一个文化规则，做出一个符号的而非事实性的判断①，重述我们的文化定义一个概念的方式。给一个概念下定义就意味着说明一个内容单位，这个单位事实上对应着相应语词的意义，或者是其意义的一部分。说"一个人指称"意义至多是一种使用指称这个词的奇特的方式。

如果我说的是在一八八四年，考德威尔看见一只正在下蛋的鸭嘴兽，我所指称的是一个个体 x（考德威尔），他在 y 这个时间（一八八四年）观察到一只个体的鸭嘴兽（我并不知道是哪一只，但他知道，它当然是那一只而不是另一只，我想象它是一只雌的），并且他发现了它下的是圆形物体 s_1，$s_2 \cdots s_n$（我不知道有多少，但他肯定知道，而这一断言指的也是那些客体而非其他客体）。

然而有些作者认为也存在着指称本质的情况，但在这里我只研

---

① 至于指号判断和事实性判断之间的区别，可以参见《符号学理论》中的 3.2。如果我说所有的鸭嘴兽都产卵，甚至我对其进行量化，就像我对哺乳动物的属性进行量化那样，我当然不是指现存或者存在过的所有鸭嘴兽，因为无生殖能力的鸭嘴兽也不能被排除在外。简单地讲，我想再次说，一个人无论想把鸭嘴兽这个词应用到什么动物身上，那么这只动物都要具有产卵的属性。有人会争辩说，作为哺乳动物的地位跟喂养一个动物的幼崽不一样：起初看来，这似乎符合实际情形，因为鸭嘴兽喂养幼崽这个事实被各种观察句所证实，而它们作为哺乳动物的地位取决于分类上的方便。但是既然分类学把那些具有喂养幼崽的属性的动物分类为哺乳动物，而各种观察句告诉我们鸭嘴兽会喂养它们的幼崽，我们从我们的角度就会把这两个句子当作等同的。那些说出这种句子的人无所指称，而是有助于重新肯定关涉赋予相对应的语词的 MC 的社会所达成的一致。也可以说，这种社会一致性也关涉在一个给定的概念图式内部所假定的范畴体系。

究存在个体性的指示。我自然是在经院哲学的含义上来理解本质的，因为本质被看作是可知的和可定义的。引用阿奎那的话说，而他所参照的是阿威罗伊的话（《论存在与本质》，III），"苏格拉底无非是作为他本质的动物性和理性而已。"在这个语境中我坚持认为有这样一个事实，那就是一个人可以指示苏格拉底但不能指示他的本质，对于我们指称苏格拉底的本质这种说法的合法性我是存有疑问的。我通过使用个体性这个概念对阿奎那的苏格拉底比他的本质更无物这个观念质疑。而实际上，阿奎那很清楚地意识到把苏格拉底说成是一个个体需要求助于个体化原则，这属于指称量的问题。由于我这里的目的不是教授中世纪哲学，也不是宣扬新托马斯主义或新司各特主义，我就宽松地把个体性这个概念作为个体的不可重复的特性来使用（不管是否取决于指称量还是其他什么个体化原则——比如说作为基因继承或户籍登记记录）。

我在最具有直觉性的意义上，把个体看作在日常言语中我们使用它的方式。我们常常认为不仅有不可以重复的客体，其复制品或替身是不可构制的（如我的女儿或格勒诺贝尔城），但是即使在那些此物为彼物之替身的团体性的客体情形（如一令纸中的纸张）中，也总是可以选择其中一张，并且断言尽管它具有其他的成员的所有的属性，它也毕竟还是那张纸，即使我所允许它具有的个体性的唯一标志是在那一刻我正拿着那一张。而那一张如此地具有个体性，以至于如果我把它烧了，我烧的也是那一张而不是另一张。

似乎在我看来，中世纪的质料指称量的观念与个体化原则的观念并无二致。这种个体化原则被克里普克（Kripke，1972：350）表达为："如果一个质料客体在某物质中有着来源，那么就不会在其他物质中有来源。"个体拥有个体性的观念仍然与人或水（总称）具有本质的观念是没有关系的，尽管在如今流行的指称因果论中这两个问题经常一起出现。就其本身来讲这是一个区分（对个体的）指示和（对类属的）指称的很好的理由。

然而，我要具体说明我意欲使用指称不仅是为了说明对个体的指示（在该词的最为广义的含义中，于是一九四五年四月二十五日也成了一个时空性的个体片断，而恺撒被暗杀则是一个在一个时间点上发生的个体性事实），也是为了说明个体群。在"我们能够指称个体群"（其中也包括类属的时空片断，如三十年代）的情况中，我们必须明白一组个体要么被计过数，要么可被计数，要么有一天可以被计数（以便每一个客体都能被个体化）。

对第二次世界大战的第一个牺牲者的指称或对在澳大利亚定居的第一批人的指称当然是很模糊的：但是在运用这些指称时，我们毕竟假定了有一天（或者在过去相比已经可能）在理论上有可能确认所涉及的这些个体是谁，如果没有别的什么原因的话那就是因为他们确实存在过这一事实。

确定一个句子指示的是个体还是属类并不取决于其语法形式（人们是在语法形式的基础上建构起无数大胆的实例和反实例的，却并没有确定性地解决问题），而是取决于发出者的意向和接收者的假定。因此第一个契约就有必要确定这个句子是否具有指称功能。

有时区分非常简单：这根棍子有一米长当然指示的就是某个个体的棍子，而一米等于 3.2802 英尺表达的是一个定律或一个规约。但是其他情形就需要更多的思考。如果希律王在耶稣出世之前就对希罗底说过他痛恨所有的婴儿，她大概同意这样一个事实：希律王所指称的不是一些具体的婴儿，而是表达了他对婴儿的总体上的不喜欢。但是当希律王命令他的杀手把加利利的所有婴儿都杀死的时候，根据他的命令他意欲所指示的是在那一年的一个确切的地方出生的所有婴儿，逐一杀掉（他们是可以被识别的，就是因为他们已经达成的共识）。①

　　但是，有一点需要说明，尽管这一点自从柏拉图和亚里士多德那个时代就已经很清楚了。孤立的语词无所断言（它们充其量只有意义）：只有在句子中或者在对应性的命题中才能说出真或假。不过，我并不是说指称跟说出什么为真什么为假是一回事情（我们会看到指称行为是在当我们尚未确定我们所指称的与实际情形是否相符时做出的），但毫无疑问，如果我们总是指称个体，我们所指称的就是一个世界（任何世界）的事态。为了这样做我们需要说出一个句子。如果我说猫，我所指称的不是任何东西。我能够指称一只猫，或者是一个处于具体位置或处在时间和空间里的某些猫。另一方面，当人们说我们能够指称类属的时候，意思是指称是我们用孤立的语词所做的事情。我常常会碰巧听见实际上是极其令人尊敬的人说猫这个单词指称的是猫的集合，或者是猫的本质。鉴于上述理由，这种说法让我感到有些误导，所以我避免以那种方式来表述这个问题。

　　如果你愿意的话，猫这个词语总是意指或指示在所有情形下、在所有的语境之外的猫的本质（或者 NC，或者相对应的 MC），于是其指号或指示力量属于词汇类型。同样也是这个词，只在一个被发出的、含有时间和空间的具体细节的句子的语境中，指示一只给

---

① 语法形式并不一定就表达指称功能。我们就拿拿破仑死于 5 月 5 日这个句子来说。如果这个句子是由一位当月从圣赫勒拿岛来到伦敦的信使发出的，这个句子就会被理解为是指称性的。如果一个学者根据新发现的文件说拿破仑并不是死于 5 月 5 日，他当然还是把拿破仑作为个体来指称，而如果他说，我研究的所有历史书所给的关于拿破仑的信息都是错误的，他当然指的是所有他参阅过的具体的历史书。对拿破仑颇感兴趣的学生只是引用一则百科性数据来取悦老师。换句话说，这个学生只是想表明他知道把拿破仑的概念与死于 5 月 5 日这个属性联系在一起所赖以成立的文化规约，他这样做的方式与他回答化学老师水是 H_2O 的方式并无二致（在其中很清楚的是这一指称并不是指的水，而是指的当今课本就这一物质所讲的东西）。如果这位学生说拿破仑死于 1815 年 6 月 18 日，老师就会告诉他课本的内容他没有记好，因为这一天被记录为滑铁卢战役发生的那一天。然而，要是老师不无讽刺地说：看，在那一天拿破仑还欢蹦乱跳，在这种情形中他是把拿破仑指称为一个个体。我同意我的这个例子会被质疑，如果有人质疑的话我会很高兴，因为这样会坚定我的看法：决定一个句子是否具有指称性功能取决于协商。

定的猫，因此指示的功能是由代指符完成的。猫是哺乳动物这样的句子表达的是一个思想，不管它出现在什么样的语境中，即使它是在瓶子中被发现的（在任何情况下人们都可以决定它为真还是为假），而厨房里有一只猫这个句子指称的是处于时空中的一个 X，如果它是写在一个瓶子里的纸条上，那么就会失去所有的指称效力。即使我们可能会怀疑它是一种指称行为，但我们证明它在被发出的时空中为真还是为假（Ducrot，1995：303—305）。

指称马

如果我们回到在 3.3 中所涉及的蒙特祖马二世的那个故事，我们就会发现（i）他的信使借助阐释中介把马的 NC 传递给他；（ii）他们显然指称的是他们在西班牙人登陆期间所看到的东西；（iii）蒙特祖马二世明白他们所指称的是甚至在他明白其确实为何物之前的东西；（iv）在他们的阐释的基础上，他建构起了马的 CT，可以假定他就是因为这个 CT 才能够识别他所遇见的这个指称物的；（v）似乎是在收到信息之后他保持了很长一段时间的沉默，我们可以设想要到他知道他识别了一匹马的那一刻他才指称马；以及（vi）在合适的时间，他想必识别出了他的信使所告诉过他的 maçatl，不过他还是在犹豫，或许是在避免谈论，因此也就是避免指称马。

于是，我们把一个 NC 同一个语词联系起来，而这个 NC（它对应着一个 CT）包含有用来识别其指称物的示引，但是用来识别指称物以及用来进行识别的示引并不即刻与指称某物的行为相关联。

那么，让我们把这个故事编得稍微复杂一些。西班牙人到达了蒙特祖马二世的宫殿。他认为他识别出了宫廷院落里的 maçatl，就向他的侍从跑过去（其中就包括他的信使），说在庭院里有一头 maçatl。在那种情形中他肯定指称的是一匹马，这也是他的信使会明白的东西，原因在于是他们把这个词的意思告诉他的。但是其中一名信使会心存疑问：蒙特祖马二世使用的 maçatl 这个词语的意思跟他们使用的确实一样吗？这不是一个小问题：如果蒙特祖马二世是对的，并且一匹马也确实出现在庭院里，这就意味着西班牙人已经到达了首都。

而要是蒙特祖马二世在听他们的描述的时候产生了误解，于是以为看到的是马，而其实是别的什么东西，又该如何呢？尽管有些令人尊敬的人们坚持认为马这个词总是指称马而且只指称马（或马性），而与说话者的意向和词汇能力无关，我也不认为信使们会让自己对这种让人宽慰的确定性感到满意，因为他们的问题是想知道蒙特祖马二世看见了什么以及他指称的是什么，即使他把名称搞错了。

信使们的问题跟当今哲学家所面对的问题一样：如何去"厘定指称"。但是他们的问题不是去识别 maçatl 这个词的指称物，因为他们已经就其 NC 达成了一致：他们几乎同意那些把这个词的外延定义为使这个词为真的全套事物的人们（除非意识到他们谈论的还是语词而非句子，他们会做出恰当的修正："当人们希望发出真的命题句的时候，可以正确使用该词来指称的那套事物"）。但是他们必须确定蒙特祖马二世是否恰当使用了这个名称（并且正确性的标准是在西班牙人登陆的那一天他们——立法者们——所确立下来的），而只有在做出了这个决定之后，他们才能确立由蒙特祖马二世所理解的在宫廷庭院里有一匹 maçatl 这个句子的指称过程。要注意的是通过说话，蒙特祖马二世可能就是意欲按照跟其信使同样的意义来使用 maçatl 这个词，但这几乎不可能为我们提供什么保证，更不能为他们提供什么保证。他们可以出于善意原则假定蒙特祖马二世能够跟他们一样按照同样的含义使用它，但他们并不能确定。

信使们肯定蒙特祖马二世在指称某物，他所实施的是一种指称行为，但他们并不敢肯定它"指向"他们所意谓的那个指称物。

他们要怎样做呢？只有一个解决办法：去质问蒙特祖马二世，以便了解是否他使用 maçatl 这个词意在指称如此这般生就的动物。但即使这样也还不够。只有当蒙特祖马二世说出这个词的同时手指着某种动物才能获得确认，直到那个时候才有必要激发蒙特祖马二世的阐释，以便让 maçatl 的 NC 尽可能具有公共性。

长久的协商必须随之展开，在协商终了的时候双方持有已获得公共性的一系列的单词、手势和图片，就像是在宣誓或在向公众宣告。只有通过那种公开的契约形式信使们才会理所当然地肯定，在他们说出 maçalt 的时候蒙特祖马二世跟他们想要指称的东西是一样的。厘定句子的指称再次意味着（就像通过 NC 来阐释 CT 那样）使得一连串的主体间可证实的阐释中介得以澄清。

至此，信使们想必肯定了蒙特祖马二世所指称的是某物，以及他所指称的正是他们准备识别为马的东西，但他们仍然不敢肯定在宫廷的庭院里真的有一匹马。这就告诉我们指称、（借助指称）意欲使用对话者所使用的语言以及具备为了识别指称物的示引，仍然与言语的指称行为是否表达了真命题无关。

我想，当具有结构主义印记的符号学忽视了指称这一事实被承认的时候，应该记住这些差异。我不认为会有人否认我们使用语言是为了指称行为；我们从未用足够的力量陈明过这样一个事实：一个语词的意义也包含有识别这个语词的指称物的示引（在这个语词被用在具有指称性功能的句子中时）①，但也从未否认过在猫的意义中应该有东西允许我们在必要的时候把猫（cat）（尽管它是"发出喵喵

---

① 为什么这没有被言说或承认，杜克罗已经解释得很清楚。对于索绪尔和结构主义学派来说，所指是纯粹差异性的，不是由其内容来定义的。一个符号的意义标示的只是把它同语言中的其他符号区别开来的特征，而不是对其可能指称物的描述：回到亚里士多德的例子中，homme（人）的意义不包"无羽毛"这个特征，因为，实际上，囊括在法语中的自然分类并没有在 bipède（两脚动物）范畴中把 homme（人）和 oiseau（鸟）对立起来，而是在 être animé（作为动物性）这个范畴中把 homme（人）和 animal（动物）对立起来的（Ducrot and Schefer, 1995: 303）。

叫声音的猫科四脚动物"）和垫子（mat）区分开来。

　　相反，如果结构主义符号学所面对的问题是如何定义符号（或文本）系统的作用，重点就要突出地放在能指和所指的关系上，或者是表达式和内容的关系上，而不考虑它们所可能指称的世界。① 当然没有人会怀疑任何符号系统都能够被用来指称世界上的客体和事态；但是，用最简单的话来说，人们认为说话者为了用猫这个词去指称一只猫，他们必须事先对"猫"的意义达成一致。② 这是对维特根斯坦所做出的"人们不能把一个名称的意义同这个名称的负载者混为一谈"的断言在不同语境下的另一种表述："当某某先生死了，人们说的是这个名字的负载者死了，而不是意义死了。因为如果说是名字不再有意义，那么说'某某先生死了'就没有了意义，这样

① 我必须承认，在先前的著作中，我产生过这样的误解：符号学不应该对指称过程感兴趣，并且以一种统一的方式处理识别指称物问题和指称行为问题是可能的。但是我的论点是出于这样的事实：在那些著作中，我想强调文化是如何建构内容系统的，以及话语是如何产生真值效果的，所以确切地说"迪翁在跑"指称什么样的个体或事态似乎不那么重要。当然，没有人会认为语言不是用来指称事物的。问题的关键在于把指称看成意义的功能而不是相反。《符号学原理》的第二部分探讨的是在我们表达索引性判断时发生了什么，以及在指称客体中感知数据是如何同文化数据相比较的；而关于符号生产的章节则大部分集中在涉及阐释病征、印记、线索和拓扑敏感矢量的任务，以便获知符合此情形的一些东西，以及知道我们是如何建构或把例子、样本或投射作为符号去指称、示意、指示或描述世界客体的。总而言之，我对不明前提推论所做的关注，涉及的不仅是一般的规律，而且还有事实——就像在福尔摩斯探案中所发生的那样（Eco and Sebeok, 1983）——意味着我对心智机制感兴趣，我们借助这些机制得以说真实的事情，至少就具体的个体和事件来讲是可能的。多亏奥古斯托·蓬齐奥（Ponzio, 1993：89），我才在《符号学原理》中得以断言，我从显然是"反指称"符号学转向了一种"非即刻指称性符号学"。也就是说，如果起初我似乎是在声称符号学与我们与实在的关系无关，那么在第二个阶段我就是在说如果我们不首先确立如何把意义赋予我们所使用的语词的话，就不可能解释如何指称实在。

② 我在浓缩由博诺米（Bonomi, 1994：4）提出的一个论点。在 1934 年，卡尔洛·埃米利奥·加达写了一篇文章，题目为"屠宰场的早晨"。这篇文章描绘了米兰的市屠宰场。在博诺米的心智实验中，这篇文章没有出版过，它从未提及米兰这个城市，而是一位研究者在加达的稿件中发现了其稿本，把它当作一篇叙述性的小说。如果这位研究者后来发现这个文本是一篇报纸文章，需要用真/假来判断的话，即使他改变了对那个文本的特性的看法，他也不需要再读它。被描述的世界、居住在其中的个体，以及他们的属性都仍然是一样的，那么研究者只要把一表征"投射"到现实中去就可以了。因此，"对于描述某种要被理解的事态的叙述的内容来说，不需要把真和假的范畴应用到那一内容上去"。

说就很荒唐。"

结构主义符号学始自这样一个原则，即指称行为只有在我们知道用来指称的语词的意义的时候才有可能——这个观念的支持者都信奉分析范式，比如弗雷格。但是结构主义符号学家并不都像弗雷格那样，他们不认为值得更加深入地探讨指称现象，把它看成是一种言外的事故。我的怀疑这个问题对于真值函项语义学来说也是晦暗不明的，原因很明显：指称问题不能用形式语言来解决，因为它涉及说话者的意图，于是是一个语用问题。因此，它就让结构主义符号学和模态-理论语义学难以把握。严格指示理论给了我们这样一个具有挑战性的观念（尽管我们会发现我并不认为这个理论令人信服）[1]，那就是存在着指称行为，这些行为乍看起来至少并没有预设对用来指称的语词的意义的理解。

sarkiapone[2] 的故事

这是一个 sarkiapone 的故事。它原本是五十年代意大利的一出著名幽默小品，是由沃尔特·切尔利和卡尔洛·坎帕尼尼这两位演员演出的。为了便于我的分析，我把这个小品压缩成六个片断。

片断 1. 切尔利进入了一列火车车厢，朝坎帕尼尼和其他旅客打招呼。在某一刻坎帕尼尼起身，手伸向行李架拿东西，在行李架上有一个盖着一块布的篮子。他突然把手缩了回来，好像被咬了一下。他要求别人不要发出声音来，这样 sarkiapone 就不会被打扰，因为人们都知道它很容易被激怒。切尔利是一位喜欢招摇的吹牛者。他不想让别人知道他不知道 sarkiapone 是什么；他就这种动物侃侃而谈起来，好像他一辈子都在跟 sarkiapone 打交道。

---

① 我就硬性指示所提出的反对意见可参见 Eco, 1984：2.6。
② 可以译为子虚乌有兽。

片断 2. 切尔利由于不知道 sarkiapone 是什么，就选择了试错的方法。比如，切尔利从坎帕尼尼那里获知他说的 sarkiapone 是美国 sarkiapone，切尔利说他只见过亚洲 sarkiapone。这就使得他冒险说出了坎帕尼尼的美国 sarkiapone 不具有的性质。但很快就遇到了麻烦。他用手势暗示了 sarkiapone 的典型口吻特征，但坎帕尼尼用狐疑的目光瞪着他，问他说 sarkiapone 有口吻是什么意思。切尔利调整了他的目光，宣布说他表达得不好，他实际上想说的是喙。但他一把喙这个词说出口就注意到坎帕尼尼脸上出现了惊奇的表情。切尔利赶忙修正说指的是这种动物的鼻子。

片断 3. 从这一刻起，事情就有了接二连三的变化，在这个过程中切尔利变得越来越固执和焦躁不安。在鼻子问题上没有成功，随后又马上谈论一只眼睛。他在眼睛上又没有得逞，就试图谈耳朵。对方直接否认 sarkiapone 有耳朵，他又碰了一鼻子灰，就接着马上谈论起了它的鳍，然后是下巴、毛皮、绒毛、羽毛。他试着描述这种动物走路的姿态，但马上打住，说他真正的意思是它的典型的跳跃的姿势。他又猜起了它的爪子，接二连三地纠正它们的数量，试着提到翅膀，又提到鳞，谈到它的颜色时候也没有成功（是黄色？是蓝色？还是红色？），他越来越多地使用只言片语和疑问音节，企图（实际上是徒劳地）"猜测"坎帕尼尼的反应（无一幸免都是否定的）。[①]

片断 4. 小品的高潮。切尔利气急败坏，一下子暴怒起来，破口谩骂起那种"该死"的动物，那种不可能存在的动物，它没有口吻，没有喙，没有爪子，没有蹄子，没有螯，没有手指，没有脚，没有

---

① 坎帕尼尼以一种非技术的方式展开研究，很像在伊丽莎项目中使用的非智能型计算机。在这个试验中，显然是并不明白其作为人的对话者说了些什么的计算机接受指示，把对话者所说的句子的主题提炼出来，用以构建似乎是智能性的问题。如果对话者坦白说了一些父母方面的问题，计算机就会反应说："告诉我你父母的一些事情吧。"在 sarkiapone 小品中，坎帕尼尼则只是抓住由切尔利提出的属性，实质性地回答道："但是 sarkiapone 并不具有你所提到的这个属性。"

趾甲，没有羽毛，没有鳞片，没有鬃毛，没有肉垂，没有眼睛，没有羽冠，没有舌头——他现在放弃再去猜测它到底是什么东西了。

片断 5. 切尔利要求坎帕尼尼把 sarkiapone 拿出来看。其他乘客都恐惧地向后缩着身子，甚至切尔利也感到害怕。但坎帕尼尼像一位天使那样披露说 sarkiapone 并不存在。他把篮子拿给切尔尼看，里面空空如也，并且老实交代了他只是想用这个伎俩赶走那些讨厌鬼，好自己来独享整个车厢。

片断 6. 接下来是结局。切尔利（还是一如既往地桀骜不驯）试图让每个人都相信他在整个过程中都知道这是一个玩笑。

有封闭的白盒子吗

我认为 sarkiapone 的故事很能说明问题。在片断 1 中，第一位说话者在话语中设定了一个语词，而另一位（遵照对话的规则）假定了——直到被证明与事实相反——相对应的客体的存在。[1] 鉴于起初切尔利不知道 sarkiapone 具有什么性质，除了根据假定它是一种动物的性质之外，他就以信任的态度就这个对应的语词进行协商。

我或许应该说明"以信任的态度"是什么意思。虽然它与偷看"黑匣子"中的东西没有太大的关系，黑匣子里的内容我曾再三地声明我不想看，我们不妨把这种信任理解为是一种"白盒子"。一只黑匣子根据其定义人们不能将它打开，而一只白盒子，即使是关着的，随后也会被打开。我们接受白盒子，尤其在圣诞节期间或在生日的时候，还是装饰着漂亮的丝带送给我们的：在我们打开这种盒子之前，我们已经猜到它里面有礼物，我们就开始感谢送它的人。我们相信这个人，事先就认为他或她不会是一个傻乎乎的恶作剧者，想

---

[1] 就存在性的前提这个问题可参见 Eco and Violi，1987，以及 Eco，1990：4. 4.

用一只空盒子让我们吃惊。同样，以信任的态度买东西意味着相信卖者，认为盒子里确实是盛着所保证有的内容。

在每天都会进行的交流活动中，我们都是以信任的态度接受大量的指称。如果有人告诉我们他必须马上离开，因为弗吉尼亚病了，我们就要承认在某个地方有一位叫弗吉尼亚的人，即使此前我们从未听说过这个人。但是，如果我们的对话者，说想报销去开奇平诺顿会议的差旅费，就必须向弗吉尼亚提出申请，我们就要赶忙问他这个名称指的是美国的一个州还是奇平诺顿的一个女办事员，我们想马上知道如何识别或弄清楚谁是谁。但这是一个极端的例子。一般来讲，除非我们有某种理由心存疑虑，否则说话者在话语中指称某人或某物，我们就承认这个某人或某物在某个地方存在着。我们在指称行为中合作，即使在我们对这个指称物什么都不了解，即使我们连说话者所使用的这个词的意思都不知道。

在 3.7.1 中，尽管不能把榆树和山毛榉区分开来，我还是提到了我能够轻而易举地识别出红树（多亏了我在很多旅行书中读到过对它们的描述，有一天我才能把它们识别出来）和榕树，我在萨尔加利的冒险书中获得了足够的关于这种树的示引。但我相信我对paletuviere（这个词在萨尔加利的书籍中也是被经常提到）一无所知。直到有一天我在读一部百科全书时，才发现在意大利语中paletuviere 的意思跟 mangrovia（红树）一样。现在我可以再去读萨尔加利的书，每当他提到 paletuviere 的时候我就想象红树。但要是我从小时候起，一年一年地下来在读到 paletuviere 的时候都不知道它到底是什么，那该怎么办呢？从上下文我推断出它们是植物，就像树或灌木那样，但是这是唯一一个我设法同这个名称联系起来的属性。当然，我能够假装知道它们是何物而继续读下去。我利用我的想象力把从半开半闭的盒子里所偷看到的哪怕是一丁点的东西组装起来，而实际上我是在盲目地信任某个东西。我知道萨尔加利在指称某个东西，我把这种交流互动敞开着，以期能够理解这个故事的其余部分，（以信任的态度）假定 paletuviere 存在于某个地方，并且它们是一种植物。

建立在信任之上的接受或许可以被理解为一种硬性指示的情形。根据严格指示物的理论，在把亚里士多德身上的每一个可知的属性抽象出来的反事实条件中，我们仍然还要把他当作在一个特定时刻受洗为亚里士多德的那个人，这样做我们就以信任的态度接受了一种没有断裂的把当前的这个名字同如是受洗的那个个体关联在一起的纽带。但是在严格指示理论中存在着有歧义的问题（这种问题或许不只一个）。一方面，我们应该假定——通过一个没有断裂的链条，这个链条把在受洗时接受名称的客体，同无论何人用来指称这个客体的名称联系起来——这个客体是造成这个指称具有得体性的原因（Kripke，1972：298—299）。而另一方面，克里普克坚持认为这个名称的接受者必须意欲以同样的指称来使用它，就跟让他获知这个名称的那个人一样（Kripke，1972：302）。这不是同一回事。

既然 sarkiapone 不存在，就不存在促使这个名称被使用的客体。然而，毫无疑问，切尔利同意像坎帕尼尼所假定的那样使用 sarkiapone 这个名称：以信任的态度。于是，如果有一个因果链的话，这个链条不是从客体到这个名称的使用，而是从（坎帕尼尼）决定使用这个名称到（切尔利）决定像坎帕尼尼那样使用它。我们所面对的不是"客体→名称"的因果性，而是"名称使用$_1$→名称使用$_2$"的因果性。我无意从指称的因果理论这个角度来解决这个问题，因为我不赞成这种理论。我们可以这样说，如果 sarkiapone 存在并且有实在性的话，我们就会有"硬性"指示，而如果它是由某个人想象出的，这个人用这个名称给想象中的虚构事物施洗，我们所具有的便是"软性"指示。但我不知道硬性和软性指示是什么意思，因为如果这个区别有本体论上的重要性，那么它就没有指号意义上的重要性：由坎帕尼尼启动切尔利接受的指称行为在两种情形中都以同样的方式运行。

这个问题在我看来有所不同。白盒子这个隐喻是不确切的。白盒子（把这个隐喻拉得再长一些）总是告诉我们关于盒子里有什么的一些事情，因为它们不可避免地有一个标签。如果我用一个专有名词如 Gideon，我就自然是在声明这个名称的负载者是人，男性；如果我用 Dorothy，我就在声明她是女性；如果我把我哥哥 James 插入这个话语中，James 就永远是一个人，并且具有作为我哥哥的属性。萨尔加利把 paletuviere 标示为植物，而——以此作结——如果我提到 Giuseppe Rossi，则极有可能所指的这个人是一位意大利男性，而如果我提到的是 Jean Dupont，则极有可能他是法国人，如果我提到的是 Paolo Sisto Leone Pio Odescalchi Rospiglioso Colonna，那么极有可能他属于罗马贵族，此外，（至少是在最初）如果有一个人叫作 Smith，他就被描述为铁匠的儿子，而如果他被称作 Miller，那么他就是磨坊主的儿子。以这样的方式来鉴别 Peter Smith 或 Frank Miller 的可能性不大，但这却足以说明即使专有名词也不全是没有内容。

还要注意的是，如果专有名词没有内容（而只有指示义），那么就不会有像第二种类型的换称这样的东西了。换称不是一种把典型的一般语词应用到个体身上去的修辞手段（如用"皇帝"指代拿破仑，用"声音"指代弗兰克·辛纳屈），而是把个体的名称作为属性的总和最为典型地使用的修辞手段（如他是兰波、赫拉克勒斯或犹大；她是梅萨利纳或维纳斯）。

起先，sarkiapone 的故事似乎讲的是在不经意间通过信任达成的交易。但实际上，由于坎帕尼尼说 sarkiapone 容易被激怒而不能被打扰，他已经给我们的白盒子（或篮子）贴上了标签：sarkiapone 是一种有生命的动物。切尔利就以此为开始，马上就把这个词作为"挂各种描述的楔子"。他在片断 3 中努力想确认这个动物的属性，也因此是意图获得鉴定和识别这个指称物的示引。注意这个小品还说明了论及（speaking-of）和指称（referring-to）之间的不同。坎帕尼尼指称了一个（在篮子中的）sarkiapone 个体。切尔利接受了这个指称，他所指称的就是那个 sarkiapone。但是为了确立它是什么样子，他求助于普遍性或一般性的客体：他声言他遇见过其他的 sarkiapone，而为了给它们的属性下定义，他谈论的是一般的 sarkiapone，也就是说他试图获得用来至少是尝试性地建构 sarkiapone 的 NC 的信息，从而形成 CT，以便有机会识别 sarkiapone 这种类型。为了做到这些，他总是指称篮子里的这个动物，好像它是一个代指符，可以体现出这个类型的所有属性。不让内容发挥作用就不能协商这个指称。

在片断 3 中的对话可以被理解为一个把所有可能的属性进行"连续性掏空"的过程，这样一来，用于悬挂描述的楔子仍然暴露在外。当坎帕尼尼否认了 sarkiapone 所有的可能属性，切尔利就几乎不剩下什么选择的余地了，显然只好硬性地接受这个名称。而他也似乎这样做了。在片断 4 中他羞辱这个神秘的动物，骂它与任何可能的描述都不对应。但他从未停止指称那个该死的东西为"动物"。

当坎帕尼尼在片断 5 中揭示了 sarkiapone 并不存在的时候，切尔利才意识到他一直在谈论的是一种并不存在的动物，也就是坎帕尼尼想象的虚构物，是一种只存在于别人的荒诞不经的故事中的可能世界里的虚构的个体。但在片断 6 中，即使在这个恶作剧被揭穿之后，切尔利仍然在指称 sarkiapone。如今不同的是，他把它作为由坎帕尼尼所炮制的世界里的元素而不是真实世界里的元素来指称。我们不妨这样说，在片断 1 至片断 5 中切尔利谈论的是 sarkiapone$_1$，他认为它是存在的，而在片断 6 中他指称的是 sarkiapone$_2$，他如今已经知道它只存在于一个虚构的世界里。不管怎样他仍然指称的是坎帕尼尼所谈论的 sarkiapone，不同的是此前他赋予它以存在于真实世界里这个属性，而此后他赋予它不存在的属性。① 这两个人达成了完全一致的协议，知道他们究竟在谈论什么。

这个故事所要说明的是：(i) 指称是说话者在协商的基础上实施的行为；(ii) 原则上，使用一个语词而实施的指称行为与对该语词的意义的了解无关，甚至与指称物的存在与否也无关——与这两者也没有因果关系；(iii) 不论怎样，不存在不依赖起初的描述（"标签"）就可以被定义为硬性的指示，尽管这个标签具有高度类属性；(iv) 于是，即使是绝对硬性指示的鲜明情形也具备指称契约的初期形态，或是具备了这种契约关系的初期阶段，但绝非是最后阶段。

有人想必会反对，说我们在谈论的是喜剧小品。如果这个对话发生在两位科学家之间也会一样吗？其中一位开始谈物质 X，这种物质是他发现的，到最后搞清楚了那种物质并不存在或者不具有其发现者所赋予的属性。在同样的情形下，一位科学家将会从科学和道德的角度有一番不同的行为，公开地指责向他撒谎的人，但是从指号的角度不会有什么不同。在接下来的科学会议中这位科学家将继续作为一种想象出的物质的例子引用物质 X，主题是科学作假（或者是科学上的大错误），但他会继续把它作为一个他曾谈论过的、在进行必要的检测之前依靠着信任假定它存在的东西而指称它。②

我清楚地意识到还有另一种阐释。如果不是对 sarkapone 的阐释，也至少是针对物质 X 的。有人会说，既然这种物质不存在，物

---

① 就这一点，我们不妨重新审视一下古代中世纪关于存在是实质的偶发（阿维森纳的观点）还是实质的行为（阿奎那的观点）的论点。无疑需要区分谓述性的实质和存在性的实质（Piattelli Pamarini, 1995: 11）。这使得参照由富马加利（Fumagalli, 1995）所做出的阐释，澄清在 2.8.3 中提出的论点成为了可能。他说，在皮尔士早期的作品中，第一性、第二性和第三性这三个范畴是命题的元素，而在后期的作品中它们则是经验中的不同时刻。作为经验的时刻，存在不是谓述，它是与对立于我、在我前面之物的一种冲突，先于所有的概念阐述——我在 1.3 中所讲的就是这种对存在的直接感知。它是一种前谓述性的存在。但是，在另一方面，当我说巴黎具有存在于世界上的属性而卡尔维诺的看不见的城市不具有这一属性的时候，我就移向了作为谓述的存在。
② 就科学语境中的硬性指示的悖论可参见 Dalla Chiara and Toraldo di Francia, 1985。

质 X 这个表达式就没有指称物，在这位科学家依靠信任认为它存在的时候也没有。但是说一个表达式不能被应用到任何指称物身上并不意味着说它不能被用来实施指称行为，这一点正是我要坚持的。在语词的可能指称物和该语词在指称中发生的摇摆中潜伏着一种歧义性，这种歧义性引发了就指称本体论的问题所展开的很多争论。

作为电子邮件的神圣心智

我所理解的指称本体论的意思首先就是一种哲学立场，据此个体（圣保罗、拿破仑、布拉格或泰晤士河）能够被硬性地定义。意思也就是说，我们所赋予一个名称的无论是什么样的描述，它在任何情况下都指称在时空中的某个时刻如此这般受洗的某物或某人——不管有多少属性不属于它——它总是仍然作为那个某人或某物（建立在质料指称量之上的基本个体属性）。然而，指称的本体理论也被延伸至本质或一般性客体。我们对它们即使不了解，它们也是自然常量，具有着超越我们的心智行为，以及识别和组织它们的文化方式的客观性。这种假论的延伸并不是不具有合理性的：如果假定一个人的名字可以直接同一个存在（即使是过去的因此是非物质性的）的个体性联结起来，为什么一个类属就不能同一个所是联系起来呢？马的属性和亚述巴尼拔的存在个体性哪一个更具有非物质性呢，我们所拥有的亚述巴尼拔的东西比一把灰尘多不了哪里去吧？我们将会看到，在两种情形中人们不可避免地假定了这种联系是由普特南（Putnam，1981：III）所谓的智性的光线（这只不过是理论虚构而已）提供的。

从这个角度来看，对于指称的本体理论来说，水这个词在任何可能世界指称的都是 H_2O，就像拿破仑这个名字总是硬性地指称世界历史中的那个单体。这个单体从基因上讲、从生理上讲，以及从人物的传记上讲存在过一次，也只存在过这么一次（并且会一直这样下去，即使在由激进的女性主义者统治的某个将来的世界里，拿破仑也还是那个曾经是约瑟芬的丈夫的拿破仑）。

这是一种"强"本体论，在其中对水的指称似乎独立于说话者这一方的所有知识、意图或信仰。但是，一方面这个观点并没有排除指称是什么这个问题，而另一方面，它也没有消除"认知"的观念：它只不过是从心理学转移到了神学。如果我们说水这个词总是指称 H_2O 而不关涉说话者的意图，这又意味着什么呢？我们只好解释说那种本体的绳线把那个词语同那个本质绑缚在一起，再把这个隐喻拉得长一些的话，我们就得把本质看成是刺毛很多的东西，从中伸出很多线来，这些线把它同 water、acqua、agua、eau、Wasser、voda、水（shui）联结起来，甚至会把它同（尚未存在的）将来会被土星来客用于他们不知道的、但在我们的地球上找得到的透明的液体的那个词。为了排除说话者的意图，在某种程度上打造指称关联，强本体论必须假定一个神圣心智，或者一个无限的元一，如果你愿意的话。想当然地认为这个世界独立于我们关于它的知识而存在着，以及认为它作为簇集在一起的本质相互由规律制约着，只有一个神圣的心智才确切地知道世界是什么（以及它是如何创造出它的），并且认为会一味地接受同一个本质可以在不同的语言中被指称，可以以稳定的方式"厘定"这个指称物。

回到普特南的那个著名例子（Putnam，1975：223—227），如果在一个类地球上存在着在各个方面都与我们这个星球上的水相似的东西，看起来像，味道一样，生化效应一样，但是并非就是 H_2O，而是 XYZ。为了说（在两个星球上的）无论是谁在谈到水的时候所指称的是 H_2O 而不是 XYZ，我们就得假定某个无限的心智也是以完全相同的方式看待事物的，因为只有其思想才会保证名称与本质之间的关联。但普特南本人（Putnam，1981：III）在建立相对于外在论观点的内在实在主义的过程中说道，为了后一个立场站得住脚，我们需要设定一个神圣的眼睛。

然而假定一个神圣心智就意向性来讲产生了一个有趣的问题。我们必须承认这个神圣心智"知道"水这个词的每一次发出都指称水的本质，把神圣心智同其"知识"内容绑缚在一起的意向性关系逃脱了我们的理解（实际上我们假定事物如此这般发生，但说不出它们是如何发生的）。但是什么保证了我们发出水这个词对应于这个神圣心智的意向性呢？显然没有，除了我们的善意意向，即当我们说及水的时候，我们不妨说就是在按上帝的意愿去做，（心甘情愿地）意欲同神圣心智对应起来。

注意，我说的是神圣心智的"意向"而不是"意向性"。想了解神圣心智的意向性超过了这些贫乏思索的限度——也超过了心高气傲得多的思考的限度。问题在于，确定对应于神圣心智的意向之物意味着什么也是有难度的。

我承认，如今有一个现象可以当作神圣心智的模型，并且还具备完全的硬性指示功能。那就是电子邮件地址这个现象。由这种地址（比如说：adam@eden.being）构成的"名词"对应于一个实体，而且只对应这个实体（这个实体并非就是一个具体的个体，它有可能是一家公司，但只是那家公司而不是什么其他的）。我们完全可以对收信者的属性一无所知（亚当不一定就是第一个人，不一定就是吃了智慧树的苹果的人，也并不一定就是夏娃的丈夫，等等），但是我们知道这个名称（即地址）指向（通过一连串的电子现象，在这里无需详加分析，但是其效率我们每天都能看得到）区别于其他的个体性实体，独立于我们的信仰、意见、词汇知识，也独立于我们所具有的有关其"指向"方式的知识。在时间的进程中，我们可以把很多属性同那个名称联系起来，但我们却并不需要这样做：我们知道如果我们把它键入我们的邮件程序，我们就会抵达那个地址而不

306

是其他的地址。① 我们知道一切事物都依靠洗礼仪式，而我们所使用的地址的指称力从因果关系上就是因为那个洗礼。

但这类现象（如此之绝对地"纯粹"和无可争议，独立于所有联系者们的意向和能力）只存在于电子邮件中。把电子邮件系统当作神圣心智的模型来看待，既让人感觉心安理得又有些亵渎神灵。但它无疑是唯一的一种我们按照如果不是神圣心智至少也是神圣网络的模型来使用的绝对硬性指示的情形。

从神圣心智到共同体的意向

我们如何从强本体论退出，同时又要保证指称的某种客观性呢？通过构想一种属于共同体心智的弱本体论（其特权代表就是专家，这要根据不同的领域而定）。在这层意思上讲，正确地指称水就意味着以跟专家共同体一样的方式指称它——这些专家一致认为今天水是 H_2O，但是明天，如果考虑知识的出错性特征的话，他们可能会选择另一种定义。但这丝毫不能解决神圣心智的假设所提出的问题：什么能够保证当我们在一个指称行为中使用水这个词的时候，我们跟共同体心智所使用的方式一样呢？答案就在于我们（愿意）决定以专家们所使用的意思来使用那个词。

现在，在那个关于 sarkiapone 的小品中，在切尔利决定以与坎帕尼尼同样的方式使用 sarkiapone 这个词的时候，切尔利的所作所为有什么不同吗？切尔利只是假定了坎帕尼尼是一位专家。在坎帕尼尼的见解和爱因斯坦的见解之间有没有本体论上的差异呢？只存在一个我们自己的观点，即从统计学上讲，我们的百科全书把爱因斯坦

---

① 有人会反对说，区域标签（如 uk 或 fr 或 it）就其至少是定义洗礼区域来讲可以是一种描述。如果是这样的话，这种描述也太模糊和晦涩了。但是一位英国公民可以自由地标注一个法国地点：于是区域就失去了它会具有的任何描述价值。

作为一名合格的专家记录下来，而并没有提到过坎帕尼尼（我承认这一取舍有着很好的理由）。这就意味着，在我们说话的时候，我们有一个由共同体的共识所涵盖的事物的概念，这个概念有时很模糊，有时又很精确。

但是，尽管用来描述所谓的自然物类（如水和金子）的语词表明存在着作为特权说话者的专家（即由共同体所授权的阐释者），但是这种说法却不适用于以下情形：我的表兄亚瑟、玛法达的猫或到达澳大利亚的第一个人。这里存在达成契约的足够的可能性，因为坎帕尼尼在这里所说的话跟爱因斯坦的话同样地有效力。

例如，面对拿破仑出生在剑桥这个句子，我相信这句话就像我相信我的拿破仑出生在阿雅克肖一样，我绝不是在同意这两句话都是根据共同体的意向来使用这个名称的。因为，至少是出于善意原则，我马上怀疑说话者是在指称另一个拿破仑。于是我就千方百计地检验这个指称的恰当性，试图促使我的对话者阐释他使其对应于拿破仑这个名称的 NC。这样有可能会发现他的拿破仑是在本世纪出生的一位二手车商。这样我就发现自己遇见了一个乏味的同音异义词的例子。或者，我意识到我的对话者意在指称我的拿破仑，于是形成了一个历史性的命题，这个命题排斥现今的百科全书的观念（也因此排斥共同体心智）。在这样的情形中，我会进而向他询问能够证明其命题的令人信服的证据。

但是，现在让我们尝试着认真看待根据专家或共同体的意向和共识使用一个语词的决定。让我们假定，当我们面对非洲大象的灭绝威胁的时候，ECO（大象控制组织）意识到（i）在冈比亚地区有三千只大象，比生态平衡所能承受的数量要多（大象破坏了庄稼，因此人们就被带着去杀掉它们，而如果它们的数量低了就必须忍耐）；（ii）在布瓦纳地区，大象被象牙偷猎者灭杀得已经快到了灭绝的边缘（必须通过严格的法律以保证它们的生存，现存大象的数目太低，不能保证这一物种的延续）；（iii）需要在冈比亚抓一千头大象，把它们转移到布瓦纳；（iv）非洲国家和世界野生动物基金组织联盟同意这一措施，命令 ECO 的官员实施这一措施。在这些初步行动的过程中，对冈比亚和布瓦纳分别进行了指称，并且假定了在关于这些地理名称的指称物方面有一种共识。现在，在冈比亚的所有这三千头大象正在逐一被指示，并且声言其中的一千头必须要转移到布瓦纳。还不知道这一千头大象是哪一些，但是就像我们可以指示将要出生的小孩那样，在转移到布瓦纳那一天也有可能指示这一千头大象就是那一些而不是其他的个体。问题就在于要确保 ECO 的官员对大象这个词的意义有一个确切的了解，而不会错误地转移犀牛或河马。

说 ECO 的官员意欲用大象这个词指称与专家们所指称的相同的一种动物物种是不够的。这种建立在专家们的良好基础上的理解只适用于启动这个话语。专家们想确保不发生误解。于是，他们就和主管的官员沟通，他们所谓的大象的意思是一种动物。这种动物根据官方的科学具有 XYZ 这样的属性。他们还为识别具有这些属性的动物提供了示引。如果主管的官员同意，表示他们愿意抓住一千头这种 XYZ 动物，并且把它们进行转移，这个计划就可以开始了。

至此，声明 ECO 的官员意在根据专家的意向使用这个语词是不相关的。实际上，在他们和专家之间存在着一系列阐释中介（如描述、照片、图画）的有利空间，而正是在此基础上共识才建立起来的。如果碰巧在冈比亚生活着非常稀少的白色大象，协商的双方就必须就大象这个词是否包括白象而达成一致，原因在于生态计划的正确性依赖这个共识。

仍然还是这个问题：硬性指示有一个引入功能，即启动这个契约，但契约的履行完毕却并非以此为基础。

替代物和协商

假如有人告诉我们一七四八年在亚琛召开了一次和平会议，而我们并不知道 Aix-la-Chapelle 是亚琛的另一个叫法。我们会发现自己遭遇到一个"白盒子"，盒子还没有打开，也不是我们在里面习惯性地放置亚琛这座城市的那一只。大概我们对这个问题不太感兴趣，于是我们就放弃了所有的协商；大概我们还需要更多的信息，问一些关于那座陌生城市的问题，我们的好奇被挑起来，因为有这样一个事实：另一个和平会议跟这一个同时在亚琛举行；最后或许是出于善意原则，我们马上就认为说话者说出 Aix-la-Chapelle 意在指称的是我们称为亚琛的城市。但无论什么情况，我们要知道有多少百科性的知识，以及因此我们关于内容的知识会制约、指导着我们为取得指称成功而进行的协商。

这种知识也使得解决这个明显的悖论成为了可能（我所举的例子是对来自克里普克一九七九年的著作的观点所做的，稍有一些自由的阐发）。其中有一位叫做皮埃尔的人在法国总会听到人们在谈论伦敦（Londres），于是就形成了这样一个看法，即那是一座最美丽的城市。他在日记中这样写道，伦敦是一座最美丽的城市（Londres est une ville merveilleuse）；后来，他碰巧要去英国，从英语的发源地学习英语，就参观了被当地居民称为伦敦（London）的城市。他发现这座城市难以忍受，于是就在他的日记（不幸的是对于我们来说这个日记是用双语写的）里如实地写道：伦敦是一座难看的城市（London is an ugly city）。这样就引起了他的意大利语翻译的担心。他必须让他（矛盾地）说伦敦（Londra）既美丽又丑陋——就更不用提逻辑学家们的尴尬了，他们不知道怎样对付这两个完全相反的陈述，等等。

所有这些造成了对翻译者、逻辑学家和正常人的不公平。这个故事提供了两种可能性：在参观了这个地方之后和在皮埃尔所接受的一些描述的基础上，有人告诉他有关伦敦的情况（它是有河流流经的城市，有一座塔），要么皮埃尔意识到只有一座城市，之前他则相信有两个，要么他愚蠢到完全接受了对 Londres 的指称，除了知道它是一座城市之外别的什么也不知道，也从来不知道 Londres 和 London 指称的是同一个客体。在第一种情形中，让我们给皮埃尔一个机会，让他同别人会话，来纠正他所相信的事物，或许就会说起先他认为伦敦是美丽的，后来他发现它不美丽。在第二种情形中，皮埃尔仍然被锁闭在他的认知和语义的混乱之中。除了在这一刻有人会怀疑为什么一个白痴的日记值得翻译这个事实之外，翻译者必须插入一些注释，以便澄清我们是在研究一份有趣的符号学和精神病学文件，因为皮埃尔是把妻子当作帽子或把拿破仑·波拿巴当作自己来谈论的那些人当中的一员。所有这一切都是精神病学的研究兴趣而非语义学的。

要注意的是，对这一类型的误解比我们刚刚考察过的例子所表明的要普遍得多——这个例子的选择是出于对不可能的偏好。一位古籍收藏者会在一个目录里发现加斯帕尔·肖特在维尔茨堡出版的第一版《怪物志》（一六六二年）。而在另一个目录他发现这本书的第一版是同一年在 Herbipolis 出版的。于是他就在日记里注明同一本书在同一年在两个不同的城市有两个版本——在那个时代这是一个并不鲜见的现象。但是再有一点额外的信息就会使他证实维尔茨堡这个愉快的巴伐利亚城市在其百科性的属性中包括这一事实，即它以前被定名为 Herbipolis（这个德语名称只不过是拉丁语名称的翻译）。听到指称行为的时候，人们经常会问很多问题。如果我们的这位收藏家了解得不够而去问（或者去查询关于这些事情的极度精确的词汇），那么他就变成了一个有趣的逸事的主角，就像一位在其期

311

末论文中提到那一场在伏尔泰和阿鲁埃（Arouet，伏尔泰原名）之间展开的争论的学生（这是真实的）。

总而言之，在我看来，似乎这些受到认知运作支持的契约性条件提供了一幅图画。在这张图画里面，我们在指称比指称的本体理论所描述的更为忠实事物时，具有有效性的所作所为。所有这些并不表示我会认为本体指称——或者花在解决它上面的细致入微的财宝——是不起眼的小事。不只是因为这个问题在科学话语的领域中的重要性。在这个领域，如果两个天文学家谈论 G14 星云，他们就必须对他们所谈论的东西很有把握：即使指称 G14 星云是一件需要协商的事情，当然这要比发生在我们的日常指称行为中的多得多（在日常行为中我们经常决定"姑妄搁之"），所依据的标准也更严格。这个问题实际上更多的是在于这个事实，即为了能够不断地和实用性地指称，我们需要本体指称的这种调整性观念。

杰基尔博士和海德兄弟的奇特情形

在伦敦，有两个兄弟，约翰·海德和鲍伯·海德，他们是一模一样的双胞胎，在哪个方面都相像。这两个人（不要问我为什么，但显然他们喜欢这样）决定炮制一个单一的公共个性，即杰基尔博士，他们从童年就开始为此做准备了。他们一起学习医学，一起做实习医生，成为了非常著名的医生（杰基尔），还被提名当大学医院的院长。从一开始，兄弟俩就遵循一个规则：他们每隔一天轮流当杰基尔。约翰是杰基尔的时候，鲍伯就待在家里吃罐头、看电视，第二天轮到约翰这样。在晚上，下班回来的那一位事无巨细地告诉另一位这一天的情况。这样，第二天另一位就可以代替他，而没有人会注意到换了人。

有一天，约翰值班的时候开始跟一位名叫玛丽的医生谈起恋爱来。自然第二天，鲍伯继续这种关系，这段情就如此这般地延续了下去，三位当事人都感到很满意：约翰和鲍伯爱上了同一个女人。而玛丽则相信她所爱的是同一个人。

现在，如果玛丽告诉什么秘密都不会在其面前隐瞒的一位最好的朋友安，昨天我跟杰基尔出去了，而又承认鲍伯昨天晚上在值班，那么玛丽指称的是谁呢？一种指称的本体理论会让我们说，即使玛丽认为鲍伯的名字是杰基尔，由于她指称的是昨天晚上跟她一起出去的那个人（这个人在婴儿时期起名鲍伯·海德），那么她所指称的就是鲍伯。但是如果这一天晚上她跟约翰缠绵了一夜，而第二天又告诉安她跟杰基尔出去了，玛丽指称的又是谁呢？虽然她相信约翰·海德的名字是杰基尔，但从神圣心智的角度来看，她指称的是约翰。于是，她每隔一天所指称的都是不同的人，这是由同一个弄错的名字引起的，而她却全然不知。

很清楚的是，从实用主义的角度看，这个双重指称对我们来说重要性微乎其微（对她来说也是一样）。一位天上的账房主管考虑发生在世界上所有的指称行为的精确性，或许记录在十二月五日这一天杰基尔是鲍伯，在六日这一天他是约翰。约翰和鲍伯想从无限的心智看到自己，因为对于他们来说，知道在玛丽同安说心里话的时候是否会认为某一天晚上比前一天晚上更感觉满足是很重要的。但是约翰和鲍伯确实是很特别的人物，他们在我的这个故事中的作用就是突然介入而扭转局面的人，所以我们就不会注意到他们的指称演算（此外，我想他们也搞不清楚）。令我们感兴趣的演算是玛丽的演算和在伦敦认识杰基尔的所有的人的演算（他们对海德兄弟的存在一无所知）。

对所有这些人来说，对杰基尔的每一次指称都不是对本质的指称，而是对社会喜剧中的一名演员的指称。在这层意义上讲，他们中的每个人都认识杰基尔医生这个人，并且也只认识这一个人。他们有他的 CT，他们可以把他的一些属性列出来，他们谈及的就是他而不是别人。被杰基尔医生治疗过的任何人都同他签订了契约。他们从他那里得到了很好的检查，告诉某人给他找杰基尔医生，或者他同杰基尔医生谈过话，意在被相信有杰基尔医生这么一个人，并且只有一位。

从本体论的角度看，我们会说杰基尔并不存在，他只是一位社会虚构的人物，一个合法属性的集合体。但是这个社会虚构物足以使每个关于杰基尔医生的命题在社会意义上讲为真或假。

一天，约翰在值班。他在楼梯上摔了一跤，把脚踝摔断了。他马上被送往医院的矫形医生霍姆斯那里。他给他拍了 X 光片，为他的脚踝打上了石膏，给了约翰两根质量上乘的铝制拐杖，让他乘坐出租车回家了。这两个兄弟很狡黠，所以明白约翰的伤势还够不上在脚上打上石膏：霍姆斯医生是想在换石膏的时候发现其中的蹊跷。鲍伯仔细地研究了他的兄弟的 X 光片之后（我们要记住他们都是医生），就拿了一把锤子英雄般地把自己的脚踝也打断，断裂的方式一模一样，把脚放进了石膏里，第二天出现在了医院。

想必这样做不会露出破绽。但是霍姆斯是位很细心的人。在出事的时候他让人给杰基尔-约翰验了血。几天之后，他担心甘油酸酯高就又重新做了检验，但这次是鲍伯的血液。他发现这两次检验的结果并不相符。他（到目前为止）没有理由怀疑其中有什么蹊跷，就推测是不是出了什么错，如实地向鲍伯提到了这件事。当天晚上这兄弟俩就一起对检测结果进行研究，其中一个决定严格控制膳食，把自己的甘油酸酯水平降下来，使之跟另一个的一样。他们尽了用力，但这并没有把霍姆斯医生蒙过去。他在重新检测之后，又检测了两次，在命运的捉弄下约翰和鲍伯都被检测了，还是注意到了有所差异。霍姆斯开始怀疑其中的真相。

兄弟俩同他们的敌人进行了一场殊死斗争。他们想尽办法保证骨折痊愈的时间一致。他们继续进行着严格的膳食控制。但是，蛛丝马迹使得霍姆斯更加疑心重重。他给他们其中一人注射了过敏反应源，其效果在二十小时内就会出现，并且持续两天。而他注意到杰基尔在星期二下午五点注射了这种物质之后在星期三的同一时间症状还未出现。但是到了星期四症状出现了。霍姆斯于是有理由猜测有两个人牵涉其中。但他没有令人信服的证据将其公布于众。

结束这个故事的一个方式是霍姆斯设法揭穿这个骗局。从那一刻起（对可能引起的所有法律、爱情或社会问题暂且不论）社会共同体必须做出决定，说明杰基尔这个名字是一个同形同音异义词，指示了两个不同的人。在其他事情中，即使这兄弟俩被判入狱，法官也会让他们在翻领上戴上牌子，上面写着他们的血型以及其他的医学-生物数据，这样他们才能被识别。其他（也是更加）吸引人的解决办法是霍姆斯没有获得绝对的肯定，他也无法拿出这场骗局的决定性的证据，因为这兄弟俩比他聪明。事情就无限期地继续下去，像是一场追踪，猎物总是能躲过猎人，而猎人又不放弃。

但在这种情形中使我们感兴趣的是：猎人为什么不放弃？因为霍姆斯虽然也像别人一样习惯于实用性的指称方式，却有着自己的固执的本体论指称观念。他相信，如果杰基尔存在的话，就会存在一个本质，一个可以表征本体论意义上为真的指称参数的"杰基尔"个体。或是他相信，如果在杰基尔的位置上存在着两个人，就像他怀疑的那样，那么在某一刻他就应该鉴别出两个不同的个体）。霍姆斯不知道他所追踪的是哪一个基本个体属性：它有可能是一种具体的血液构成、心电图中的细微变化、某种通过扫描或内脏探查而被揭示出来的东西、对两种基因构成的发现、心灵的奇迹般的 X 光片……霍姆斯尝试了所有的办法；他总是无功而返，但他不会停止搜索，因为他设定了本质的存在，也就是物自体的存在，它不是不可知物，而是无限探询的最根本的前提。[1]

本体视角会存在的观点能在皮尔士的终极逻辑阐释中介的观念中找到。这个阐释中介是一个完全理想的时刻，在此刻知识与可被思考者的全部相重合。这是一个调节性的概念，它不阻碍指号的进程，但也不会鼓励这个进程，不妨这样说。可以这样理解它：即使阐释过程是无限的，它也会趋向于某物。就像皮尔士那样，霍姆斯认为通过继续探询，他把真理的火炬向前传递，而在长远来看社会共同体可能会同意一个无可争议的最终的断言。他知道这个长远的意思可以是一千年，但是霍姆斯有着一副哲学和科学的头脑，他于是相信他的后来人将会到达这个真理，或许方法就是几百年后通过对骨骼证据的验证。他不期有所知：他所期的是把探询继续下去。霍姆斯甚至可以是相对主义者，他相信我们能够为世界提供如其所是的无数种描述；而他又是一位实在主义者（塞尔意义上的，Searle，1995：155），对于他来说实在主义的任务并不意味着去断定我们能够知道事物如其所是的方式，甚至也不在于我们能说出关于事物确为"真"的东西来。实在主义只意味着假定事物有着如其所是的方式，而这个方式并不依赖我们，或是依赖是否我们在某一天会认识它。[2]

霍姆斯在医院的档案室中找到了一张杰基尔医生的照片。至此他相信存在着两个海德兄弟（尽管他或许不会这样称呼他们），他极其明确地知道，如果这张照片是在某一天某个时刻拍的快照，它只能在因果关系上与两兄弟当中的一个相对应（关于他的存在，就像

---

[1] 有人会说没有人真正地对这个解决办法感兴趣。但是要是杰基尔-玛丽之间的关系结果是生出了一个儿子名叫查尔斯。他在二十岁的时候发现有两个杰基尔，于是他就会很严肃地对谁是他的生身父亲感兴趣。但是由于杰基尔和玛丽之间每天都发生性关系，很难确定她是哪一天受孕生的查尔斯，于是就有一个人知道他的父亲肯定是这两个海德兄弟中的一位，但是无论怎么努力也无法确定这两个人当中哪一位是。
[2] 霍姆斯就像普特南（Putnam，1992）一样，认为物自体与其说是在定义上的不可知者，还不如说是知识的理想限度。所以我也同意弗勒斯达尔（Follesdal，1997：453）的看法：指示的硬性是一种调节观念；康德对这个词语的意思是一种范式性观念。

皮尔士所称呼的那样，是一个索引），这对于他（就像对于我们）是无可辩驳的确定下来的事实。但这张照片对他毫无用处，它甚至不能作为证明其假设正确的证据。它只是确定了他的假设是正确的，这促使他认为这张照片在因果关系上只对应于在每隔一天轮流化身为杰基尔的两个人当中的一个。对其他人来说这张照片在因果关系上与杰基尔医生联系了起来。公共性的确认与本体论意义上的数据相比总是占据上风，因为后者是隐藏着的、假定性的、靠别人去相信但却难以获得的。

我们这则故事说明了什么呢？说明的是在日常生活中我们总是离不开实用性的指称行为，而如果我们因此从中发现了太多的问题的话那么就意味着非常不走运。但是，为了确保知识的进步，我们可以引发本体性指称的幽灵来作为允许我们研究下去的前提条件。

琼斯疯了吗

让我们回到协商这个问题上来。我要抱歉的是，我又要利用一个无疑是用滥了的例子。在我以一种傲慢的态度思考单身汉问题之后，再也没有什么能让我尴尬的了。我们再回到被唐奈伦（Donnellan，1966）用来区分句子的指称用法和属性用法的那个著名的例子上来。[①] 史密斯的谋杀者疯了这个句子如果是被用来指称的，那么这个描述就是意在指示一个具体的人，说话者和听话者都认识；如果是用来赋予属性的（即为了评价这一罪行的残忍），这句话就意味着不论那个具有史密斯的谋杀者属性的人是谁，他都具有疯癫这个属性。

[①] 在无数篇就史密斯被谋杀的争论所写的文章中我将只提到在我写这一段落时脑子里的三个文本：博诺米（Bonomi，1975：4）、圣安布罗焦（Santambrogio，1992），以及最重要的贝尔塞利（Berselli，1995：1.3）。

不过，问题没有这么简单。下面就罗列了这句话可能被发出的各种情景（但并不完整）：

（i）说话者意思是指称琼斯，他在用电锯杀史密斯的时候被抓住了。

（ii）说话者的意思是指称用电锯谋杀了史密斯的人。

（iii）说话者的意思是（ii），但他不知道实际上史密斯并没有死掉（他在命垂一线的时候被杰基尔医生救活了）。实际上，史密斯的谋杀者这个表达并没有指称物，但是善意原则促使我们想象说话者意在指称这位不成功的谋杀者（这位谋杀者仍然疯着，并且还很无能）。

（iv）说话者的意思是（ii），但说话者本人大概疯了，因为没有人想要史密斯的命。听话者明白说话者是在幻觉中指称来自他想象的可能世界里的一个人或是一个情景。

（v）说话者（错误地）相信史密斯被谋杀了，谋杀者是琼斯，并且每个人都知道这件事。如果听话人不知道对方怀揣着这些奇怪的想法，我们就是处于情景（iv）中。如果说话者继续让他的所信更加明了，听话人将会明白他指称的是琼斯。现在就需要决定说话者认为琼斯疯了是因为琼斯是史密斯的谋杀者还是因为其他原因（这样的结果就是说话者仍然认为琼斯疯了，即使琼斯没有谋杀史密斯）。

（vi）史密斯是真的被谋杀了，说话者相信谋杀者就是琼斯（而每个人都知道是唐奈伦杀的）。听话者不知道说话者的所信，认为他是想说唐奈伦疯了（这显然是错的，因为唐奈伦杀死史密斯是出于科学原因，目的是为了能够研究属性用法和指称用法的区别）。我想象，如果对话再继续下去一点，会有可能澄清误解，然而——就像在（v）中那样——需要额外的信息以确定说话者意欲指称的是否是琼斯，虽然琼斯是无罪的，因为他精神失常。

（vii）史密斯确实被谋杀了，说话者认为杀他的人是琼斯（而每个人都知道他是唐奈伦）。但是听话人知道说话者对琼斯有偏见，于是就反复声言他就是杀死史密斯的凶手，因此他们就明白说话者意欲指称的是琼斯。

（viii）史密斯杀人一案的审判快要接近尾声了。在审讯席上唐奈伦听着正式给他定罪的判决。那位说话者（是一位精神病医生）刚进入法庭，认为唐奈伦是他在精神病院认识的叫做琼斯的一个人。他于是指称的是琼斯而不是唐奈伦。自然听话者们相信他指称的是唐奈伦。但我想象得到他们将要求他解释他的判断，并且在这个对话过程中指称误解会得到澄清。

在这一套情形中指称是被协商的。在这些协商中我们所谈论的指称行为不会独立于说话者的意向和知识，而指称行为指向说话者毫不了解的此在的个体性。

南茜想要什么

但是同样的，也是存在于指称用法和属性用法之间的差异使得很多边缘性的情况未得到揭示。再让我们看看另一个有名的例子，根据当下的需要我进行了整理。①

假设我说，南茜想嫁给一位分析哲学家。我们可以就这个句子给出两个语义上的阐释，（i）和（ii）。这两个阐释即使是这个句子在脱离了语境的情况下说出的也是可能的。至少有三个语用阐释（从 iii 到 v）要依赖相关于说话者的意图所做出的推测。阐释（iii）

---

① 在原稿中，南茜想嫁给一个挪威人。我挖空心思才弄明白这个例子出现在麦考利的作品（McCawley, 1971）中，但或许已经广为流传了。有关南茜的这个例子的建议是由弗兰茨·京特（以手写稿的形式）发给我的，在期间他正参与到七十年代在乌尔比诺符号学中心开展的一次讨论中。

到（v）只有在（i）和（ii）之间做出决定之后才能尝试。

（i）南茜想嫁给已经选定了的个体 X。他是一位分析哲学家。

（ii）南茜想嫁给任何一个人，只要他是一位分析哲学家。

（iii）南茜想嫁给一位已经选定了的个体，一位分析哲学家：她知道他是谁，但说话者并不知道，因为南茜还没有告诉他他的名字。

（iv）南茜想嫁给一位选定了的个体 X，一位分析哲学家：她也把他的名字透露给了说话者，并且相互引见了他们，但是为了慎重起见，说话者认为避免透露太多的细节是合适的。

（v）南茜迷上了一个家伙，想嫁给他；她告诉了说话者他是谁；说话者碰巧知道那个人是一位分析哲学家。至此南茜是否知道那家伙是分析哲学家没有关系，说话者是否告诉了她也无关紧要。事实是，由于南茜在写关于德里达的论文，说话者认为他们俩永远不会相互理解，他们的婚姻注定要失败。他把他的困惑告诉他的对话者（他们很了解南茜的思想）。

通过（v）而得来的（iii）依靠阐释（i），也就是说依靠所做出的把这个句子看作指称性的那个决定。听话者将假定性地询问关于这个 X 的更多的信息，在那种情况中说话者要么必须承认他不认识他（情形 iii，他和听话者都必须在信任的基础上接受这一指称），要么证明保持沉默的正当性（情形 iv，只有听话人必须在信任的基础上接受这一指称），要么（利用打开我们的"白盒子"的方式）为 X 的鉴别或还原提供示引。或者听话人对说话者的身份不感兴趣（这则谣言只是因为 X 是一位分析哲学家才有趣的），而就是在那里事情才终止的。

这就剩下了阐释（ii），这个阐释乍看起来似乎指向这个句子的属性用法。但是，首先我们应该注意的是属性用法（如在唐奈伦中）

也属于一种指称的情形。实际上，虽然说话者确实把杀死史密斯的无论是哪个人定义为疯癫者，但是在现实中他的推测是史密斯是被一个具体的人杀掉的（尽管尚未知道这个人），而那就是他所指称的那个个体人，虽然这种指称是建立在信任的基础上。谈及史密斯的谋杀者就像谈论第二次世界大战的第一位牺牲者一样。那个杀了史密斯的未知的 X 是个疯子。但是疯癫和坏运气都谓述一个 X。他虽然从社会上或历史上或法律上尚未定义，但是已经在本体论意义上被定义了。

然而，这里我们所谈论的不是南茜会嫁给谁（在这种情况中那个人甚至还未知仍然是一个人也只有这一个人）。我们也不是在谈论南茜将嫁给无论哪一个人，也就是她的可能的丈夫，在这种情形中就好像是一位孕妇谈论几个月后将要出生的小孩：这孩子无论是什么肯定会是儿子/女儿，在一个相当具体的时间以及带着一个给定的基因遗传从她的子宫中生出来（或许不是自然生产出来的，这就是为什么会准确地说是可能）。我们在谈论的是南茜想嫁给谁。所谈论的这个实体不仅是可能性的还是祈求性的。

南茜据说想嫁的这个人不仅没有被定义，甚至也从未出现过（南茜会单身下去）。鉴于她准备嫁给一个只要具有作为分析哲学家的属性的任何人，她实际上爱上了一个属性，正如她想嫁给一个只要有胡子的任何人。或许在她沉迷于最狂野的情色幻想的时候，南茜已经把一张脸赋予了这个不确定的 X，想象他长得像罗伯特·德·尼罗。她准备在相貌、身高和年龄上做出让步，只要她的 X 是一位分析哲学家。因此，克普里克或普特南都一样地适合她，但是罗伯特·德·尼罗肯定不行。

南茜（或者无论是谁在谈论她的意愿）所指称的不是一个个体而是一群可能的个体。因此，她不是在实施一种指称行为。南茜的 X 是一个概括性的客体，就像概括性的猫一样。因为我感觉在概括性的客体这种情形中不适合谈论指称，这个句子就应该翻译为南茜具有欣赏（一般意义上的）分析哲学家的属性，并且愿意让他们成为自己的丈夫人选，或是在他们的很多属性中，分析哲学家也具备南茜所喜欢的属性。尽管这对于南茜来说仍然是指称，但并非是对一位具体的分析哲学家的指称。

我们还应该考虑到这绝不是说南茜想嫁给随便一位分析哲学家。想必其中的意思会是她意欲结婚，但还没有决定跟谁结，但肯定的是她想让那位入选者是名分析哲学家。同时，她也不想把自己的命运就随便交付给任何一位分析哲学家，而只是要嫁给一名她喜欢的分析哲学家。如果一位婚姻中介建议她不妨嫁给圣安布罗焦（这个人既具备作为分析哲学家的属性也具备极其好看的属性），但南茜还是要嘟囔，因为，比如说，她不喜欢他那张思辨的脸。

不要说南茜太挑剔，还是让我们承认协商指称是多么困难，因为最后一个情形就涉及协商，以便先行确定我们是否面对的是指称的情形。

另一方面，谁是南茜？人们假定说话者不是傻子：如果在他们交往的圈子里有很多人都有着相同的名字，他们需要询问具体情况。除非他们认为让这位或许有点醉意的交谈者说下去是不明智的，那只"白盒子"应该马上就会被打开。[1]

不过，存在着某个人，这个人以极度严格的方式拥有南茜这个名字。这个某人就是我们，我就是作者，你就是这些书页的读者。我们不知道南茜是谁（除了知道她是一位女孩，有喜欢分析哲学家的弱点——这属于贴着标签的"白盒子"的情况）。但是全盘考虑的

---

[1] 我如果收到一张明信片，比方说是从巴厘岛来的，上面写着"问候你，约翰"，我就会感到很生气。是哪一位约翰？这位约翰难道不知道在世界上跟他的名字一样的人有很多，并且光我知道的至少就有几十个？难道他可能认为他是我知道的唯一一位叫约翰的？我引用的是一个很普遍的情形。这就意味着人们是用硬性指示来认识他们的名字的。但是人们犯这样的错误（或者成了这个弱点的牺牲品）并不就是说哲学家们也要犯这样的错误。

话，我们并不对知道关于她更多的事情感兴趣。我们知道她是这个例子中的那个家伙所谈论的女孩就足够了，如果有人好心地把这本书的情况告诉别人，那么南茜将会是我进行指称为契约这项研究的对象。没有人能够否认我们花了几页纸来准确地指称她。①

是谁死于五月五日

一个令人迷惑的离题。有些人认为，摹状不能确定指称。我们已经看到过凡是指称都是通过描述而获得质料的。但是在有些情形中指称似乎只是通过摹状确定下来的，把名称放在了考虑范畴之外。

曼佐尼这位意大利作家写过一首名为《五月五日》的颂歌，讲的是拿破仑的死。然而，人们只要再去读第二遍就会发现拿破仑这个名字从未被提到过。如果我们用大命题的方式相当粗糙地总结这首颂歌的话（对其艺术价值毫不尊敬），我们会说这位说话者向我们讲述的是：

（i）我所讲的那个人（对他我表达了我的哀伤）不存在了。

（ii）这个人具有一系列的属性：他跃身万人之上，跌下来，又爬上去：他横扫从阿尔卑斯山一直到非洲海岸、从伊比利亚半岛到德法边境的广大地区而被人们所记住；他的辉煌是不是真正的辉煌没有定论，但上帝把他看成是人类的杰出代表这一点却没有疑问；他经历过胜利，权倾一时，最后被放逐孤岛（并且被放逐过两次，就像他既知道什么是胜利也知道什么是失败一样）；他可以被视为两个世

---

① 就像我在前文的注释中所指出的那样，我是从麦考利那里借来的南茜的例子。我们所对付的是同一个南茜吗？确实，他的南茜想嫁给一位挪威人，而我的南茜则想嫁给一位哲学家，但南茜都有着强烈的意愿。抑或是她会怀揣着所有的分析哲学家都是挪威人的怪念头。在我们谈论南茜的时候，我们是在谈论麦考利的南茜吗？正如所看到的那样，协商一个指称是非常复杂的一种操作。

纪的仲裁者；他曾一度打算写回忆录，记述他的往事，等等。

如果有人不知道这首颂歌是在一八二一年写的，于是五月五日这一天暗指那一年的一个具体的日子，并且如果有人不知道拿破仑就是在那一天死的（我们的百科全书把这一天作为他的死亡之日而记录了下来），那么他们就没有其他的示引——除了曼佐尼给的相当模糊的摹状之外——用以识别所指示的这个人。我无意于验证普遍性的历史，但是我却非常相信我们会找到这个摹状可以很贴切地应用其上的另外一个历史人物。有人会带着一点点的善意，以及把一些表达理解为隐喻或夸张，用它指示尼克松或伟大的意大利自行车手法斯托·柯皮。

这对于很多指称理论都是一个非常棘手的情形，因为我们知道那个文本只在相当的条件和互文性协商（以及规约）的基础上才指称拿破仑。没有这些协商，这个文本在指称性上讲就极其晦涩。

但我们不妨把事情看得更复杂一些。让我们假设曼佐尼（他很幸运不是这类人）写了一首颂歌，非常类似于关于 sarkiapone 的那个小品。它大概是这样写的：“我歌唱一个伟人的死亡。我要告诉你的一切是他没有跃至万人之上，也没有跌下来，也没有再爬上去；他没有横扫从阿尔卑斯山一直到非洲海岸、从伊比利亚半岛到德法边境的广大地区；他绝非是两个世纪的仲裁者，并且想起来了，他甚至还没有死。”

我们如何能理解他指的是这个人呢（对于这个人他显然要继续指称下去）？我要给他全权以期他会告诉我们关于这个人更多的情况。我们仍然不确定他意在谈论的是恺撒、亨利八世，他的邻居还是其他你从居住在这个星球上的几十亿人中选出来的什么人。同意这种全权就会是对真正“软性”指示的一种接受形式。必须要承认的是，为了让这个互动进行下去，他所谈论的某个人出现在某个地方或其他什么地方，他是由一定的基因组孕育而成的，或许是由他的父母或第一次看见他的什么人以某种方式给他洗礼的。然而，（当前）尚未知晓这个人是谁。无论怎样，这个指示都不是完全意义上的软性的：所给出的摹状将至少会让我们把拿破仑排除在外。

我或许假定了一种不可能的交流互动？当然不是；像这样的事情经常发生，比如当有人说，我昨天晚上在一家迪斯科舞厅遇到一位迷人的女孩，她长得什么样子你甚至想象不出来！然后我们怎么做呢？我们就等故事的下文了。但是我们知道这个指称所指称的是一个女子而非男人。

不可能的客体

根据其中的一个阐释，关于南茜的这个句子使祈求性可能发挥了作用。诸如我们将会有一个儿子并且叫他路易斯或我肯定我将在香港找到我一生相伴的男人这样的句子都属于指称祈求性可能的指称情形。同样的情形也发生在我等待我的羊角面包送来这个句子身上，原因在于，在点羊角面包的时候，所要求的是通称性的羊角面包，但当它们送上来的时候，它们无疑都是完全意义上的被说话者所拥有的个体性的羊角面包。既然是祈求性的可能，这些个体物也就（随之）并不存在：但是可以做出对可能物的指称。能否对不可能物做出指称，或者无论怎样，能对无法想象的客体做出指称吗？

我应该避免常用的方的圆这样的例子，这种通称性客体就跟独角兽一样（至多也是一个形式个体物；参见 3.7.7）。但是如果我说最大的质数将在二〇〇五年被发现，我指称的不仅是一个祈求性可能物，而且也指称了某个无法想象之物。

所有的不可能之物都是无法想象的，但是并非所有无法想象之物都是不可能的。比如说，一个无限大的宇宙是我们的想象所无法触及的，但是原则上讲并非不可能。而另一方面，成为我自己儿子的儿子既不可能也无法想象（至少只要我们生活在有着敞开的因果链而不是套环的宇宙中）。但是把可想象之可能物和不可想象之可能物区别开来的是为其建构 CT 和 NC 的不可能性（我认为对于不可想象的可能之物是有可能建构一个 MC 的，但我对这个 MC 是什么类型则没有把握）。

既然已经讲过，有可能（完全依靠信任）指称其 NC 未知的客体，这些客体因此也是不可能被识别、认识、还原，甚至阐释的，那么似乎很清楚的是，我们也能够指称不可想象之物。很多小说或科幻电影里的人物可以回到过去跟年轻时的自己会面或是成为自己的父亲——并且我们能看得懂这些故事（尽管有一点晕眩的感觉）——这些事实证明我们可以为不可想象之物命名，也因此（由于指称是我们赋予语言的一个用法）能指称它们。[①]

我的著作（Eco, 1990；3.5.6）表明了我们不仅能为这些客体命名，而且作为认知幻觉的结果，我们可以感觉到我们能够想象它们。就像有着感知歧义那样，也存在着认知歧义和指称歧义。我们不仅感觉到我们可以指称这些客体，而且，不妨这样说，我们还能打开装有这些客体的"白盒子"，这从这样一个意义来看：如果我们从整体上来考察它们，我们就无法成功地想象它们，但是如果我们一次一个地考察它们，我们就会感到它们可能会有一个形式，尽管我们

[①] 不可想象的世界（在叙事性的和修辞性的艺术中）是一种不可能性的例子，也就是读者被引领着想象直到不得不明白不可能想象的地步为止。多勒策尔（Dolezel, 1989：238ff）就此谈到"自我虚空性的文本"和"自我揭示性的元文本"。在这些情形中，一方面，可能的实体似乎带入叙事性的存在之中，只要常规的有效化程序得以应用；另一方面，这种存在的地位变得不稳定，因为有效化机制的基础被破坏了。这些不可能的叙事世界包含有内在的矛盾。多勒策尔举了罗伯-格里耶的《幽会的房子》作为例子，在其中同样的一个事件以各种相冲突的版本呈现出来，同一个地点是或者不是小说的背景，事件也以相互矛盾的时间顺序组织起来，同样的叙事实体被以不同的存在方式表呈出来。

无法描述它。除此之外，如果有人给了我们一些可辨认出的自行车零件，但是这些零件都是从不同型号的自行车上拆下来的，所以最后我们无法把它们组装起来，但这并不意味着我们因此不能把它们识别为是拆散的（可能性的和祈求性的）自行车的部件。

不可能的可能世界的一个视觉上的例子是如图 5.1. 所示的一幅画，这是很多视觉不可能物的一个原型。

乍看上去，这个图形似乎表现的是一个"可能"客体，但是我们如果根据其空间方向沿着线条顺下去的话，

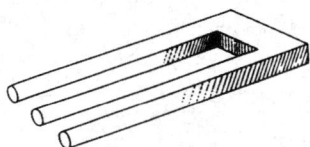

图 5.1

我们就会意识到这种客体不可能存在（至少在我们的宇宙中不存在）。但是，这也是我目前在做的事情（不仅从语言上而且从视觉上），那就是我可以指称那个图形（这个图形在很多心理学的教科书中可以找到）。[①] 但不仅如此；我可以把构建它的示引提供给某个人或一台计算机。这样人们指称的就是这个表达式（这个图形能指）而并非是客体本身，这样的反对意见站不住脚。正如我在我的著作（Eco，1994：100）中讲过的那样，问题不在于把这个图形作为一个图形表达式来构想；我们可以很容易地把它画出来，所以它在几何意义上讲不是不可能的，至少在平面几何意义上是这样的。当我们无法避免地把这一图形看成是一个三维客体的二维表达的时候问题出现了。我们如果不把阴影理解为代表一个三维客体的阴影的图形符号就足够了，而这个图形也就很容易被感知了。但是我们却无法避免这个次生像似效果（参见 6.7 中的关于"替代性刺激源"的讨论）。我们所指称的就是这个"被阐释"的图形。

---

① 在这里并不足以反对说，这关涉的是表呈而不是指称。除了这会导致与我们运用某物的图像来指称某物（比如新闻图片就其效果和目的来说会形成新闻）的相当确定的观点相矛盾这个事实之外，不可想象的悖论——被巧妙地排除在指称现象之外——将会在表呈现象学中重新浮出，于是我们就会一无所获。

梅里尔（Merrell，1981：181）提供了关于认知幻觉的颇具说服力的解释。他给出了图 5.2 所示的图形的分割过的一个版本。

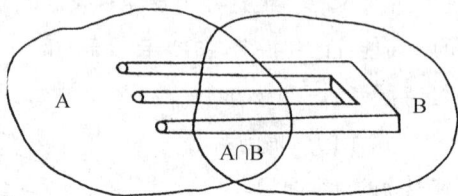

图 5.2

如果我们分别单独地观察 A 区或 B 区，每个区域都呈现为可能的三维客体。很简单，在 A 区中我们看到了几个圆柱体，在 B 区中我们看到的是平行六面体。A∩B 区可以分别看作是 A 的部分或 B 的部分（如果被单独地集中观察的话，这个区域所呈现的只是一些平行的线条）。只有在我们试图把这个客体作为一个整体来构想的时候才会出现问题。同样在我的著作（Eco，1990：3.5.6）中，我讲了甚至像一位 X1 遇到年轻时候的他自己（X2）这样不可想象的情景都能（通过认知想象而）成为可能，如果视角始终一致地被赋予了同一个实体（要么总是给 X1，要么总是给 X2）。另一方面，我们将在 6.10 中看到，我们会很容易地想象我们食指上有第三只眼睛，我们可以用这只眼睛观察到我们脖颈或是我们的肉眼看不到的凹陷处。不可想象性出现在我们试图想象我们把第三只眼睛指向我们的脸将会发生什么的时候。我们会不会通过食指上的眼睛看到头上的眼睛，或是通过头上的眼睛看到食指上的眼睛？再一次，我们要么变换集中区域（我们想象，可以选择闭上长在头上的眼睛，也可以选择闭上长在食指上的眼睛），要么就会滑入全然的想象混乱中。

因此，我认为，在我们指称不可想象之物的时候，我们的所作所为就好像在面对我们的"白盒子"时，我们通过交替着把不同侧面的盖子掀开几毫米来偷看里面。在我们每一次看到不可想象之物的时候，我们就会遇到调和各种视角的麻烦，这样我们就要承认盒子装着其属性使我们感到模糊或不一致的某物。但这并不能阻止我们指称那个某物。

对瓦萨号的识别

在涉及作为协商现象的实用性指称这个问题的时候，忒修斯之船的例子常常被引用。这个例子带动了对识别问题和严格指示的可能性这两方面的探讨。这个问题非常有名，从霍布斯到今天已经用各种方式探究过这个问题。但是为了方便起见，鉴于我们对忒修斯之船知之甚少，我们就谈论另一艘船，瓦萨号。

一六二八年，在斯德哥尔摩（更具体地说是在斯盖盆嘉登船坞），人们决定建造一艘威力可怕的战舰，它将成为瑞典的皇家海军军舰：这艘船将耗费成千上万棵橡树，配备六十四门重型火炮，桅杆有三十多米高，还有几百尊绘有图案的镀金雕塑。一个星期天的早上，八月十六日，这艘船在欢呼的人群面前起锚下水。但是，我们从国务委员会呈送给国王的一封信中获知，"这艘船一离开泰捷尔维贡附近的海湾就遇上了一股风，开始了顺风侧倾，后来只是纠正了一点；但是当它抵达贝克霍尔姆的时候，它完全向一边侧倾过去，水从炮门里流了进来，船体及其帆和旗慢慢地沉了下去"。

一起令人悲伤的事件。我们不去追问瓦萨号为什么会沉没，我们也不去弄清楚那天对它的施救工作。事实上，对这艘船最终实施了打捞。今天瓦萨号成了斯德哥尔摩瓦萨博物馆的一件让人刻骨铭心的展品（我在这里给出的所有真实的信息都是来自展品说明）。况且，我还见到了这艘船。当然，它并非完好无损，一些部件没有了，但我知道我所看见的确实是瓦萨号，就是在一六二八年的一个早晨像一块石头那样沉没的那艘瓦萨号。

现在，让我们想象一下，瓦萨号在下水那一天并没有沉没，而是愉快地在世界的各个海域航行。就像所有的船只一样，尤其是经过波涛汹涌的海域和大风大浪，各种部件都要更换，这一次是船壳外板，另一次是桅杆，再一次是一些固件，经常更换大炮，直到最后成了在斯德哥尔摩瓦萨博物馆展出的我们所假定其为瓦萨号的那艘船，这艘船已经不再有原初瓦萨号的任何一个部分。我们还可以说它是原初的那艘瓦萨号吗，也就是，我们可不可以把不再具有被洗礼为此的客体的任何物质部分的东西严格地指示为瓦萨号呢？

给出一个肯定答案的标准之一是必须遵循三个条件：各种部件的替换必须逐渐地发生，而绝不是一次性发生的。这样感知经验的链条就没有被打断，而替换的部件必须跟被替换的部件从形态上一样。因此，我们就可以说现如今的瓦萨号跟过去的那艘瓦萨号是一样的，因为我们把以下作为决定性的参数：(i) 渐进式的连续性；(ii) 未被打断的合法识别以及 (iii) 形式。[①]

渐进式的连续性和合法识别允许某人把我识别为出生在一九三二年的同一个个体。如果人们对细胞的了解越来越细致，只有上帝知道彼时与此时之间的变化。但是这些变化是渐进式的，况且户籍登记处总会把我定义为相同的一个人（无论是在六岁、二十岁还是在六十岁的年纪）。

我不知道就我的长相说些什么（那些很多年都没有跟我交往的人都很难从五十岁拍的照片上认出我来），但是对于瓦萨号却容易得多，就像识别巴赫的大提琴第二独奏组曲（参见 3.7.7）那样容易，这首组曲即使在不同的大提琴上演奏，即使在灌制的唱片中也可以被我们识别为是同一首。

于是，现在的瓦萨号跟旧的瓦萨号一样，不仅因为它在四个世

[①] 就各种论点的一个很好的概括可以参见萨蒙（Salmon，1981）。

纪的时间里被这样称呼，而且因为——无论在材料方面经过多少改变——它仍然跟原初的瓦萨号有相同的形式。

但是对于谁来说它是相同的呢？当然是对于一位研究海军史的历史学家，他想考察它，以便明白十七世纪的船只是如何建造的。如果是在材料物理学的会议上，与会者所感兴趣的是知道木材和金属如何对时间的流逝和大自然的风雨做出反应，那么对于他们来说这艘船还会一样吗？这艘船对这样的科学家来说没有什么用处，他们会说它不是原初的那一艘。

我现在要（绝不是自命不凡地建立一个定义类型）列举一系列的情形，在其中身份（或真实性）的赋予取决于不同的参数，这些参数可以被协商或者已经在不同时间得到了协商。

(i) 圣吉尼斯教堂是在十二世纪修建的。严谨的主教们请人日复一日地修葺，把受到侵蚀的石块和固件替换掉，这样从材料的角度看，我们今天所看到的这座教堂跟原初的那一座没有什么关系了，但是从建筑设计的角度看它却是同一座。如果我们强调的是形式上的识别标准，而不是材料上的，而且如果我们还引入了"同一地点性"这个标准（现在的教堂所坐落的位置跟原初的教堂就是同一个地点），那么从游客的角度看（以及某种程度上从一位艺术史学家的角度看）我们就可以由此而说这是同一座教堂。

(ii) 圣普伊-富赛教堂从未被修复过，只剩下了侧墙和耳堂的残垣断壁。我们为什么就把它作为原初的那一个呢？说我们视作原初的不是教堂，而只是它的残迹是不够的。很多游客去参观巴黎郊外的著名的波尔罗亚尔女隐修院，但是这个隐修院已经消失了，那里什么都没有留下，连遗迹都没有：剩下的只是一个地方。这个地方曾经矗立着某座建筑，但这座建筑随后却消失了。那波尔罗亚尔女隐修院的原初的东西在哪里呢？

（iii）公民凯恩梦想建造一幢完美居所，而他在欧洲的科涅克隐修院找到了它。这座隐修院自从建造之日起就完整地保存了下来。他把它买了下来，让人把它拆了，把石料悉数点好之后用船运到忽必烈的上都，然后再重建一座。这还是同一座隐修院吗？他当然这样认为，但是某些高傲的欧洲批评家和历史学家却不这么认为。他们所偏向的不是材料或形式上的同一，而是同一地点性的识别。他们会因此被迫承认说波尔罗亚尔女隐修院（它已经不存在了）要比科涅克隐修院（它基本上还算存在，尽管不在原地了）更原初吗？

（iv）当打算在埃及国王谷里建造新的水坝的时候，其中的建筑有被洪水淹没之虞。联合国教科文组织就让人把这些建筑一块石头一块石头地拆掉，再在另一条山谷里重建。这些还是相同的建筑吗？联合国教科文组织认为是的，关键在于形式和材料的同一性，但是那些反对凯恩所重建的建筑的真实性的人一定不会同意。为什么（iii）和（iv）不同？我们为什么认为联合国教科文组织有着道义上和科学上的权利去做对于凯恩来说是随意性的和出于个人兴趣的事情？

（v）位于（田纳西州）纳什维尔的帕特农神庙的设计在所有的方面都类似于原初的帕特农神庙的形式结构，以至于有这样一个谣言（我不知道其可靠性有多大），大致意思是说，在上一次战争之后，为了修复雅典帕特农神庙的一些部分，专家们就去依照纳什维尔的帕特农神庙搜集资料。不仅如此，纳什维尔的帕特农神庙粉刷得跟原初的建筑一模一样。但没有人敢把它看作原初的，即使形式是一样的，原因就是这些石料不是一样的，还因为它不是坐落在原地（其中有一条就是它坐落在平原上，而不是卫城中），而最关键的是因为另一座还在那里。

（vi）（作为一个政治实体的）波兰是历史上灾难最为深重的国家之一：人们只要看一眼历史版图就会发现不同时期它的边界扩了又缩；实际上，它曾一度从地图上消失。波兰这个名称指称的是什么？

这要取决于它被使用的历史语境。比亚韦斯托克属于波兰这个句子是真是假？这要取决于这句话是什么时候说的。[①]

关于亚哈的另一条腿

根据指称的契约理论，我认为解决指称像福尔摩斯或匹诺曹这样的虚构人物的错综复杂的问题也不是没有可能。如果一种强本体论意义上的指称（从神圣心智的视角）被断言的话，那么充斥着几十上百本书籍的所有争论都可以应用到虚构人物身上。[②] 如果一种弱性本体论意义上的指称（内在实在论，一个共同体眼中的指称）被接受下来的话，这种话语的戏剧性似乎就少一些，因为每次我们要指称哈姆雷特的时候，都会假定我们所面对的是莎士比亚可能世界中所描述的人物，关于这个人物所有的百科全书都识别出了一些属性（虽然不是其他的属性），就像百科全书都一致认为水是 H_2O 一样。

有趣的问题不在于虚构人物的存在方式跟真实人物的存在方式是否一样：在那种情形中答案是"不"，即使有人接受了路易斯（Lewis，1973：85）的实在论也是不，对于路易斯来说可能世界就像我们每天生活在其中的那样真实。有趣的问题是我们为什么能像指称真实人物那样指称他们，而当我们说拿破仑是约瑟芬的丈夫以及当我们说尤利西斯是珀涅罗珀的丈夫时，我们又能完全明白对方的意思。之所以会这样是因为百科全书都一致把嫁给拿破仑作为其第二任妻子这个属性赋予了约瑟芬，以及把嫁给尤利西斯这个属性赋

---

① 另一方面，同样的论点也可以运用在具有较为稳定的历史的国家身上，包括法国在内。说出美利坚合众国这个表达式所指称的对象并不容易，如果有人问自己这个表达式是在购买了路易斯安那或阿拉斯加之前还是之后说出的。

② 最近的一个是由圣安布罗焦（Santambrogio，1992）提出的，对他来说虚构人物类似于"一般性客体"。

予了珀涅罗珀。

有人曾经讲过，叙述性的世界总是小世界，因为它们不构建大而完整的事态（Pavel，1986；Dolezel，1989：233 ff.；Eco，1990：4)。从这层意义上讲，叙述性世界是寄生性的，因为，如果替换性的属性不被具体化的话，我们就会想当然地接受在真实世界起作用的属性。在《白鲸》中并没有很清楚地表达裴廓德号上的所有海员都有两条腿，但是读者应该把它看作是不言自明的，鉴于这些海员都是人这个原因。另一方面，这个叙述还着意告诉我们亚哈只有一条腿，但根据我的记忆，它并没有说是哪条，让我们去想象，因为这个具体的细节对故事没什么影响。

一旦我们接受了去读一个故事的任务，我们不仅被授权而且还被邀请——如果我们这样希望的话——既在被叙述的事件又在假定的事物的基础上做出推断。原则上讲，我们以同样的方式对待指称真实发生的事件的句子和来自虚构的句子。针对恺撒于公元前四十四年三月十五日在罗马议会中被刺杀这个句子，我们可以推断出在罗马史中这个事件发生在哪一年（但是我们必须决定它指的是大加图的记录还是瓦尔罗的记录）。针对达达尼昂于一六二五年四月的第一个星期一骑着一匹至少有十四岁的栗色马到达了墨恩城这个句子，人们可以通过查阅万年历得出那个四月的第一个星期一实际上是四月七日。

但是，尽管知道在罗马史中的哪一年恺撒死去会令人感到有些兴趣，但是知道达达尼昂在四月七日到达墨恩城却没有叙述性旨趣。确立哈姆雷特是单身汉是有趣的，因为这个说法对理解他的心理以及他同奥菲莉娅的关系有一定的影响。但是在《红与黑》的第三十五章的最后，司汤达在叙述于连·索莱尔想杀掉德·莱纳夫人的时候用了这样的结束语："他给了她一枪，但是没有打中；他又开了第二枪，她倒下了。"知道第一颗子弹打到哪里去了有没有意义呢?

(i) 首先,我们拥有文本没有说明的那些属性,并且认定它们不可否认:一个人物的头发可能没有被描述,但却没有理由让读者去假定他是秃头。这些属性可以被否认的程度在符号间的翻译过程中可以观察到:如果是在这个故事的电影版中,于连没穿鞋子(在故事中没有提到这一点)就离开要自杀,事情就会显得蹊跷。

(ii) 那么在我的著作(Eco, 1979)中有一些被称作 S-必要性(即结构必要性)的属性,比如在可能的叙事世界中维持同其他人物的相互定义关系。在《包法利夫人》中,如果不是作为查理的妻子就再也没有识别爱玛的方法了,查理又转而被识别为叙述者在小说的开头所看到的那个男孩;在其中包法利夫人是郝麦先生的妻子的任何其他的叙述性世界都是另一个世界,配有不同的个体(换言之,我们将谈论的不再是福楼拜的小说,而是对它的拟仿或重写)。

(iii) 在故事的过程中被清楚地赋予人物的属性能够特别明显地看出来,诸如做了这样的事或那样的事、是男的或是女的、是年纪大的还是年轻的。他们并非都具有同样的叙述价值:一些对故事有着重要的影响(比如,于连开枪打死了德·莱纳夫人),其他的影响就不那么重要(如他开枪时那个妇人在低头做祈祷,以及他开了两枪而不只是一枪)。我们能够对实质性属性和偶然性属性做出区分。

(iv) 最后,有些属性是读者从故事当中推断出来的,这些属性有时对于阐释故事很关键。为了做出推断,偶然性属性有时会被转化为实质性属性:比如,于连的第一枪没打中这个事实允许我们推断出他在当时很紧张(实际上在前面的几行已经写到他的胳膊在颤抖),这改变了他的行为的性质,不是出于冷漠的一不做二不休,而是出于紊乱的情感冲动。还是谈司汤达,就他的《阿尔芒丝》来说,关于奥克塔夫·德·马里韦尔是不是真正的阳痿有着关键的争论,因为文本没有把这一点说得很清楚。①

　　总之，尽管如此，在我们指称虚构人物的时候，我们是根据最普遍地为百科全书所记录的属性来指称的，而百科全书常常记录类型（ii）和（iii），因为这些都是在文本中说得很清楚的东西，而不是它们所假定的或引导人去猜想的东西。说属性讲得很清楚意味着把虚构的文本当作乐谱来看待：就像乐谱事先描述了音高、音长，以及常常还有音质，一则故事也建立起了人物的 S-属性和实质属性。故事还提供偶然属性（删除掉其中大部分的这类属性不会失去对人物的识别），这一事实类似于以下事实：为了识别一首音乐曲子，比

---

① 类型（iv）的属性似乎对虚拟人物的百科性定义并不重要，看看我在 1985 年 9 月 1 日的《共和报》上发现的这则奇特的新闻（由于同一条新闻以稍有出入的版本出现在同一天的《晚邮报》上，可以认为这条消息是来自同一个新闻社）："由《时代》发布的讣告是对一个嫉妒心很强的女人的报复，而不是对某个间谍的暗号，这是《太阳报》披露的。这则讣告宣布在康沃尔郡，马克、蒂莫西和詹姆斯的死亡，他们是一位德国伯爵夫人的'最心爱的儿子'。丽塔·科尔曼这位伦敦地方官员承认是在玛格丽特·冯·黑森的授意下发布的这个文本，她是这三个男孩的母亲。这家报纸现在发现丽塔·科尔曼目前的丈夫五年前同冯·黑森离婚了，是马克、蒂莫西和詹姆斯的父亲。这三个男孩欢蹦乱跳地活着，其中那个叫马克的实际上还在康沃尔度假，在那里《太阳报》跟他联系上了。'制造这起恐怖闹剧的那个人就是两年前企图玷污我母亲名声的人，'这个年轻人评价说。在 1983 年，一家英国报纸发布了一条虚假消息，上面说一位名叫罗伯特·帕克的英国教士就要抛弃妻子、放弃事业跟冯·黑森伯爵夫人私奔。从昨天起丽塔·科尔曼在伦敦没有了踪迹：她同其丈夫离开去德文郡度假了。"注意这则文本特别说出牵涉进这个绯闻的人的名字，它通过 S-必要关系把他们相互联系起来，并且赋予了他们以"户籍登记处"的属性和相当精确的行为。然而，如果我们认为这是一则故事，我们就会被迷惑。当然有一位丽塔·科尔曼承认把假消息登载出去，但她为什么让这条消息登出来呢？是在她的丈夫的前妻冯·黑森伯爵夫人的授意下登的，我们是这样被告知的。但是既然伯爵夫人知道这三个男孩还活着，她为什么还让科尔曼去把这个消息登出去呢？是为了吓唬她的前夫？科尔曼为什么又接受了呢，既然前夫如今已经是她的了，并且从一起在德文郡度假来看显然想让她的丈夫高高兴兴的？是为了取悦伯爵夫人？但是为什么如果根据其中一个儿子含沙射影的话，科尔曼对这位伯爵夫人没有爱，相反为了破坏她的名声还散播她跟一位英国牧师的所谓的绯闻？如果这则消息是虚构的故事，我们就不能用理性的方式来分析它，原因就在于它搞乱了我们具有的有关类型（iv）的属性的观念。要么我们把它当作一起绯闻的开始，其神秘之处以后会澄清的，自然，这则文本也跟这则消息一样让人摸不着头脑，但在这一点上足以认为这家新闻社的编辑是个拙劣的工作者。要么这意大利报社把英语文本翻译错了，对此就有了一个终结。

方说，对强音和极强音的某些区分严格意义上讲并不关键，一首特定的旋律即使不按曲谱的要求用活泼强劲的方式演奏也能被识别出来。

我回到了拿乐谱所做的类比，因为我想论及关于形式个体的讨论（在3.7.7中）。当时，乐谱和绘画或小说都被看作是形式个体。现在，我想建议虚构人物（鉴于他们能够通过S-必要性以及文本所赋予他们的实质性属性，在主体间以百科全书的方式得以识别）可以像指称巴赫的大提琴第二独奏组曲那样得到指称。我们说过，（越过在根据两三个音符所进行的识别过程中的实际和理论困难）无论谁谈论SC2都会指称那个形式个体，虽然无法确定巴赫在创作这首曲子时的音乐思想是什么，但这个形式个体却通过乐谱表现出来，或者其演奏被认为是正确的和忠实的。

在这层意义上讲，虚构人物是形式个体，只要被原初的文本陈述得很清楚的所有的属性被赋予了他们，我们就可以正确无误地指称他们。基于此，我们可以确认，不管是谁说哈姆雷特娶了奥菲莉娅或福尔摩斯是德国人，都是在说谎（或是指称其他恰巧名字相同的个体）。

但是，我所说的这些可以用到虚构人物身上，只要他们是由具体的作品叙述的，这些作品建构了他们的"乐谱"。还有带有神话色彩或传奇式的人物，他们游历在各种作品之间，时不时地做出一些不同的行为，或是没有被固定在任何一部作品里而只是存活于神话想象中，对于他们我们又说些什么呢？一个典型的例子是小红帽，在通俗的传统故事和文学作品中有着各式各样的版本，多不胜数，同时也涉及边缘性的细节（Pisantry，1993：4）。我们仅仅拿佩罗的版本和格林兄弟的版本之间的基本差异来研究：在第一个版本中，故事结尾处，狼把祖母吃了以后还吞吃了小女孩，故事以教益性地警告鲁莽虎的年轻女子收场；在第二个版本中，猎人出场了，剖开野兽的肚子把小女孩和她的祖母都释放了出来。我们在谈论小红帽的时候指称的是谁？指称的是死去的小女孩还是从狼的肚子里出来的小女孩？

我要说的是这里有两种情形。如果有人谈论小红帽的复活（指称的是格林的"乐谱"），而对话者的脑子里却是佩罗的"乐谱"，那么，对话者就会询问额外的信息；协商将继续下去，直到就指称的是哪个"乐谱"达成一致为止。或者对话者在想的是通俗一些的"乐谱"，那个在结尾处表现得更强烈的。这个结尾写得比各种各样的创作的版本欠复杂。它是在一个给定的文化中作为一个基本的寓言而流传的。这个寓言实质上就是格林的版本，我们经常指称的就是这个通俗的"乐谱"（即女孩走进森林，遇到了狼，狼吃了祖母，扮成她的模样，吃了女孩，猎人把她们都救了出来），而在修饰过的版本中的重要细节（如，女孩是否脱了衣服爬上了床跟祖母睡在一起），或边缘性的细节（如，女孩给了祖母蛋糕和葡萄酒还是蛋糕和奶油）都被删掉了。于是在这个通俗版本的基础上我们以契约的方式指称小红帽，这个方式在被定义时不受她给了祖母葡萄酒还是奶油这样的细节的限制。

同样也会发生这样的事情：小说里的某些人物一旦出了名就成为了集体想象的一部分。就基本寓言而言，甚至连并没有读过这部作品的人都知道这些人物。我想《三个火枪手》就是一个典型的例子。只有那些读过大仲马作品的人才可以参加难题问答游戏，知道达达尼昂出现在第一章时骑的马是比昂出产的，十三四岁，是他父亲送给他的。大多数情况下，这三个火枪手都是以基本寓言的方式被指称的（他们勇敢，他们同黎塞留的卫兵决斗，他们做一些虚张声势的行为来要回女王的钻石，等等）。在这个基本寓言里，他们在《三个火枪手》里的所作所为同他们在《二十年后》的所作所为常常没有太大的区别（而我要说的是通俗性寓言对在不太知名的《布拉热洛那子爵》中所发生的事情不太在意——说明这一点的证据就是无数的系列电影版本忽视了它）。因此，我们认识达达尼昂或波尔托斯甚至是在电影版中，里面所发生的事件在大仲马作品中并没有发生，我们也没有受此干扰，不会像有人告诉我们包法利夫人愉快地跟查理离了婚从此生活得很幸福那样干扰我们。

所有这些情形中的问题都是就被指称的"乐谱"进行协商（被置于集体性想象中的一个具体作品或是一个寓言），随后这一指称就没有歧义地发生了。以至于在难题问答游戏中，有人会这样抗议："看这里，你指称的米莱狄的女儿在电影中出现了！在《二十年后》她是米莱狄的儿子！"

在这些情形中，所探讨的可能世界终于得到了协商。而共识并不总是达成是因为所探讨的可能世界的数量，而并非是因为在用精确度协商的一个可能世界里不可能确定这个指称。[1]

Ich liebe Dich（我爱你）

如果一个人认为以第一人称单数出现的代词就等同于说话者本人——没有一个关涉其自身内容的共识进行谐调——那他应该解释当一个其母语未知的外国人说 Ich liebe dich 时是怎么一回事。反对观点是这算不上是失败指称的情况，只不过是一种语言无能力的表现，这是不能自圆其说的：就实际情形来看，我会说为了理解这个指称，我必须不仅要知道像 liebe 这样的动词的意思，而且还要知道这两个代词的意思——否则，这一爱情宣言将会最终成为不当指称。

我们一开始就把以下这个事实看成既是暗含的又几乎是显在的，

---

[1] 桑普里尼（Semprini, 1997）用一段篇幅讨论了从漫画历史中识别出传奇人物的条件，并且表明他们可以通过名字、显著的相貌特征、没有穿错的衣服、社会地位、一系列的具体技能以及其他各种细节（典型的话语、持续伴随一些典型姿势的声音）来识别。有很多真实存在的人们，我们拥有识别他们的如此细致的示引吗？

即为了在指称行为中运用语词，首先就要知道它们的意义。随着我们继续展开，我们意识到至少在部分意义上，我们可以甚至在不知道这个语词的意义的情况下理解指称行为。于是，我们就总结道，凡是"白盒子"都有至少一个标签，意义从各个地方爬进来，而最后，除非我们首先要在语词的意义上达成一致，否则我们就不能拥有成功的指称，只有到达这一点上我们才能继续就我们意在指称的个体进行协商。就让我们以涉及 NC 的重要性和连续协商的重要性的论断作出结论，这些重要性甚至对于那些似乎要获得生命、只有直接附着在个体身上才有意义的语词也适用——而这些语词如果脱离了个体，就会漂浮在无意义的迷雾之中。

总让我感到迷惑的是，有些人认为索引性的语词（经常伴随手势的语词，如这个或那个）、指示词（在语境中相对于说话者和他的时空位置的语词，像昨天、现在、不久、离这里不远），更不用说人身代词了，这些词都直接指示而不需要经过它们可能会有的意义一方的谐调。我在我的著作（Eco，1975：2.11.5）中曾试图说明这些类型的符号如果被应用在指称行为中的话，就必须包含在它们的意义中；但我经常发现会有人否认这一点，只是基于这样一个简单事实：用来理解一个人如何使用猫去指称猫的示引不同于理解一个人用我或这个来指称发出这个句子的那个人或用手指着的那个物。这肯定是真实的，那就是，我所谓的一个语词的 NC 可以表达识别猫和表兄的指称物的非常不同的示引。但是说示引具有不同的格式并不意味着它们不存在。①

贝尔杜切利·帕皮（Bertuccelli Papi，1993：197）举了这样两个

---

① 一个索引词或指示词具有脱离语境和环境的意义。但需要承认其被用来指称的方式是必须协商的。杜克罗特（Ducrot，1995：309）给出了一个例子，这让我们想起奎因的探险者们面对土著人的 gavagai 时的困惑。"这个或那个，即使把指示的动作考虑进去也不足以界定客体。我如何才能知道某人指给我看的是桌子上的一本书，或者是布满尘土的封皮，或是它的颜色，还是书的颜色和桌子的颜色之间的对比，还是它在此刻给我留下的特别印象？需要一个或许不甚清晰的名词来完成指称行为。"

句子为例：（i）艾丽丝昨天离开了而塞尔维娅是三天前离开的（Alice left yesterday and Sylvia three days ago）和（ii）艾丽丝昨天离开了而塞尔维娅离开有两天了（Alice left yesterday and Sylvia two days before）。如果这两个句子是在星期六发出的，在两种情况中艾丽丝必定是星期五离开的而塞尔维娅是在星期三离开的。但是在（i）中 ago 这个表达式指称句子发出的那一天（星期六）而在（ii）中 before 这个副词被锚定在包含于句子本身的时间指称点上（昨天）。如果我们在（ii）中把 before 换成 ago，塞尔维娅离开的日期将会变为星期四。这位女作者建议 ago 因此属于"内在性指示"，而 before 则要随着它所相对的时间参照点改变。无论是什么样的情形都很清楚，那就是这两个表达式被用来指示一个具体的日子都要取决于极其复杂的文本语言学规则。而我不明白为什么这一套规则不能被理解为是各个句子的内容——如果我们所谓的 NC 并不只意味着一个简单的定义，而且，甚至有时就只是用来识别指称物的一套复杂示引。[①]

有人说"我指的是说出句子的那个人"并不足以作为识别指称物的示引，原因在于指称物随着语境的变化而变化，因此也就不代表代词我的内容。然而，我们再次把用来识别指称物的示引同确定指称的方法混同了起来。用来识别我的指称物的示引属于类属性的，这同识别对话者（这个词被用来识别不同的言语交换情景中的不同的人）、刺客（恺撒的刺客和肯尼迪的刺客指称的是两个不同的人）或者甚至是猫（用来识别猫的示引当然不足以确定我昨天给路易的那只猫的指称）的指称物的示引一样。为了给出在各种情况中用来识别的示引，一个类属词的可能指称物，跟通过实用性的协商决定如何明确对个体予以指称过程中的指称物不一样。

---

① 参见对 instead 的两种语境用法的分析（Eco，1979：1.3）。

普特南（Putnam，1981，II）承认，像我这样的代词没有外延但具有外延功能，这一功能在不同的语境中决定着外延。我同意把这种外延功能作为代词的 NC 中的一部分，并且我们不妨承认这是一个在指称行为中识别指称物的示引的问题。普特南还说，他宁愿不把这种外延功能（按卡尔纳普的说法是一种内涵）跟意义等同起来。但是在这里（我请读者参阅在 3.3.2 中关于有时由"意义"这个词所引起的问题的讨论）他只是想说，一方面，这个规则是一个抽象的功能，另一方面，它并不包含我们所理解的一个表达式的全部意义，比如，正方体和规则的六面正方形的多面体——普特南说——在所有可能的世界中有着相同的内涵和外延，但是却保持着意义上的差异。

从事实上看，一个代词的 NC 包含识别指称物的示引（作为一种以具体的方式应用外延功能的能力），但有着比那更多的内容。我会给出一系列的例子。它们除了别的用途之外还会为我的契约理论的磨坊提供有益的原料。

假设有人说，对不起，我们今天晚上不能来。如果我们的内容被完全等同于识别这个指称物的示引，那么我们将面对一个微妙的问题，因为这样就要迫使我们去识别一群这句话的发出者，而我们只能识别一个个体。但是还有一个语用性规则。按此规则，某人能够代表他是其中一员的一伙人说话，不妨说他是其发言人的角色。于是，我们就在语境中查找，看看是否先前有一伙人被指示过。我们如果发现说话者连同他的家人一起应邀赴宴会，我们就知道这个复数代词指称的是这些家庭成员。

但是也存在着语义-语用规则。比如，御用代词"我们"的规则。在这类情形中，一个个人拥有宪法权利使用复数第一人称而不是单数第一人称。但是，即使我们知道这个规则，其他的契约因素也会发挥作用。如果一位君主今天说，我们感觉累了，我们就会马上知道他把御用"我们"作为礼节用词来使用。因此，我们是单独地指称他的，这句话旨在表达他的内心的心态。另一方面，如果同一位君主说我们授予你金羊毛勋章或者今天我们向鲁里坦尼亚王国宣战，他所表达的不是普遍的愿望，但是一经说出口的那一刻就变成了普遍愿望。所以，在某种程度上讲，我们（不论愿意与否）也指称在倾听他的臣民。听者根据语境以不同的方式来确定这个代词的指称。

现在让我们假设一位科学家写道，我们没有充分理由承认臭氧层里的洞对地球的气候有决定性影响。这个我们指称的是谁？指称的不是她的家庭成员，也不是她并不拥有的臣民。然而，对于我们的意义，一部理想的词典应该提供语境上的选项，即"可以被理解为权威性复数，借此一位单个说话者可以以科学团体的阐释者身份或充分推理或常识的阐释者的身份出现。"至此，我们用各种方式识别这个指称物：(i) 存在着第一次解读，我把它定义为"修辞善意"。借此我们把语言用法识别为风格运用，我们用我们指称这位作者（我们把我们翻译为我，就好像这位作者是用其他语言表达的）；(ii) 还存在着一种"信用"解读，在其中我们用代词指称这个科学团体（这位作者所说的话是福音书）；(iii) 还存在着一种"说服性"解读，在其中我们牵涉进去，并且认为实际上我们这些读者被迫成为也那样认为的人。

最后的一种解读要用文本符号学来说明（并非任何一位接受者都有文本符号学知识），这引领我们思考这位作者——通过使用权威性复数——想让我们相信她什么：她不仅对一种物理现象进行了清晰的陈述，她还暗示性地把自己作为以我们的名义发言的人，或者是以高层认知权威的名义说话。我得承认，这种解读与指称现象没有关系：我们仍然指称这个书写文本的作者，即使我们现在以不同的心理来看待她。当然，也不能否认涉及这位作者（她想通过宣称自己拥有她无权拥有的权威来说服我们）的偏见会影响我们从指称意义上阐释那个我们。我们可以确定她并无意于使用矫情的风格来说我，她实际上是想让我们明白她意在指称科学团体。这一决定会关涉她所表达的命题的道德判断。假如我们被说服臭氧层里的黑洞确实影响这个星球的气候，而每一位可信赖的科学家如今都这样说。如果这个人意思是我，那么她说的关于这个物理事实的话就是错误的；如果她的意思是我们，她关于已经被科学团体所表达的意见所说的话是错误的——或者她想在两个方面都欺骗我们。

　　无论是什么解读，这个句子的含义还有那个我们的语词内容都会变化，而这个我们并不能最终成为识别指称物的示引。如果不第一次尝试性地应用这个示引，就不可能确定是否有必要把这个代词解读为权威性的复数；但是如果不了解那个方面的内容，也仍然不可能在任何上述所考虑的含义中应用这个示引。

第六章　像似论和次生像似符

有可能月亮还有宇宙的其他部分并不存在；或者月亮是某个伯克利神灵投射出的一个图像。但即使这样，它仍然对于我们来说意味着什么，也对那些晚上对着它吠叫的狗意味着什么（伯克利的神也为它们着想）。我们因此具有月亮的认知类型，并且还是非常复杂的类型。它出现的时候是满月还是呈镰刀状，看起来是红色的还是像蛋奶糕那样呈黄色，我们都能把它在空中识别出来。即使它被云彩遮住了，我们因为看到了它散射出来的光线而能猜到它的存在；我们知道必须在夜晚和每个月的过程中根据它不断变化的位置寻找它。我们关于月亮的认知类型（以及相应的核心内容）也包括它在空中这样的信息，这条信息允许我们明白井中的月亮只是一个倒影。

它是圆体的这个事实是一个更加细致的、随着历史语境的不同而变化的摩尔内容，尽管我们看到的只是它的一面，它还有另一面我们看不见也从没有看见过：例如，伊壁鸠鲁和卢克莱修相信月亮（太阳也一样）完全跟它在我们眼前所显现的一样大。

简单地说，我想表明我相信月亮的存在，至少相信的程度跟相信其他任何事物的程度都一样，包括我的身体在内。我之所以这样强调，是因为我曾经被人指责不相信月亮的存在。这一切都是产生于被定义为"像似论争论"的过程中。

6.1 关于像似论的争论

"在他们的固执的理念论中,他们(那些"符号语言学家")为了以这样或那样的方式迫使他们承认实在——在这种情形中是月亮——存在的一切而争论。"这是在一九七四年,托马斯·马尔多纳多就我所写的像似符方面的东西提醒我要像伽利略那样负起责任来,要用望远镜观察。就这样开始了六十年代和七十年代关于像似符的讨论的最后阶段。[①] 针对理念论的指责——这些确实是当时要忧虑的事情——我写了一篇同样是争辩性的文章(Eco,1975b)予以回应,"谁害怕望远镜?"。这篇文章我从未再出版过,因为我开始意识到这场争论在公开场合火药味很浓,但在私下里却绝非如此。几乎是在二十年后,马尔多纳多又再版了他的文章,但是删去了涉及我的那几页,他说是因为我的一些针对他的批评的反驳"有助于部分地修正我的分析前提——我很乐意承认这一点"(Maldonado,1992:59n)。希望这种知识界的诚恳态度对我有所勉励,尤其是在我重新审视当时我所持的立场的时候。

这场争论是在错误的时间发生的,原因是,马尔多纳多在出版他的文章的时候,我的《符号学理论》(他不可能见过)已经付梓印刷了,其中有一章是关于符号生产的。这一章或许能够向他证明我们意见一致的观点要比他所认为的多。无论怎样,让人感到很独特的是,这场争论爆发之后,大讨论就陷入了僵局,好像变成了一场空谈。应当说,这场争论中断了十年;而后来烽烟又起。但是在另一

[①] 为了了解这场争论,可以参见 Calabrese,1985;Fabbrichesi,1983;Bettetini,1996:I. 3 & II. 1. 1。

346

拨人当中，他们对整个事件予以了重新审视。[①]

支持像似符迷恋者和像似符恐惧者[②]之间的争论的进程似乎与十年循环相联系：这个征候并不能轻易看待，鉴于大概一切都要重新考虑以便每隔一段时间就把时代精神推向前台。符号学 μ 研究组（Groupe μ）说在一九六八年有两部有关图像的著作出版：纳尔逊·古德曼写的《艺术语言》，以及我写的《缺失的结构》。这两部书虽然是由处于不同文化区域的两位作者在同一时间写的，但其中所包含的例子以及观点却很相近。好像刚才还是相隔甚远的两个人，通过驳斥全部的理念论都开始"观察图形"，他们就注意到了一些共同的反应。

在我重新阅读一九七四年到一九七五年的争论时，可以清楚地看到这场讨论围绕三个问题：(i) 感知的像似特性，(ii) 一般知识的基本像似特征，以及 (iii) 所谓的像似符号的特性，换句话说，就是皮尔士称之为次生像似符（从现在起我们就如此专门指称它们）的那些符号的特性。在我对马尔多纳多所做出的回应中我似乎对 (i) 想当然地接受下来而没有进行讨论，我在 (ii) 这一点上没有妥协，同时详尽地讨论了 (iii)。我的错误在于把这三个问题分离开来，但马尔多纳多的错误大概是把它们结合得太紧。从他就感知的受驱动性质所持的观点中，马尔多纳多获得了用抽象理论所表述的

---

① 法布里切西（Fabbrichesi，1983）提出那场争论并未寿终正寝的看法，是因为符号学拒绝"哲学性地"思考相似性这个概念，这种等待解释的相似性不是两个客体的对应（比如说一幅画和其原物），而是作为一种内部差异的皮尔士的第一性，这种第一性并不区别具体的客体，而是准备它们的个体化以及建构（Fabbrichesi，1983：109）。

② 这个区分同德内（Dennett，1978：III，10）所谓的认知科学中的像似符迷恋者和像似符恐惧者之间的区别是不同质的。我要说的是德内的反对观点在把 (i) 知识的像似性价值和 (ii) 次生像似符的特性区分开来之后是内在于 (i) 的。在任何情况下，根据已经提到过的各种记录，反像似论者当中包括古德曼、贡布里奇、格雷马斯的追随者、列日学派，甚至还有像格雷戈里这样的心理学家，而在支持像似论者当中要提到的是早期的巴特和早期麦茨、吉布森、早期的维特根斯坦和马尔多纳多。

知识的定义。以后来看这似乎像是《克拉底鲁篇》的漫画版：米老鼠的形象是通过定律还是特性使我们联想起老鼠的？

（i）和（ii）已经在 2.8 中讨论过。我认为人们（无论他们代表的是镜像反射认知法还是建构主义认知法）对（i）不会有什么疑问，即使回到七十年代也是一样。然而，我必须承认，为了讨论次生像似符这个问题，我把感知像似论降级为缺失符号相关性的领域。[①] 另一方面，很多哲学像似论者（不仅仅是马尔多纳多）把感知像似论同所谓的像似符号的像似论等同起来，把前者的优点赋予了后者。

最后，对于我们将在以后要考虑的一系列原因，这场争论引领人们用视觉实体去识别像似符和次生像似符，包括心象和那些我们称之为图画（这样就可以避免超量负载着意义的语词，如"图像"）的符号。这再一次让这场讨论部分地脱离了轨道，而实际上每个人都应该清楚像似符的概念和次生像似符的概念所关涉的也都是非视觉经验。[②]

6.2　不是一场发生在疯子之间的争论

让我们平静地考虑这个问题。争论的其中一方质疑像"相似性"这样的模糊概念，并且想说明由次生像似符引起的相似的各种印象是如何作为相似性产出规则效果的（Volli，1972）。我们日常生活中

[①] 我因此而被莱昂·法布里切西（Fabbrichesi，1983：3）公正地指责过，尽管他或许低估了这个问题是如何就"发明物"在《符号学理论》中重新浮出水面的，并且他（由于出版日期）没有考虑我部分性地试图在关于镜子的文章中所重新讨论的方式（Eco，1985）。

[②] 比如，索内松就是一位指责我只讨论视觉像似论的人：但是就是在那些年头里，在 VS 中发表了奥斯蒙德·史密斯（Osmond-Smith，1972，1973）所写关于音乐像似论的文章，并且我提到了例如句法像似论这样的经验。然而，同样真实的是，我至少在两个地方那样写是为了谈论皮尔士的存在性图像是纯粹的隐喻，原因在于它们并不再生出形态和空间关系。对于在那种文化环境中的符号，说出"像似符"这个词的人已经自然地锚定在图像性世界里。

的大部分是建立在——因为没有更好的词语来表述——所谓的相似性的关系上；就是因为相似性的原因我们才会识别人的；正是基于代指符的相似性我们才能运用通称性语词；感知本身的连续性是由对形状的识别来保证的；正是由于形式上的原因我们才能够把正方形同三角形区分开来。这些人是否会否认上述一切呢？即使我们继续看次生像似符，这些人有无可能否认这种证据——例如，佩恩或艾维顿拍的一张照片比贾科梅蒂创作的骨架人形雕塑看起来更像是被描摹的那个人，而即使是来自非西方文化的一个人如果把来自古罗马的一组雕塑拿给他看也会把这些雕塑识别为人的形体？[1]

　　显然不会否认。并且让人心同此情地看到，在争论的第二阶段（从八十年代到现在），很多著名的反像似论者急忙表明他们对感知的像似性的信奉——就像斯大林主义者或麦卡锡分子举行的作秀式公审中的被告那样，因受到胁迫首先要做的就是再三申明他们对体制的忠诚。例如可以参见贡布里奇（Gombrich，1975）。

　　在另一方面，那些如此之深刻地相信感知的像似性理据的人们会不会同时也否认图形规约、比例规则和投影技术，以及所有这一切都会在次生像似符的生产和识别中发挥作用呢？这看来是不可能的。这不是发生在疯子之间的争论。[2]

---

① 就这个论题发生过极其广泛的讨论。一方面，进行过表明甚至动物是如何识别图像的实验（以宙克西斯的传奇为开始）；另一方面，动物行为报告向我们表明了一个"原始人"（任何情况下没有照片图像经验、甚至是肖像经验的某个人）把玩他认识的人的一张照片时，同时还表现出困惑、焦虑，或是完全的缺乏兴趣。这些几乎都是未充分得到验证的实验：在一些情况中，使原始人感到惊奇的是提供给他的是一张纸，一个他不知道的物体，而如果这个图像是印在一块布上，他就会以更大的信心去接近它。在其他情形中，问题是这个图像的质量欠佳。或者，原始人仍然感到困惑这个事实所意味的并不是他还没有识别出被描绘的主体，是他只不过是不能明白一位已知的人的相貌是如何好像魔法般出现在一张纸上。在另外的情形中，显然是关乎组织得很差的问题，这使人想起了在奎因的翻译中的误解。

② 不过，马尔多纳多本人在提醒我需要考虑像似符和实在的理据性的关系时并未如此之多地坚持相似性的"最优化"，也就是没有坚持对技巧的研究，这些技巧有可能使"在技术的层面上找到来自观察者的常规性的要求和产生于被观察客体的非常规性要求之间的最佳对应"（Maldonado，1974：291）在将来成为可能。

6.3 六十年代的论点

也像索内松在他的很多作品中回想的那样，在符号学领域，像巴特（Barthes，1964）在他的关于潘扎尼意大利面的那篇著名的文章中所说的那样，视觉语言是没有符码的语言。这种说法表明符号学把图像原封不动地就像展现在我们面前那样看待，想方设法为它们的链接寻找修辞规则，或是用那些弥补其模糊性和嘈杂性的语言信息来定义它们之间的关系，这样就促成了它们的意义的建立。

也是在第四期《交流》杂志中，麦茨首次提出了后来成为电影符号学的见解。他也认为作为图像的电影画面没有符码——纯粹的类比物，他专门为电影画面设立了符号学研究（或者就像他们在《交流》中所说的那样，是症状学研究）。

这种情况发生在符号学声称自己是万能钥匙，能够把一切交流现象减缩为可分析的文化规约的时期；发生在人们接受了索绪尔的原则，根据这一原则符号学的目的是研究"社会生活框架中的符号的生命"的时期；发生在符号结构主义处于决定不去对付过多的实验室类型的表达式的研究时期，无论这些表达式是语言的还是其他什么形式的，如约翰吃苹果或如今的法国国王是秃子，或者是什么复杂的文本（即使以前有过关于文本符号学的讨论）。这些文本中的大部分都是取自大众传媒界（广告、照片、电视传送画面），即使不涉及大众传媒，它们仍然是叙述性文本、说服性论争和修辞性策略。

这门新兴学科对句子的良好构成不感兴趣（它把这种研究贬抑给了语言学），对句子和事实之间的关系也不感兴趣（很不幸这种关系也湮没无闻了），就像阐明策略那样使某物"看起来为真"。于是，兴趣并不是集中在当有人说天在下雨而确实是在下雨（或者不在下雨）时发生了什么，而是集中在一个人通过说话引领他人相信今天在下雨所依据的机制上面，以及那种相信的倾向所造成的社会文化影响。

结果就是，当某人看到一则广告上面出现了一杯冰啤酒，问题不在于解释是否以及为什么这个画面对应于客体（我们后面会看到这个问题并没有离开），而在于解释那幅画面让什么样的文化假定性世界发挥了作用，以及这幅画面是如何试图重述或修正那个世界的。①

促使人们考虑像似论现象的动力应该来自同皮尔士的遭遇——应该这样说，大部分主张把皮尔士当作符号学家予以重读的要求就来自符号结构主义范式内部。② 但是就皮尔士的著作而论，无疑更多的注意力被集中在无限符指以及文化共同体内的阐释的增长（当然这是基本的、不可或缺的）这两个方面，而不是集中在给动态客体带来冲击的那个更为封闭的认知时刻。

反驳所谓的幼稚像似论是有原因的，这种像似论的基础是相似性的直觉观念。这一反驳矛头更多指向的是那些把（作为一个感知时刻的）像似论简单地同次生像似符混同起来的人们，而不是皮尔士。如果对于人们来说像似符就意味着"像似性的符号"（而因此在皮尔士看来也就是次生像似符，对其"象征性的"或宽泛意义上的规约性内容他从未否认过），那么说它具有所表呈的客体的属性，就好像把它置同他们所指称的客体的直接（也是幼稚的）关系之中，也因此看不到它所服膺的文化谐调（简言之，就是把第三性当作第一性来看待）。我认为（参阅2.8）我要对那些先前的简单化予以修正，但也有必要明白人们当时之所以如此反应的原因。

次生像似符以自然而即刻的相似性、没有内容谐调地指称其客体，这个基本上无可辩驳的前提假定重新又把符号和指称物的直线

---

① 这就解释了为什么麦茨（Metz, 1968b: 115n）马上就准备好了去接受涉及把次生像似符作为类比物的观念的批评，并且还能够马上对其文化构建另眼相看。

② Jean Fisette, 1995。

对应关系带入视觉符号学之中，而这种直线对应关系因其近乎外科手术式的直露而被从言说语言符号学中赶了出去。[①]

这不是否认以某种方式被某物驱动的符号的存在（实际上我已经在《符号学理论》中用整个关于难度的那一部分探讨这个问题），而是在理据、自然性、类比、非编码、"弱"编码和不可说性中间做细致的遴分。这一尝试采用了多种路线，其中有一些证明是死胡同，而其他路线却能通往一些地方。

6.4 死胡同

作为一个绝对死胡同的例子，我想引用的是通过语言范畴不仅是对次生像似符而且还对建筑这样的符号系统所做的考察努力——比如，最小的区分单位、双重阐明、纵式和横式，等等。这个努力没有走多远，但是历史原因也应用在了这种情形中。看看同帕索里尼（Pasolini，1967a）的争论。他在这场争论中认为电影是建立在"现实性语言"这种人类行为固有的语言的基础之上。在电影中，电影语言的基本符号据说是在银屏重新生成的真实客体。虽然帕索里尼后来弱化了在一篇今天看来需要用皮尔士的观点进行再思考的文章中的那些早期陈述中的激进主义色彩，但他的反应出于这样一个事实：符号学者中的"强硬派"对去掉现实性幻觉生产的神秘化感兴趣——就像他们当时常说的那样——以及对揭示电影中的技巧、蒙太奇和渲染感兴趣。[②] 这就是为什么我们也还要对在电影中出现的可分析性的"语言性的"实体予以个体化，我还引述了我自己写的关

---

① 应该这样说，这不是外科手术的事情，而是预防性药物的事情，因为这正是在硬性指称理论出现之前实施的。
② Bettetini，1971 & 1975。

于电影三重表述的章节（Eco，1968：B4，1.5—1.9）。[1] 不幸的是，这些章节仍然在被翻译，甚至在各种文集中再版，但并不值得再读，如果不是为了文献目的的话。

举这么一个例子：一条路线肯定是通往某个地方，但不是朝向所意欲达到的方向。借助这个例子，我要提到的是把类比性降解为数字性，也就是要演示那些次生像似符似乎从视觉上与它们的客体相类同，但这些符号也可以被分解为数字单位，也因此可以转化为数学算法（借助这些算法就具有了可生成性）。我感到自豪的是，提出了在六十年代似乎是不相干的技术性问题——但是在图像的计算理论启发下——今天这个问题却极为重要。而当时这个看法只有修辞性价值，因为它暗示围绕着次生像似符的"不可说性"氛围可以被降解。从符号学观点看，这不能解决任何问题，因为即便肯定了图像可被转化为表达层面的数字性，也并没有消除在认知层面上相似性效果的产生这个问题。

6.5　相似性和类似性

另一条路线证明更具生成性。由于相似性概念似乎有些模糊，并且在任何情况下都是循环性的（看起来像的具有像似性，具有像似性的看起来像），它必须在一个过程网络中分解开来才能生产类似性。[2] 类似性的内容是通过投射几何、皮尔士的图形理论和基本比例

---

[1] 其英语翻译可参见"电影符码的表述"，在 Bill Nichols 编的《电影和方法》一书中，伯克利：加利福尼亚大学出版社，1976，590—607。

[2] 今天有些人会建议把相似性定义为某物和其自身之间的二元关系，而把类似性定义为是在任何情况下都是三元的关系（Goodman，1970）；从 C 的角度 A 类似于 B，大概类似性是被定义为"多位谓述"的东西（Medin and Goldstone，1995）。然而，参见 3.7 中关于把一个个体识别为同一个个体与把识别为类似于其种属的其他个体之间的区别。鉴于基本范畴（如狗或椅子）的识别是植根于感知过程，在这些情形中我们谈论的难道不应该是相似性而是确立的类似性吗？

概念本身揭示给我们的。但这并没有消除感知像似论问题，也没有消除初级像似论的一个元素——即在所谓的皮尔士相似性意义上的"相似性"，是感知连续性的最根本的基础——是如何在（建立在类似性标准上的）次生像似符的感知中存活下来的。

梅和谢恩费尔特学着帕尔默（Palmer，1978）的样子提出了图6.1所示的例子：

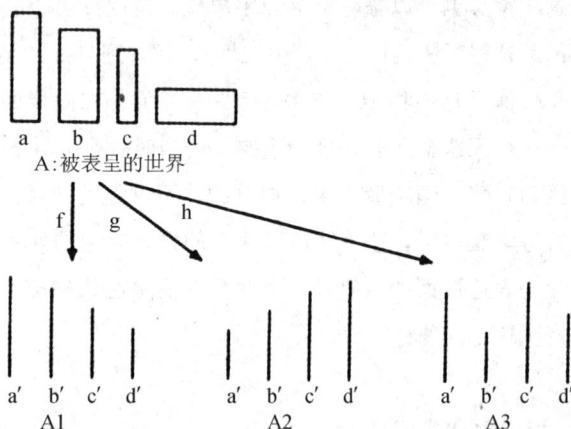

图 6.1

想象一个由只有客体 a—d 所表呈的世界（没有必要确定这是一个真实的世界，还是一个由抽象实体占据的可能世界）。把 A1、A2、A3 看成是这个世界的三个不同的"像似性"表呈（顺便说一句，这些都完全有权被视为是对这个世界的三种表呈，就像在 1.8 中所讨论过的那些一样）。这三个表呈中的每一个都接受了建立类似性的单一标准：通过表达"高于某物"的属性，（应用在 A1 上的）标准 f 所关涉的只是涉及这个世界中四个图形之间的高度关系，而这就是为什么 d 是用 d' 以垂直线的形式表呈的，是从无需怀疑的宽度或 d 在与其他三个图形的关系中表现出来的平行性的属性中抽象出来的。（在 A2 中的）g 这个标准再一次关涉高度关系，但是关涉的方式是通过表呈"低于某物"的属性（于是产生了 A1 和 A2 之间一种逆对称的可视关系）。（在 A3 中的）标准 h 更为复杂：它所关涉的是面积范围，但通过在 A2 中所使用的映射机制表达的是"大于某物"的属性。换句话说，客体越大，表呈它的垂直线就越短。这三种表呈当然是由客体的属性驱动的（线的长度不能随意选择），因此也就理所当然地在表呈和被表呈物之间建立了一种超像似关系。这种关系被定义为是同形态的，并且在表呈中保留了被表呈物的一些结构属性。但就这一表呈并不具备它所表呈之物的一样的形式而言，这种关系却并不是同构的。

这是一个关于类似性的很好的例子，是由规则驱动并且建立起来的。每个表呈和被表呈物之间的某种"相似性"被保持了下来，即使类似性规则改变了。顺带说一下，这个过程对应于我在《符号学理论》中所定义的非编码关系（内容的虚拟空间中被投射到表达式上的点），以及对应于后叶尔姆斯列夫传统（最主要的就是格雷马斯学派）所谓的半象征性的东西：在其中我们所拥有的系统的特点不是表达层面和内容层面之间的一致性（就像在下棋游戏中的某一刻的棋盘图片，或在一幅肖像中那样），而是通过不同平面的两个相关范畴之间的关联获得特征描述的（Greimas and Courtés，1979）。用更容易被理解的话说，在雅各布森的著作（Jakobson，1970）中，是和不的原动手势不是由它们"所类似的"客体（是哪一个客体？）驱动的，而是它们根据非任意性关系把原动-空间构形（头的运动）同范畴对子（肯定和否定）联系起来的——即使在一些文化中它们似乎跟我们的不一样，它们毕竟与它们所表达的内容有着一种驱动关系。

不管怎样，对这三个表呈的理解是基于对线条的长度差异的感知（更不用说长方形的不同格式了）：现在，作为更长或更短的属性不是由类似性规则建立起来的，而是基于感知的自然像似论其自身所要求的结果。

　　我如此这般感知一个球的时候，我是对一个圆形结构做出的反应。我不能说我的主动行为对我把球感知为圆球体有多大程度的帮助，但的确是以一个先前所形成的认知类型为基础，即我还知道球应该由橡胶制成、有弹性，于是根据它运动或被抛掷的方式而能够滚动和弹跳。为了知道这是一个球（这是感知判断的最基本的内容）为真，我就必须抓起它来抛它（语用原则在这里发挥作用）。但是，毫无疑问的是，感知判断的出发点是初级像似论现象，基于此我立即把握住了与其他同类客体的相似性，我对其他客体已经有过经验（或者它们的认知类型已经以非常准确的方式传达给了我）。对于远古的祖先来说，在他们看到月亮的时候并没有谁提供给他们细致的认知类型，月亮或许起初看起来不是圆球体，但肯定是圆的（在满月的时候）。

　　这一初级像似论是一个难以定义的参数：重复维特根斯坦的话说（Wittgenstein，1953，§50），它就跟巴黎的标准米杆的长度是多少差不多。显然，这个杆子的长度就是一米长，因为它所表示的就是我们所基于的用来根据米的十进制确立长度的参数。当然，在标准米杆这个情形中我们可以使用另一种参数以及用英尺和英寸来测量，这样就避免了自我谓述。但是，在初级像似符这种情况中，就不可能转向另一种定性测量系统，因为即使有另一种，在感知层面上也是不存在的。在感知层面上，你不可能离开把相似物本身识别为相似物而谓述任何一个相似物。我们以后可能会说弄错了；一种颜色的感知影响可以通过把它同另一种颜色放在一起而得到调整，但是在那种情形下我们只是选择了一种相似物而不是其他的相似物。所以这种对相似物的经验不能被用来判断类似物，而类似性的规则也不能被用来定义初级像似物的相似性。

　　但是我们必须回到原先的争论上去，去探讨之所以试图把相似性整个地转移到类似性上去的原因。存在着一种偏爱图示手法的倾向，借助这些手法（回到贡布里奇一九五六年的著作中的那个经典的例子上去）丢勒的犀牛如果根据一种文化类型判断的话有鳞甲，而如今他的这种犀牛在我们看来只是类似犀牛的动物，尽管如此我们也不可能把它看作鳄鱼。

6.6　轮廓

反像似论者的激烈态度还反映在有关轮廓的辩论上。我想再引述我自己的一些东西，因为批评别人的粗心或错误不妥，而实际上我们跟他们犯的是一样的错误。在《缺席的结构》中，我认为我们不能说次生像似符具有所表呈的客体的属性，因为如果我拿出一张纸，画了一幅马的轮廓像，所画之马具有的属性（连续的黑色线条）正是真正的马所不具有的。于是，我所再生成的没有感知的条件那么多。

轮廓问题被霍克伯格（Hochberg, 1972）、肯尼迪（Kennedy, 1974）、贡布里奇再次拾起来，他们对他的原初的规约论（1975）提出了批评。人们常常认为在自然界没有线条，所以轮廓线是人造的东西，贡布里奇是这样认为的，心理学家如今倾向于否认他们的理解必须像其他符码那样来获得。轮廓是一种感知替代物，充当非连续性的指示物。他注意到轮廓可以作为一种对运动的视差效果的期待，因为我们所及的客体总会把它们自己同背景脱离开来，但是仍然保持内在一致性，即使我们稍微动一下脑袋（1975）。换句话说，如果看到一匹马站立在一处景色中，我动一下脑袋或是改变一下位置，就会看到我以前没有看到的这幅景色的其他方面，而马还是那匹马：于是，画出的轮廓就说明了这个感知性的"边界"。[①]

---

① "图像中强度的突变揭示出轮廓，因此也就揭示出在视觉世界中客体的形态"（Vaina, 1983: 11）。

早在《符号学原理》(3.5.2) 中我就按照卡尔克霍芬（Kalkhofen，1972）所提出的观点回到轮廓这个主题上来（这次是手的轮廓）。手具有一个黑色轮廓的属性再次被否认了。但是，如果手放在了一个清晰的平面上，吸收更多光线的身体边缘和反射光线的部分之间的对比生成了连续线条的印象。这是可以接受的。我要谈的是替代性刺激物的观念，而这个观念早在《缺席的结构》中就提出来了，这一点我们将会看到。①

　　但在我们谈论替代性刺激物之前，值得去做一些思考的是，说轮廓在本质上已经给出是什么意思。

　　让我们针对吉布森的心理学的"生态"版本进行一番考虑。根据这个版本，客体似乎具有一些特权性的特征，这个特征直接激活我们的神经细胞，结果是我们所把握的客体的内容就是该客体所优先提供给我们的。对此，格雷戈里（Gregory，1981：376）争辩到，为了确定感知环境的所有必要的信息——不受任何阐释机制的干扰——都是以光线刺激的形式抵达我们身上的，这些光线刺激已经被客观地组织起来；这一点意味着回到了在阿尔哈曾和阿尔肯迪就光线而提出观点之前的感知理论，也就是说回到了来自客体的"假象"观念。我们要仍然坚持中世纪的观念，即知性所把握的是在客体中最为关键的东西，它的实质骨架，其本质。但是承认格雷戈里的论点有诱惑力并不证明它就是正确的。实际上，（原则上）没有什么能禁止我们认为古人是正确的，而吉布森回到他们那里去也做对了。

　　我认为，说轮廓已经被刺激场给出，不同于说刺激场以确定的

---

① 再一次有必要把次生像似符立即同意义、认知类型连接起来，因此我坚持认为从超级像似性经验中人们马上获得了"手的抽象表征"。换句话说，问题是作为一个认知过程的（理想性的）终点的（个体性的）动态客体的问题，而对于认知过程来讲，人们只能控制（概括性的）直接客体。于是人们不会冒险去考虑作为起点的客体，也就是为了建构手的任何抽象的表征，我们（或者把这个类型传递给我们的任何类型）仍然是从感知经验出发。

方式给出了客体。后者被认定用来决定我们的完成了的感知，而感知只是识别和接受通过感官提供给它的东西。这种差异所关涉的时刻是被皮尔士看作初级像似论的那一刻，或者是他称之为感觉，以及完成了的感知判断。

胡贝尔和威塞尔（Hubel and Wiesel，1959；Hubel，1982）告诉我们，在产出一个刺激源的时候，我们的神经细胞对已经存在于刺激物中的最佳定向做出反应。胡贝尔和威塞尔在猫的大脑中插入钨微电极之后，他们就能够确认什么细胞对什么样的刺激物做出反应，并且证明给这种动物看掠过屏幕的一块黑点的时候，它就会对一个方向的运动做出反应，而不是对相反的方向做出反应。但是不仅如此。在某一时刻，一张幻灯片被放置在检眼镜中，猫就会以某种即刻的细胞扩散的方式做出反应：得到确认的是这一反应与幻灯片上的图像无关，而是与这样一个事实有关，即在进入机器的那一刻，幻灯片把其边缘的阴影印在猫的视网膜上，而那正是"细胞所想要的"。

现在，这些数据告诉我们感觉是如何被接收的，但他们是否能够告诉我们感知是如何运行的就值得怀疑了。他们告诉我们猫（它们不会被反像似符理念所感染）并不是接收一堆杂乱无章的感觉，而是被引领着在舍弃其他特征的情况下聚焦于刺激场的某些特征。但这是由客体的生成方式造成的，还是猫的生成方式引起的？心理学家对从这些实验中得出结论非常谨慎。我们很容易接受的是，当一只猫看到一张桌子，它所受到的影响多来自桌子边缘上的光线入射而不是桌面上的其他方面。对我们也一样；但是从此开始继续声称同样的过程被延长了（既在我们身体里面也在猫的身体里面），总是通过客体的主动性一直延续到更高层次的感知，就要另当别论了。

不错，胡贝尔认为我们的大脑皮层细胞对散光反应迟钝，结果就是我在一个黑色背景下看一只鸡蛋，负责鸡蛋中心区域的细胞没有被刺激，而是那些受到鸡蛋边缘刺激的细胞做出了反应。但就是从那以后，胡贝尔总结说："来自这些细胞组的信息在后续的阶段是如何组配起来而沿着一个路线把我们称之为线条或曲线感觉的东西建立起来的（如果确实有像这样的事情发生的话），仍然是一个完全的谜"（Hubel，1982：519）。相当正确的是，关于一个感知理论层面的结论不是从感觉的样态方面的数据中得来的，并且实验者不会冒险去说因此知识就像是一种镜式符合，而并不是一种建构。

约翰逊-莱尔德在提到胡贝尔和威塞尔所做的调查时，提醒我们"试图通过只研究神经细胞来理解视觉，就像马尔所说的那样，就好像试图通过只研究羽毛来理解鸟的飞行一样"（Johnson-Laird，1988：72）。所有这些调查都没有论及计算了什么、我们的感知系统是如何详尽地实施那种计算以及我们的大脑软件是如何在计算过程中发挥作用这三者之间的区别。与我们的视网膜从周围环境接收刺激物的机制无关，我们的心智机制如何处理这一输入的问题涉及的是我们的期待系统。

> 不论在光线中有多少信息落在了视网膜上，都存在着一个心智机制恢复在一个场景中的事物的身份，以及识别出那个视象所清晰地展示给意识的这些事物的属性。离开了这些机制，视网膜上的视象就同电视摄像机所产生出来的图像一样没有用处，与幼稚的观点相反，它们就看不到任何东西……这些过程必须依靠某些关于世界的假设。（Johnson-Laird，1988：61）

不仅如此，认为从感觉到感知的过程涉及具有优先性的不变的程式，（人和动物的）大脑以持续不变的方式对这些程式做出反应，即使完全接受生态学感知理论（以其最直接的形式：那里有什么，我们就看见什么，仅此而已），这一切也仍然没有告诉我们次生像似符的样态，我们就是利用这些样态以人的方式表呈那些感知的相同客体的。

这一误解的关键问题还是在于从感知的初级像似论（即从感知性地存在着相似关系这个证据）向已经确立的类似性理论的直接过渡，或者说是相似效果的产生理论。只要一个人参观过一家香水工厂就会遇到奇特的味觉经验。我们可以很容易地（在感知经验的层面上）识别紫金香的香味和薰衣草的香味之间的区别。但是如果我们想产业性地批量生产紫金香或薰衣草的香精（这种香精必须引发这些植物所刺激出的同样的感觉，尽管浓度有些提高），参观工厂的人却会被难以忍受的恶臭和难闻的味道所熏倒。这说明要取得紫金香或薰衣草的香味的感觉，就需要把各种化学物质混合在一起，尽管这些物质对嗅觉来说很难闻（即使结果是让人闻起来好闻），我不敢肯定大自然也是这样，但是似乎显而易见的是去接受紫金香的香味的感觉（即基本像似性）是一回事，而生产同样的感觉却是另一回事。为了产生替代性刺激物，第二种情形要求使用各种技术。

比如，试想有两个（以一定的角度出现的）图示图形：一个是圆柱体，一个是立方体。① 一位幼稚的像似论者会说它们如其所是地表呈了一个圆柱体和一个立方体；一位像似论的认知价值的支持者会说（而我们也不能不同意），在正常情况下——当文化继承是相同的时候——这些图形就会允许一个主体去识别出一个圆柱体和一个立方体，并且把它们区别开来；轮廓的自然本性的支持者（我决定我也要成为其中一员）会说两幅图的线条准确地绕成了轮廓，客体据

---

① 我要感谢保罗·法布里给出的这些断言。并且他还提到了同鲁格罗·皮耶兰托尼的讨论。法布里建议，一种感知的符号学应该恢复"阐述"这个概念，该概念暗示了主体的视角。我发现这个建议是发展的富饶源泉，就像在这些文章中提到过的那样。法布里的建议就是让阐述的概念成为接下来的所有段落的中心，如论述假体的段落和论述镜子和印记的段落。我感觉主体的在场以及他的视角——即使不是用"表述"的语言表达的——也是处于这一章相对其他部分的中心地位，尤其是对于关于镜子的那篇文章来说。

此轮廓把自身呈现给我们。

但是这种表呈从一定的角度来看是"好的",这就是所有用恰当的表呈的功能,应用的不论是什么样的投射规则。角度是一种让客体连同观察者的位置一起发挥作用的现象,后者在一个三维客体被观察的时候也发挥一定的作用。因此,次生像似符在某种程度上讲以另一种形式体现了观察的这些条件。但是,现在让我们对这一事实做一下思考,即围绕圆柱体的轮廓的直线跟围绕立方体的表面的直线有着不同的指号功能。围绕圆柱体轮廓的平行线是替代性刺激物,它们所表呈的是我们不论从哪个方向看所看到的圆柱体在其背景中呈现出来的方式(这些线条的数量如果我们转动圆柱体的话将会是无穷的,泽诺承认绝不会看不到圆柱体的轮廓的无限性)。但相比之下,立方体的线条所表呈的不仅是从那一个角度看到的那个客体的轮廓,而且同时还表呈了这个客体的边缘,即使在它们的视角关系发生变化的情况下仍然保持这样,取决于我们观看或表呈这个立方体的角度。在两种情形中,我们所研究的都是替代性刺激物,但这些刺激物"替代"了不同的现象,一部分取决于客体的形状,而另一部分则取决于我们决定观看它的方式。

6.7 替代性刺激物

反像似论者只考虑马的轮廓或想象出来的犀牛,而不会提出由观察者在面对一个现实性或超现实性的图像时所体验的对相似性的直接印象。在《缺席的结构》(Eco,1968:110ff)中,我考察了一则一杯冒着泡沫的啤酒的广告,引发了一种明显的清凉感觉,因为在杯子上你可以看到一层薄薄的冰汽。显然,这个图像所包含的不是杯子,也不是啤酒,也不是冰汽;而是暗示出了这个图像重新生成出对客体感知的一些条件:在其中,在感知这个客体时,我会被表面上的光线的发生而触动，在这个图像里有着某些产生同样效果的色谱对比，或是令人感到满意的相同效果。

因此，即使我意识到我所看到的不是一个杯子，而是一个杯子的图像（但也有看走眼的情况，我没有意识到这个图像是一个图像），我所利用来感知某物的感知推断（当然是在先前的认知类型的基础上）跟我感知真实客体所利用的一样。从替代性刺激物代替有效性刺激的相对令人满意的方式上判断，我把图像要么看成是一个好的近似物，要么是一个实在主义的奇迹。

如今，替代性刺激物的观念经常被各种心理学家所断言。例如，吉布森（Gibson，1971&1978）在"间接感知"或"二手感知"的情形中就说过。霍克伯格（Hochberg，1972：58）在几个场合说被一幅图画所表呈的场景是一个替代物，因为它以"相似于"真实场景的方式作用于观察者的眼睛；一个轮廓就是"一个刺激物，在某种程度上等同于视觉系统用来常规性地在视觉领域为客体的图像编码的特征"（Hochberg，1972：82）；当两个表面的边界出现在视觉区域中的时候，伴随着的往往是亮度的差异，于是轮廓就提供了一个深度索引符，从它让我们（感同身受地）感知亮度差异被发现的那个边界这层意义上讲（1972：84）。

马尔（Marr and Nishishara，1978：6）对计算机模仿感知过程进行了研究。这项研究表明，一个场景和一个场景的绘画在我们看来是相似的，因为"艺术家的符号在某种程度上对应于在正常的对图画的阐释过程中从图画那里计算出来的自然符号"。

但是对于所有这些定义的模糊性没有什么疑问（在这些定义中我们经常遇到诸如"在某种程度上"这样的表达）。这些定义与其说是解释了替代性刺激物的运行方式，还不如说是承认了它们存在并起作用这个事实。我们必须在所有这些情形中运用替代性刺激物。在这些情形中，接受者所做出的反应跟面对真实刺激物是一样的，就像鸟对引诱哨声做出反应那样，或像在广播或电影中音效专家（利用奇特的设备）提供给我们跟听到马的奔跑声或飞驰的汽车的咆哮声所经验到的一样的声音感觉。替代性刺激物的运行原理仍然不明，也是因为这些"替代"的范围从最高的高保真度，到让我们好像是在接受不存在的刺激物那样的简单邀请，后者我们接下来将会看到。

即使我们并不确切地知道替代性刺激物如何运行，它们也仍然存在。这个事实在狄德罗写的关于夏尔丹的一些章节中被绝妙地阐发出来了：

> 艺术家在桌子上放了一个旧的瓷器花瓶、两块饼干、盛满橄榄的杯子、一篮水果、两杯半满的葡萄酒、一只酸橙和一些馅饼。看别人的画我似乎需要让人再造一双新眼睛；而看夏尔丹的画我所需要的一切就是保留自然给我的眼睛，并且很好地使用它们……瓷花瓶是瓷的；这些橄榄确实是由眼睛把它们从漂浮其上的水中分离开来；如果我想吃这些饼干，我需要做的一切就是把手伸出去拿它们；我需要做的一切就是剥开橙子的皮挤压它，拿起这杯葡萄酒喝它、拿起馅饼把刀子插进去……噢，夏尔丹，你撒在你的画布上的不是白色、红色或黑色；你撒的就是客体的实质，你凝聚在笔端的、放在画布上的是空气和光线。

乍一看，狄德罗的赞许表达了一位欣赏者的喜悦。他相信不可能有绝对意义上的现实性绘画，却发现自己处于现实主义杰作面前，在这幅杰作里，来自真实客体的刺激物和"替代性"刺激物之间没有鸿沟。但是狄德罗没有这么幼稚。第一印象减损之后，并且清楚地意识到他所看见的不是真正的水果和饼干，他似乎离这幅绘画更近了，在其中他发现他是远视：

> 人们不明白这个魔法。颜色是以厚厚的几层的方式运用的，一层叠一层，其效果从底下往表面渗出。有时会有人说是蒸汽被吐在了画布上，有时又好像抹了一种淡淡的泡沫……你离得越近，一切就会模糊、变平，以至于消失。再离远一些，所有的一切又重新生成和再现。

这就是问题所在。被真实客体引发的刺激物，带着从感知识别的角度可以忽略的变体，以不同的距离运行。替代性刺激物如果过近地被考察的话就会偏离了它们的幻觉特性以及表达的质料，而这一质料不是它们所表现的客体的质料；为了获得它们的像似效果，需要一个计算过的距离。这就是躲在看走眼背后的那个原则，替代性刺激物的本质的突然显现。夏尔丹的魔法是由这一事实引起的，即他为观者所提供的刺激物不是客体提供的那些。狄德罗承认他不能明白画家是如何做到这一点的，但他不得不承认他理解了。狄德罗以他自己的方式在赞赏像似论的奇迹中陈明了次生像似符的非自然特性。

我想详尽地阐述梅洛－庞蒂关于骰子所发表的一番见解（Merleau-Ponty, 1945: 2, III）。骰子就在那里，可以从不同的角度看见。它可以是那些在我旁边的人看不见的那一个，因此它就是我个人历史的一部分。在我看它的时候，它就失去了物质性，而把自己减缩为视觉结构、形式和颜色、光亮和阴影。我注意到不是骰子的所有面都能落入我的感知域，物自体只有从我个人的角度才能被看见。我所把握的不是这个物本身，而是由这个物所定位的经验，以及我经验这个物的方式（剩下的我们不妨说就是推论，一种如果别人也看见该物它又会如何的假设）。我用我的身体感知这个骰子，其中包括我看它的角度。如果我的身体（或视角）移动了，我看到的会是别的什么。多亏了长期的感知经验，我知道这一切。但是面对替代性刺激物（一个骰子的表呈，就它来讲，即便我变动视角也可能看不到它另一面的任何东西），我早已经接受了有人为我而看到了这个说法。

于是，发现替代性刺激物的一个很好的规则似乎是这样的：如果我改变了我的视角，我看没看见新的东西？如果答案是没看见，这个刺激物就是替代性的。[①] 这一替代性刺激物想强加给我那种如果我从替代者的角度观察事物所具有的感觉。在我面前有一幢房子的轮廓（我们看到轮廓是在自然中建立起来的）；如果我动一动，我能看到房子后面的树吗？如果我看不到，那么这个刺激物就是替代性的。只有通过占有在我之前已经看到过的某人的角度，我才能决定一个刺激物是不是替代性的。这个替代性刺激物阻止我从我的主体性角度看（或听），这个主体性被理解为我的肉体性；它只给我事物的一个轮廓，而不是像真正的感知那样提供给我很多轮廓。为了确定一个刺激物是不是替代性的，你所要做的一切就是动一下你的头。

6.8 回到话语中去

我对这场关于像似符的争论的历史原因所做的审视或许已经表明这场争论又被提起的原因。研究社会和文化生活中的符号运作的符号学理念不再要求具有作为辩解者的前辈们的论辩活力：这就是事实。符号学研究在亚文化层已经得到了发展（从动物符号学到我在2.8.2中提到的细胞通讯中的问题）。在这个层面上，像初级像似论这样的概念重新出场，而没有被溶解在文化规约的汁液里。很多人

① 如果答案为是，但刺激物是自然的仍未确定；我们会面对一张全息图。我怀疑全息图的建议应该从我就镜子和电视图像所做的进一步讨论的视角来看待（参见 6.10 ff）。

逐渐地从符号结构主义范式转向皮尔士的范式（至少是企图把两者的大部分有趣的方方面面融汇在一起）。对阐释用在任何数据方面所假定和建构的东西的信仰导致了（当然是在文本领域，就德里达而言，但是对于世界也是这样，至少在晚期的罗蒂那里是这样的）解构主义式漂浮的胜利。对于那些认为我们需要以某种方式调整这种局面的人来说，需要对付阐释的极限问题。这正是我在一九九○年出版的著作中所使用的表达，所涉及的是文本阐释，但是早在当时关于漂浮和无限指号的文章已经提出了阐释世界的限度问题；对于世界而言，我已经怀着更大的决心在 1.8—1. 11 中探讨过这个问题。

这样一来，我们就可以回到次生像似符的讨论上来。我这样做并不就是认为我没有抵挡住拥有我自己的转向的诱惑。我要更为谦逊地说，我认为我正在做的一切是把我以前落在背景中的东西拿到前景中来，而不是放弃它，但以这种方式两个"身影"都清晰可辨。

6.9　观察和绘制土星

我同马尔多纳多的讨论是由他提出的反对观点而引发的。我主张像似论：伽利略在他的望远镜中所看到的月亮的图像是一个像似符，于是也就具有与月亮本身的内在相似性。我反对说在望远镜目镜的图像不是像似符——至少在像似性符号这层意义上讲不是。像似符，或者月亮的次生像似符，就是当伽利略在望远镜看了以后画了一个月亮的时候出现的。由于伽利略已经了解了关于月亮的很多东西，因为他和其他人一样都用裸眼观察过月亮，我选择讨论一种更加原初和更加"闻所未闻的"情景：伽利略第一次通过望远镜观察土星，然后——就如他所见，比如在《星际信使》中，画了一幅土星的画。

在这种情形中有四个元素在发挥作用：(i) 作为物自体和动态客

体的土星（即使不是一个客体，它也是一组刺激源）；（ii）发光刺激物，伽利略把眼睛放在望远镜上看的时候接收到的（需要光学来研究在被这个星球折射的光线穿过宇宙空间，通过目镜和双凸透镜的时候发生了什么）；（iii）伽利略所重新构建的土星的概念类型，直接客体（该客体在某种程度上不同于他极力用裸眼观察图形时所拥有的那一个）；（iv）伽利略所绘制的土星的图画（次生像似符）。

显然，这四个元素是按这个次序排列的：

土星-自体——透镜上的土星——认知类型——绘画

如果我今天想画下我在望远镜里面所看到的东西，我就会这样做。但是，伽利略这是在第一次观察。在观察时，他看见了以前从未见过的东西。伽利略在几封信中把他相继获得的发现传达给收信人，并且你可以看到他为了看见而做出的努力。例如，在三封信中（一六一〇年写给卡斯泰利的；一六一〇年写给琼蒂的；一六一一年写给梅迪奇的）他说他看到的不是一颗星，而是连成一条直线，与赤道平行，他把自己所看到的表呈为图 6.2：

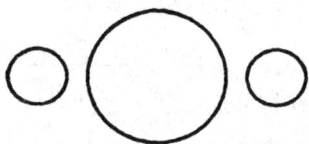

图 6.2   图 6.3

但是在其他信件中（比如一六一〇年写给梅迪奇的；一六一二年写给维尔塞利的）他承认，由于"仪器的不完善和观察者的眼睛"，土星也可能呈现为这样（"以橄榄形呈现出来"，图 6.3）：

这个图形所清楚地揭示的是，既然完全不可能料到一个星球会被环状物环绕（这种看法无论怎样都是与当时关于天体的每个观念相抵触的），伽利略试图弄明白他能看到什么，也就是说，他不辞辛苦地想建构一个（新的）土星的认知类型。

伽利略看了一遍又一遍之后（参见他于一六一〇年写给博罗梅奥的信），最后确认不再是两个小的球体而是更大的天体，"形状也不是圆的，而是可以从被包围的轮廓看出，两个半椭圆形加上在上面提到的轮廓中的两个模糊的小三角形，并且与土星的中间那个球体相邻。"这一考虑让伽利略画出了第三个表呈（图 6.4）：

图 6.4

如果我们看这张图，我们就会识别出土星和它的光环，但这正是因为我们已经看到过其他的阐释过的表呈，这张简笔画预示了这些表呈的几个相关的特征（一个围绕着它有一个椭圆形的天体——需要我们在一幅说明不了这个天体的简笔画中看到的视角）。要注意的是伽利略没有看到这个视角，否则他说的就不是两个半椭圆形，而是一个椭圆形的带状物。[①] 伽利略还看到了一只米老鼠，有着一张脸，上面还有两个大耳朵。但不可否认的是这第三幅画更像是土星在最大的斜度点上的连续的图像，甚至像是照片图像。无论是什么情形，它在形态层面上都对应于一位具有普通知识水平的人所拥有的土星的认知类型。要注意的是（由于所声称的认知类型和核心内容或直接客体之间的巧合），如果一个人被要求表呈土星，这个没有特别图形天赋的人在今天也会画一张跟伽利略基本相似的画，或许会把两个椭圆形的较低的部分补充完整，这样这个环状物就会从这个天体前面经过。

在伽利略的努力启发下，人们会被引导着认为不是认知类型的

---

① 尽管他当时生活在由绘画的透视理论主导的文化中，他也没有看见它。一个奇特的现象似乎同两种对立的立场相冲突，即透视关系是由客体给予我们的，而这些关系是作为文化起源的阐释图示意被强加的。那么我们不妨这样说，不论事物如何，客体并不会提供给它一个足够的痕迹用来把握视角，文化尚未提供足以看到它的图式。

建构先于图画；甚至不如这样说，是在其后：

土星-自体——透镜上的土星——绘画——认知类型

伽利略是通过试图把所接受（在这个阶段是第一性的结块，杂乱无章的刺激物）之物的实质特征落实到纸上的方式，才逐渐开始"看到"、感知土星，以建构第一个假设性的认知类型的。这也是我在《符号学理论》中就革新想说的一些东西。[①]

说了这么多，我们还是对这个链条的第二个元素，即透镜上的土星没说什么。从符号学的角度看，这似乎是一个可以忽略的现象：望远镜建构了伽利略借以收到一系列刺激物的通道，就像他登上宇宙飞船并且飞行到离土星足够近的地方所接受到的那样。

但是就是这个"好像"需要额外的思考（没有比这个隐喻更具本义的了）。与其要获得对感知更深入的了解还不如再回到次生像似符现象上去。

6.10 假体

一般地，我们把假体这个名称赋予任何替代一个缺失器官的器具，但是从宽泛意义上讲，假体是指延伸了一个器官行为范围的所有器具。人们被问到如果他们可能有第三只眼的话，想让它长在哪里。他们通常所提供各种各样的回答：有些人想让它长在脖颈上，有些人想让它长在背上，但并没有考虑尽管这样就一定能够允许他们看到他们身后发生什么，却对他们常常希望能看到的其他地方的无

[①] 除了在那里这种类型考虑了四个阶段：（i）刺激物（就是我当前所谓的月亮自身）；（ii）转化（通过绘画所进行的劳作）；（iii）感知模型；（iv）语义模型。在我在本书中所说的启发下，认知类型现在要完成这两个"模型"的双重功能，即感知功能和语义功能。

限性无能为力：头顶上、耳朵后面、门的另一面或者钥匙所插入的钥匙孔深处。从最合理的角度来讲，正确的答案是这样的：在食指的顶端。显然，这样我们就可以把我们的视域扩展到极致，在我们的身体所及的行动范围内。[①] 不过，如果我们有一只像我们的食指一样灵活的眼睛，我们就会有绝妙的有着延伸性的假体，另外这个假体还有打探功能（意思就是说，它可以去看不仅是我们转头或移动时双眼所能看见的地方，而且还可以看到双眼不能探及的地方）。

替代性假体做身体先前能做、但是由于偶然的或者其他什么原因却不再做的事情：这些假体工具包括人造四肢、拐杖、眼镜、起搏器和助听器。另一方面，延伸性的假体延伸了身体的天然行动：这样的工具包括扩音器、高跷以及放大镜，但还有一些我们习惯上并不把它们看成是身体的延伸的东西，如筷子或钳子（它们延伸了我们手指的动作）、鞋子（它们加强了脚的动作和阻力）、一般意义上的衣服（加强了对皮肤和毛发的保护）、舀子和勺子（有代替并提高了手的功能，用来盛液体放进嘴里）。

另一种可以被看作是一种延伸性的假体的工具是杠杆，其功能在原理上像胳膊，但更有效力；杠杆作用非常好，结果就是它引入了第三类假体，即放大性假体。这些假体做的是我们的身体梦想去做但从未做成功的事情：望远镜和显微镜，还有花瓶和瓶子、篮子和袋子、转轴，当然还有雪橇和轮子。

延伸性假体和放大性假体也都可以被具体地定义为打探性的。在延伸-打探性假体中，不妨提到潜望镜或一些医疗器具，这些器具使立刻探知像耳朵或喉咙这样可及的腔穴成为了可能，而放大性假

---

① 瓦伦丁娜·皮桑蒂（在一次令人困惑的私人交流中）问我，如果我用食指指我的眼睛（我头上的眼睛）我会看到什么。同时处理两个图像似乎很困难；或许在第三只被使用的时候有必要闭上两个常规的眼睛，但我并不肯定这就足够了。最有理由的结论是这种创新使重新设计我的大脑成为必要。或许就是因为这种困难，没有人曾经尝试过把第三只眼睛移植到食指尖上。但这个问题非我的能力所及。

体则包括扫描仪、核医学中的伽马射线测量仪，或是装有微型电视摄像机用来探查全部内脏并且把所拍投射到屏幕上让我们"看到"的探头。[1]

我尝试着这样进行分类的目的就是为了能够谈论那个最原始和最特殊的假体——镜子。

6.11 在镜子上有更多[2]

根据如今的意思来看，镜子是什么？它是一个规则的平面或弯曲的表面，可以反射入射的光线。一个平面镜形成一个虚拟的、直立的、相反的（或对称的）、镜式的（同所反射的客体一样大小的）图像，只不过没有了所谓的色差。凸镜形成虚拟的、直立的、相反的和减缩的图像。凹面镜这种类型的表面（a）当客体介于焦点和观者之间时，它会形成虚拟的、直立的、相反的和放大的图像；（b）如果客体的位置改变了，从无限远到与焦点重合，它所形成的是真实的、相反的、扩大的或减缩的图像，这要取决于不同的情形而定。在不同的空间点上，这些点可以由人的眼睛观察到，并且被集中在屏幕上。抛物面镜、椭面镜、球面镜或柱面镜并不常用，即使用的

---

[1] 在另一方面，我会保留工具这个词语来表示诸如刀子、剪子、打火石和锤子这样的器具，这些器具不仅做身体从来不会做的事情，而且就假体来看还会帮助我们更好地同那里的东西互动，生产出以前不曾在那里的某物。它们粉碎、分离和修改形态。工具被改进之后就成为了机器。机器运转，但无需由被它们所放大了可能性的器官来指引。一旦被启动，它们就开始自己运转。但人们会问，像自行车甚至汽车这样仍然需要手和脚的（连同其力量）直接合作的机动性机器，是否同时也是在放大假体（把它们放大到最高值）；在这种情形中，早期的飞机就会同时是机器也是放大性假体，而大型的喷气式飞机就是纯粹意义上的机器，就跟机械织布机一样。但是，替代性的、延伸性的和打探性的假体、工具和机器都是抽象的类型，根据它们所发挥的作用和各自的复杂程度，各种客体可以相应地与它们联系起来。

[2] 我在八十年代写了一篇有关镜子的文章（Eco，1985）。在这篇文章里，我发展了《符号学理论》中的一些观点，但是这篇文章中的主旨是对像似符和次像似符更深入的重新审视，这就是我在这里重述基本因素的原因。

话，也是用来使图像变形和用在反射剧场中。①

　　在我的著作中（Eco，1985），我感到很惊奇的是这样一种观念的奇特性和半"理念论"特征。光学研究中确立的这个观念认为镜面图像是相反的，或者更确切地说是"反转性对称的"。镜子把右放在左的位置，这种幼稚的看法如此根深蒂固，以至于有些人对镜子把左反转成右而不把上反转成下感到惊奇。现在我们暂且分析以下原因：如果在镜子面前我有它把右和左反转了的印象，因为在镜子里似乎我的手表在我的右手腕上；也是同样的原因，如果我照天花板上的一面镜子，我就应该认为它改变的是上下关系，因为我看到了我的头在原本是脚的地方。

　　但是问题的关键在于不仅立式镜子反转东西或把它们颠倒过来。如果我们画一幅镜像现象的图，我们就会发现暗箱类型的现象不会在其中发生（见图6.5）：在镜像反射中没有交叉的光线（见图6.6）。

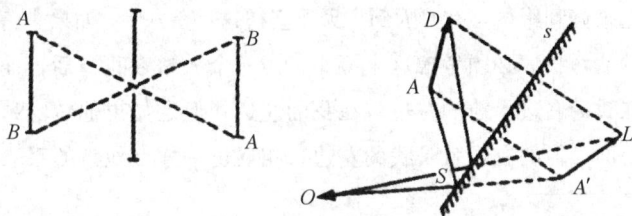

图6.5 和图6.6

---

①"虚拟的"是什么意思？它似乎是相对于"真实的"。马尔泰塞（Maltese，1976）"揪住"我的一个表达（Eco，1975：256），在其中我说一个虚拟图像不是一个物质性表达（我借此所要意指的明显是它不是一幅画或油画，当被折射入镜子的客体移开的时候它就消失了）。他指责我有理念性的反物质论倾向——没什么，时代的修辞就是这样。真实的图像和虚拟的图像之间的区别不是从我这里来的，而是来自光学。根据光学，影戏剧院和电影画面（甚至可以在屏幕上聚集起来的在凹镜中形成的图像）是真实的，而镜像则是虚拟的（Gibson，1966：227）。镜子的虚拟图像之所以被如此称呼，是因为观者就好像把它当作镜子内里的东西来感知它，而镜子是没有"内里"的。

镜子反射的我们的右边就是我们的右边，同样左边也是一样。是我们自己决定把自己认同为镜子里我们所看到的那个人，或者认为是另一个人站在我们面前，同时惊奇于他在右手腕上戴着表（或他用左手握着一把剑）。但我们不是镜子里的那个虚拟人。我们要做的一切就是避免"进入"镜子，以及让这个幻觉不再烦扰我们。实际上，我们完全可以在早晨照着镜子梳头发而不会像患有脑瘫一样。我们知道如何去使用镜子，并且也知道我们右耳上面的那绺头发在我们的右边（即使对于一个在镜中的人，如果他在里面的话，头发会是在左边）。在感知和生理运动平面，我们会正确地如其所是地阐释镜像，但是在概念性的思维层面，我们仍然不能完全成功地把物理现象同它引发的幻觉分离开来，处于一种感知和判断的断裂中。我们是以正确的方式使用镜像，但是我们谈论它的方式却是错误的（而在天文学中我们正确地谈论地球和太阳之间的关系，即使我们对这种关系感知错了，就好像是太阳在转动）。

这一点当然非常奇特：镜子反转左和右是一个古已有之的看法，从卢克莱修到康德，有些人到今天还坚持这一看法。[①] 如果事情就是这样的话，我们必须考虑这个事实，当一个人站在我身后，他的右边就在我的右边，他的左边就在我的左边；但是如果他转身站到了我的前面，他的右边就是我的左边，相反也一样（他戴的手表就在

[①] 格雷戈里发现一位科学家对眼睛如此之熟悉是很令人奇怪的（Gregory, 1986）。他继续就这个现象感到奇怪（以及对镜子不能进行上下维度的反转而感到奇怪）。格雷戈里意识到这肯定是与认知有关（我们想象我们自己在镜子里面，就像我说过的那样），但又似乎对这个答案不满意，认为如果情形确实如此，我们就必须具有一种"超凡的"心智能力，就好像我们已经不具有那些更加"超凡的"其他能力一样。格雷戈里还引述加德纳（Gardner, 1964），后者也一样做出明确断言，认为镜子并不反转任何东西。但这甚至并没有让格雷戈里感到足够，他又加了另一个让人感到惊奇的理由：镜子也可以反转深度，也就是说，如果我们离开镜子向北走去，镜像就会朝南离开我们，并且变得越来越小（我要附带说的是，它不可能直接朝我们跑来）。但是，格雷戈里说镜子不会反转凹形和凸形。你所要做的一切就是把镜子看作一个假体，或是看成食指上的一只眼睛。镜子会让我看见如果有人站在我面前我所看到的东西：如果这个人移开，他的镜像就会变小，但是如果这个人大腹便便，它的图像仍会保持不变，其腹部的凹陷处不会往里缩。

374

我的相反的一面）。于是我们就得出结论说是人在反转而不是镜像，而这种把人看反了的古老的习惯促使我们把镜像也看反了（如果我们把镜像当作人来看待的话）。

就这一点，简单地说镜子使我们不知所措。但是，如果我们要保持头脑清醒的话，就必须从这一点上得出结论，那就是镜子提供的不是反转的图像，而是完全的对应图像，就像我把吸水纸压在一张纸上。我读不出压印在吸水纸上的东西这个事实跟我的阅读习惯有关，而与镜像性没有关系（莱昂纳多·达·芬奇这位有着不同阅读和书写习惯的人就没有这个问题）。然而，我可以用一面镜子读出压印在吸水纸上的东西，也就是说，借助于镜像的镜像。这种情况也会发生在我身上。如果我站在镜子前面，手里拿着一本书的封套。我无法读出镜子里面的书名；但是如果我有两面棱角镜，就像人们常常安装在浴室中的那种镜子，我可以从其中一面镜子看到（一面会比另一面更容易看到，这取决于角度）第三个图像，在其中封套上的字母跟我直接看书时所显现的是相同的（不仅如此，我确实会看到我自己的手表戴在左手腕上）。现在，这个第三个图像才是那个镜像的反转物（而这个镜像本身却没有反转什么）。

我们能够有效地使用镜子，因为我们吸收的是反射性折射的规则。我们能有效地使用它们是因为我们知道它们是镜子。如果我们不知道这一点，误解或上当就会出现。但是，如果我们知道，我们总是从镜子会说出真相这个原则出发。它既不"翻译"也不阐释，而是记录照在上面的东西是什么就是什么。这样我们就信赖镜子，就像我们在正常情况下信赖我们自己的感知器官一样。我们信赖镜子就跟信赖眼镜和望远镜一样，原因在于，就像眼镜和望远镜那样，镜子也是假体。

无疑，镜子既是典型的延伸性假体，也是典型的打探性假体，比如说，它们可以让我们看到眼睛看不到的地方：它们让我们看见我们的脸和眼睛，它们还可以让我们看见我们背后在发生什么。从这个原则出发，我们可以使用镜子获得一些很复杂的打探效果：比如棱角梳妆镜会让我们看到侧面的我们自己，或者比如理发师的镜中镜式的内镜。有些镜子还是有放大功能的假体，因为它们可以生成我们的脸的放大了的图像；其他的镜子还是可以变形的假体。我们如果拥有安置镜子的复杂剧院就可以生成幻象，就像奥森·威尔斯的《上海来的女人》中起着扰乱作用的反射剧院。我们若把一系列的镜子以适当的角度排列，就可以延伸打探性能力（我可以建构镜子系统用来看到隔壁房间发生了什么，即使我不朝门那个方向看）；我们可以把镜子用作传送或投射光刺激物的通道（比如各种各样的使用镜子反射光的可能的信号系统）……但是当前我们这里所感兴趣的是简单的日常用的镜子，我将把它们作为前指号现象来研究。

当然，如果我"阐释"镜子里面的我的镜像，并且得出关于我已年老（或美容不老）的结论，我就已经处于一个更为复杂的指号阶段。而这也可以说成是拉康在象征者被确立的那一刻，在其中所看到的"镜像阶段"。但是，孩子们必须学会使用镜子，并不就意味着镜子不是一个初始的经验。孩子们必须学会一切，甚至要学会使用手和眼睛；让我们给他们时间。但是镜子的魔力在于人们很难接受这一极其乏味的经验，而我却要固执地提议这个经验：我想用我每天使用梳妆台那样的语句来谈论镜像，或许如整理我的领带这种语句，这个语句中不再有任何阐释，除了在我看到有人在我面前时也发挥作用的那种感知阐释。

常规性的镜子是一种没有欺骗性的假体。所有其他的假体，从它们都是在它们把其功能延伸或放大的器官与它们所"触及"的东西之间插入某物这一点来看，会欺骗我们的感知：穿着鞋子走路会导致我们对地面做出不准确的判断；衣服会给我们有关外界温度的错误信息；钳子给我们抓住了抓不住的东西这样的印象。但是用镜子我们就能够肯定我们看到了事物如其所是的样子，即使在我们照镜子而希望我们不是镜子里的我们自己时。

很自然，我们必须排除掉有一层雾的镜子，还有些情形中是我们自己的错误把我们给骗了（比如在我们认为我们看到某人朝我们走来，而实际上是我们的反射图像）。还有这样的误解：我们把一面镜子看作一个空框子，在这个框子的另一面有一个人在模仿我们的每一个动作（就像在马克斯兄弟的电影中那样）。在正常情况下，我们都是在确信镜子不会说谎这样的条件下使用镜子的。

之所以会这样是因为我们知道镜式假体提供给我们眼睛的是和当假体在我们面前我们的眼睛所接受的一样的刺激物（或许在指向我们的脸的食指尖上）。我们肯定镜子提供给我们的是刺激域的绝对替身。如果一个像似符号（次生像似符意义上的）确实是一个具有被表呈物的所有属性的图像（至少是视觉上的属性），镜子图像是典型的像似符，或者它是唯一外在于我们的头脑而又是我们确实经验过的一种像似符。

然而，它甚至不是皮尔士意义上的一种第一性，原因在于我们所见到的是已经交织了相关于事实的意识：如果有什么区别的话，镜像是一种已经被锚定在第二性的第一性，因为它在形成镜像和成像对象之间建立了一种必要的和直接的关系。但它还不是一个符号。这个说法如果要站得住脚，只要我们假定为了这样定义符号时尊重下面的标准：

（i）符号是在某物不在场的情况下代表此物的东西。相反，镜像是在它所反射的客体在场的情况下代表的。

（ii）符号从质料上不同于其为之符号的那个东西，否则人们就会说我是我自己的符号。相反，镜像就像我们看到的那样，是我们的眼睛在刺激物位于反射物之前时我们的眼睛所接收到的绝对的替身。

(iii) 在符号中，表达层分为质料和形式，而形式本身可以被转化为另一种质料。但是对于镜子来说，至多我就是把同样的光的质料（通过反转）转化到对面的镜面上去。

(iv) 只要是符号，就有可能把一个符号代指符同一个类型联系起来。但在镜像中，类型和代指符是并存的。

(v) 符号可以被用来说谎或（错误地，即使是善意地）陈述与情形不符的东西。而镜像却从不说谎。符号可以被用来说谎，因为我可以生成客体并不存在的符号（我可以命名出狮子头羊身蛇尾的怪物，或描摹独角兽），而镜像则只能是在客体在场的情况下被生成的。

镜像没有索引性价值。它不是我们在镜子面前这个事实的索引符，因为我们不需要它（如果有什么不同的话，被呈镜像的客体的图像的不在场可以是一种征候，但也只是对隐身人或吸血鬼来说）。它不是，比如说在鼻子上有一个斑点这样的事实的索引符：就镜子是假体而言，我们看到了这个斑点，就好像看到我们手上的斑点一样。

镜像甚至也不是印记（除非认为感觉是被感觉物的隐喻性的"印记"）：印记是这样的，它们会告诉我们，当它们在被印记者不在场的情况下作为物质痕迹保留下来，只有在那时它们才成为指号现象。对于跟随着我的人，我脚留在地面上的痕迹是印记，但对我来说不是，因为我并不关心我的脚会在它们触及地面时产生印记——除非（假如我喝醉了）我转身检查脚印，看看我走的是不是直线。如果我的脚底有眼睛，我就会看到在印记被压印在地面上时一个又一个的印子，我可以对它们做出阐释以便对我的脚的形状做出推断。但是对于镜子来说，甚至这种情况也不会发生：我所做的一切就是把我的脚底朝向反射表面，我如其所是地看到它们，并不需要推断什么。

索内松（Sonesson，1989：63，Maldonado，1974：288 ff）建议说镜像可能属于"硬性像似符"，就像 X 光片上的印记，或史前洞穴里的墙上留下的手印（参见《符号学理论》3.6.2），在其中表达的质料（石头、沙、胶片）与构成施印客体的质料没有关系，通过这些质料我们可以逐步地从几个特征（一般都是轮廓）对那个可能客体予以推断式的重建。不仅如此，这些印记自然而然地会在生成它们的客体之后存留下来，于是也可能把它们搞错，而镜像却并没有这个问题。

最后，印记是一个符号，就它基本上是一个指称内容的表达式来看，而内容也总是一般性的。当鲁滨逊看到沙滩上的脚印的时候，他不说，星期五这个人从这里走过，而是说，一个人从这里走过。一位跟踪一只特定的鹿的猎人，或跟踪 X 先生在地面上留下的痕迹的盯梢者，起先看到的事实上是由某只鹿和某个人（或是某只鞋子）留下的印记，只有通过推断，这位猎人或盯梢者才相信他追踪的是那只鹿或那个叫 X 先生的人。①

当然，有人会反对认为客体可以被当作直指性的符号来使用（我用一只鳌或一个电话演示说鳌或电话如何如何；参见《符号学理论》3.6.3）。在直指性地例示过程中，一个客体被作为一个例子选择来指称其范畴中的所有客体，但是我们把一个客体当作直指性符号就是因为它首先是一个客体。我可以照着镜子告诉我自己，人一般就像我这样，但同样地，我可以看到桌子上的电话告诉我自己，所有的电话一般都像这一台那样。于是镜像还是一个假体，它能让

---

① 即使这个盯梢者在 X 先生的鞋上刻了识别性的槽口，他也不会有这些鞋子是 X 先生的确凿的线索。事实上，他只会感知到（一般意义上的）有槽口存在的（一般意义上的）鞋子所留下的印记，这些槽口类似于他在某个具体的鞋底上所刻下的那些槽口。

我或他人看到可以被选择来充当直指性符号的一个客体。①

于是我们在镜子中所看到的图像不是一个符号，充其量也只类似于望远镜提供的放大图像或我们通过潜望镜看到的图像。②

符号产生的梦幻与自纳西索斯起就让人类为之痴迷的镜像是一样的。镜像经验可以解释诸如像似符（如次生像似符）这样的概念，但不能被这种概念所解释。

但是，如果我们沿着这条路走下去，正是从镜子穿越时空的魅力中才产生了物与知之间的完全对应（实际上就是"镜像的"）的理解观念。索引符的概念产生自这样的经验：它说"这个"和"这里"，在我看自己的那一刻它让我看我自己。从其中还产生了符号的概念，没有意义，直接指称其指称物：镜子实际上就是一个"绝对专有名词"的实例；它是最为严格的指示物；它拒绝反事实命题。对此我毫不怀疑，即使镜子失去了所有的属性，我在其中所看到的不

---

① 从实际来看，这种情形相当不常见：如果我把反射在镜子上的我的夹克衫展示给某人看，告诉他夹克衫的意思指的是如此这般制作而成的东西，但让我们设想我所指示的夹克衫是在另一个房间里，而我的对话者只能借助与它相对的一面镜子的效果才看到它：这个镜像假体允许他感知一种客体，这个客体在第二个情形中将被选作表象性符号。

② 巴基尼（Bacchini, 1995）写过一篇充满睿智的文章。在其中他从我的文本引发出去，意在表明镜像是一个符号。在我至今再三重复之后，应该很清楚的是，只要我的前提不被接受，各种观点就会被坚持下去：我谈论的是一个人在照镜子时的经验，知道那是一面镜子。巴基尼的观点是，这个前提是"理念性的"，认为它处于"太低的层面"上（他更倾向于奥逊·威尔斯所设置的复杂场景）。但是在我看来，这个低层面是基本性的，如果这个前提是理念性的，它也正像其他前提那样。一旦这个低层面被克服掉了，巴基尼的所有例子都涉及谎言、错误、伎俩、反射剧院的情形。这些我都在 1985 年的著作中考虑过。巴基尼说我们需要建立一种镜子实用主义（我同意，哪怕仅仅是因为它是我的文章中一个段落的标题），以及我们需要考虑各种"认识模态"。这一点我是同意的。我并且还认为这个可以同我先前引用的法布里提出的建议联系在一起。在这个建议中，阐述理论也成为视觉符号学的中心，也是普通感知符号学的中心。然而，在这种话语中我只考虑一种认识模态（意识到站在镜子前面的一个人的那一种）；我对其他的并不感兴趣。我相信选择明显的实例来表明它们一点儿也不明显，是合法的。于是我没有谈论关于印记的话语，我在这些书页中只拾起过。巴基尼说印记是在时间上而不是在空间上同制印记者分离的，因为它"靠近"制印记者，一点一点地相对应。我在这里认为在时间的共存、空间的相邻和叠合之间存在着一定的混乱（纯粹的形式上的，也发生在久已死亡的人的面具之上）。

380

再是我在其中所看到的。但这些都是隐喻——当被诗人说出的时候可以得到诗意的提升。镜像所专有的特征就是它只是一个镜像而已，它是*基始之物*，在我们的世界里至少还没有什么能够比作它。[①]

6.12　镜子链和电视

让我们假设沿着一段几英里的距离——从 A 点开始，那里有一个客体或一个事件正在发生，到 B 点，那里有一个观察者——一系列镜子连续地排列到位，并且排列的角度使得因连锁反射的作用，B 点的观察者同时看到了 A 点之物或所发生之事。

唯一的问题是我们是想让观察者接收到一个镜像，还是一个图像，这个图像是他亲临 A 点所观察到的那里的那个客体或那个事件。在第一种情形中，镜子的数目必须是奇数；在第二种情形中，这个数目必须是偶数。由于我们假定这个观察者想看到 A 点的事物，就像他是该物的直接目击者那样，就需要镜子的数目为偶数。在那种情形中，最后的结果不是一个简单的镜子所产生的，而是对应于由成角度的多个镜子产生的图像。

如果这个观察者知道他所看到的是由一连串的偶数数目的成角度的镜子传送给他的，他就会相信他正在看到的是在 A 点确实在发生的事情——那么他是正确的。

现在，让我们想象观察者知道镜子所反射的光线信号可以在某种程度上被"非质料化"（或是被翻译或重新表述为其他性质的刺激），然后在它们的目的地被重构。面对最后的图像，观者所表现的态度就好像它是一个镜像一样——即使承认，在编码和解码的过程中，就图像的定义来看会丢失掉一些东西（其相关于所接收的图像

---

① "大概我们永远不能知道允许我们从对反射图像的感知到发展意在人工生产图像的技术的种系发生路线"（Maldonado，1992：40）。

381

的态度，跟我们面对上面有一层薄雾的镜子，或者在一个昏暗的房间里看东西时所表现的态度相类似；换句话，当我们把刺激物同我们已经知道的或同某个推断整合在一起的时候）。

这种情况就发生在电视图像上。电视可以被看作一个电子镜，它给我们看在我们的视力无法触及的遥远的地方所发生的事情。就像望远镜或显微镜一样，它是一个放大性假体的绝好的例子（并且有时还富有打探性）。

自然，我们必须考虑的是最纯正状态下的电视：它是一个闭路设备，有一台固定的电视摄像机，把发生在某个地方的一切都拍摄下来。否则电视就会像电影和戏剧那样给我们看的是现场场景（Bttetini，1975），是事先搭起的，需要灯光效果辅助的，一种场内和场外组成的演出、蒙太奇、库列绍夫效应等；有了这些我们就进入了指示或传达的世界。

但是如果我们考虑的是"纯粹的"电视，我们面对的就是一个假体——尽管"雾蒙蒙的"——而不是一个指示现象。当然感知刺激物尽管被削弱了，但是也恰当地转译为电子信号，（通过由机器解码）到达收看者的感知器官那里。收看者就那些刺激物所做的一切（抛弃它们、阐释它们，无论怎样做），跟一个正在直接观看的人所发生的事情一样。

为了提供电视和镜子之间清晰度更高的等同画面，让我们想象闭路电视就是在我们家中的环境里，它把它所拍摄的东西传送给在同样的环境中的监视器。我们就会有一种镜式经验，也就是说我们能够看见我们前面的自己或背后的自己（就像相对放置的镜子一样），我们在屏幕上看见的是我们此刻所正在做的事情。差别在哪里呢？差别在于我们不会有由一个简单镜子提供给我们的经验；相反，我们会看到由两面成角度的镜子产生的第三个图像，因此在我们用屏幕上的图像梳头发、刮胡子或化妆的时候就必须小心。这种尴尬的情景同样也发生在你在摄影棚里接受采访，而你又同时可以看到面前的监视器里的你自己。但是，如果闭路设备提供给我的是一个反转的图像，那么我就可以把这面镜子当作一般的梳妆镜来用。

让视觉方面的专家确立电视图像在光学上与镜像有多大程度的不同，同样地也让他们研究电视图像所启动的各种大脑过程吧。这里我感兴趣的是电视图像的实用角色，它被接收的方式，以及赋予它的真值。当然，从有意识的接收这个角度上讲，镜像和电视图像之间存在着差异：电视图像是（i）反转的，（ii）清晰度不好，（iii）比客体和场景要小，（iv）我们不能像侧看镜子那样侧看屏幕，以便看到没有给我们看的东西。结果就是我们把这种图像称为是准镜式的。

不过，让我们假设电视已经完美到让我们有三维图像，大得可以对应于我们视域的大小，即使屏幕没有了还可以有某种设备把刺激物直接传送给光神经（Randsdell，1979：58）。在这种情形中，我们确实就会发现我们处于跟利用望远镜观察或站在镜子前面的人所处的一样的情况，这样就会消除掉兰德斯戴尔所谓的"自我表呈像似符（就像感知客体或在镜像中发生的一样）"和一个"他者表呈像似符"（如在照片或一般意义上的次生像似符中的那样）之间的大部分差异。

事实是，对于高清晰度来说没有理论上的限制。今天，能够看清楚出现在屏幕上的内脏图像，这是由一个装在内置式电视摄像机上的内脏探头在我们体内所拍摄的（这种经验任何人都可以获得，而我们是能够拥有这种经验的第一批生物物种）。很明显，探头就是典型的放大性假体，它允许我们清晰而精确地观看。这种清晰度和精确度远比我们即使是能够游走在我们自己的身体里所看到的东西的清晰度和精确度都要高得多。不仅如此，而且在探头移动的时候，我们还可以斜着看，正如我们移动头部看镜子的物理局限之外的东西一样。①

但是，图像清晰度技术可以发展，而即使有一天有可能具有烹饪经验或性经验（其中还包括热觉和触觉、味觉和嗅觉元素），所有这些都不能改变这种作为通过假体而接收的刺激物的定义——于是，从符号学角度——跟常规的对真实客体的感知一样具有相关性。如果这些虚拟刺激物提供给我们的是比真实客体清晰度稍差的东西（而我认为这就是虚拟现实的现状，这种现状必须由冗余的阐释来补充，尽管是在无意识中进行的），那么我们就进入了替代性刺激物的范畴，稍后我们会对此予以讨论。

在这层意义上讲，电视是同电影或摄影有着很大不同的现象，尽管电视可以偶尔传送用胶卷拍摄的图像或照片，就像它是区别于戏剧的现象一样，尽管电视也可以偶尔传送在舞台上演出的节目（电视提供给戏剧的是准镜像式的图像）。我们可以信赖电影和摄影图像，就它们都暗指在那里的某物在胶片上留下了印记而言。尽管我们知道或怀疑它们是摄影或拍成胶片前的现场演出，无论什么情况我们都把它们作为对现场演出发生过的暗示。但是我们也知道这种图像总是要接受细节修饰、滤光和合成剪辑；我们意识到，从留下印记那一刻到图像到达我们这里的那一刻已经有一段时间了；我们把照片和胶片当作不同于所描述的客体的质料客体，因此我们就知道手头上的这个客体代表他物。这就是我们为什么容易把摄影图像和电影图像当作符号来看待。

电视图像则不同。在其中屏幕的质料性充当的是通道的作用，发挥作用的方式跟为我们充当镜子的那层玻璃的通道作用是一样的。

①我只能同意马尔多纳多（Maldonado，1992：59ff）：一种新的像似性构建物的拓扑学，直到虚拟现实——因此也就不是静态的而是动态的、互动的像似性构建物——提出了要求新的概念工具。只不过这些工具的滋生如今处在一个介乎各种认知科学之间的模糊的十字路口上。我认为普通符号学必须解释这样一个事实，即这些现象存在（并质问着我们），而不解释这些现象是如何在认知的意义上运作的。

在理想的情景中，即在一个闭路中现场拍摄，图像提供给我们的就是跟当下所发生的一模一样的准镜像式现象（即使所发生的是大肆渲染的场景），事件结束图像也就消失了。有人躲开镜子的映照而消失了；有人躲开电视摄像机的镜头而消失了。

于是，仍然是从理论角度来看，在电视屏幕上出现的东西不是任何一类的符号：它是准镜像式的图像，观察者接收这种图像时具有赋予镜像的同样的信任。

大多数人所内化的电视的基本概念是闭路直播的概念（否则电视的概念就是"不可思考的"，就它相对于电影或戏剧的概念来讲）。这就解释了我们对电视所采取的信赖态度，以及我们把大部分的节目看作是闭路直播的倾向。

简言之：我们看待电视图像的方式跟看待望远镜图像的方式是一样的。结果就是当我们通过望远镜来看月亮的时候，我们认为那些斑点确实就在那里。甚至我们当中最轻信的人都不信赖符号（有人告诉我们下雨的时候，我们总会认为实际上没有下雨），但是我们不会不信赖我们的感知。我们不会不信赖电视，因为我们知道，就像所有的延伸性和打探性的假体那样，在第一种例子中它所提供给我们的不是符号而只是感知性刺激物。

我们再来做另一个实验。借助某个程序（无论这个程序是技术性的还是魔力般的），我们"冻结"一个准镜像式的图像。我可以把它全部冻结，通过印在纸上，或是把一系列的客体冻结在胶片上，胶片可以重新投射，我们就可以再次看到在时间里运动的客体。我们"发明"了摄影和电影。但是尽管它们在历史上讲是先出现的，但是从理论角度上讲，摄影和电影图像是电视图像的贫化版本，是粗糙的发明，不妨说，它们企图达到仍然在技术上不可能的优化状态。

这就是为什么这些关于镜子的看法促使我们对摄影和电影（甚

至某些寻求再生照片效果的超现实绘画技术）的符号地位做一番重新思考。我们于是就被引领去重新为次生像似符进行定义。

6.13　重新审视绘画

虽然摄影表呈被冻结在独立的材料上（我们不考虑特技效果和布景的种种可能性），它们为我们提供了感知刺激物的替代品。

这些是这一程序的唯一实例吗？当然不是。我们谈及摄影和电影，不妨说，是从镜子那里演绎而来，但所有的超现实表呈都掩盖了镜像之梦。

表呈刺激物和真正的刺激物之间最大限度的等同在戏剧中可以找到。在戏剧中，真实的人必须被如此这般地感知，除了增添的常规性的虚构物，这种虚构的结果就是这些人必须被看作是哈姆雷特或温德米尔夫人。戏剧的例子很有趣：为了能够接受（悬搁某人的不相信）在舞台上表演的是奥菲莉娅，人们首先就要把她感知为一个女性。于是如果有一位先锋导演让一位男性或大猩猩扮演奥菲莉娅，那么就会让人产生疑惑或恼怒。这样，戏剧就成了一个指号现象的极端例子。在其中，即使在可能理解的意义以及阐释动作、话语和事件之前，需要首先启动我们赖以感知真实客体的常规性机制。然后，在阐释和期待的基础之上，在感知一个人的身体的时候，我们就通过我们关于那个身体我们知道的以及我们从中所期待的一切参与进了这个指号过程中：这样就产生了奇怪的感觉（或愉悦的感觉、恼人的感觉，根据我们的性情而定），如果碰巧在戏剧性的虚构当中人的身体被某个隐藏的奇特装置升入空中，或者如果一位哑剧演员使它移动，就好像它是牵线木偶一样。

在刺激物的部分替代的第一层面上，我们发现这些人物是蜡像，它们的脸被做得好像是死亡面具一样，跟真人一般大小，但角色的衣服和围绕人物的物品（桌子、椅子、墨水池）都是真实的物品，有时甚至头发也是真的。这些就是次生像似符。我们在其中所找到的是刻画细致的（但仍然是间接经验的）替代性刺激物的均衡融合，以及就像在剧场中直接提供给感知的真实客体的均衡融合。

这意味着替代性刺激物的概念是相当模糊的。其范围可以是从与真实客体最低程度的等同（在这种情况中，它获得了模模糊糊地相当于其真正的刺激物的效果的效果）直至最大程度的等同。这就使我们认为当遭遇替代性刺激物时，一种善意原则在起作用。动物也可以对替代性刺激物做出反应这个事实，让我们更倾向于接受"自然"善意原则的可能性。我认为我并没有引入一个新的范畴：在底层，善意原则也在一般感知过程中运行，在刺激物难以被识别出来的情形中，人们倾向于接受最明显的阐释——这个原则会被打破，当一些人看到飞盘，而另一些人则把它们阐释为着陆过程中的飞机在空中移动的亮点。①

因此不能从对次生像似符的感知和阐释中的活跃时刻抽出任何东西，我们必须承认存在着指号现象，在其中即使我们知道我们面对的是一个符号，在把它感知为他物的符号之前，我们必须首先把它感知为一套能够产生我们面对客体时所具有的效果的刺激物。换

---

① 支持替代性刺激物力量的一个观点会是这样：我们在遇见人体图像时会产生（真正的）性反应，就像看到演员或色情杂志上的模特一样。这个观点是站不住脚的，要是争辩说如果这些被这种图像的魅力俘虏的人碰巧遇见真人，他们就会发现他或她本人却远不具有那样的诱惑力：照片只是在现场（化装、巧妙的摄影机角度和灯光）之后，或是用技术进行了重新修饰。这只会证明次生像似符通过替代性刺激物引领我们感知到在自然中并不存在的某物。这样也是站不住脚的：反对几个世纪以来各种人通过看我们认为并不存在于现实中的图像来获得性兴奋，比如非洲的维纳斯，或是《贫穷人圣经》中粗制滥造的夏娃的木版画。说图像在如此激起兴奋的过程中起的是次要的作用是容易的，而主要的作用留给了想象和欲望的力量。如果事情无一例外都是这样的话，仍然无法解释为什么次生像似符总是被用作性刺激物——或者解释，甚至在欲望很强烈的时候，人们也不会觉得一个直角三角形的图像足以达到目的。于是，尽管替代性刺激物的定义并不清晰，在不同的时代和文化中次生像似符提供了性兴奋。这就会使我们认为对刺激物的"感同身受"的观念不能在严格的标准的基础上得以确立，而是依靠主体的文化和性情。

言之，我们必须接受这个观念：即使在次生像似符的阐释中也会有一个感知基础（Sonesson，1989：327）；或者视觉图像首先就是把自己提供给感知的某物（Saint-Martin，1990）。

如果我们回到那个蜡像人物，并且承认一张好的照片也提出了同样的问题，即使它所让其发挥作用的刺激物"更具"替代性和间接经验性，必须承认的是大部分用形态学和语法来分析所谓的像似符号的努力——就好像它们也可以用作为其他符号系统的典型方式再分下去，基于的原则是比如说一张照片可以再分为它所附着在其上的平面的最小的元素——在很大程度上受到了挫折。这些最小的元素当被有意地如此这般放大时就成为了语法实体，也就是，当屏幕不会趋于消失从而产生感知替代物的效果，而是被放大和突显以便建构（用美学阐释学说的话，就是自然发生的艺术品）抽象的对称和相反物的时候。

在这种情形中，在一幅画中，我们所做的一切是把具象（figurative）元素同造型（plastic）元素区别开来。次生像似符指称（无论它指称的方式是什么，以及无论表达方式是什么）一个内容（无论它是自然世界，还是类似独角兽的文化世界的元素），在感知造型元素中人们主要对表达的形式感兴趣。于是对屏幕照片的扩大是关联于表达形式的造型元素，几乎总是以牺牲具象元素为代价。[1] 就像已经说过的那样，只要图像仍可被感知，其数字特性已经被说明清楚这个事实不再是反对其像似性的论点。就好像在电视屏幕上我们要从特写镜头开始对电子管留下的痕迹予以个体化。这会是有趣的造型实验，但是那些线条的效果常常可以类比为被规则地间隔性地涂上遮光涂料的镜子的效果。如果条纹不够多的话，对图像的识别就会变得不可能（就好像在电视屏幕上线条不够多一样），

---

[1] 从现在的话语角度来看，这些程序是否涉及很多艺术运作所基于的内容质料的进一步的关联化过程是无关紧要的（参见《符号学原理》，3.7.1）。

我们把镜面看作好像上面蒙了一层雾或有斑点（这样会降低清晰度，就好像在纳西索斯的池中的水变得模糊起来），而我们尽力整合刺激物，从而感知一个满意的图像。

屏幕测试并非没有用处。事实是，通过研究放大了的屏幕，我们测量图像不再被感知的界限，以及一个纯粹的造型建构的出现。关键的问题（Maldonado，1974）是图形仍然被感知的最后稀释阶段：那个阶段代表了任何一个刺激物所需要的用来充当替代性刺激物（而不是充当一个纯粹的造型刺激物）的最低清晰度。当然，这个界限要根据对被表呈的客体的了解的程度有多深而变化。不管屏幕有多么模糊，拿破仑或玛丽莲·梦露的脸总是要比那些无名之辈的脸更好识别：清晰度越低以及对客体的了解越少，推断过程就越复杂。但是我认为可以说在这个界限之外，我们离开了替代性刺激物的区域而进入了符号的区域。

在奥卡姆的著作中有一个段落总是让我感到困惑和不安。在其中声称不仅是如果遇到赫拉克勒斯的雕像，我不能把它同原人比对，我不能说这尊雕像是否像他（产生自好的感觉的观察），而且这尊雕像也不能让我知道我从未遇到过的赫拉克勒斯长什么样（也就是说我没有关于他的心理记录）。然而，如果全世界的警察拿一张护照上的照片给我们看，我们就可以（或能够试着去）识别一个通缉犯。

这个奇特观点的可能解释是奥卡姆熟悉先前几个世纪的哥特式和罗马式的雕塑风格。这一雕塑风格通过极度调整了的像似图式描摹人型，不像古罗马风格的雕塑风格和以后几个世纪的雕塑风格那样是通过个体来描摹。于是，他想告诉我们，在低清晰度的条件下，次生像似符让我们感知的是类属性特征而不是个体性特征。

我们看一看一般的护照照片，是在电话亭中匆忙地拍摄的，质量很差。在这种文件的基础上，警察在人群中准确识别一个人是困难的，免不了出大错。警察的素描同样也会出现这种情况，基于此我们中的很多人都可能被认为犯了恐怖的罪行，因为经常发生的是素描画得不像通缉犯，而我们中的很多人则看起来像素描中的人。

护照上的照片不准确，因为姿势和灯光留下了很多不如意的地方。警察的素描也不准确，因为它表呈的是一位艺术家对口头表达的阐释，目击证人用这些口头表达重新建构了一个个体的特征图式，而这个个体在很多情况下都是只被匆匆看了一会儿。在两种情况中，次生像似符指称的是类属性的而不是个体性的特征，这不能改变这个事实，面对照片和素描，我们每个人都能识别这些类属性特征（这个人是男性、有胡子、发际线很低，或这个人是女性、年纪不轻了、金黄头发、厚嘴唇）。其余的一切都是推测出的，目的是为了从类属过渡到个体。但是，所掌握的少量的类属特征取决于这样一个事实：一张画得很差的肖像画也能以甚至更差的方式提供给我们感知刺激物的替代物，否则我的驾驶执照上的照片跟企鹅的照片就区别不开来了。

6.14　识别

让我们想象在一个家庭中，妈妈在她的书桌上放了一叠长方形的资料卡片，有各种各样的颜色。她用这些卡片记录不同的内容：红色卡片记录厨房的花费，蓝色的用来记录旅游和度假方面的信息，绿色卡片记录服装方面的信息，黄色记录医疗费用，白色的记录工作约会，天蓝色用来抄录书中最打动她的段落，等等。她不时地把这些卡片加进资料柜中的其他卡片中，用颜色来分类，这样她总能够知道在哪里找到特定的信息。对于她来说这些长方形的卡片就是符号：不是从它们是作为她在上面所画的图形符号的质料支持这层意思上讲的，而是从甚至在它们被记录了资料之前就已经指称它们自身的特定主题这层意思上说——即根据不同的颜色；它们是初级指号系统的表达式，在其中每种颜色都关联着一个内容。

但是她的小儿子总是想拿这些卡片来玩——建卡片房子，比如说。自然，他把它们的形状和颜色区分得很好，但对他来说这些卡片不是表达式，它们是客体，仅此而已。

我们不妨说允许妈妈识别卡片的认知类型要比小孩的复杂得多。她拿起一张黄色卡片的时候或许会感到不安，上面是空白的或是已经添满了，因为这意味着她要面对健康问题；而小孩对卡片的颜色却无动于衷，而是对这些资料卡片的一致性感兴趣（或是他只是更想让房子的颜色是红色）。但如果妈妈叫小男孩到桌子上拿红色卡片，这个指称行为会成功，这意味着识别卡片的基本感知过程对母亲和儿子来说是一样的。在指号的更高层次之前，在这个层次上卡片是表达式，对于这个小型家庭喜剧的所有演员存在着一个稳定的感知指号层次。

我们现在就可以研究涉及相关的非视觉特征的识别方式，如声音现象。识别现象也处于基本指号活动的最低处，如口头语言。[1]

就如在吉布森的著作（Gibson，1968：93），音素是像自然声音一样的潜在刺激物，但是关于它们的一个特色性的东西就是对于听者来说它们不仅仅必须作为纯粹的刺激物来阐释，而且也要作为反应来阐释（对于吉布森来说，意思就是它们是某人为了让这个特定的音素被识别而故意发出的）。如皮尔士会表述的那样，要识别由语言如此这般所发出的声音，人们必须进入第三性。如果我在街上听到一个声音，我可以决定不去阐释它，把它作为背景噪音。我也可以这样对待音素，当我模糊地确定有人在附近谈话，但我对他所说不感兴趣，于是我就把它算作是噪音或扯淡。但是如果有人跟我说

---

[1] 鉴于索内松（Sonesson，1989）说了我们所同意的关于下述内容的东西，我想具体地说明在1987年维琴察举办的意大利符号学研究学会的年会上所做的报告中就讨论了这个问题（Eco，1987）。

话，我就必须决定他既是在谈话，还是在说些什么。

这样，识别一个音素当然就意味着把它识别为一个类型的代指符。这种识别想必要建立在初级指号现象上，也就是"范畴感知"的现象（Petitot，1983 & 1985a & 1985b）。但是最让我感兴趣的是，超乎实验室经验之上和之外，在混乱的声音环境中把一个因素如此这般来感知，我必须做出阐释性的决定：它确实是一个音素，而不是一声感叹或呻吟或随意发出的一个声音。它是从声音质料出发，以便把它感知为一个表达的形式。这一现象可以是快速的，甚至是无意识的，但这并不能改变它是阐释性的这一事实。

不仅如此，我们还能够将一个发音或一连串的发音范畴化为音素，而无须确定它们属于哪一个发音系统。看一看国际会议就足够了：有人走过来开始谈话；她先发出了一两个声音，我们就必须决定她说的是什么语言。如果她说的是［ma］这个音，我们听到的就是意大利语中的一个形容词或是法语中的属格词。人们都会自然地说不间断的语流，所以甚至在我们对于某人发出的第一个音素做出阐释性判断之前，我们已经处于被说出的语串的语境中了。我们当然被口音所引导，被我们尝试着赋予所发出的音的意义引导。但是在这里应该强调的是，这实际上是阐释问题，在这个阐释过程中我们既要决定刺激物的质料性身份，也要决定刺激物的功能性身份。[①]

于是，在识别一只狗的过程中和在识别写在一张纸上的狗这个单词的过程中都存在着一个感知过程。

然而，我认为我不能说，把一只狗的照片感知为狗的次生像似

[①] Simone，1995。就识别音节的问题，也可以参见 Innis，1994：5，他研究和发展了比勒的观念（《音节和语音学》，1931）：把一个声音识别为一个形式和识别为一个客体据说属于同一种习得类型。根据不明前提推论类型的拓扑学（Eco，1983；Bonfantini，1980 & 1983 & 1987），我可以说音素的识别代表了第一种类型的不明前提推论，在其中这个规则是已知的，实际上关乎的是识别代指符——这个结果——作为那一规则的实例。但是不明前提推论几乎是自动的这个事实，并不意味着它不是不明前提推论，而是假设性前提。

符，和作为结果把这条狗感知为感知类型的代指符，以及把墙上的书写乱画感知为单词狗的代指符，这三者是一回事。在看走眼的情况下，我甚至会认为我在直接感知一条狗而没有意识到它是一个次生像似符；对于书写的单词，我只有在确定它是一个符号之后才可以把它感知为如此这般。[①]

6.15 alpha 和 beta 模式：是否一个突变点

在建立了几个固定的点之后，让我们尝试着串起我们的话语这条线。基本指号过程发生在感知中。我们之所以感知固定的点是因为我们构建了认知类型。这些类型无疑是与文化和规约交织在一起，但尽管如此还是很大程度上取决于来自刺激场的限制。我们为了这样理解符号就要首先启动感知过程，也就是说，我们必须把质料感知为表达的形式。

但是，有些符号其表达平面为了被如此来识别就必须通过基本指号来感知（即使是借助替代性刺激物），这样一来，我们就可以把它们感知为符号，即使我们决定我们所面对的不是一个符号功能的表达式。在这种情形中我将谈谈 alpha 模式。[②]

正是通过 alpha 模式我们才把图画（或照片，或电影图像：注意观看卢米埃尔兄弟放映火车进站的第一批观众的反应）感知为好像它们就是"场景"本身。只有在随后的思考的基础上我们才建立了

---

① 密码学家认为每一条被编码的信息都能被解码，只要人们知道那是一条信息。

② "这些种类的像似符的共同之处，其实就在于把它们作为像似符来使用就假定了它们让自己即刻被感知为自身的感觉性客体，先于作为他物的表征之用"（Ransdell, 1979：58）。经过几乎是 40 年的讨论，需要再次把权利交给巴特（Barthes, 1964a），他在就摄影（而不是绘画）谈论的时候论及的是一种没有符号的信息。他所谈论的就是我所谓的 alpha 模式。在这层意义上他说图像只是指示。在他看来，朝向 beta 模式的转变发生在隐含意指时刻，在图像被看作是一个文本和被阐释的时候（超乎于所谓的感知阐释）。

我们遭遇到一个符号功能这个事实。正是亏了 beta 模式 house 这个单词才会没有同 hose 混淆，被识别出来：我们更倾向于假定这必须是一个语言表达式，而这个语言表达式必须在一个理性的环境中才能找到自己。这就是为什么在必须确定说话者说的是 The house in which I live is a hundred yards away，还是 The hose in which I live is a hundred yards away 的时候，（在正常情况下）我们倾向于接受第一种阐释。

我对 alpha 模式进行这样的定义：在其中，甚至在决定我们所遭遇的是一个符号功能的表达式之前，我们也通过替代性刺激物感知到了一个给定的客体或场景，我们就把这个客体或场景选作是一个符号功能的表达平面。

我给 beta 模式这样下定义：在其中，为了感知符号功能的表达平面，就需要首先假定我们实际上面对的是表达式，假定它们确实是给我们的感知定位的表达式。

alpha/beta 的模式区分并不对应于驱动性（理据性）符号和规约性符号之间的区别。钟面事实上是行星齿轮运动的驱动性表达，或是我们对它所了解的东西的表达（我们面对的是非编码关系的情况），不管怎样我们都要首先把那个钟面作为一个符号来感知（beta 模式），才能把它解读为一个驱动性符号（于是指针的 x 位置就驱动性地对应于太阳在天空中的位置 y，相反亦然）。alpha 模式只会让我感知到一个圆的形状，上面有两个小杆在动，这也就是原始人第一次见到一座钟时所看到的。

明显的是，不论是什么样的情形，我们都必须首先要感知表达式的质料，但是在 alpha 模式中一个质料会被感知为形式，甚至是在这个形式尚未被识别为一个表达式的时候。所有被识别的，就像格雷马斯所表述的那样，是一个"世界的符形"。而另一方面，在 beta 模式中，一个形式必须阐释为一个表达式的形式才能被识别出来。

这两个模式之间的界限有多模糊，图 6.8 中的两幅画揭示了这一点（Gentner and Markman，1995）。

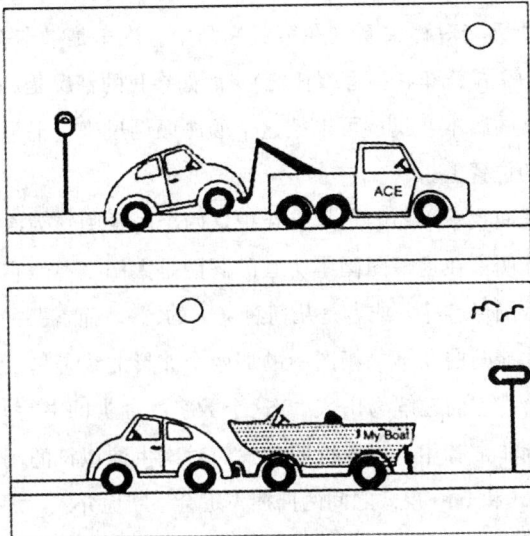

图 6.8

第一个冲击是感知性的。我面对提供给我安置在两个圆形结构上的两个基本的平行六面体结构的替代性刺激物，我感知到一个类属性的"陆地交通工具"。当然，在这个阶段，如果我从未有过对交通工具的任何经验，那么我就很难这样来识别。蒙特祖玛对有轮交通工具一无所知，于是会在这些绘画中"看到"别的什么东西，例如，在具有奇怪形状的头盔下面的两只眼睛，但是他仍然会根据他自己的其中一个认知类型阐释替代性刺激物。

在我继续从对交通工具的感知移到对在场的各种交通工具，即汽车、摩托艇和拖车的阐释上来的过程中，很多百科性的知识已经介入进来了。我已经进入了第三性。一旦感知到了"交通工具"，我就要从对感知对象的识别（借助替代性刺激物）进入对一个场景的阐释。我于是就把它识别为是对一个真实场景的超像似性表呈，那么我就开始把这个图像用作让我指称一个内容的表达式。只有在那一点上我才能够阐明把这两个场景表述为语词的大命题：我注意到了它们之间的反转对称关系（在第一幅画中，汽车是被卡车拖运的；在第二幅中，是汽车在拖运摩托艇），而如果我的情况是一种"不走运的周末"的版本，我还可以把这个顺序颠倒过来，把第二幅画放在第一幅的位置上。

但这里使我感兴趣的是只有在把这两个场景阐释为次生像似符之后，我才明白在这幅图画中所画的圆圈是太阳（不然它就会是任何别的什么圆形客体，或者是几何意义上的圆），而首要的是，只有在那时我才能明白在第二幅图中的那两个波形曲线是鸟（如果离开语境，我会把它们理解为山或 33 这个数字的拙劣的书写）。这个例子让我感到非常有用，可以说明在我们对次生像似符的阐释中，这种 alpha 模式和 beta 模式之间的摇摆不定会不断地介入。那个太阳和那些鸟被感知的方式同交通工具的被感知方式是不同的。首先我必须决定它们是代表某物的两个符号，而只有在此后我才能试着把它们当作（非常不分明的）替代性刺激物来理解。从某种意义上讲，为了把那些符号阐释为替代性刺激物的符号，我必须求助于善意原则。

6.16 从感知相似性到概念类似性

在我看来很清楚的是，谈及 alpha 模式和 beta 模式并不意味着回到"像似性层级"理论中去。这些层级确立了抽象性的程度，而这里我们讨论的是突变点。传统的像似性层级最大程度上确立了一辆汽车的照片和一辆汽车的图式绘画之间的区别，它们在替代性刺激物的定义中的不同层次中进行区分。但是我们所考察的与这两幅图相关的可能反应，超越了像似性层级去启动范畴性关系，正如我们被引领着说摩托艇从交通功能上讲类似于汽车。我们就进入了似乎是命题性和范畴性的领域，就是所谓的隐喻性类似的领域。结果会是我们能够把骆驼称为"沙漠之舟"（超越了所有可能的形态上的类似，只是建立在纯粹功能性的类比之上）。

让我们考察一下一系列的断言（Cacciari, 1995）：

(i) 他在我看来长得像斯蒂芬。

(ii) 这些花看起来是真的。

(iii) 我认为有人在按门铃。

(iv) 那幅肖像看起来像我。

(v) 他看起来跟他父亲长得一模一样。

(vi) 维特根斯坦的兔子看起来像鸭子（或相反）。

(vii) 那块云彩看起来像一头骆驼。

(viii) 这段音乐听起来像莫扎特。

(ix) 他笑起来的时候看起来像一只猫。

(x) 她看起来病了。

(xi) 他看起来生气了。

(xii) 一头骆驼像一辆出租车。

(xiii) 会议像安眠药。

(xiv) 安眠药像会议。

显然，(i) 到 (iv) 是建立在初级像似论基础之上的。我们已经研究过对脸部的识别，有些人坚持认为这是一种天生的能力，动物身上也有。人工制作的画就像蜡像一样是具有非常高的清晰度的替代性刺激物的例子。对于我们听到门铃声的印象就好像感知某个音素所产生的印象一样。如果我们面对的是不甚清晰的刺激物就会把代指符和一个类型联系起来；但是我们也可以决定是电话，或者像经常所发生的那样，铃铛的声音（这是一种很清晰的替代性刺激物）是从我们正在观看的电视节目中发出的。最后，照片和超现实主义的绘画（iv）这样的次生像似符所产生的相似性的印象也已经被讨论过。

像（v）这样的句子与初级像似论有关（也和对脸部的识别有关），只不过是在更抽象的层次上。这里我们不是在识别一张脸，我们在选择两张脸所共有的一些特征，把其余的放入模糊之中。我们都清楚地意识到，从某个观点来看，一个人既可以像父亲也可以像母亲，有时这种印象是完全主观的和祈求式的（戴绿帽子的男人的最后手段）。

句子（vi）和（vii）与涉及次生像似符的感知歧义性的现象有关。当绘图渐渐地变得越来越抽象，我们就进入了视觉双关区域（如图 6.9 所示），在其中像似性的钩子最小，其余的是期待和命题建议系统（对阐释很关键）。

句子（viii）和句子（ix）提出了严重的问题。一段音乐类似莫扎特的音乐，原因在于音色、旋律、和谐或节奏，很难说相似性的判断是在什么样的基础上（从什么角度）做出的。慎重起见，我把相似性判断看作接近于父子之间的相似性判断。在马拉巴特的《皮囊》中有一段描写了听阿丁赛尔的《华沙协奏曲》，有些美国军官说这段音乐听起来像肖邦，而作者表明了对一种审美特征的怀疑。我想说的是马拉巴特的所作所为好像戴了绿帽子但已经意识到了的丈夫，他拒绝承认在他和所谓的儿子之间赋予种种相似性特征（或者，更好，他拒绝把阿丁赛尔识别为肖邦的儿子）。出于仍然神秘的原因，我把关于猫的这个句子放在同样的范畴中。某人的笑让我想起一只猫的笑的原因，与阿丁赛尔似乎就是肖邦一样，很大程度上取决于我所认为的肖邦和一只猫之所是的东西。

说某人看起来病了或许只有修辞价值。实际上，"看起来"这个语词被隐喻性地用来表达一种症候性的推断，但是一位感知力强的医生会说他能够借助面部特征马上识别出某人正患有疾病。在这层意思上讲，说某人在我看来有病就像说某人在我看来生气一样。这关乎一种能力（我不打算声称这种能力是天生的，还是基于文化能力之上的），借助这种能力一种情绪可以从脸部表情上识别出来。尽管关于这个论题有着大量的文献，而我认为它仍然有待讨论。无疑，从六十年代开始的争论这个角度来讲，反像似论者不难认识一个显在的事实：亚洲人表达感情的方式跟欧洲人不一样，但具有讽刺意味的是必须承认，一个微笑（无论它表达的是什么样的感情，是尴尬也好，是好心情也好）都是在普遍性的面部特征基础上被识别的。

很难说从句子（xii）到句子（xiv）是建立在形态相似性基础之上的。我们完全是在范畴层次上。相似性是从按比例赋予相关客体的某些属性的角度建立起来的。以至于与目前的意见相反（Kubovy，1995；Tversky，1997），我认为会议像安眠药和安眠药像会议说出来都有同样的效力。当然，在第一种情形中，谓述部分（安眠药可以导致睡眠）的显著特征是主语的边缘特征，而在第二种情形中似乎谓述部分没有什么显著特征是主语的边缘特征。但是，经过多年出入研讨会和学术会议，我认为会议的一个显著特点就是它们能导致睡眠，我的这个隐喻就会被理解。这就确认了在这些概念层次上相似性只是文化规约问题。

什么是分开这些所谓的"相似性"层次的界限呢？我想我们可以在情形（i）到情形（xi）与情形（xii）到情形（xiv）之间划一条分界线。在前十一个句子中，相似性的判断是在感知的基础上宣布的。在另外三种情形中，我们应用了连续的阐释层次和更多的知识。这就是为什么类比关系可以在纯粹的命题基础上建立起来：我可以说一头骆驼像一辆出租车或一艘沙漠之舟，即使我从未见过一头骆驼而只是具有关于它们的纯粹的文化知识（比如，它们曾经作为沙漠里的运输工具被向我描述过），我可以说铀像一种爆炸物，即使我从未有过对铀的样本的感知经验，只知道它是用来制造原子弹的元素。

然而，甚至在这些命题层次上也游荡着初级像似论的幽灵，尽管是以最苍白的形式（其出没的方式，跟我所倾向于说的文化元素参与到初级像似符以更高的清晰度出现的那个层次上的方式是一样的）：就好像是说对于不同的主体 alpha 模式和 beta 模式之间的界限随着不同的标准而游移，这些标准并非是先验性地确立好了的，而是取决于不同的情形。

在狗咬猫这个表达式中，是 beta 模式允许我们把狗（dog）和猫（cat）识别为英语中的单词。但是，所谓的句法像似性现象是通过 alpha 模式来识别的：在英语句法中，序列为"A＋动词＋B"的这个事实告诉我们，通过对矢量性的感知，A 执行这个动作而 B 经受这个动作。

一个在范畴性的界限处的类似性的有趣例子是由霍夫施塔特给出的（Hofstadter, 1979：168—170），其中涉及了两段不同的旋律，他分别称之为 BACH 和 CAGE，利用了乐谱也同样应用字母这个事实，这两段旋律不同，但是具有从间歇和间歇之间的关系来看是相同的"骨架"。第一首旋律从起音开始朝下降半个音，然后再朝上升三个半音，最后又降一个半音（-1，+3，-1）。第二首旋律向下降三个半音，朝上升十个半音，然后再向下降三个半音（-3，+10，-3）。因此通过从 BACH 开始给每个间歇乘以三又二分之一拍，然后再舍尾数获得更小的数字就可获得 CAGE。

我尝试着演奏这两首旋律，认为一只正常的耳朵一点儿也听不出它们之间的任何相似来。霍夫施塔特无疑已经构建了概念水平上的类似性标准。然而，虽然我们还远离可以"被感知"的某物，感知像似论潜伏在这样的事实中：如果类似性要被建立的话，我们就必须假定对间歇的感知，或者至少是对单一音符的感知（而就这一点，皮尔士至少会说我们是在纯粹像似符面前）。①

霍夫施塔特还罗列了一系列奇特的客体（Hofstadter，1979：723）。从某些角度来看这些东西在我们看来是类似的，或更确切地说，共享严格共同的"概念骨架"：协力独轮自行车、为两只左手谱写的钢琴协奏曲、一个声部的赋格曲、用一只手击打的鼓掌艺术。在这些情形中，我们有"被单数化的复数之物和被错误地复数化之物。"我会说："我们有一个语境需要两个行为者，我们只把其中的一个孤立出来，再把它放回原来的语境中去发挥两个行为者的功能。"在这里不妨这样说：没有感知像似性元素保存下来。这个规则可以用纯粹的命题语言来表述。由这些陌生的客体引发的熟悉的感觉产生自思考和阐释，这种感觉不是马上就给予的。应用这条规则，我们就会马上找到霍夫施塔特没有举出但可以举出的例子：我们找到有两个行为者的活动，比如，用两个手指打响指；我们只把一个行为者孤立出来，大拇指；我们再把它放回到原来的语境中去发挥两个行为者的功能，那么我们就有了用一个大拇指打的响指。

当然，想必可以永远这样说：这些"场景"当中的每一个都能被想象出来（想象的方式跟遭遇"不可能图形"时所接收的印象一样）。但我要说的是这是结果性的和非必要性的阐释效果。我认为没有人能想象出 biciphalus 和 pentacalidus（因为它们都是我刚刚炮制出来的），但是我相信有可能识别出 monociphaloid biciphalus 和 pentacalidus with two calids 所共有的概念框架。

6.17　骑在自行车上的墨西哥人

沿着引领着我们一步一步从 alpha 模式的最大程度到最大程度的

----

① 在这个门槛之外我继续前进来到了概念的相似性上。在男人和女人之间可以建立一种感知相似性关系，但是丈夫和妻子或者由婚姻联结起来的关系只是纯粹的概念性关系。

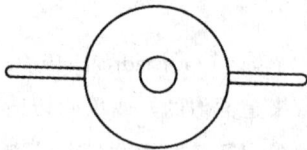

图 6.9

beta 模式的层级，我们走过了最大化的极高清的替代性刺激物（蜡像）和最大化的抽象，在这里刺激物（即使仍然是视觉上的）不再具有图画效果而只具有塑性价值。我们来看看图 6.9。它再现了其中一些被称作 Doodle（涂鸦）的非常著名的视觉"双关语"。

正如有的人会知道而有的人不会知道那样，答案是"对骑自行车的墨西哥人的鸟瞰"。一旦在某种程度的善意的帮助下找到了答案，我们就可以识别出阔边帽和两个轮子的外形。但是以同样的善意我们还可以看到一艘密西西比河上的明轮船或西哈诺同皮诺曹背靠背坐在沙滩伞下。这就是为什么在关于像似论的争论中，（完全正确和不可离弃的）原则是这样设定的：从合适的角度和在恰当的语境中，任何事物都可以类似任何他物，甚至那个同样有名的、被读作"没有月亮的夜晚里的黑猫"的黑色正方形。在"墨西哥人"这个涂鸦中，当要做出阐释性决定的时候，感知所给予我的并不是多大的帮助。我当然感知到了两个同心圆和两个被压得平平的半椭圆形。我们不妨承认我们被直觉性地引领着去识别一个压平了的椭圆，部分地被更大的圆所遮盖；整个心理学传统等待确认的就是，即使我们自己没有注意到它，这正好证明了感知的推断特性。但是为了确定这些形状表呈了一个给定的客体或场景，我就必须具有或猜到这个答案（在这个情形中是一个口头上的答案，不令人高兴）。此后，我就能把我所感知的调整为符合我所知道的。

因此，在六十年代和七十年代之间，这场争论集中在"相似性"这个概念的宽泛用法上（这个用法免去了很多人建立"相似性"规则之需）。这样就造成了关于那些所谓的具有"象征"特征的像似符号（在第三性意义上的），比如关于这个墨西哥涂鸦的争论要比关于照片或超现实主义表呈的多。这也解释了为什么像似论的反对者会指出像似论立场在一般意义上的图示学和图解学方面站不住脚。

很多的强调——很正确地——集中在了 beta 模式身上，而 alpha 模式则被放在了不起眼的地方。在这场从未偃旗息鼓的激烈争论中，我们忽视了而有可能仍然在忽视（根据个体、文化、环境和语境）确认这两个模式之间的界限，以及识别其"模糊"的特性。①

---

① 在某一点上，皮尔士说："像似符如此完整地代替了它们的客体以至于彼此难以区分……所以在思考一幅油画的时候，有一刻我们会失去它是一件物品的意识，原件和模本的区别消失了，那一刻它是一个纯粹的梦境——既不是任何具体的存在，也不是一般性存在。在那一刻我们就是在思考一个像似符。"（CP3.362）难道我们要承认在某一刻我们这位伟大的令人尊敬的大师只是在使用一个隐喻？

参考文献

Translator's Note: As a general rule, even where English-language translations of foreign-language books already exist, I usually translated from the original with the help of the author.

ALAC, MORANA
1997 *Gli schemi concettuali nel pensiero di Donald Davidson*. Degree thesis in semiotics. University of Bologna. Faculty of Literature and Philosophy. A. Y. 1995 – 96.

ALBRECHT, ERHARD
1975 *Sprache und Philosophie*. Berlin: Deutscher Verlag der Wissenschaften.

APEL, KARL-OTTO
1972 "From Kant to Peirce: The Semiotical Transformation of Transcendental Logic." In Beck, L. W., ed. *Proceedings of the Third Kant Congress*. Dordrecht: Reidel: 90 – 105.
1975 *Der Denkweg von Charles S. Peirce*. Frankfurt: Suhrkamp.
1995 "Transcendental Semiotics and Hypothetical Metaphysics of Evolution: A Peircean or quasi-Peircean Answer to a Recurrent Problem of post-Kantian Philosophy." In Ketner 1995: 366 – 97.

ARNHEIM, RUDOLF
1969 *Visual Thinking*. Berkeley: University of California Press.

AUBENQUE, PIERRE
1962 *Le problème de l'être. chez Aristote*. Paris: PUF.

BACCHINI, FABIO
1995 "Sugli specchi." *Il cannocchiale* 3: 211 – 24.

BARLOW, HORACE, COLIN BLAKEMORE, AND MIRANDA WESTON-SMITH, EDS.
1990 *Images and Understanding*. Cambridge: Cambridge UP.

BARTHES, ROLAND
1964a "Rhétorique de l'image." *Communications* 4: 40 – 51.
1964b "Eléments de sémiologie." *Communications* 4 (Eng. trans. *Elements of Semiology*. Noonday Press 1977).

BENELLI, BEATRICE

1991   "Categorizzazione, rappresentazione e linguaggio: Aspetti e tendenze dello sviluppo del pensiero concettuale." In Cacciari, ed. 1991: 5 – 46.

BERSELLI BERSANI, GABRIELE
1995   Riferimento ed interpretazione nominale. Milano: Angeli.

BERTUCCELLI PAPI MARCELLA
1993   Che cos'è la pragmatica. Milano: Bompiani.

BETTETINI, GIANFRANCO
1971   L'indice del realismo. Milano: Bompiani.
1975   Produzione del senso e messa in scena. Milano: Bompiani.
1991   La simulazione visiva. Milano: Bompiani.
1996   L'audiovisivo. Milano: Bompiani.

BICKERTON, DEREK
1981   The Roots of Language. Ann Arbor: Karoma.

BONFANTINI, MASSIMO A.
1976   L'esistenza della realtà. Milano: Bompiani.
1987   La semiosi e l'abduzione. Milano: Bompiani.

BONFANTINI, MASSIMO A., AND ROBERTO GRAZIA
1976   "Teoria della conoscenza e funzione dell'icona in Peirce." VS 15: 1 – 15.

BONFANTINI, MASSIMO A., AND GIAMPAOLO PRONI
1983   "To Guess or Not to Guess." In Eco and Sebeok, eds., 1983: 119 – 34.

BONOMI, ANDREA
1975   Le vie del riferimento. Milano: Bompiani.
1994   Lo spirito della narrazione. Milano: Bompiani.

BONOMI, ANDREA, ED.
1973   La struttura logica del linguaggio. Milano: Bompiani.

BOUISSAC, PAUL, MICHAEL HERZFELD, AND ROLAND POSNER, EDS.
1986   Iconicity. Tübingen: Stauffenburg.

BRANDT, PER AAGE.
1989   "The Dynamics of Modality." Recherches sémiotiques / Semiotic Inquiry 9. 1/3: 3 – 16.

BRUNER, JEROME
1986   Actual Minds and Possible Worlds. Cambridge: Harvard UP.
1990   Acts of Meaning. Cambridge: Harvard UP.

BRUNER, JEROME, ET AL.
1956   A Study of Thinking. New York: Science Editions.

BURRELL, HARRY
1927   The Platypus: Its Discovery, Zoological Position, Form and Characteristics, Habits, Life History, etc. Sydney: Angus & Robertson.

CACCIARI, CRISTINA
1995   Preface to Cacciari, ed. 1995.

CACCIARI, CRISTINA, ED.
1991   Esperienza percettiva e linguaggio: Numero speciale di VS 59/60.
1995   Similarity. SI.: Brepols.

CALABRESE, OMAR

1981   "La sintassi della vertigine: Sguardi, specchi, ritratti." *VS* 29: 3 - 32.
1985   *I linguaggio dell'arte*. Milano: Bompiani.
CARAMAZZA, A., A. E. HILLIS, B. C. RAPP, AND C. ROMANI
1990   "The Multiple Semantic Hypothesis: Multiple Confusions, *Cognitive Neuropsychology* 7.
CARNAP, RUDOLF
1955   "Meaning and Synonymy in Natural Languages." *Philosophical Studies* 7: 33 - 47.
CASATI, ROBERTO AND ACHILE C. VARZI
1994   *Holes and Other Superficialities*. Cambridge: MIT Press.
CASSIRER, ERNST
1918   *Kants Leben und Lehre*. (Eng. trans. *Kant's Life and Thought*, Yale UP, 1986).
CHIARA, DALLA, MARIA LUISA, AND GIULIANO TORALDO DI FRANCIA
1985   "Individuals, Kinds and Names in Physics." *VS* 40: 29 - 50.
DAVIDSON, DONALD
1984   "On the Very Idea of Conceptual Scheme." In *Inquiries into Truth and Interpretation*. Oxford: Oxford UP: 183 - 98.
1986   "A Nice Derangement of Epitaphs." In Lepore, E. and B. McLaughlin, eds. *Actions and Events: Perspectives on the Philosophy of Donald Davidson*. Oxford: Blackwell: 433 - 46.
DELEUZE, GILLES
1963   *La philosophie critique de Kant*. Paris: PUF.
DE MAURO, TULLIO
1965   *Introduzione alla semantica*. Bari: Laterza.
DENNETT, DANIEL C.
1978   *Brainstorms*. Montgomery: Bradford Books.
1991   *Consciousness Explained*. New York: Little Brown.
DIONIGI, ROBERTO
1994   *Nomi forme cose*. Bologna: Fuori Thema.
DOLEZEL, LUBOMIR
1989   "Possible Worlds and Literary Fiction." In Allen, S., ed. *Possible Worlds in Humanities, Arts and Sciences*. Berlin: De Gruyter: 221 - 42.
DONNELLAN, KEITH
1966   "Reference and Definite Descriptions." *The Philosophical Review* 75: 281 - 304.
DUCROT, OSWALD, AND JEAN-LOUIS SCHEFER
1995   *Nouveau dictionnaire encyclopédique des sciences du langage*. Paris: Seuil.
DUMMETT, MICHAEL
1973   *Frege: Philosophy of Language*. London: Duckworth.
1986   "A Nice Derangement of Epitaphs: Some Comments on Davidson and Hacking." In Lepore, E., ed. *Truth and Interpretation: On the Philosophy of Donald Davidson*. Oxford: Blackwell.
ECO, UMBERTO
1968   *La struttura assente*. Milano: Bompiani (2nd ed. 1980).
1971   *Le forme del contenuto*. Milano: Bompiani.

1976   *A Theory of Semiotics*. Bloomington: Indiana UP.
1975b   "Chi ha paura del cannocchiale?" *Op. cit.* 32: 5 – 32.
1979   *The Role of the Reader*. Bloomington: Indiana UP.
1983   "Horns, Hooves, and Shoes." In Eco and Sebeok 1993: 228 – 55.
1984   *Semiotics and the Philosophy of Language*, Bloomington: Indiana UP.
1987   "Introduction" to the XV Conference of the A. I. S., Vicenza 1987, on "The
        Signifier." *Carte semiotiche* 7, 1990: 11 – 16.
1990   *The Limits of Interpretation*. Bloomington: Indiana UP.
1992   *Interpretation and Overinterpretation*. Cambridge: Cambridge UP.
1994   *Six Walks in the Fictional Woods*. Cambridge: Harvard UP.
1997   "On Meaning, Logic and Verbal Language." In Dalla Chiara, M. L., et al.,
        eds. *Structures and Norms in Science*. Dordrecht: Kluver, 431 – 48.

ECO, UMBERTO, AND COSTANTINO MARMO, EDS.
1989   *On the Medieval Theory of Signs*. Amsterdam: Benjamins.

ECO, UMBERTO, MARCO SANTAMBROGIO, AND PATRIZIA VIOLI, EDS.
1986   *Meaning and Mental Representations: Special issue of VS* 44/45 (now
        Bloomington: Indiana UP, 1988).

ECO, UMBERTO, AND THOMAS A. SEBEOK, EDS.
1983   *The Sign of Three*. Bloomington: Indiana UP.

ECO, UMBERTO, AND PATRIZIA VIOLI
1987   "Instructional Semantics for Presuppositions." *Semiotica* 64. 1/2: 1 – 39 (new
        version in Eco 1990).

EDELMAN, GERALD M.
1992   "The Science of Recognition." In *Bright Air*, *Brilliant Fire*. New York: Basic
        Books, 73 – 80.

EICHMANN, KLAUS
1988   "The Control of T Lymphocyte Activity May Involve Elements of Semiosis."
        In Sercarz et al. 1988: 163 – 68.

ELLIS, RALPH D.
1995   "The Imagist Approach to Inferential Thought Patterns: The Crucial Role of
        Rhythm Pattern Recognition." *Pragmatics & Cognition* 3. 1: 75 – 109.

EVANS, GARETH
1982   *The Varieties of Reference*. Oxford: Clarendon.

FABBRICHESI LEO, ROSSELLA
1981   "L'iconismo e l'interpretazione fenomenologica del concetto disomiglianza in
        C. S. Peirce." *ACME*, *Annali della Facoltà di Lettere e Filosofia dell'Università
        degli Studi di Milano* 34. 3: 467 – 98 (further developed in Fabbrichesi 1986).
1983   *La polemica sull'iconismo*. Napoli: Edizioni Scientifiche Italiane.
1986   *Sulle tracce del segno*. Firenze: Nuova Italia.

FILLMORE, CHARLES
1982   "Towards a Descriptive Framework for Spatial Deixis." In Jarvella, R. J. and
        W. Klein, eds., *Speech*, *Plan and Action*. London: Wiley: 31 – 59.

FISETTE, JEAN
1995   "A la recherche des limites de l'interprétation." *Recherches sémiotiques / Semiotic

Inquiry 15. 1 / 2: 91 – 120.

FODOR, JERRY A.
1975   *The Language of Thought*. New York: Crowell.

FODOR, JERRY A., AND ERNEST LEPORE, EDS.
1992   *Holism*. Oxford: Blackwell.

FOLLESDAL, DAGFINN
1997   "Semantics and Semiotics." In Dalla Chiara, M. L., et al., eds. *Structures and Norms in Science*. Dordrecht: Muver: 431 – 48.

FUMAGALLI, ARMANDO
1995   *Il reale nel linguaggio: Indicalità e realismo nella semiotica di Peirce*. Milano: Vita e Pensiero.

GARDNER, HOWARD
1985   *The Mind's New Science*. New York: Basic Books.

GARDNER, MARTIN
1964   *The Ambidextrous Universe*. New York: Penguin.

GARRONI, EMILIO
1968   *Semiotica ed estetica*. Bari: Laterza.
1972   *Progetto di semiotica*. Bari: Laterza.
1977   *Ricognizione della semiotica*. Roma: Officina.
1986   *Senso e paradosso*. Bari: Laterza.

GENTNER, DEDRE, AND ARTHUR B. MARKMAN
1995   "Similarity Is Like Analogy: Structural Alignment in Comparison." In Cacciari, ed. 1995: 11 – 148.

GERLACH, PETER
1977   "Probleme einer semiotischen Kunstwissenschaft." In Posner, R., and H. P. Reinecke, eds. *Zeichenprozessen*. Wiesbaden: Athenaion, 262 – 92.

GIBSON, JAMES J.
1950   *The Perception of the Visual World*. Boston: Houghton Mifflin.
1966   *The Senses Considered as Perceptual Systems*. Boston: Houghton Mifflin (London: Allen and Unwin, 1968).
1971   "The Information Available in Pictures." *Leonardo* 4/2: 197 – 99.
1978   "The Ecological Approach to Visual Perception of Pictures." *Leonardo* 11/3: 227 – 35.

GILSON, ETIENNE
1948   *L'être et l'essence*. Paris: Vrin (enlarged 2nd ed. 1981):

GOMBRICH, ERNEST
1956   *Art and Illusion*. The A. W. Mellon Lectures in Fine Arts (now New York: Bollingen, 1961).
1975   *The Mirror and the Map: Philosophical Transactions of the Royal Society of London* 270: 119 – 49.
1990   "Pictorial Instructions." In Barlow et al. 1990: 26 – 45.

GOODMAN, NELSON
1951   *The Structure of Appearance*. Cambridge: Harvard UP.
1968   *Languages of Art*. Indianapolis: Bobbs-Merrill.

1970 "Seven Structures on Similarity." In Swanson, ed. *Experience and Theory*. Boston: U of Massachusetts P (now in Goodman, N. *Problems and Projects*. Indianapolis: Bobbs-Merrill, 1972).

1990 "Pictures in the Mind?" In Barlow et al. 1990: 358 - 64.

GOULD, STEPHEN JAY

1991 *Bully for Brontosaurus*. London: Hutchinson Radius.

GREGORY, RICHARD

1981 *Mind in Science*. Cambridge-London: Cambridge UP.

1986 *Old Perceptions*. London: Methuen.

1990 "How Do We Interpret Images?" In Barlow et al. 1990: 310 - 30.

GREIMAS, ALGIRDAS JULIEN

1983 "De la colère." *Du sens 2*. Paris: Seuil.

1984 "Sémiotique figurative et sémiotique plastique." *Actes sémiotiques* 6: 60.

GREIMAS, ALGIRDAS JULIEN, AND JOSEPH COURTÉS

1979 *Sémiotique: Dictionnaire raisonné de la théorie du langage*. Paris: Hachette. (Eng. trans. *Semiotics and Language: An Analytical Dictionary*, Indiana UP, 1983).

GROUPE U

1992 *Traité du signe visuel*. Paris: Seuil.

HABERMAS, JURGEN

1995 "Peirce and Communication." In Ketner 1995: 243 - 66.

HAUSMAN, CARL R.

1990 "In and Out in Peirce's percepts." *Transactions of Charles Sanders Peirce Society* 6. 3: 271 - 308.

HEIDEGGER, MARTIN

1915 "Die Kategorien und Bedeutungslehre des Duns Scotus." *Frühe Schriften*. Frankfurt/m: Klostermann, 1972.

1950 *Holzwege*. Frankfurt/m: Klostermann.

1929 *Was ist Metaphysik?* Bonn: Cohen.

1973 *Kant und das Problem der Metaphysik*. Frankfurt/m.: Klostermann, 4th ed. 1973. (Eng. trans. *Kant and the Problem of Metaphysics* (*Studies in Continental Thought*), Indiana UP, 1997).

HILPINEN, RISTO

1995 "Peirce on Language and Reference." In Ketner 1995: 303.

HJELMSLEV, LOUIS

1943 *Prolegomena to a Theory of Language*. Madison: Wisconsin UP.

HOCHBERG, JULIAN

1972 "The Representation of Things and People." In Gombrich, E., et al. *Art, Perception, and Reality*. Baltimore: Johns Hopkins UP.

HOFSTADTER, DOUGLAS

1979 *Gödel, Escher, Bach*. New York: Basic Books.

HOGREBE, WOLFRAM

1974 *Kant und das Problem einer transzendentalen Semantik*. Freiburg-München: Alber.

HOOKWAY, CHRISTOPHER

1988   "Pragmaticism and 'Kantian Realism?'" *VS* 49: 103 – 12.

HOUSER, NATHAN
1992   Introduction. In Kloesel, C., and N. Houser, eds. *The Essential Peirce*; *Selected Philosophical Writings*. Bloomington: Indiana UP.

HUBEL, DAVID H.
1982   "Explorations of the Primary Visual Cortex, 1955 – 1978 (a review)." *Nature* 299: 515 – 24.

HUBEL, DAVID H., AND TORSTEN N. WIESEL
1959   "Receptive Fields of Single Neurons in the Cat's Striate Cortex." *Journal of Physiology* 148: 105 – 54.

HUMPHREYS, GLYN W., AND M. JANE RIDDOCH
1995   "The Old Town No Longer Looks the Same: Computation of Visual Similarity after Brain Damage." In Cacciari, ed. 1995: 15 – 40.

HUSSERL, EDMUND
1922   *Logische Untersuchungen* (3rd ed.). Halle: Niemayer. (Eng. trans. *Logical Investigations*, Prometheus Books, 1996).

1970   "Zur Logik der Zeichen (Semiotik)." In van Breda, H. L., ed. *Husserliana* XII. Den Haag: Nijhoff, 340 – 73.

INNIS, ROBERT E.
1994   *Consciousness and the Play of Signs*. Bloomington: Indiana UP.

JACKENDOFF, RAY
1983   *Semantics and Cognition*. Cambridge: MIT Press.

1987   *Consciousness and the Computational Mind*. Cambridge: MIT Press.

JAKOBSON, ROMAN
1970   "Da i net v mimike." Jazyk ičelovek (English trans. "Motor Signs for 'Yes' and 'No.'" *Language in Society* 1.

JOB, REMO
1991   "Relazione tra fattori visivi e fattori semantici nell'identificazione di oggetti: Alcuni dati neuropsicologici." In Cacciari, ed. 1991: 197 – 206.

JOHNSON, MARK
1989   "Image: Schematic Bases of Meaning." *Recherches sémiotiques / Semiotic Inquiry* 9. 1/3: 109 – 18.

JOHNSON-LAIRD, PHILIP
1983   *Mental Models*. Cambridge: Cambridge UP.

1988   *The Computer and the Mind*. Cambridge: Harvard UP.

KALKHOFEN, HERMANN
1972   "*Pictorial* Stimuli Considered as *Iconic* Signs." Ulm: mimeo.

KANT, IMMANUEL
1781 – 87   *Kritik der reiner Vernunft: In Kants gesammelte Schriften*. III – IV. Berlin-Leipzig, 1903 – 04.

1783   *Prolegomena zu einer jeden künftigen Metaphysik*. In *Kants gesammelte Schriften*. IX. Berlin-Leipzig, 1911.

1790   *Kritik der Urteilskraft*. In *Kants gesammelte Schriften*. V. Berlin-Leipzig, 1908 – 13.

1800   *Logik*. In *Kants gesammelte Schriften*. IX. Berlin-Leipzig, 1923.

1936 – 38   *Opus Postumum*. In *Kants gesammelte Schriften*. XXI, XXII. Berlin-
Leipzig. 1936 – 38.

KATZ, J., AND J. FODOR
1963   "The Structure of a Semantic Theory." *Language* 39: 170 – 210.

KELEMEN, JÁNOS
1991   "La comunicazione estetica nella *Critica del Giudizio*. Appunti per la
ricostruzione della semiotica di Kant." *Il cannocchiale* 3: 33 – 50.

KENNEDY, JOHN M.
1974   *A Psychology of Picture Perception*. San Francisco: Jossey-Bass.

KETNER, KENNETH L., ED.
1995   *Peirce and Contemporary Thought*. New York: Fordham UP.

KJØRUP, SØREN
1978   "Iconic Codes and Pictorial Speech Acts." *Orbis litterarum* 4. Copenhagen:
Munksgaard: 101 – 22.

KOSSLYN, STEPHEN M.
1983   *Ghosts in the Mind's Machine: Creating and Using Images in the Brain*. New
York: Norton.

KRAMPEN, MARTIN
1983   *Icons of the Road*. Special issue of *Semiotica* 43. 1/2.

KRIPKE, SAUL
1971   "Identity and Necessity." In Munitz, M. K., ed. *Identity and Individuation*.
New York: New York UP.
1972   "Naming and Necessity." In Davidson, D., and G. Harman, eds. *Semantics of
Natural Language*. Dordrecht: Reidel; 2nd ed. Oxford: Blackwell.
1979   "A Puzzle about Belief." In Margalit, A., ed. *Meaning and Use*. Dordrecht:
Reidel: 239 – 83.

KUBOVY, MICHAEL
1995   "Symmetry and Similarity." In Cacciari, ed. 1995: 41 – 60.

KUHN, THOMAS
1989   "Possible Worlds in History of Sciences." In Allen, S., ed. *Possible Worlds in
Humanities, Arts and Sciences*. Berlin: De Gruyter, 9 – 31.

LAKOFF, GEORGE
1978   "Cognitive Models and Prototype Theory." In Neisser, ed. 1978: 63 – 99.
1987   *Women, Fire, and Dangerous Things*. Chicago: Chicago UP.

LEECH, G.
1974   *Semantics*. Harmondsworth: Penguin.

LEONARDI, PAOLO, AND MARCO SANTAMBROGIO, EDS.
1995   *On Quine: New Essays*. Cambridge. Cambridge UP.

LEWIS, DAVID K.
1973   *Counterfactuals*. Oxford: Blackwell.

LYNCH, KEVIN
1966   *A View from the Road*. Cambridge: MIT Press.

LYONS, JOHN
1968   *Introduction to Structural Linguistics*. Cambridge: Cambridge UP.

1977   *Semantics* I - II. Cambridge: Cambridge UP.

MALDONADO, TOMÁS
1974   "Appunti sull'iconicità." In *Avanguardia e razionalità*. Torino: Einaudi, 254 -
        98.
1992   "Appunti sull'iconicità." In *Reale e virtuale*. Milano: Feltrinelli, 119 - 44.

MALTESE, CORRADO
1978   "Iconismo e esperienza." In *Aspetti dell'iconismo: Acts of the IV Conference of the
        A. I. S. S*. September 1976 (mimeo): 55 - 71.

MAMELI, MATTEO
1997   *Synechism: Aspetti del pensiero di C. S. Peirce*. Degree thesis in semiotics. U of
        Bologna, Faculty of Literature and Philosophy. A. Y. 1995 - 96.

MARCONI, DIEGO
1995   "On the Structure of Lexical Competence." *Aristotelian Society Proceedings*: 131
        - 150.
1986   *Dizionari e enciclopedie*. 2nd ed.: Torino: Giappichelli.
1997   *Lexical Competence*. Cambridge: MIT Press.

MARCONI, DIEGO, AND GIANNI VATTIMO
1986   "Introductory Note" to the Italian translation of Rorty 1979.

MARR, DAVID
1987   "Understanding Vision from Images to Shapes." In Vaina, L., ed. *Matters of
        Intelligence*. Dordrecht: Reidel: 7 - 58.

MARR, DAVID, AND H. KEITH NISHISHARA
1978a   "Visual Information Processing: Artificial Intelligence and the Sensorium of
        Sight." *Technology Review* 81. 1: 2 - 23.
1978b   "Representation and Recognition of the Spatial Organization of Three-
        Dimensional Shapes." *Proceedings of the Royal Society of London* 200 (B):
        269 - 94.

MARR, DAVID, AND LUCIA VAINA
1982   "Representation and Recognition of the Movements of Shapes." *Proceedings of
        the Royal Society of London* 214 (B): 501 - 24.

MARTINETTI, PIERO
1946   *Kant*. Milano: Bocca.

MATHIEU, VITTORIO
1984   *Introduzione a I. Kant: Opus Postumum*. Bari: Laterza.

MATURANA, HUMBERTO
1970   "Neurophysiology of Cognition." In Garvin, Paul, ed. *Cognition: A Multiple
        View*. New York: Spartan Books.

MAY, MICHAEL, AND FREDERIK STJERNFELT
1996   "Measurement, Diagram, Art." In Michelsen, A., and F. Stjernfelt, eds.
        Billeder fra det fjerne / Images from Afar. Sl: Kulturby (Universitetsforlaget i
        Oslo): 191 - 204.

McCAWLEY, JAMES D.
1971   "Where Do Noun Phrases Come From?" In Steinberg, D. D., and L. A.
        Jakobovits., eds. *Semantics*. London: Cambridge UP: 217 - 31.

1981   *Everything That Linguists Have Always Wanted to Know about Logic*. Chicago: U
        of Chicago P.

MEDIN, DOUGLAS L., AND ROBERT L. GOLDSTONE
1995   "The Predicates of Similarity." In Cacciari, ed. 1995: 83 – 110.

MERLEAU-PONTY, MAURICE
1945   *Phénomenologie de la perception*. Paris: Gallimard. (English translation
        Phenomenology of Perception, Routledge, 1992).

MERRELL, FLOYD
1981   "On Understanding the Logic of 'Understanding': A Reincarnation of Some
        Peircean Thought." *Ars Semeiotica* 4. 2: 161 – 86.
1991   "The Tenuous 'Reality' of Signs." *Signs Becoming Signs*. Bloomington:
        Indiana UP.

METZ, CHRISTIAN
1964   "Le cinéma: Langue ou langage?" *Communications* 4: 52 – 90.
1968a   "La grande syntagmatique du film narratif." *Communications* 8: 120 – 24.
1968b   *Essais sur la signification au cinéma*. Paris: Klincksieck.

MINSKY, MARVIN
1985   *The Society of Mind*. New York: Simon & Schuster.

MORRIS, CHARLES
1946   *Signs, Language, and Behavior*. New York: Prentice Hall.

NEISSER, ULRICH
1976   *Cognition and Reality*. San Francisco: Freeman.
1978   "From Direct Perception to Conceptual Structure." In Neisser, ed. 1978: 11 –
        24.

NEISSER, ULRICH, ED.
1987   *Concepts and Conceptual Development: Ecological and Intellectual Factors in
        Categorization*. Cambridge-London: Cambridge UP.

NERGAARD, SIRI, ED.
1995   *Teorie contemporanee della traduzione*. Milano: Bompiani.

NESHER, DAN
1984   "Are There Grounds for Identifying 'Ground' with 'Interpretant'?" In
        Peirce's Theory of Meaning: Transactions of Charles Sanders Peirce Society 20,
        1984: 303 – 24.

NEUBAUER, FRITZ, AND JÁNOS. S. PETÖFI
1981   "Word Semantics, Lexicon System and Text Interpretation." In Eikmeyer, H.
        J., and H. Rieser, eds. *Words, Worlds and Contexts*. Berlin: De Gruyter:
        344 – 77.

NIDA, EUGENE
1975   Componential Analysis of Meaning. The Hague: Mouton.

NIETZSCHE, FRIEDRICH
1873   "Ueber Wahrheit und Lüge im aussermoralischen Sinne." In *Grossoktav-
        Ausgabe*. Leipzig, 1895.

OEHLER, KLAUS
1979   "Peirce's Foundation of a Semiotic Theory of Cognition." *Peirce Studies* 1:

67 – 66.

1995   "A Response to Habermas." In Ketner 1995: 267 – 71.

OSMOND-SMITH, DAVID

1972   "The Iconic Process in Musical Communication." *VS* 3: 31 – 42.

1973   "Formal Iconism in Music." *VS* 5: 43 – 54.

OUELLET, PIERRE

1992   "Signification et sensation." *Nouveaux actes sémiotiques* 20. Limoges: Pulim.

PACI, ENZO

1957   "Relazionismo e schematismo trascendentale." In *Dall'esistenzialismo al relazionismo*. Messina: D'Anna.

PALMER, STEPHEN

1978   "Fundamental Aspects of Cognitive Representation." In Rosch and Lloyd, eds. 1978.

PAREYSON, LUIGI.

1954   *Estetica*. Torino: Edizioni di "Filosofia." (Milano: Bompiani, 1988).

1989   *Filosofia della libertà*. Genova: Melangolo.

PASOLINI, PIER PAOLO

1966   "La lingua scritta della realtà." In *Empirismo eretico*. Milano: Garzanti, 1972: 198 – 226. (Eng. trans. *Henetical Empiricism*, Louise K. Barnett (ed.)).

1967a   "Discorso sul piano sequenza ovvero il cinema come semiologia della realtà." In *Linguaggio e ideologia nel film* (*Atti della Tavola Rotonda alla III Mostra Internazionale del Nuovo Cinema*, *Pesaro*, *maggio 1967*). Novara: Cafieri, 1968: 135 – 50.

1967b   "Il codice dei codici." In *Empirismo eretico*. Milano: Garzanti, 1972: 277 – 84.

PEIRCE, CHARLES S.

1934 – 48   *Collected Papers*. Cambridge: Harvard UP.

1980   *Semiotica*. Torino: Einaudi.

1982 – 83   *Writings of Charles S. Peirce*. Bloomington: Indiana UP.

1984   *Le leggi dell'ipotesi*. Milano: Bompiani.

1992   *Categorie*. Bari: Laterza.

PÉREZ CARREFIO, FRANCISCA

1988   *Los placeres del parecido: Icono y representación*. Madrid: Visor.

PERRI, ANTONIO

1996a   *Scrittura azteca*, *semiosi*, *interpretazione*. Ph. D. thesis in semiotics, U of Bologna (for a more succinct version, see Perri 1996b).

1996b   "Verso una semiotica della scrittura azteca." In De Finis, G., J. Galarza, and A. Perri. *La parola fiorita: Per un'antropologia delle scritture mesoamericane*. Roma: IL Mondo 3 Edizioni: 141 – 286.

PETITOT-COCORDA, JEAN

1983   "Paradigme catastrophique et perception categorielle." *Recherches sémiotiques / Semiotic Inquiry* 3. 3: 207 – 47.

1985a   *Les catastrophes de la parole*. Paris: Maloine.

1985b   *Morphogénèse du sens*. vol. I. Paris: PUF.

1989   "Modèles morphodinamiques pour la grammaire cognitive et sémiotique modale." *Recherches sémiotiques / Semiotic Inquiry* 9. 1 – 3: 17 – 51.

1995   "La réorientation naturaliste de la phénomenologie." *Archives de philosophie* 58. 4: 631 – 58.

PHILIPPE, M. -D.

1975   *Une philosophie de l'être est-elle encore possible?* III *Le problème de* L'Ens *et de* L'Esse. Paris: Téqui.

PIAGET, JEAN

1955   *La représentation du monde chez l'enfant*. Paris: PUF.

PIATTELLI PALMARINI, MASSIMO

1995   *L'arte di persuadere*. Milano: Mondadori.

PICARDI, EVA

1992   *Linguaggio e analisi filosofica*. Bologna: Patron.

PIERANTONI, RUGGERO

1981   *Fisiologia e storia della visione*. Torino: Boringhieri.

PISANTY, VALENTINA

1993   *Leggere la fiaba*. Milano: Bompiani.

POPPER, KARL

1969   *Conjectures and Refutations*. London: Routledge.

POSNER, ROLAND

1986   "Iconicity in Syntax." In Bouissac et al., eds. 1986: 305 – 38.

PRIETO, LUIS

1975   *Pertinence et pratique*. Paris: Minuit.

PRODI, GIORGIO

1977   *Le basi materiali della significazione*. Milano: Bompiani.

1988   "Signs and Codes in Immunology." In-Sercarz et al. 1988: 53 – 64.

PRONI, GIAMPAOLO

1990   *Introduzione a Peirce*. Milano: Bompiani.

1992   *La fondazione della semiotica in C. S. Peirce*. Ph. D. thesis in semiotics. U of Bologna, A. Y. 1991 – 92.

PUTNAM, HILARY

1975   "The Meaning of Meaning." In Gunderson, K., ed. *Language, Mind, and Knowledge*. U of Minnesota P. Now in Putnam, H. *Mind, Language and Reality*. London: Cambridge UP: 215 – 71.

1981   *Reason, Truth, and History*. Cambridge: Cambridge UP.

1987   *The Many Faces of Realism*. LaSalle: Open Court.

1992   *Il pragmatismo: Una questione aperta*. Bari: Laterza.

PYLYSHYN, ZENON W.

1973   "What the Mind's Eye Tells the Mind's Brain: A Critique of Mental Imagery." *Psychological Bulletin* 8: 1 – 14.

QUINE, WILLARD V. O.

1951   "Two Dogmas of Empiricism." In *From a Logical Point of View*. Cambridge: Harvard UP, 1953.

1960   *Word and Object*. Cambridge: MIT Press.

1995   *From Stimulus to Science*. Cambridge: Harvard UP.

RANSDELL, JOSEPH
1979   "The Epistemic Function of Iconicity in Perception." *Peirce Studies* 1, 1979:
        51 - 66.

RASTIER, FRANCOIS
1994   "La microsémantique." In Rastier, F. et al. *Sémantique pour l'analyse*. Paris:
        Masson.

REED, STEPHEN K.
1988   *Cognition: Theory and Application*. Pacific Grove: Brooks-Cole.

ROBERTS, DON D.
1973   *The Existential Graphs of Charles S. Peirce*. The Hague: Mouton.

RORTY, RICHARD
1979   *Philosophy and the Mirror of Nature*. Princeton UP.

ROSCH, ELEANOR
1978   "Principles of Categorization." In Rosch and Lloyd, eds. *Conditioned
        Categorization*. Hillsdale: Erlbaum: 15 - 35.

ROSCH, ELEANOR, AND B. B. LLOYD, EDS.
1978   *Cognition and Categorization*. Hillsdale Erlbaum.

ROSCH, ELEANOR, AND CAROLINE B. MERVIS
1975   "Family Resemblances: Studies in the Internal Structure of Categories."
        Cognitive Psychology 7: 573 - 605.

ROSCH, ELEÁNOR, ET AL.
1976   "Basic Objects in Natural Categories." *Cognitive Psychology* 8: 382 - 440.

ROSSI, PAOLO
1997   *La nascita della scienza moderna*. Bari: Laterza.

RUSSELL, BERTRAND
1905   "On denoting." *Mind* 14: 479 - 93.
1940   "The Object-Language." In *An Inquiry into Meaning and Truth*. London: Allen
        & Unwin.

SACKS, OLIVER
1985   *The Man Who Mistook His Wife for a Hat*. London: Duckworth.

SAINT-MARTIN, FERNANDE
1987a   "Pour une reformulation du modèle visuel de Umberto Eco." *Protée*,
        autumn: 104 - 14.
1987b   *Sémiologie du langage visuel*. Sillery: Québec UP.
1988   "De la fonction perceptive dans la constitution du champ visuel." *Protée* 16. 1/
        2: 202 - 13.
1990   *Semiotics of Visual Language*. Bloomington: Indiana UP.

SALMON, NATHAN U.
1981   *Reference and Essence*. Princeton: Princeton UP.

SANTAMBROGIO, MARCO
1992   *Forma e oggetto*. Milano: Saggiatore.

SANTAMBROGIO, MARCO, ED.
1992   *Introduzione alla filosofia analitica del linguaggio*. Bari: Laterza.

SCHANK, ROGER, AND R. P. ABELSON
1977   Scripts, Plans, Goals, and Understanding. Hillsdale: Erlbaum.
SEARLE, JOHN
1979   "Literal Meaning." In Expression and Meaning. Cambridge: Cambridge UP:
       116 - 36.
1985   The Construction of Social Reality. New York: Free Press.
SEBEOK, THOMAS A.
1972   Perspectives in Zoosemiotics. The Hague: Mouton.
1976   "Six Species of Signs." In Contribution to the Doctrine of Signs. Bloomington:
       Indiana U: 117 - 42.
1979   "Iconicity." in The Sign and Its Masters. Austin: U of Texas P: 107 - 27.
1991   A Sign Is Just a Sign. Bloomington: Indiana UP.
1994   An Introduction to Semiotics. Toronto: Toronto UP.
SEBEOK, THOMAS A., ED.
1978   Animal Communication. Bloomington: Indiana UP.
SELLARS, WILFRID
1978   "The Role of Imagination in Kant's Theory of Experience." In Johnston,
       Henry W., Jr., ed. Categories: A Colloquium. Pennsylvania State U.
SEMPRINI, VALENTINA
1997   La rappresentazione del conflitto nella letteratura a fumetti. Degree thesis in
       semiotics. U of Bologna, Faculty of Literature and Philosophy. A. Y., 1995 -
       96.
SERCARZ, ELI, FRANCO CELADA, AVRON MITCHISON, AND TOMIO TADO, EDS.
1988   The Semiotics of Cellular Communication in the Immune System. Berlin:
       Springer.
SHERZER, JOEL
1974   "L'indicazione tra i Cuna di San Blas." VS 7: 57 - 72.
SIMONE, RAFFAELE
1995   "The Search for Similarity in the Linguist's Cognition." In Cacciari, ed.
       1995: 149 - 57.
SONESSON, GÖRAN
1989   Pictorial Concepts. Malmö: Lund UP.
1994   "Pictorial Semiotics, Gestalt Theory, and the Ecology of Perception."
       Semiotica 993/4: 319 - 400.
SPERBER, DAN, AND DEIRDRE WILSON
1986   Relevance. Cambridge: Harvard UP.
STRAWSON, PETER F.
1950   "On Referring." Mind 59: 320 - 44.
TARSKI, ALFRED
1944   "The Semantic Conception of Truth." Philosophy and Phenomeno-logical Research
       4: 341 - 76.
TODOROV, TZVETAN
1982   La conquête de l'Amerique. Paris: Seuil. (Eng. trans. The Conquest of America:
       The Question of the Other, U of Oklahoma P, 1999).

Tversky, Amos
1977   "Features of Similarity." *Psychological Review* 81: 327 – 52.
Vaina, Lucia
1983   "From Shapes and Movements to Objects and Actions." *Synthese* 54: 3 – 36.
Varela, Francisco, et al.
1992   *The Embodied Mind*. Cambridge: MIT Press.
Vattimo, Gianni
1980   *Le avventure della differenza*. Milano: Garzanti, 84. (Eng. trans. *The Adventures of Difference: Philosophy After Nietzsche and Heidegger* (*Parallax Revisions of Cultures and Society*), Johns Hopkins UP, 1993).
1983   "Dialettica, differenza, pensiero debole." In Vattimo, G., and P. A. Rovatti, eds. *Il pensiero debole*. Milano: Feltrinelli.
1994   *Oltre l'interpretazione*. Bari: Laterza.
Violi, Patrizia
1991   "Linguaggio percezione, esperienza: Il caso della spazialità." In Cacciari, ed. 1991: 59 – 106.
1997   *Significato ed esperienza*. Milano: Bompiani.
Volli, Ugo
1972   "Some Possible Developments of the Concept of Iconism." *VS* 3: 14 – 29.
Wierzbicka, Anna
1990   *Semantics: Primes and Universals*. Oxford: Oxford UP.
Wittgenstein, Ludwig
1922   *Tractatus Logico-Philosophicus*. London: Routledge. (Eng. trans. *Tractatus Logico-Philosophicus*, Routledge, 1981).
1953   *Philosophische Untersuchungen*. Oxford: Blackwell. (Eng. trans. *Philosophical Investigations*, Prentice Hall, 1973).
Zijno, Alessandro
1997   *Fortunatamente capita di fraintendersi: Intersezioni tra la concezione di lingua di Donald Davidson e la Teoria della Pertinenza*. Ph. D. thesis in semiotics. U of Bologna. A. Y., 1995 – 96.